Rio-Branco
grande estratégia e o poder naval

João Paulo Soares Alsina Júnior

Rio-Branco
grande estratégia e o poder naval

FGV EDITORA

Copyright © João Paulo Soares Alsina Júnior

Direitos desta edição reservados à
Editora FGV
Rua Jornalista Orlando Dantas, 37
22231-010 | Rio de Janeiro, RJ | Brasil
Tels.: 0800-021-7777 | 21-3799-4427
Fax: 21-3799-4430
editora@fgv.br | pedidoseditora@fgv.br
www.fgv.br/editora

Impresso no Brasil | Printed in Brazil

Todos os direitos reservados. A reprodução não autorizada desta publicação, no todo ou em parte, constitui violação do copyright (Lei nº 9.610/98).

Os conceitos emitidos neste livro são de inteira responsabilidade do(s) autor(es).

1ª edição – 2015

COORDENAÇÃO EDITORIAL E COPIDESQUE
Ronald Polito

REVISÃO
Marco Antonio Corrêa e Sandro Gomes dos Santos

CAPA, PROJETO GRÁFICO DE MIOLO E DIAGRAMAÇÃO
Ilustrarte Design e Produção Editorial

IMAGEM DA CAPA
"Encouraçado Minas Geraes. Disparo de canhões de 12 polegadas. Serviço de Divulgação da Marinha do Brasil.
Fonte: The Brazilian battleship "Minas Geraes". *Scientific American*, Nova York, Munn & Co., Inc., v. 102, p. 240, 19 mar. 1910.

**Ficha catalográfica elaborada pela
Biblioteca Mario Henrique Simonsen/FGV**

Alsina Júnior, João Paulo Soares
Rio-Branco, grande estratégia e o poder naval / João Paulo Soares Alsina Júnior. – Rio de Janeiro : Editora FGV, 2015.
416 p. il.

Originalmente apresentada como tese do autor (doutorado – Universidade de Brasília, Instituto de Relações Internacionais, 2014) com o título: A esfinge e o tridente: Rio-Branco, grande estratégia e o Programa de Reaparelhamento Naval (1904-1910) na Primeira República.
Inclui bibliografia.
ISBN: 978-85-225-1682-7

1. Rio Branco, José Maria da Silva Paranhos, Barão do, 1845-1912. 2. Estratégia. 3. Brasil – Relações exteriores. 4. Brasil – História militar. 5. Poder naval – Brasil. I. Fundação Getulio Vargas. II. Título.

CDD – 355.00981

Sumário

Lista de siglas	7
Lista de tabelas	9
Apresentação	11
Prefácio	13
Introdução	17
Capítulo 1 — A grande estratégia do Império: 1822-89	27
1. O imediato pós-independência	27
2. As relações com o Reino Unido e os Estados Unidos	32
3. O Império, seus principais estadistas e a América do Sul	37
4. O fim da Guerra do Paraguai e o ocaso do Império	52
5. As linhas mestras da grande estratégia do Império	68
Capítulo 2 — Grande estratégia ou caos?	73
1. O 15 de novembro e a "sul-americanização" do Brasil	73
2. O governo provisório	81
3. O recrudescimento dos conflitos intraelites	85
4. A Revolta da Armada e a aniquilação da força naval	91
Capítulo 3 — A ascensão civil e o estabelecimento das bases da grande estratégia nacional (1895-1902)	105
1. A ascensão de Rio-Branco durante a República	105
2. A questão da Trindade e a ameaça imperialista	108
3. A fragilidade da ordem oligárquica	112
4. Canudos, navalismo e tensões internacionais	116
5. As rivalidades no Cone Sul	122
6. Fatores domésticos e incapacidade de reagir às ameaças	125
Capítulo 4 — Rio-Branco, grande estratégia e poder naval	145
1. Introdução	145
2. Bases da fascinação de Rio-Branco pelo poder militar	146

3. Grande estratégia e política externa durante a gestão
   Rio-Branco, 1902-04 — 152
4. A questão do Acre e o emprego das Forças Armadas — 154
5. O tratado de Petrópolis e as tensões com o Peru — 162
6. Rio-Branco, grande estratégia e outras questões sensíveis — 167
7. O sentido da grande estratégia de Rio-Branco, primeiro esboço — 181

Capítulo 5 — O programa naval de 1904 e o papel
   de Rio-Branco — 187
1. Introdução — 187
2. Rio-Branco e a reorganização naval — 192
3. O que a reorganização naval não foi — 194
4. Condicionantes conceituais do programa naval de 1904 — 199
5. A ineficiência sistêmica da Marinha do Brasil — 206
6. A formulação do programa naval — 212
7. O programa Noronha e seus detratores — 215
8. Os debates parlamentares — 226
9. A dependência dos estaleiros estrangeiros — 231
10. Condicionantes internacionais, política externa e o
    programa Noronha — 233
11. O HMS *Dreadnought* e a ofensiva de Alexandrino — 243
12. As pressões contrárias ao programa Noronha e o ABC — 251

Capítulo 6 — O programa naval de 1906 e o papel de Rio-Branco — 263
1. Alexandrino e o seu programa de reorganização naval — 263
2. A deterioração das relações com a Argentina — 271
3. Política externa, poder naval e as tensões na América do Sul — 276
4. A resposta argentina e o estranhamento entre Brasil e EUA — 284
5. Apesar de tudo, segue a construção da nova esquadra — 294
6. 1910: princípio e fim da hegemonia naval brasileira na
   América do Sul — 302
7. Rio-Branco, grande estratégia e poder naval — 330

Conclusão — 337
Agradecimentos — 363
Referências — 365
Fontes — 391
Índice geral — 393

Lista de siglas

ABC — Argentina, Brasil e Chile
Cemga — Chefe do Estado-Maior General da Armada
CSNU — Conselho de Segurança das Nações Unidas
DNA — *deoxyribonucleic acid* (ácido desoxirribonucleico)
DNOG — Divisão Naval em Operações de Guerra
EUA — Estados Unidos da América
HMS — *Her Majesty's Ship*
IBGE — Instituto Brasileiro de Geografia e Estatística
Istar — *intelligence, surveillance, target acquisition, and reconnaissance* (inteligência, vigilância, aquisição de alvos e reconhecimento)
MB — Marinha do Brasil
MD — Ministério da Defesa
ONU — Organização das Nações Unidas
PIB — Produto Interno Bruto
PMs — Polícias Militares
RS — Rio Grande do Sul
STF — Supremo Tribunal Federal
USS — United States Ship
Zopacas — Zona de Paz e Cooperação do Atlântico Sul

Lista de tabelas

Tabela 1
Navios da esquadra no final do século XIX

Tabela 2
Navios de guerra adquiridos pela armada argentina de 1891 a 1902

Tabela 3
Diferença de tonelagem entre o *Minas Gerais* (programa Noronha) e os encouraçados contemporâneos projetados ou em construção em 1904

Tabela 4
Diferença de tonelagem entre o *Minas Gerais* (programa Noronha) e os encouraçados projetados ou construídos em 1906

Tabela 5
Comparação entre os programas navais Noronha (1904) e de Lanessan (1900, França)

Tabela 6
Comparação entre o *Minas Gerais* e o HMS *Dreadnought*

Apresentação

Há décadas cristalizou-se uma imagem da política externa brasileira capaz de impor-se exclusivamente pela competência de seus diplomatas. Seguindo a tradição do barão do Rio Branco, os diplomatas brasileiros, desvinculados da política interna e das forças armadas, seriam capazes de prevalecer na cena internacional, pela sua capacidade de mobilizarem argumentos éticos e jurídicos na defesa do interesse nacional. Corresponderá, porém, essa imagem à realidade dos fatos?

Este livro, fruto da tese de doutorado de João Paulo Soares Alsina Júnior — um de nossos maiores especialistas em história militar —, sugere que não. Partindo do princípio de que a política internacional não seria uma espécie de foro imparcial e desinteressado, onde triunfariam os melhores argumentos jurídicos, o autor revela, com notável erudição, que Rio Branco não descurava do necessário reaparelhamento militar brasileiro, especialmente o naval. O barão considerava o poder militar condição essencial para a perseguição de seu objetivo de recuperar, para o Brasil, o posto de potência hegemônica da América do Sul, que detivera durante o Império e perdera para a Argentina, naquele começo de República.

A reconsideração da ação adotada por Rio Branco no Itamaraty, recuperada por Alsina neste livro, em sua indispensável contrapartida militar, nos leva a refletir sobre os impasses da nossa atual política externa brasileira, premida, de um lado, entre o desejo de projetar o Brasil na cena internacional e, de outro, o estado de precariedade em que se encontram suas forças armadas, seja em matéria de aparelhamento, seja na definição de suas funções, no quadro do atual regime democrático.

Christian Edward Cyril Lynch
Professor de ciência política (Iesp)

Prefácio

Os embates políticos e intelectuais do Brasil colônia e da primeira metade do século XIX sempre foram marcados por dualidades: jansenistas *versus* jesuítas, ideologia francesa *versus* ideologia anglo-americana, liberais *versus* conservadores, luzias *versus* saquaremas. O pensamento e a ação de Paulino José Soares de Souza, o visconde de Uruguai, são quiçá a primeira grande síntese de todos esses polos, simbolizada por sua ativa participação no esforço de pôr fim ao tráfico de escravos no país — uma demanda da Grã-Bretanha — e pela defesa tenaz da soberania nacional contra o apresamento de navios brasileiros envolvidos com o famigerado tráfico pela mesma Grã-Bretanha.

Os pareceres, trabalhos parlamentares e livros do visconde de Uruguai sobre a navegação nos rios e a situação das fronteiras constituem também o berço do pensamento estratégico nacional. Desses escritos se depreende a necessidade de uma marinha forte para defender os interesses brasileiros no rio da Prata e garantir o Mato Grosso e a *hinterland*. A obra política do visconde de Uruguai se concluiria na década de 1850, com sua última passagem pelo Ministério dos Negócios Estrangeiros, finda em 1853.

José Maria da Silva Paranhos, o visconde do Rio-Branco, cria intelectual do visconde de Uruguai, inicia sua gloriosa carreira pelos mais altos postos do Poder Executivo justamente quando o visconde encerrava a sua, ao assumir a pasta da Marinha no famoso Ministério da Conciliação, ponto alto do Segundo Império, o qual viria a dar ao país uma estabilidade política até então desconhecida.

É justamente nesse vigoroso ambiente político e intelectual que o visconde do Rio-Branco cria o seu filho José Maria da Silva Paranhos Júnior, o futuro barão do Rio-Branco, nascido em 1845. Mais tarde, quando chega sua vez de chefiar o Ministério das Relações Exteriores, Paranhos Júnior se envolveria ativamente no mais ambicioso programa de reaparelhamento naval por que passaria o Brasil.

O ponto a ser aqui registrado é que a experiência política de três dos maiores estadistas que o Brasil teve em seus 100 primeiros anos como nação independente foi indelevelmente marcada por seu relacionamento com a Marinha. Não à toa.

De fato, desde as proezas do almirante Cochrane durante as lutas pela independência, a Marinha havia provado ser um ativo absolutamente fundamental para a sobrevivência da jovem nação. A Batalha de Riachuelo (1865) e a Passagem de Humaitá (1868), duas vitórias da Marinha, foram decisivas para que o Brasil vencesse a Guerra do Paraguai, prova eloquente do acerto da decisão dos estadistas do Império de ter uma armada digna de crédito.

Não foi apenas no fragor da batalha que a Marinha do Brasil contribuiu para a promoção dos interesses estratégicos nacionais. No período da independência, ela já havia sido de suma importância para a manutenção da unidade nacional. Na segunda metade do século XIX, a Marinha teve papel de relevo no crescimento dos custos de manutenção da hegemonia inglesa no Atlântico Sul.

Ao final da Guerra do Paraguai em 1870, todavia, o Brasil se encontrava exaurido. Os anos seguintes assistiriam justamente a uma brutal mudança na tecnologia das belonaves, mudança que o país não conseguiria acompanhar, deixando-o várias vezes à merce do seu ex-aliado na luta contra o Paraguai e novo rival, a Argentina, então muito mais rica do que o Brasil e detentora de uma marinha superior à nossa.

Em 1889, dá-se a proclamação da República. Seguem-se as revoltas da armada em 1893-94 contra o nascente regime liderado pelo Exército, levando o país à beira da guerra civil. Os conflitos entre os dois ramos das Forças Armadas desorganizam e reduzem mais ainda a efetividade da Marinha.

Com a progressiva pacificação e civilianização do regime republicano a partir de 1894, as crescentes tensões com a Argentina, as constantes ameaças do imperialismo europeu, a impressionante vitória da Marinha japonesa sobre a russa em Porto Artur em 1904 e a infatigável transformação tecnológica das belonaves — que chegaria ao auge com a entrada em serviço do *HMS Dreadnought* em 1906 —, as lideranças civis e navais do Brasil resolveram engajar-se seriamente, a partir de 1902, em um ambicioso programa de modernização da armada, sob a liderança do almirante Júlio César de Noronha, então ministro da Marinha. O país decidira — nada mais, nada menos — entrar para valer em uma das mais radicais corridas armamentistas da história. Para tanto, encomendou a estaleiros ingleses as classes mais poderosas dos encouraçados da época, dos quais se destacam o *Minas Gerais* (1908) e o *São Paulo* (1909).

Muito foi dito a respeito do acerto de um país pobre como era o Brasil do começo do século XX ao comprar esses caríssimos monstros de guerra. O fato é que, desde a entrada em serviço ativo do *São Paulo* em 1909 até a sua desincorporação em 1951, houve duas guerras anglo-germânicas travadas no Atlântico Sul em 1914-18 e 1939-45, com duas importantes batalhas navais ocorridas nas nossas "barbas" estratégicas, a Batalha das Ilhas Falklands em 1914 e a Batalha do Rio da Prata em 1939. Não valeu a pena ter o *Minas Gerais* e o *São Paulo*, como importantes elementos de dissuasão, nesses dois anos? Houve perigo para os nossos principais portos, o do Rio de Janeiro e o de Santos, nas duas ocasiões? Seriam esses portos bombardeados sem uma resposta séria por parte das nossas belonaves?

É a história política e internacional da construção daqueles dois encouraçados e de algumas outras belonaves que este brilhante livro de João Paulo Soares de Alsina Júnior, diplomata e acadêmico, nos conta. Inspirado teoricamente pelo realismo neoclássico e baseado em minuciosa pesquisa histórica, Alsina Júnior dá lugar de destaque ao papel desempenhado pelo barão do Rio Branco no programa de reaparelhamento da Marinha do Brasil no começo do século XX, brindando-nos com uma nova — e realista — interpretação a respeito da visão que Paranhos Júnior tinha da complexa relação entre o poder militar e a política externa.

É outra época, outra realidade, mas ajustadas as condições trata-se do mesmo problema: dar ao Brasil a autonomia para gerir a sua geopolítica. Ao mostrar, com precisão analítica e factual, os equívocos do oficialismo historiográfico acerca do barão — que o vê como um pacifista que só esgrimia argumentos históricos e geográficos —, o trabalho de Alsina Júnior está destinado a ser um ponto de inflexão nos estudos sobre a vida e a obra do nosso maior diplomata.

Carlos Ivan Simonsen Leal
Presidente da Fundação Getulio Vargas (FGV)

Introdução

José Maria da Silva Paranhos Jr.,[1] barão do Rio-Branco,[2] representa um dos emblemas do nacionalismo brasileiro. A despeito da personalidade impenetrável, que motivou Joaquim Nabuco a qualificá-lo de "esfinge", sua obra político-diplomática, especialmente no que diz respeito à demarcação de fronteiras, é até hoje reverenciada como de suma importância para o delineamento da identidade internacional do Brasil.[3] Apesar do muito que se escreveu a respeito do personagem e de seu legado, parece claro o caráter laudatório da imensa maioria dessas narrativas. Valendo-

---

[1] Para designar José Maria da Silva Paranhos Jr. utilizar-se-ão as seguintes expressões: Paranhos Jr., Juca Paranhos, barão, barão do Rio-Branco, Rio-Branco, filho mais velho do visconde. A opção pela variedade de termos atende unicamente a critério estilístico.

[2] Neste trabalho, a grafia do título nobiliárquico de Paranhos Jr. será idêntica à por ele utilizada: "Rio-Branco" e não "Rio Branco", como geralmente se usa no presente. Sempre que o título de Paranhos Jr. for objeto de citação por terceiros, será mantida a grafia empregada pelo autor original. Nas demais citações de personagens dessa época optar-se-á pela grafia contemporânea.

[3] Trabalho culto sobre o tema, mas tributário de alguns dos pilares das narrativas oficialistas, pode ser encontrado em: Lafer (2001); Moreira Leite (2007), em ensaio sobre o caráter nacional brasileiro — contraparte inevitável de qualquer esforço de identificação da identidade internacional do Brasil —, coloca em xeque a possibilidade de atribuição de traços característicos a uma nacionalidade. Apontando as contradições do conceito, esse autor salienta seu conteúdo ideológico e termina por afirmar que aquele constituiria um obstáculo à tomada de consciência histórica por parte de um povo. Moreira Leite enquadra-se, portanto, em linhagem crítica da "forma brasileira" de estar no mundo. Embora esse autor tenha razão em problematizar o conceito, pouca consideração atribui ao fato objetivo de que, certas ou erradas, as elites dirigentes, no Brasil e no exterior, acreditam na existência de determinados traços comuns que formariam o caráter nacional brasileiro. Essa crença, por mais equivocada ou contraditória que seja, representa de per si dado político significativo a ser considerado.

me da metáfora de Francisco Doratioto, pode-se afirmar que inúmeras camadas de verniz oficialista foram aplicadas, por sucessivas gerações de intérpretes, sobre a matéria de que era feita a ação rio-branquina. Em face da insatisfação com esse estado de coisas, e por respeito à memória do patrono do Itamaraty, este livro aborda temática que se encontra no âmago de uma série de distorções sobre o sentido da diplomacia de Paranhos Jr.: o papel do poder naval no contexto mais amplo da grande estratégia implementada durante a gestão Rio-Branco.

É forçoso chamar atenção para o fato de que o estudo da história no Brasil independente nasce atrelado aos interesses do Estado monárquico. Não é preciso avançar mais para que se tenha noção das origens de duas verdadeiras chagas que assolam a historiografia nacional, em maior ou menor medida, desde a fundação do Instituto Histórico e Geográfico Brasileiro (1838) até os dias de hoje: o oficialismo historiográfico e a dependência da intelectualidade em relação ao Estado. Tenciona-se aqui salientar o quanto essas realidades são remotas e profundas, sem com isso sugerir que todo e qualquer trabalho de história produzido no Brasil desde 1822 até o presente seja acrítico e comprometido do ponto de vista ideológico. Em qualquer circunstância, a força dessa tradição seria apontada por José Honório Rodrigues 141 anos depois do início das atividades do Instituto e quase meio século após a institucionalização das ciências sociais no contexto universitário: "Temos uma história real e uma história oficial que se contrapõem. (...) A historiografia sempre foi mais ou menos uma historiografia oficial (...)" (Rodrigues, 2010:341). Dessa constatação, deriva o projeto de Rodrigues de rever a história brasileira com o objetivo de revelar as imposturas produzidas pelo discurso oficialista e conservador. Mota (1975:2) corroboraria essa perspectiva ao afirmar ser a produção historiográfica nacional tradicionalmente "cortesã".

A história combativa proposta pelo antigo professor do Instituto Rio Branco visava a atacar um dos mais persistentes mitos difundidos pelo oficialismo: o caráter incruento da história brasileira. Em *Conciliação e reforma no Brasil*, o autor demonstra de maneira cabal como, ao contrário do que alega o discurso tributário do poder, o país transitou entre episódios cruentos e incruentos ao longo do seu percurso histórico. Embora admita que a história pátria não pode ser comparada em grau de violência à dos Estados Unidos ou à da França, Rodrigues afirma que seu trabalho procurou colocar em causa a mitologia oficialista: "Quis denunciar a fraude do postulado incruento e cordial (...). O que pretendi refutar foi a tese do processo incruento e da cordialidade como comportamentos históricos permanentes do povo brasileiro" (Rodrigues, 1982:16). Na base de seu projeto, encontrava-se a ideologia nacionalista, que o impelia a rejeitar o entendimento de que a população seria invariavelmente passiva diante das arbitrariedades das elites. Embora a sua crença em uma dicotomia profunda entre povo (bom) e elite (antinacional) seja simplista e esquemática, não resta dúvida de que José Honório Rodrigues foi um dos mais importantes historiadores do país, contribuindo de modo relevante para a diversificação do saber histórico brasileiro.

Diante do que precede, deve-se esclarecer que o autor deste livro filia-se à tradição antioficialista liderada pelo falecido historiador carioca. O que se discute é o sentido geral do legado de Rio-Branco, particularmente no tocante à perspectiva do barão quanto ao emprego do poder militar como ferramenta de política externa. Esse esforço foi levado a cabo com o máximo de independência em relação às amarras do oficialismo, uma vez que eventual contribuição à historiografia brasileira depende visceralmente da medida que o estudo aqui desenvolvido for capaz de revelar o que o oficialismo oculta. Deve-se ressaltar que a tarefa de ir além do oficialismo historiográfico não constitui exercício trivial. As diversas camadas de verniz mitológico aplicadas sobre o objeto pesquisado tornam complexa a missão de destrinchar o que representa fato e ficção. No entanto, é possível aceder a uma melhor compreensão da matéria se o contexto em que Rio-Branco atuava for apreciado de modo adequado. É nesse exato sentido que se insere o longo histórico levado a cabo sobre o papel da Marinha, de modo primário, e do Exército, de maneira secundária, na vida nacional desde o Grito do Ipiranga. A recuperação das linhas de continuidade histórica foi essencial para a delimitação do repertório de escolhas à disposição de Paranhos Jr. no que se refere à sua visão sobre o papel do poder militar nas relações internacionais do Brasil.

Cabe ter em perspectiva que nenhuma política externa será completamente distinta daquela praticada no passado, tampouco absolutamente idêntica. Isso ocorre porque fatores estruturais estarão sempre presentes, limitando o universo de alternativas do estadista. Ao mesmo tempo, este último pode atuar no sentido de modificar a estrutura em que suas ações se processarão.[4] Como homem de estado, Rio-Branco não estava imune a essa dialética. A ação internacional do Brasil durante sua gestão continha elementos de continuidade e mudança em relação aos lineamentos mais relevantes da política externa implementada até então. Em sentido análogo ao que ocorreu com inúmeros personagens da Monarquia, que se tornaram relevantes servidores da República, a política externa desta última será em boa medida tributária daquela implementada durante o Império. Essa constatação fundamental ajuda a contextualizar o sentido de muitas das iniciativas capitaneadas pelo mais emblemático diplomata da nossa história — iniciativas que não podem ser corretamente apreciadas de modo independente das circunstâncias que as enquadravam.

Poucos períodos poderiam ser classificados como mais fecundos no tocante à construção de uma grande estratégia nacional do que o decênio em que o barão atuou como ministro das Relações Exteriores (1902-12). Constituindo o momento paradigmático de consolidação da política externa republicana, sua administração foi capaz de manejar os insumos de poder à disposição do Brasil para definir, em termos favoráveis, as fronteiras da nação. Foi também durante os seus quase 10 anos à frente da chancelaria que o Brasil sedimentou a mudança de eixo do seu relacionamento internacional, voltando-se prioritariamente aos Estados Unidos em detrimento do europeísmo que caracterizara a política externa do Império. É preciso enfatizar que Rio-Branco foi contemporâneo e apoiador de um dos maiores esforços de incorporação de armamento naval da história brasileira — cujo resultado foi a chamada "Esquadra de 1910". A análise da participação do patrono da diplomacia nesse processo, bem como de sua visão sobre o emprego do poder militar em

---

[4] Essa dialética está bem representada em Renouvin e Duroselle por meio da dinâmica identificada pelos autores entre as forças profundas, o sistema de causalidade, e o processo decisório, sistema de finalidade. Ver Renouvin e Duroselle (1967).

apoio à política externa, será de crucial importância para que se possam determinar os elementos essenciais da grande estratégia do país naquele momento histórico.

A grande estratégia, definida como a gestão dos negócios do Estado visando à materialização de objetivos de longo prazo, é um conceito pouco comum no Brasil. Por seu caráter necessariamente amplo, não surpreende que muitas análises o identifiquem com a política externa em sua acepção mais genérica: uma política multifacetada, que se vale dos recursos disponíveis no plano doméstico e das oportunidades oferecidas pelo sistema internacional para avançar os interesses e os valores de uma dada coletividade humana.[5] Logo, a interface entre o interno e o externo ao Estado apresenta-se como elemento inescapável de qualquer grande estratégia. Entre a infinita complexidade relacionada ao conceito, há aspectos que lhe são intrínsecos como as dimensões político-diplomática, econômica e militar. Embora a grande estratégia transcenda as relações de força estritamente consideradas, não faz sentido utilizar o termo desvinculado da possibilidade de emprego direto ou indireto do poder militar. Afinal, a grande estratégia não pode existir completamente desvinculada da estratégia em sentido estrito — o ofício do *strategos* (general), aquele que conduz as tropas no campo de batalha.

O estudo de caso sobre a grande estratégia do Brasil na primeira década do século XX permitirá que ela seja cotejada com a que vem sendo levada a cabo pelo país no presente — emprestando caráter mais evidentemente instrumental ao trabalho, como contribuição ao debate contemporâneo. Note-se que a posição brasileira no *ranking* internacional das potências modificou-se sensivelmente desde o final da gestão Rio-Branco. A despeito de persistirem clivagens regionais, acentuada disparidade de renda entre as frações mais ricas e mais pobres da população, graves problemas educacionais, ponderável ineficiência do Estado em vários setores, dentre outras questões relevantes, o país, em 2015, é significativamente distinto do de 1910. O Brasil encontra-se entre as 10 maiores economias, possui a quinta maior população, o quinto maior território, uma

---

[5] Entre tantos outros trabalhos, ver a importante contribuição de Trubowitz (2011).

importante base industrial (em processo inquietante de esgarçamento) e um sistema consolidado de ciência e tecnologia — embora carente de maior capacidade de gerar inovação. Do ponto de vista das instituições, o aparelho estatal encontra-se muito melhor estruturado do que há 100 anos, sem falar nas marcantes diferenças qualitativas da democracia nos dois momentos contrastados. Apesar das diferenças existentes entre os contextos de atuação de Rio-Branco e o atual — como as que se referem ao tipo de relação estabelecida com os Estados Unidos (que foi substituído pela China como maior parceiro comercial do país),[6] à prioridade relativamente menor dos temas econômicos para o Itamaraty da Primeira República e à enorme relevância atribuída à diplomacia platina (*locus* fundamental da disputa entre Brasil e Argentina pela hegemonia regional) —, é possível fazer comparações. Nem tudo mudou de lá para cá; nem tudo o que mudou é tão importante assim.

Desse modo, parece lícito discutir a atualidade do legado de Rio-Branco à luz das inferências derivadas do estudo sobre o plano de reorganização da Marinha do Brasil na primeira década do século passado. Deve-se ter presente que, em alguma medida, a história será sempre literatura, envolvendo um novo olhar do presente sobre o passado intimamente relacionado ao universo pessoal de cada autor. Olhar esse que transcende a simples revelação de novas fontes, a busca de novos elementos empíricos e a utilização de métodos mais sofisticados. Assim, a história estará inevitavelmente condenada a ser um conjunto de peças que os vivos pregam nos mortos, na formulação de Voltaire. Sendo em parte literatura, logo arte, ela é também ciência, devendo obedecer aos seus cânones — dentre os quais se destaca o imperativo da aderência à empiria. Em outras palavras, isso quer dizer que sempre será possível sustentar a importância de determinados ensinamentos do passado para o presente e o futuro. Ocorre que a legitimidade acadêmica da ideia de legado depende, ao menos para os historiadores de persuasão modernista, do grau de adesão da narrativa às pistas fornecidas pelas fontes primárias e secundárias. Com

---

[6] Octavio Amorim (2011), com base no padrão de votação de Brasil e Estados Unidos na ONU, sugere que o incremento das capacidades nacionais daquele ao longo do tempo apresenta relação positiva com o aumento das divergências entre Brasília e Washington.

base nessa constatação, parece acertado supor que nem todas as interpretações do fato histórico são igualmente legítimas, uma vez que a história não é *somente* literatura.

Diante desse *caveat* e da evidente constatação de que o Brasil do século XXI é muito distinto do país em que Rio-Branco atuou como chanceler, apresenta-se de modo ineludível a indagação: o papel desempenhado pelo poder militar no contexto mais amplo da grande estratégia levada a cabo pelo barão permanece atual? Em que medida? Em face das respostas a essas perguntas, pode-se determinar como a grande estratégia brasileira no presente lida com a questão, avaliando, a um só tempo, suas semelhanças e diferenças em relação à época de Paranhos Jr., bem como sua coerência interna. Essa tarefa será realizada na conclusão do trabalho, que também permitirá ao autor refutar a tese, tão cara aos propaladores de um suposto "pacifismo" atávico dos brasileiros, de que o patrono da diplomacia seria um empedernido amante da paz. Em sentido muito distinto da quase totalidade das narrativas oficialistas, conclui-se pela caracterização de Rio-Branco como um estadista bismarckiano por excelência. Contudo, entre o primogênito do visconde do Rio-Branco e o Chanceler de Ferro havia uma distinção ineludível: enquanto o último podia contar com o exército mais poderoso do planeta, o primeiro jamais pôde valer-se de forças armadas nem remotamente parecidas. Logo, a latitude de emprego da força de que dispunha o barão era infinitamente menor do que a de Bismarck.

A despeito do anteriormente mencionado, Rio-Branco empregou o instrumento militar quando foi preciso e dentro dos estreitos limites impostos pela fragilidade do aparato de defesa brasileiro. Restará à especulação histórica supor o que Paranhos Jr. faria na hipótese de poder contar com forças armadas poderosas. Engrossando as fileiras do suposto (e falso) kantianismo medular dos indivíduos nascidos na Terra de Vera Cruz, o oficialismo poderá sempre retorquir que a genialidade do barão encontra-se justamente em sua capacidade de fazer prevalecer os interesses do Brasil por meios incruentos. Este livro demonstra como essa visão é apenas parcialmente correta (ou incorreta). Como realista pragmático, Rio-Branco jamais teve por objetivo atuar a partir de posição de fraqueza. Ao contrário, seu inflexível apoio à expansão do poder naval do país, assim como à profissionalização do Exército, visava garantir a posse de uma importante carapaça bélica, capaz de fazer frente à ameaça argentina e de impor nível mínimo de dissuasão em face do imperialismo europeu. O incremento do poderio militar nacional defendido pelo chanceler também seria imprescindível para catapultar o prestígio do país no exterior: os *dreadnoughts Minas Gerais* e *São Paulo*, as mais formidáveis máquinas de guerra de sua época, eram ideais nesse sentido.

Essa realidade, que se encontra na base de tantas distorções sobre as origens do suposto pacifismo da política externa brasileira, precisa ser questionada, sob pena de continuar a representar um interdito tácito à reflexão, no âmbito do Estado e da sociedade, sobre o papel do poder militar no contexto mais amplo das relações internacionais do Brasil. Isso é tão mais urgente quanto se constate a tibieza das teses de que o mundo caminharia inexoravelmente para a extinção das guerras interestatais, ou até mesmo para a proscrição da guerra *tout court*.[7] A recente anexação da Crimeia pela Rússia, além do aumento das tensões geopolíticas na Ásia, sem mencionar a miríade de guerras intraestatais (quase sempre envolvendo a participação de terceiros Estados), indicam haver grande probabilidade de que o século XXI seja muito mais conflitivo do que alguns analistas supunham. As ameaças cibernéticas, a militarização do espaço, a robotização cada vez mais intensa do campo de batalha (com o emprego dos mais variados tipos de *drones*), a compressão do espaço-tempo causada pelo aumento do alcance e da letalidade dos armamentos, a manutenção e a modernização dos arsenais nucleares por parte das principais potências são fenômenos que não podem ser devidamente apreciados, em suas implicações para o país, se a principal burocracia responsável por pensar a nossa inserção internacional encontrar-se completamente desprovida dos mais elementares rudimentos conceituais para levar a cabo exercício dessa natureza. Ao que tudo indica, não será por meio da repetição *ad nauseam* da patética arenga sobre o "pacifismo", o "bom-mocismo", a "bonomia" e a "cordialidade" dos brasileiros e de sua política

---

[7] Sobre o assunto, ver Gray (2006).

externa "traçada pelo barão" que se romperá o interdito assinalado. Este livro pretende contribuir para desmitificar a visão de Rio-Branco sobre a instrumentalidade do poder militar para a grande estratégia nacional. Ao fazê-lo, busca-se, a um só tempo, retificar falsificações históricas indefensáveis e ampliar os horizontes da política externa brasileira. Afinal, a diplomacia deve sempre trabalhar pela expansão das alternativas disponíveis à nação, jamais pela sua limitação.

Este livro está organizado em seis capítulos. No capítulo 1, procura-se fornecer os elementos contextuais que circunscreviam a grande estratégia do período imperial, o que permitirá compreender os constrangimentos estruturais impostos ao Brasil pelos planos doméstico e internacional no momento da instauração da República. As relações do Brasil independente com a América do Sul, em geral, e com a Argentina, em particular, são enfocadas prioritariamente. Faz-se muito importante abordar, da mesma forma, as relações do país com a Inglaterra (potência primordial no século XIX) e com os EUA (potência ascendente tanto no plano hemisférico quanto mundial). O capítulo 2 aborda, em grandes linhas, as peculiaridades da arena doméstica em suas vertentes política, econômica e social durante a "República da Espada" (1889-94), momento crucial para a definição das relações civis-militares republicanas, assim como para o futuro programa de reaparelhamento naval. O contexto internacional do período também foi abordado em vista de sua evidente incidência sobre o plano doméstico. No capítulo 3, exploram-se os lineamentos do intervalo temporal que vai da retomada das rédeas do Estado pelos civis, em 15 de novembro de 1894, com a posse de Prudente de Morais, até o final do governo Campos Sales. A análise dos desdobramentos das políticas externa e interna até 1902 constitui condição prévia para que se possam compreender as condicionantes que viriam a modular as alternativas disponíveis a Rio-Branco em sua passagem pela chefia do Itamaraty.

O capítulo 4 enfoca, por sua vez, o período 1902-04 — que comporta algumas das mais importantes realizações de Paranhos Jr., como a incorporação do Acre. Esse período corresponde à fase de concepção do primeiro plano de reorganização naval articulado pelo ministro da Marinha, almirante Júlio César de Noronha. Trata-se do momento imediatamente anterior ao estudo de caso pormenorizado sobre o programa de reconstituição dos meios navais brasileiros. O capítulo 5 explora o programa naval de 1904 propriamente dito, detendo-se em seus aspectos contextuais domésticos e internacionais. Essa seção do trabalho debruça-se sobre o pensamento estratégico naval do período e sua influência sobre as escolhas realizadas pela administração Rodrigues Alves. A questão da influência de Rio-Branco sobre o processo que resultou na aprovação pelo Congresso do plano de 1904 é explorada. O capítulo 6, a seu turno, aborda o projeto de reaparelhamento naval do almirante Alexandrino de Alencar, que foi efetiva embora apenas parcialmente implementado. Estuda-se a participação de Rio-Branco no plano de 1906, com atenção especial ao seu significado para a grande estratégia levada a cabo pelo patrono da diplomacia. À luz não somente da análise de seu discurso mas também de suas ações concretas, procura-se determinar a visão de Paranhos Jr. sobre o emprego do instrumento militar como elemento de apoio à política externa.[8] As resultantes da grande estratégia brasileira no período 1904-10 são, igualmente, abordadas.

Na conclusão, empreende-se uma breve síntese dos argumentos desenvolvidos ao longo do livro, seguida de considerações normativas sobre as implicações, para a política externa brasileira contemporânea, da sua maior ou menor adesão às linhas mestras da grande estratégia conduzida pelo patrono da diplomacia — com foco particular na visão de Rio-Branco sobre o emprego das Forças Armadas como ferramenta de apoio à ação internacional do Brasil. Da mesma forma, considerações são feitas sobre a direção contemporânea da política de defesa do país, com destaque para as consequências, potencialmente catastróficas, da utilização sistemática de Marinha, Exército e Aeronáutica em operações de garantia da lei e da ordem, no combate ao narcotráfico e em tantos outros domínios que nada têm a ver com as tarefas essenciais de instituições castrenses em países civilizados.

---

[8] Sobre o emprego do poder militar em apoio à política externa, ver Alsina Jr. (2006; 2009).

CAPÍTULO 1

A GRANDE ESTRATÉGIA DO IMPÉRIO: 1822-89

(...) os conselheiros em sua totalidade estavam convencidos de que o Brasil pertencia à esfera da civilização cristã europeia e de que todo o esforço deveria ser feito no sentido de conformá-lo aos padrões desta civilização. (...) No que se refere à América do Sul, os conselheiros não divergiam do conjunto da elite política que nela via apenas nações turbulentas, caudilhescas, pouco propícias à garantia das liberdades públicas e hostis ao Brasil como nação e como monarquia. (Carvalho, 2010:364-365)

1. O IMEDIATO PÓS-INDEPENDÊNCIA

A diplomacia constituída a partir do Grito do Ipiranga herdou os traços fundamentais e a estrutura burocrática de sua congênere lusitana. Segundo José Honório Rodrigues, o estilo da diplomacia portuguesa caracterizava-se pela contemporização, transigência, sentido de oportunidade e sensibilidade para as circunstâncias — traços necessários a um Estado dotado de parcos insumos de poder.[9] Não é inoportuno supor

---

[9] Essa é, evidentemente, apenas uma de várias interpretações possíveis. Ela contém elementos de verdade e, em sentido inverso, elementos de ocultação da verdade. De toda forma, a visão de Rodrigues é convergente com a maior parte das narrativas sobre a herança diplomática brasileira. Note-se, contudo, que o mesmo autor, ao tratar dos primeiros anos da política externa do Brasil independente, afirma que o país não teria sabido "aproveitar essa herança". Ver Rodrigues, Rodrigues e Seitenfus (1995:59).

que a própria forma como se deu a ruptura com a metrópole teria favorecido a incorporação pelo Brasil desse estilo. José Bonifácio de Andrada e Silva, o primeiro chanceler imperial, assumiu o cargo antes mesmo do Sete de Setembro. Além de único brasileiro do gabinete empossado em 16 de janeiro de 1822 (Rodrigues, Rodrigues e Seitenfus, 1995:51), o patriarca da Independência notabilizava-se por ter vivido durante longos anos em Portugal. Em certo sentido, também nos negócios estrangeiros prevaleceu a lógica de mudanças incrementais que caracterizaria a história do país, sintetizada de modo irretorquível no fato de ter sido um príncipe lusitano, herdeiro do trono de Portugal, o líder da nova nação independente.

Em um primeiro momento, as energias diplomáticas nacionais estiveram voltadas para a supressão dos focos de resistência armada portugueses, o que foi conseguido por meio da mobilização de todos os recursos domésticos disponíveis e da contratação de mercenários estrangeiros para liderar os esforços da Marinha e do Exército durante a Guerra de Independência.[10] Entre aqueles, destaque deve ser dado ao almirante escocês Thomas Alexander Cochrane, arregimentado para chefiar a incipiente Marinha imperial e figura-chave no estrangulamento das tropas leais a Lisboa — concentradas nas províncias da Bahia, Maranhão, Pará e Cisplatina.[11] Para reforçar suas capacidades defensivas, o Império autorizou, em 30 de dezembro de 1823, que brasileiros e estrangeiros praticassem o corso contra qualquer embarcação que ostentasse o pavilhão do antigo colonizador (Motta, 1985:669). Havia, ainda, a necessidade de o Rio de Janeiro contar com os meios navais necessários ao sufocamento de rebeliões contra a autoridade central em províncias distantes, como foi o caso da Confederação do Equador, em 1824. Tendo em vista a escassez de vias de comunicação terrestres e a localização da maior parte das cidades no litoral, a única forma de acesso rápido a partir da capital

---

[10] Sobre a guerra de independência brasileira, ver Diegues (2004).
[11] Álvaro Teixeira Soares comenta que, ao compulsar, na biblioteca do Itamaraty, publicação de Cochrane, em que justifica suas ações na Guerra de Independência e se compraz pelos resultados, verificou que o exemplar estava copiosamente anotado pelo barão do Rio-Branco — grande conhecedor da história militar brasileira. Ver Teixeira Soares (1978:7).

dava-se por meio do mar e dos caminhos fluviais.[12] Era também através do mar que se podiam repelir agressões vindas de fora do subcontinente e garantir os fluxos de comércio internacional (Doratioto, 2010:9-20). Conforme José Narciso, a posse de meios navais desempenharia papel de extrema importância na manutenção da unidade territorial brasileira (Narciso, 1980:27).

As origens da Marinha imperial remontam à transmigração da família real portuguesa, que aportou no Brasil em 1808 (Cesar, 2013:169-174). Desde a sua criação nesse mesmo ano até a independência, a força naval brasileira foi formada por belonaves de diversas origens. Fator importante a ser considerado é o de que Portugal, no intuito de preservar a Colônia dos seus competidores, havia instalado, a partir do século XVII, estaleiros em pontos estratégicos do litoral (Motta, 1985:664). Essas unidades tinham por função produzir pequenas embarcações e fornecer apoio logístico à esquadra lusitana, tendo servido de embrião da construção naval brasileira. Outro elemento a ser considerado tem a ver com a declaração de guerra feita por dom João VI à França logo depois de sua chegada ao país, ao que se seguiu a ocupação militar da capital da Guiana Francesa, Caiena, em 1809.[13] Isso demandava a existência de navios de guerra, que foram mandados construir com a máxima celeridade. A estes somava-se o fulcro da Marinha Imperial portuguesa, que acompanhou a família real em sua fuga da Europa. Em 7 de setembro de 1822, foram incorporados à esquadra do Brasil independente sete naus, nove fragatas, 12 corvetas, 16 brigues, oito escunas, quatro charruas e cinco navios-correios pertencentes à antiga metrópole (Teixeira Soares, 1978:7).

Sobre o Exército no Primeiro Reinado, cabe destacar que sua atuação foi politicamente controversa desde os primórdios do regime. A presença de grande número de oficiais e praças lusitanos, que optaram por permanecer no Brasil, representou elemento de tensão com suas contra-

---

[12] Como no caso da província do Mato Grosso.
[13] Williams (1975:154-155). Não surpreendentemente, o oficial português encarregado da expedição militar também tinha ordens de ocupar a margem direita do rio Oiapoque. Essa ação visava a garantir a posse luso-brasileira do território que se encontrava entre aquele curso d´água e o Amazonas.

partes brasileiras. Em idêntico sentido, o favoritismo de dom Pedro I em relação aos seus ex-compatriotas constituiu objeto de fricção com os soldados nascidos no país. A utilização extensiva de tropas mercenárias estrangeiras, essencialmente alemães e irlandesas, em funções destacadas junto à corte do Rio de Janeiro gerou sentimentos adversos ao monarca no seio da caserna e reforçou a tese liberal de que a própria existência de exércitos permanentes constituía uma ameaça às liberdades públicas. O emprego do Exército na dissolução da Assembleia Constituinte, em novembro de 1823, apenas tornou mais plausível a visão dos liberais sobre o caráter intrinsicamente negativo da força terrestre. Somando-se a isso o desempenho pífio do Exército na Guerra da Cisplatina (1825-28), estava montado o palco para episódios de indisciplina e para a politização dessa instituição (McBeth, 1978:117-129). O importante papel desempenhado pela agitação militar para a decisão de Pedro I de abdicar do trono anunciava a sucessão de intervenções na vida política do país — sobretudo a partir do advento da República.

Nesse contexto, a Regência, dominada por liberais, decidiu criar um contrapeso ao exército regular. Em 18 de agosto de 1831, instituía-se formalmente a Guarda Nacional para substituir as "Milícias e Ordenanças (forças de reserva que haviam estado sob a jurisdição do Ministro da Guerra)" (Schulz, 2004:285). Sob a égide do ministro da Justiça e organizada em nível provincial, a Guarda Nacional serviu como um dos principais instrumentos do localismo brasileiro — em que não eram raros os casos de utilização da nova força para a coação de inimigos políticos e outros tipos de arbitrariedade. Ao mesmo tempo que a milícia cidadã era estruturada, a regência desmobilizava fortemente o Exército. De um contingente de 8 mil homens empregados apenas na Cisplatina, a força terrestre foi reduzida a um total provavelmente inferior a 6 mil (Schulz, 2004:285). Jeanne Berrance de Castro matiza a ideia de que a Guarda Nacional serviria em essência como força de contenção do Exército. Para essa estudiosa, a milícia de cidadãos soldados passou por três fases distintas em sua evolução histórica. Na primeira (1831-50), desempenhou papel importante, ao lado das forças de primeira linha, nas campanhas de pacificação nacional. Na segunda (1850-89), deu-se a aristocratização de seus quadros, o emprego maciço como força auxiliar do Exército na Guerra do Paraguai e a transformação em instrumento de coação política em prol dos interesses de suas lideranças locais ("milícia eleiçoeira"). Finalmente, em sua terceira fase (1889-1918), a Guarda Nacional declina acentuadamente em importância, sendo absorvida pelo Exército e extinta em 1918.[14]

Em qualquer circunstância, o importante a reter para os fins deste livro é a grande desconfiança de parcelas importantes das elites civis do Império em relação aos exércitos permanentes. Cabe ter em conta o papel de relevo desempenhado pela Guarda Nacional em comparação à projeção modesta do Exército Brasileiro ao longo de grande parte do período monárquico. Nelson Werneck Sodré aponta elemento essencial de diferenciação entre a milícia cidadã e o exército regular: as regras de recrutamento. O desfavor do segundo em relação à primeira fica patente pela obrigatoriedade de que todos os brasileiros do sexo masculino entre 18 e 50 anos se alistassem na Guarda Nacional, ao passo que, na força de primeira linha, o recrutamento (forçado) de voluntários permaneceu sendo a regra.[15] Apenas a partir de 1873, com a reforma dos estatutos legais que regulavam a milícia cidadã, já no contexto da ampliação do peso político da força terrestre, houve de fato a neutralização da Guarda Nacional como instrumento de garantia da estabilidade da Monarquia (Sodré, 1979:347-348). Deve-se notar que, ao passo que o Exército teve de competir pela primazia das instituições coercitivas do Império com a Guarda Nacional, ainda que se possa alegar a distinção estatutária existente entre elas, a Marinha jamais precisou defrontar-se com semelhante competição.[16] A plena

---

[14] Jeanne Castro (2004:320) afirma que 1922 foi a data de extinção da Guarda Nacional. No entanto, o Decreto 13.040, de 29 de maio de 1918, publicado no *Diário Oficial* de 31 de maio do mesmo ano, determinou a extinção da instituição.

[15] Sodré (1979:127). Esse autor enfatiza, em face de seu viés analítico marxista, o fato de que foi a proteção dos interesses políticos das oligarquias o fator preponderante na decisão de criar a Guarda Nacional. Eventuais preocupações com a defesa nacional teriam sido claramente secundárias, a seu juízo.

[16] Não havia, por exemplo, uma guarda costeira que competisse por prestígio e recursos com a Marinha. Evidentemente, como em toda parte, a Marinha sempre competiu com o Exército pelos recursos destinados à defesa nacional.

identificação da força naval com o Império pode ser atribuída, entre outros fatores, à crença civil de que, além de sua importância intrínseca para um país continental como o Brasil, a Marinha não precisava ser contida — talvez por sua limitada capacidade de intervir nas disputas políticas.

Também no Primeiro Reinado, buscou-se a obtenção do reconhecimento internacional do novo estatuto político brasileiro, objetivo alcançado em 29 de agosto 1825 com a anuência de Portugal. A intermediação do Reino Unido foi instrumental para esse desfecho. De acordo com Cervo e Bueno, as compensações financeiras e as concessões políticas oferecidas pelo país, no tratado assinado com a parte lusitana, constituíram a primeira grande derrota diplomática do Brasil. Naturalmente, as ações de Londres não se davam por benemerência:

> Os desígnios do governo inglês no Brasil à época da Independência permaneciam os mesmos de 1808, porque idêntico era seu projeto de supremacia. São eles o comércio favorecido, a reciprocidade fictícia, facilidades e privilégios para seus súditos, a extinção do tráfico de escravos, tudo a ser consentido politicamente, sem recurso à força, a cujo emprego até então se opusera. (Cervo e Bueno, 2011:40)

2. As relações com o Reino Unido e os Estados Unidos

Resta evidente que uma das vertentes mais relevantes das relações internacionais do Império era a que se referia ao Reino Unido. Além dos estreitos vínculos comerciais, financeiros, políticos e militares (fundamentalmente na área naval)[17] existentes entre os dois Estados desde a proclamação da Independência, fazia-se necessário considerar a questão do tráfico de escravos, que representou, durante longo período, contencioso

---

[17] Exemplo disso pode ser encontrado no grande número de oficiais e praças de origem britânica que serviam na Marinha brasileira durante as guerras de independência e da Cisplatina. Sobre o assunto, ver Vale (2000).

bilateral grave (Cervo e Bueno, 2011:63). A Marinha do Brasil, nesse contexto, foi sistematicamente empregada como instrumento de fiscalização do fluxo de navios que adentravam o litoral carregando negros africanos. Tratava-se, ao menos do ponto de vista formal, de reprimir o tráfico de escravos, proibido por convênio firmado entre os dois países em 1826, que previa a proscrição daquela prática a partir de 1830.[18] Mesmo antes dessa data, as autoridades brasileiras procuraram utilizar a força naval como instrumento, mais fictício do que real, de repressão ao comércio de seres humanos entre a África e o país. Em 1827, foi criada a Divisão da Costa Leste, instalada no porto angolano de Cabinda. Estatutariamente, essa divisão da esquadra deveria impedir o trânsito de escravos para o Brasil e proteger de corsários e piratas as embarcações que faziam o trajeto entre o continente africano e os portos nacionais (Oliveira, 2010:114). Na prática, essa divisão, extinta em 1830, cumpria apenas a segunda função — particularmente importante em face dos constantes ataques de corsários a soldo dos argentinos a navios brasileiros no bojo da Guerra da Cisplatina (Oliveira, 2010:107).

A projeção estratégica da Grã-Bretanha sobre a América do Sul, mais precisamente sobre o Prata e a Amazônia, não era indiferente aos formuladores da política externa do país, que procuraram avançar os interesses nacionais no plano internacional de maneira autônoma, mas não provocativa, diante dos constrangimentos derivados daquela realidade. Deve-se notar que, mesmo depois da mudança do eixo das exportações do Brasil, nos anos 1880, do Reino Unido para os Estados Unidos, o primeiro continuaria a ser o principal investidor estrangeiro na economia brasileira por várias décadas (Topik, 1996:56-60). A *City* londrina representou, igualmente, o principal centro de concessão de empréstimos ao Império, sendo a casa N. Rothschild particularmente relevante nesse sentido. A despeito do que precede, a Monarquia brasileira não deixou de defender seus interesses e salvaguardar sua dignidade diante do poderio inglês. A ruptura dos acordos de comércio desiguais por meio das tarifas Alves Branco (1844), as ações coercitivas do Brasil no Prata para eliminar

---

[18] Sobre o assunto, ver Oliveira (2010:103).

Rosas e o rompimento de relações diplomáticas entre 1863 e 1866 em função da questão Christie são exemplos evidentes de que o país soube contrariar o governo da pérfida Albion sempre que julgou imprescindível assim proceder.

Além das relações com a maior potência europeia e mundial de então, a diplomacia imperial manteve ativa interlocução com os países mais relevantes do velho continente — para onde era carreada parcela majoritária das exportações brasileiras durante boa parte dos oitocentos. Até 1873, Grã-Bretanha (39,4%), França (7,5%), Alemanha (5,9%), Portugal (5,8%), Bélgica (1%), Espanha (0,8%) e Países Escandinavos (0,7%) absorviam mais de 60% das vendas do país ao exterior (Palazzo, apud Almeida, 2001:85). A similaridade entre as formas de governo do Brasil e da Europa, sem falar nos laços dinásticos daí decorrentes, tornava a última natural fonte de inspiração para a monarquia tropical da Casa de Bragança. Isso não equivalia a afirmar, naturalmente, que houvesse um estatuto de igualdade entre as monarquias europeia e brasileira, uma vez que aquelas encaravam essa como uma variante exótica, ao mesmo tempo escravista e liberal (Santos, 2010:103). As tensões existentes no relacionamento do país com a França em torno da questão do Amapá, por exemplo, demonstrariam a existência não somente de afinidades ideológicas e culturais, mas também de interesses contrapostos potencialmente perigosos para a parte mais fraca — ou seja, o Brasil. A neutralização, em 1841, da região disputada pelos dois Estados foi vantajosa para as pretensões brasileiras, pois indicava que o governo gaulês não estava disposto, ao menos naquele momento, a empregar a força para garantir a sua posse definitiva. Ademais, os franceses dificilmente poderiam levar à frente tal empreitada sem o beneplácito da Inglaterra, garantidora, em última instância, da Doutrina Monroe nas Américas.

As relações com os Estados Unidos, no entanto, manter-se-iam em nível modesto ao longo da maior parte do século XIX em face da percepção de que essa nação possuía claros desígnios expansionistas. O fato de constituírem exceções no contexto das Américas, um como Império de origem lusitana e outro em razão de sua matriz cultural anglo-saxã, não foi suficiente para gerar impulso que ultrapassasse o cordial distanciamento de parte a parte. O interesse norte-americano em ampliar mercados para seus comerciantes, refletido nas ações de Washington em prol da abertura à livre navegação internacional do rio Amazonas, foi extremamente mal recebido pelo Brasil (Torres, 2011:104-127). Causou espécie à diplomacia imperial, igualmente, o apoio velado dos Estados Unidos "(...) a um projeto de colonos e filibusteiros do sul tendo em vista a ocupação da Amazônia (...)" (Cervo, apud Torres, 2011:117). Nas palavras de Leslie Bethell:

> No começo dos anos 1850, os Estados Unidos, junto com a Grã-Bretanha e a França, tentaram convencer o Brasil a abrir o rio Amazonas para livre navegação. Fazia parte da estratégia da chamada "escola aquática", com vistas a desenvolver a economia do sul dos Estados Unidos expandindo o comércio dos portos do Mississipi, em especial Nova Orleans, para além do Golfo do México, do Caribe e do Istmo do Panamá. Seu principal defensor (...) era o tenente Matthew Fontaine Maury, superintendente do Observatório Nacional em Washington. A Bacia Amazônica, que Maury via como "mera continuação do vale do Mississipi", (...) deveria ser aberta à navegação estrangeira *pacificamente se pudermos, à força se precisarmos*". (Bethell, 2010:172, grifos meus)

A simpatia demonstrada pelos EUA ao Paraguai na guerra da Tríplice Aliança (Moniz Bandeira, 1998:127) e a decisão do Rio de Janeiro de conceder aos confederados sulistas o estatuto de parte beligerante durante a guerra civil norte-americana (1861-65) não contribuíram para a aproximação dos dois gigantes (desiguais) das Américas. De maneira não casual, Salvador de Mendonça, ministro plenipotenciário em Washington entre 1890 e 1898, afirma terem as relações entre os dois países conhecido tão somente um par de momentos negativos ao longo da história: o reconhecimento pelo Brasil do governo do imperador Maximiliano no México (sic) e o desfecho da missão do escravocrata Richard K. Meade como representante dos Estados Unidos no Rio de Janeiro (1857-61) (Mendonça, 1913:246). O desbragado americanismo de Mendonça parece ter constituído a base da imprecisão histórica de suas afirmações, pois não é fato que o Brasil reconheceu o governo imposto pela França imperialista ao país centro-americano entre 1864 e 1867.[19] Ainda assim, o diplomata brasileiro justificou o suposto reconhecimento como artifício utilizado pelo país para conseguir junto a Napoleão III a liberação de "couraçado" construído em estaleiro gaulês, indispensável às operações de guerra contra o Paraguai (Mendonça, 1913:246).

Cabe notar, a respeito das relações entre Brasil e Estados Unidos durante a Guerra de Secessão, dois episódios pouco conhecidos, ambos relatados por Arthur Silveira da Motta, barão de Jaceguay. O primeiro trata do envio secreto, em 1862, do vapor de guerra *Paraense* aos EUA para que ficasse à disposição do príncipe de Joinville (casado com Francisca de Bragança, irmã de Pedro II) e de seus filhos, que lutavam ao lado dos unionistas (Motta, 1985:689). Torna-se patente nessa atitude a importância atribuída pelo imperador aos laços dinásticos, ainda que sob risco de gerar inconvenientes diplomáticos para a nação. Deve-se ter em conta que se havia disseminado entre as elites do país o temor de que a questão da escravidão no sul dos EUA fosse resolvida por meio da transplantação, para a Amazônia, de senhores e escravos eventualmente expulsos pelo término da servidão naquela parcela do território estadunidense (Santos, 2010:189; Topik, 1996:54). Acresce a isso a concessão pelo Brasil, em 1861, do estatuto de beligerante aos confederados, o que indicava claramente a inconveniência da expedição acima mencionada. O segundo episódio refere-se ao apresamento pelo vapor *Wachusett* (da Marinha da União), em 6 de outubro de 1864, na Bahia, do corsário sulista *Florida*, atracado em porto brasileiro.[20] A

---

[19] Medina (2008). É possível que a imprecisão do relato de Mendonça refira-se à troca de condecorações entre as famílias reais dos dois Impérios. Medina reconhece a simpatia de Pedro II por seu primo Maximiliano, mas afirma jamais ter havido reconhecimento formal do Império mexicano pelo Brasil. Note-se que a relação entre o americanismo de Mendonça e o caso do México refere-se à forte oposição dos EUA ao enclave monárquico europeu ao sul de suas fronteiras.

[20] Motta (1985:691). Lawrence Sondhaus, autor americano, faz referência ao episódio, mas afirma que o apresamento ocorreu em 31 de outubro de 1864 fora da costa do Brasil. Dadas

afronta passou incólume em face da completa incapacidade de a Marinha imperial oferecer resposta, concentrada que estava no teatro do Prata.[21]

No entanto, se os Estados Unidos representavam um desafio, também ofereciam oportunidades. No plano comercial, o estreitamento dos vínculos entre os dois países aumentaria de modo substantivo com a ascensão da produção cafeeira do vale do Paraíba. A partir da década de 1840, o colosso do norte absorveria parcela crescente da produção nacional, já naquele momento o fulcro das exportações brasileiras. Se, em 1870, os EUA representavam o destino de 28,8% do que era produzido para o mercado externo, em 1902 essa cifra chegaria a 43% (Palazzo, apud Almeida, 2001:85). O monroísmo, a despeito de consultar exclusivamente o interesse norte-americano, pôde ser instrumentalizado pelo Brasil com o objetivo de repelir iniciativas de cunho recolonizador. Na mesma linha, o americanismo, rejeitado pelo Brasil em sua vertente bolivariana, e aceito apenas de maneira relutante e episódica em sua vertente pan-americanista (Bethell, 2010:171), foi útil em determinadas circunstâncias para dissuadir, de forma mais retórica do que real, a formação de coalizões antibrasileiras na América do Sul.

3. O Império, seus principais estadistas e a América do Sul

Naturalmente, como Estado cujas fronteiras se encontravam ainda por demarcar em caráter definitivo, importava atribuir atenção especial à América do Sul. Nesse contexto, duas regiões eram objeto de particular

---

várias imprecisões relacionadas ao Brasil observadas na obra do autor estadunidense, a versão do barão de Jaceguay parece mais fidedigna. Sobre o assunto, ver Sondhaus (2001:84).
[21] Vale ressaltar que o estatuto de parte beligerante concedido aos confederados proporcionava a eles os mesmos direitos dos unionistas. Logo, a ação do *Wachusset* atentava contra a soberania brasileira. O precário estado dos meios navais brasileiros também contribuiu para que a costa brasileira ficasse desguarnecida. Nessa circunstância, todos os navios minimamente capazes de navegar e, otimisticamente, de combater foram concentrados no Rio da Prata e seus afluentes dada a intervenção brasileira no Uruguai e, em sequência, o início da Guerra da Tríplice Aliança.

preocupação: a Amazônia e a bacia do Prata. No caso da primeira, tratava-se de evitar que as potências europeias lindeiras (Reino Unido, França e Holanda) penetrassem o espaço nacional e reivindicassem a posse de território, assim como de tentar demarcar, em termos vantajosos para o Brasil, os lindes com essas nações e com os demais Estados amazônicos. No caso da segunda, fazia-se imprescindível diminuir a sua volatilidade política, ao mesmo tempo que se impedia a conformação de Estado poderoso o bastante para rivalizar com o Brasil pela preeminência no subcontinente. A relação do Brasil com as repúblicas sul-americanas do Pacífico também foi objeto de preocupação por parte da política externa imperial. Ainda que não tivesse a centralidade da vertente platina, procurou-se evitar a formação de alianças antibrasileiras, além de demarcar em termos favoráveis as fronteiras com essas nações (Santos, 2002). Pode-se dizer que, apesar do distanciamento entre o Brasil e as repúblicas do Pacífico, muitas das interações mais significativas entre as partes ocorreram sob a égide das rivalidades e alianças cruzadas que se sucediam no tempo. Foi assim, por exemplo, durante a questão de Chiquitos (1825), a guerra da Quádrupla Aliança, que envolveu Chile, Peru, Bolívia e Equador contra a Espanha (1865-66), a guerra da Tríplice Aliança contra a ditadura de López (1864-70) e a guerra do Pacífico (ou do salitre, 1879-83) (Santos, 2002:passim). Em todos esses episódios, o Brasil viu-se compelido a neutralizar possíveis associações lesivas aos interesses nacionais. Em todos eles, alianças *ad hoc* de geometria variável formaram-se para garantir ou modificar o *status quo* — especialmente o territorial.

Diante desse contexto, valeria salientar que Rio-Branco era monarquista convicto, grande admirador de Pedro II, apaixonado defensor da obra de seu pai (visconde do Rio-Branco) e entusiasta da continuidade em política externa — tida por ele como política de Estado por excelência, devendo estar imune às vagas sempre cambiantes das disputas políticas domésticas (Viana Filho, 1959; Lins, 1996). Não se pode esquecer que José Maria da Silva Paranhos Júnior nasceu em 1845, momento em que as conflagrações surgidas durante o período regencial chegavam ao fim, em particular a Revolução Farroupilha. Foi a partir desse momento que a política externa imperial adquiriu maior consistência programática, refletida no quadriênio de Paulino José Soares de Souza, em sua segunda gestão como ministro dos Negócios Estrangeiros (1849-53). Essa inflexão marcaria de modo indelével a condução das relações internacionais do país até a queda da Monarquia. Em idêntico sentido, seria responsável por estabelecer os parâmetros básicos da atuação do progenitor de Rio-Branco em suas passagens pela chancelaria imperial.

Foi Paulino, futuro visconde de Uruguai, distinguido pelo imperador "com honras de grandeza", o responsável por diversos desenvolvimentos exponenciais de nossa diplomacia. Durante o longo período de instabilidade que acompanhou a regência, as profundas divergências políticas entre as elites não podiam deixar de se refletir na capacidade brasileira de atuação internacional — o que correspondeu, na prática, a um isolacionismo neutralista em termos de política externa (Ferreira, 2006:84-85). Mesmo após a antecipação da maioridade de Pedro II, em 1840, a estabilidade necessária à formulação de uma política externa doutrinariamente coerente seria alcançada apenas no final dessa década. Exemplo eloquente das dificuldades enfrentadas pelo Estado é o fato de que, de 1831 até 1849, o país teve nada menos do que 27 chanceleres — o que perfaz uma média de 8 meses para cada gestão (Santos, 2002:45). De um comportamento errático e infenso a iniciativas de maior alcance, o Brasil foi capaz de conceber e implementar, na administração Paulino, ações voltadas a enfrentar os principais desafios que se lhe apresentavam no plano das relações internacionais:

> As questões de fixação de limites com os países vizinhos e da navegação fluvial, por sua vez, foram repensadas e a política imperial cristalizou-se em doutrinas coerentes, defendidas de maneira consistente a partir de então. Enfim, estava superada a fase de modificações constantes de atitudes sobre os principais temas da pauta externa do Império. *E as doutrinas consolidadas nesse momento seriam esposadas, com muito poucas variações, até o fim do Império.* (Santos, 2002:65, ênfase minha)

Em primeiro lugar, Paulino foi o arquiteto e o coordenador da política platina do Império. Naquele momento histórico, nada havia de mais premente do que a resolução, favoravelmente ao Brasil, das disputas travadas naquela porção da América do Sul. Ali se desenvolvia uma intensa competição geopolítica entre Brasil e Argentina, desdobramento do conflito que envolvera as duas jovens nações sul-americanas entre 1825 e 1828 e que dera origem à República Oriental do Uruguai como *buffer state* — solução de compromisso que atendia aos nacionalistas uruguaios e não privilegiava as pretensões argentinas de anexação do território nem as brasileiras de manutenção daquela área sob seu domínio. Os relatos sobre o desenvolvimento da guerra da Cisplatina com as Províncias Unidas do Rio da Prata apontam para o fato de que foi a superioridade naval brasileira a responsável por permitir que o Rio de Janeiro, acedendo à mediação do Reino Unido (interessado em retomar o comércio com o porto de Buenos Aires, bloqueado pela esquadra imperial), negociasse em condições menos desfavoráveis o término do enfrentamento. A despeito de suas grandes debilidades, sobretudo em relação ao pessoal, a Marinha do Brasil contava com incontestável supremacia no plano regional:

> Esse Poder Naval assegurou-lhe o domínio do mar na guerra que o Império teve de sustentar de 1825 a 1828 contra a Argentina. Não fora a preponderância marítima do Brasil, e o resultado daquela guerra, ineptamente conduzida por terra pelo Governo Imperial, não teria sido a Independência da Banda Oriental, e sim a sua incorporação à grande federação platina de origem espanhola. (Motta, 1985:670)

Gabriela Nunes Ferreira demonstrou como a instabilidade do Estado sucessor da província Cisplatina tinha sérias implicações sobre o Rio Grande do Sul, o que, por sua vez, gerava constrangimentos para a autoridade central no Rio de Janeiro (Ferreira, 2006:91). A despeito do compromisso político resultante do impasse nos campos de batalha naval e terrestre entre o Império e as Províncias Unidas do Rio da Prata, a transformação da Banda Oriental em Estado independente em 1828 não foi capaz de gerar o efeito apaziguador necessário a um possível desengajamento brasileiro em relação à fronteira sul. O torvelinho do Prata iria ainda por muito tempo ocupar lugar central entre as preocupações da corte de São Cristóvão. Não foi por acidente que o Brasil manteve bases navais (no século XIX, conhecidas como "estações") na região, inicialmente no rio da Prata e posteriormente também no rio Paraguai, entre a guerra da Cisplatina (1825) e a desocupação do Estado guarani (1876) depois de concluídos os arranjos políticos do pós-guerra (Motta, 1985:696).

O futuro visconde de Uruguai decidiu, como ministro dos Negócios Estrangeiros, mudar a política brasileira de neutralidade praticada até aquele instante no que tocava às questões platinas. Além da estabilidade política do Rio Grande do Sul, fortemente influenciada pelas ocorrências do outro lado da fronteira — em que viviam 40 mil brasileiros por volta de 1860, o equivalente a quase 20% da população uruguaia (Moniz Bandeira, 1998:109) —, havia de se considerar as possíveis consequências de eventual controle argentino sobre a República Oriental no que respeita à navegação do rio da Prata e de seus afluentes. Note-se que, para o Brasil, era crucial manter a livre navegação do Prata como forma de obter acesso desempedido à província do Mato Grosso — naquele momento mais facilmente atingível por via fluvial do que terrestre. Se a Argentina lograsse incorporar o Uruguai e o Paraguai, o Estado daí decorrente teria o controle não somente sobre a foz, mas também sobre as duas margens dos principais afluentes do rio da Prata, o que poderia significar o virtual isolamento da província de Mato Grosso.

Ainda que se considere a inegável influência da gestão do grande prócer do Partido Conservador para a mudança de orientação da política platina do Império, Ferreira demonstra de modo convincente que o intervencionismo brasileiro no Prata não nasceu de um capricho pessoal ou de voluntarismo desprovido de respaldo por parte das elites brasileiras. Ao analisar o conjunto de atores que influía sobre as definições de política externa no Segundo Reinado, a autora sustenta a preeminência do papel do imperador e a influência que o parlamento e, em especial, o Conselho de Estado exercem sobre a condução daquela política — operacionalizada pelo Poder Executivo (Ministério dos Negócios Estrangeiros). Em outras palavras, a política de intervenção no Rio da Prata encontrava amplo apoio nas elites dirigentes do país. Na visão de Ferreira, seria extremamente improvável que o Gabinete levasse à frente iniciativas que fossem de encontro às preferências de Pedro II e afrontassem a vontade majoritária do parlamento. Nessa linha, mesmo os pareceres da Seção dos Negócios Estrangeiros do Conselho de Estado, de caráter não mandatório, possuíam peso importante na formação de consenso sobre os rumos a imprimir à política externa.

Evidentemente, essa dinâmica não significava que houvesse ausência de divergências. No próprio Partido Conservador, antes da segunda passagem de Paulino pela chancelaria,[22] existiam diferenças de opinião entre Bernardo Pereira de Vasconcelos (defensor da não intervenção nas questões platinas) e Honório Hermeto Carneiro Leão (futuro marquês de Paraná, favorável à intervenção).[23] De todo modo, há fortes razões para crer que a inflexão protagonizada pelo visconde de Uruguai quanto ao Prata esteve solidamente respaldada pela corte. O chanceler saquarema tinha em mente a necessidade de estabelecer uma diferenciação absoluta entre o Brasil e as repúblicas hispânicas que o circundavam na América do Sul. A ideologia da política externa imperial sustentava a superioridade civilizacional da monarquia escravocrata em relação ao caudilhismo autoritário e centrífugo de seus vizinhos. Nas palavras do próprio Paulino em carta destinada a Pimenta Bueno, encarregado de negócios junto ao Paraguai, em 1843:

> Insinue também [ao governo do Paraguai] que na sustentação da independência do Paraguai tem o Brasil grande interesse por não lhe convir que Rosas engrandeça seu poder, e portanto que esta república pode encontrar no Brasil um auxílio forte contra as vistas ambiciosas daquele governador — pelo que sendo mútuos os interesses, muito convém firmar Tratados, relações de amizade úteis a ambos os países. (...) os americanos de raça espanhola herdaram de seus avós um certo grau de aversão aos descendentes da raça portuguesa, pelo que, em geral, não nos veem com bons olhos. Essa aversão tem sido alimentada pelo ciúme que lhes inspira a grandeza do nos-

---

[22] Paulino havia sido chanceler pela primeira vez entre 1843 e 1844.
[23] Ferreira (2006:138). Deve-se notar que Paulino, discípulo de Bernardo Pereira de Vasconcelos, alegava que, no final de sua vida, este começara a rever sua posição e já admitia uma política mais assertiva do Brasil no Prata.

so território, a excelência da nossa posição geográfica, a maior consideração que nos dá a Europa, a nossa maior riqueza e abundância de recursos, a maior prosperidade e tranquilidade de que temos gozado, comparada com o redemoinho de revoluções em que têm vivido quase todas as Repúblicas de origem espanhola. (Ferreira, 2006:86)

Note-se a utilização do conceito de "raça portuguesa" e "raça espanhola" por parte de Uruguai. Naquela quadra histórica, essa noção era muito difundida e relacionava-se à influência que as ciências da natureza (física, biologia) exercem sobre disciplinas nascentes como a antropologia e a etnologia (Schwarcz, 1993:43-66). A distinção da humanidade em diferentes raças atendia não somente aos construtos teóricos derivados das ciências sociais de então, mas também era funcional para uma monarquia economicamente dependente da grande lavoura baseada no trabalho escravo, como a brasileira — que precisava legitimar a continuação da economia escravista em termos não unicamente instrumentais. A classificação de distintos grupos humanos em raças, frequentemente hierarquizadas em inferiores e superiores, servia ao propósito de legitimação do *status quo* prevalecente no setor produtivo nacional: a agricultura voltada para a exportação, baseada na grande propriedade e no trabalho escravo do negro africano. É nesse contexto que se inseria a antológica afirmação de Bernardo Pereira de Vasconcelos de que a África civilizava o Brasil (Mattos, 2011:37).

No caso específico do Prata, cabia impedir por todos os meios que a Confederação Argentina viesse a reconstituir, sob uma única soberania, os domínios do Vice-Reino do Rio da Prata (que englobava o que conhecemos hoje como os territórios de Argentina, Uruguai, Paraguai, a quase totalidade da Bolívia e parte do Peru e do Chile). A reconstituição do Vice-Reino criaria um portentoso adversário em potencial, ameaçando a condição brasileira de principal ator internacional da América do Sul em termos territoriais e demográficos. Tornava-se crucial, assim, sustentar a independência do Uruguai e do Paraguai, jovens nações de origem hispânica que se encontravam no entorno imediato dos territórios argentino e brasileiro. Havia, ainda, de preservar a integridade territorial do Império, evitando que as maquinações platinas viessem a atrair a elite riograndense para projetos como o imaginado por Lavalleja de uma "Liga Federal de Artigas", que englobaria o Uruguai, as províncias argentinas de Corrientes e Entre Rios e o Rio Grande do Sul (Pesavento, 2011:243-244). Durante a Revolução Farroupilha (1835-45), esse tipo de alternativa chegou a ser cogitado.

A consolidação de Juan Manuel de Rosas como homem forte da Argentina, dotado de claras pretensões expansionistas, que incluíam o controle da bacia do Prata, do Uruguai e do Paraguai — considerado uma província rebelada pelo governo portenho de então —, fez com que o Rio de Janeiro ponderasse atuar mais vigorosamente para frustrar os planos daquele caudilho. Nas palavras de Álvaro Lins:

> Por sua causa (Rosas) houve a crise ministerial de 1849, pela qual se via que os "negócios do Prata" passavam a ocupar o primeiro plano. A demissão do Marquês de Olinda e a nomeação de Paulino de Sousa, Visconde do Uruguai, marcam o momento em que se decide a orientação da política exterior do Segundo Reinado no Rio da Prata. Qual a tática, a estratégia dessa política? *A íntima união do trabalho das forças armadas com o trabalho da diplomacia.* (Lins, 1965:13, grifos meus)

Paulino esteve à frente dessa inflexão política, que incluiu toda sorte de manobras diplomáticas, militares e financeiras para garantir a independência do Uruguai, derrubar Rosas e estabelecer um "sistema de tratados" com os países do Cone Sul, favorável aos desígnios brasileiros (Cervo, 2002:324-325). Schulz ressalta que a prosperidade conhecida pelo Brasil nos anos 1840 e 1850 (até a crise internacional de 1857), em vista da forte expansão da lavoura do café, permitiu ao Estado, por exemplo, reorganizar o Exército.[24] Portanto, o surto de desenvolvimento conhecido naquele momento histórico foi importante para a sustentação material de uma política externa mais assertiva.

---

[24] Certamente, foi esse contexto de prosperidade que permitiu à elite saquarema, liderada por Paulino, romper com a inércia e adotar postura mais assertiva em relação à política platina. Ver Schulz (2008:29-33).

Nas palavras do próprio barão do Rio-Branco, citado por Joaquim Nabuco:

> "A política internacional do Brasil", escreve o barão do Rio Branco, adepto desse pensamento, "criada pelo Partido Conservador e principalmente pelo ilustre ministro Paulino de Souza, visconde do Uruguai, consistia então, como ainda hoje [1875], em manter a independência dos dois Estados ameaçados pela ambição argentina, o Paraguai e o Uruguai". (Paranhos Júnior, apud Nabuco, 2010:422)

Não se pode esquecer que, para a consecução de sua política platina, o visconde de Uruguai contou com a colaboração de um dos mais destacados membros da burocracia imperial: José Maria da Silva Paranhos, depois visconde do Rio-Branco.[25] Paranhos foi enviado ao Prata, como secretário de Honório Hermeto Carneiro Leão, para negociar os termos da adesão do Uruguai ao sistema de tratados concebido por Paulino. Pouco depois, Paranhos seria convidado por Honório Hermeto a assumir os ministérios da Marinha e dos Negócios Estrangeiros do Gabinete da Conciliação (1853-56). Note-se que, segundo José Murilo de Carvalho, a assunção da pasta da Marinha por políticos civis veio a constituir uma espécie de etapa prévia à ocupação de outras funções públicas relevantes no Império — o que parece confirmar a maior intimidade das elites civis com esse ramo das Forças Armadas (Carvalho, 2010:125). O pupilo do marquês de Paraná também foi o responsável por várias negociações com os convulsionados Estados vizinhos, podendo-se afirmar que, depois da morte de Paulino, em 1866, ele se tornaria o maior *expert* do país em questões platinas.

---

[25] Em seu clássico estudo sobre as elites do Império, José Murilo de Carvalho inclui Paranhos no grupo dos chamados "pobres inteligentes", em regra funcionários públicos oriundos de famílias que não eram ricas, nobres ou, ao sê-lo, encontravam-se em decadência material. Por meio de seus dotes intelectuais, formação acadêmica, capacidade de trabalho e inserção em um dos principais partidos políticos da época, alguns dos pobres inteligentes puderam ascender socialmente e ocupar cargos de grande importância. Esse foi, certamente, o caso do visconde do Rio-Branco. Sobre o assunto, ver Carvalho (2010:164-165).

O envolvimento de Paranhos com o "dédalo do Prata", nas palavras de Luiz Viana Filho, vinha do período em que atuou como jornalista, escrevendo artigos virulentos contra a ditadura de Rosas no *Jornal do Commercio* (Paranhos, 2008). O intenso patriotismo do articulista expressava-se então de maneira meridianamente clara:

> Rosas e Oribe abusaram indignamente da nossa moderação e paciência, ameaçaram-nos, insultaram-nos, vexaram, assassinaram e roubaram aos nossos compatriotas estabelecidos na campanha do Estado Oriental. Mas enfim, extravasou-se o cálice do sofrimento, *e o que a voz da razão e os sentimentos da humanidade não puderam conseguir pelos meios pacíficos, as armas imperiais vão arrancar pela força irresistível de nossos bravos*. O território nacional, a vida e a propriedade de nossos concidadãos vão ser vingados, e com a causa do Império serão salvas a independência, a liberdade e a civilização das populações do Prata, que viviam oprimidas, sequestradas do mundo civilizado pelo tirano de Palermo e pelo seu perverso lugar-tenente. (Paranhos, 2008:356-357, grifos meus)

Seu aprendizado prático como diplomata, no entanto, iniciou-se sob o comando de Paulino e a supervisão direta de Honório Hermeto. É impossível subestimar a influência que a política externa conservadora, tal como concebida e implementada pelo visconde de Uruguai, exerceria sobre o pai do barão do Rio-Branco. Não por outro motivo, Paranhos foi intransigente defensor da política de garantia da integridade territorial dos pequenos Estados ameaçados pelas ambições argentinas. Em idêntico sentido, conduziu com rara habilidade a diretiva imperial de buscar por todos os meios garantir a livre navegação dos afluentes do Prata, em particular do rio Paraguai — via de comunicação com o porto do povoado de Albuquerque, em Mato Grosso.

Em missão realizada em 1857 e 1858, com o fito de persuadir Carlos Antonio López a liberar o tráfego fluvial nos rios Paraguai e Paraná e traçar os limites entre os dois países, Paranhos logrou entendimentos com os governos da Confederação Argentina (por meio do Protocolo Reservado de 14 de dezembro de 1857) e do Uruguai para que estes reivindicassem aquela liberação imediatamente antes de sua chegada a Assunção. Uma vez na capital guarani, Paranhos faria o ditador local compreender que o Império estava disposto a: "(...) lançar mão de medidas coercitivas e também recorrer à guerra, se os regulamentos paraguaios não fossem modificados de conformidade com os ajustes de 6 de abril de 1856".[26] Como resultado, o Paraguai, representado nas negociações por Francisco Solano López, concordou com a desobstrução das vias fluviais e diferiu a definição das fronteiras para 1862. Imediatamente antes disso, porém, dado o fracasso da missão chefiada por José Maria do Amaral em obter os objetivos colimados em relação ao Estado guarani:

> (...) o Almirante Marques Lisboa (futuro Marquês de Tamandaré) seguiu para a Europa, com o encargo de superintender e apressar a construção de seis navios de guerra, bem como comprar 10 mil rifles na França ou Grã-Bretanha, além de vários outros petrechos bélicos. Outros seis navios já estavam preparados no Rio de Janeiro e o almirante Grenfell, que regressara à Grã-Bretanha, foi convidado para comandar a esquadra brasileira. O governo imperial despachou, simultaneamente, algumas tropas para Cuiabá (...).[27]

Outra importante missão de Paranhos ocorreu em fins de 1864 e início de 1865 no Uruguai — ocasião em que se fez acompanhar de seu filho mais velho, futuro barão do Rio-Branco. Ela visava a uma solução satisfatória aos agravos sofridos por brasileiros naquele país, iniciados por causa das querelas envolvendo o trânsito de gado pela fronteira com o Rio Grande do Sul — negociação, aliás, que custou sua demissão pelo imperador em face dos seus desentendimentos com Tamandaré, comandante das forças navais no Estado Oriental, e da suposta tibieza dos termos do acordo obtido (que não oferecia compensações pelas agressões cometidas contra os súditos do Brasil).[28] O endurecimento

---

[26] "Protocolo" de 14.12.1857. Lata 248, maço 4, AHI, apud Moniz Bandeira (1998:100).
[27] Ibid., p. 99.
[28] Sobre a exoneração de Paranhos e os seus conflitos com Tamandaré, ver Barrio (2005:115-123).

da posição brasileira em relação ao Uruguai deu-se, contudo, em um momento de retração do mercado internacional do café e de esgotamento das plantações no vale do Paraíba (Schulz, 2008:38). O advento da Guerra do Paraguai e a intensa emissão de papel-moeda realizada pelo governo imperial a partir do final de 1864 evitaram que uma crise financeira de maiores proporções se instalasse — ainda que sob pena de grande aumento do meio circulante e forte desvalorização do mil-réis (Schulz, 2008:41).

Foi o próprio Paranhos o negociador dos acordos que encerrariam a guerra. O *status quo post bellum*, no entanto, forçaria o Brasil a ocupar militarmente a nação guarani até que se firmasse o tratado pelo qual Buenos Aires e Assunção reconheciam os limites territoriais entre os dois Estados (1875) e submetiam à arbitragem do governo dos Estados Unidos a decisão sobre a linha demarcatória relativa à região do Chaco.[29] Não há lugar à dúvida de que o visconde do Rio-Branco, que reassumiu o cargo de ministro dos Negócios Estrangeiros no mesmo agosto de 1870, esteve envolvido na ação do Exército Brasileiro, que forçou a renúncia de Facundo Machaín (ligado aos Legionários Paraguaios pró-Argentina) e instalou Cirilo Rivarola (pró-Brasil) como presidente do Paraguai.[30] Note-se que foi também sob a supervisão de Paranhos, já como chefe do Gabinete, que o Brasil decidiu assinar a paz em separado com o Paraguai, em 1872, contrariando os termos do tratado da Tríplice Aliança, que determinavam que aquela seria negociada coletivamente após o fim das hostilidades.

A decisão de negociar em separado com o Estado guarani foi tomada visando a garantir termos favoráveis ao Brasil no tocante à definição de limites com o inimigo derrotado e a isolar a Argentina — frustrando suas pretensões de incorporação da totalidade do Chaco. Não é surpreendente que a liderança portenha tenha interpretado a ação brasileira como um ato de agressão, levando Buenos Aires a iniciar preparativos para uma

---

[29] O Brasil ocupou militarmente o Paraguai desde o fim da guerra até 1876. Grande parte desse período correspondeu à gestão do visconde do Rio-Branco como presidente do Conselho de Ministros (1871 a 1875).
[30] Ver Lewis (1986:477). Ver, também, Paranhos Jr. (s.d.:192).

provável guerra com o Rio de Janeiro (Strauss, 1978:21). Em resposta ao Brasil, a Argentina ocupou Villa Ocidental e iniciou a construção de fortificações militares na região (Strauss, 1978:24). Ainda que de forma não declarada, a diplomacia imperial levada a frente pelos conservadores procurava reparar os equívocos decorrentes do tratado de 1865 com Buenos Aires e Montevidéu, equívocos esses apontados pelos membros do Conselho de Estado de orientação saquarema naquele mesmo ano. Nas palavras de Doratioto:

> Entre 1869 e 1876, o governo imperial, sob o controle dos conservadores, foi bem-sucedido no desafio que estes lançaram, por meio do Conselho de Estado, em 1865, quando se discutiu o Tratado da Tríplice Aliança, já assinado e ratificado. Apontaram eles, então, que a concessão, a Buenos Aires, do Chaco, até a Bahia Negra, colocava em risco a continuidade do Paraguai como Estado independente e, ainda, ampliava a fronteira entre o Império e seu inimigo em potencial, a Argentina. (Doratioto, 2002:482)

Se a influência sobre aquele que se tornaria o maior diplomata do Império (Paranhos) não fosse o bastante, Paulino esteve igualmente à testa de uma série de outras iniciativas transcendentes. Vale mencionar seu papel na administração das tensões com os Estados Unidos relacionadas à demanda de abertura do rio Amazonas à livre navegação internacional. Mais uma vez, foi Paulino o formulador da política brasileira em relação ao assunto. Sustentava ele que a abertura da navegação do Amazonas a estrangeiros poderia ser aceita apenas mediante a assinatura de acordos bilaterais com os ribeirinhos superiores que regulassem o trânsito de embarcações. Esses acordos estariam condicionados, contudo, à celebração de acordos de limites que determinassem as linhas de fronteira com o Brasil.

Não cabe aqui discutir a existência de contradição entre a política imperial para a utilização das vias fluviais no Prata e na Amazônia. Delgado de Carvalho é um que sustenta existir tal incoerência, tendo em conta a pressão exercida sobre os Estados vizinhos para a liberdade de navegação nos afluentes platinos e a resistência a essa mesma liberdade no Amazonas (Carvalho, apud Torres, 2011:122). A racionalização de que a política assentada por Paulino era a mesma, apenas os interesses brasileiros invertidos em razão de o país ser ribeirinho superior no primeiro caso e detentor da foz no segundo, parece absolutamente inconsistente. Isso porque desconsidera, em prol de uma visão idealista, o fato insofismável de que o estofo de tais posições era político e não jurídico. Se é correto afirmar que o princípio poderia teoricamente sustentar a política brasileira em ambos, é incorreto supor que as distintas ações da diplomacia imperial nos teatros do Prata e da Amazônia davam-se por apego a normas abstratas.

O que a literatura deixa claro são o realismo e o pragmatismo dos formuladores da política externa do Segundo Reinado. As pressões exercidas pelo Brasil sobre os Estados platinos, inclusive por meio do uso e ameaça de uso da força, são prova eloquente de que o problema da navegação fluvial era encarado não com base em um principismo jurisdicista *à outrance*, mas a partir de uma análise fria da correlação de poder prevalecente em cada cenário. Logo, à pressão das grandes potências, correspondeu uma resposta amparada em argumentos jurídicos — tendo em conta não ser viável contemplar respostas de outra natureza. Paulino tinha isso em mente quando, em correspondência com Silva Pontes, ministro residente em Buenos Aires, esclarecia o seguinte sobre a posição do Império acerca da questão em tela:

> Tendo de ser concedida a navegação aos Estados Unidos, à França e à Inglaterra, o que nos convem hé que ella seja restricta a certos pontos, os mais proximos quanto for possivel da embocadura do Rio da Prata, e que essa concessão não seja feita por Tratados, mas por acto espontaneo e unico dos ribeirinhos. Convem mais que essa concessão seja revogavel e modificavel quando convenha, e que a navegação fique sujeita aos Regulamentos fiscaes e policiaes dos ribeirinhos. V. Exa. Fará ver ao General Urquiza que *essas Nações fortes e poderosas entendem e interpretam como lhes parece e convem os direitos que derivão dos Tratados e firmando-se nestes exigem depois e exigem pela força.* (...) é também preciso muita cautela para não ir

buscar senhores, em quanto não tivermos força bastante para os conter nos limites do Justo.[31]

Foi também com base em uma avaliação pragmática dos interesses do país, fortemente contestada por liberais como Tavares Bastos, que o Império decidiu flexibilizar sua postura em 1866 — mesmo depois de Paulino e seus sucessores, entre os quais se inclui Paranhos, terem se empenhado fortemente pelo fechamento do Amazonas à livre navegação. Dada a conflagração com o Paraguai, a diplomacia imperial não podia se dar o luxo de enfrentar contenciosos com as grandes potências da época. Da mesma forma, não interessava oferecer oportunidade para que os ribeirinhos superiores amazônicos (principalmente Bolívia e Peru) explorassem a circunstancial vulnerabilidade brasileira para arrancar concessões excessivas do país. A abertura do Amazonas à navegação internacional deveu-se, portanto, a cálculo geopolítico lastreado na constatação de que não seria prudente resistir a pressões internacionais potencialmente perigosas no momento em que a nação levava a cabo enorme esforço de guerra na fronteira sul.

Foi exatamente nesse contexto que o Brasil houve por bem negociar seu tratado de limites com a Bolívia (1867), de modo a neutralizar a possibilidade de que aquele Estado cogitasse ação agressiva, aproveitando-se da fragilidade brasileira. Nessa ocasião, a diplomacia imperial comprometera-se a permitir o acesso boliviano à Bacia Amazônica, tendo, alguns anos mais tarde (1882), acenado com a permissão de que o país andino utilizasse a futura estrada de ferro Madeira-Mamoré (Cervo e Bueno, 2011:145). Caberia lembrar também que parte dos termos desse tratado foi posta de lado pelo barão do Rio-Branco quando de sua decisão de considerar litigiosa a região do Acre no contencioso envolvendo o Bolivian Syndicate e a presença de populações brasileiras naquele território. Esses episódios não constituíam fatos isolados, tendo a ver com o *zeitgeist* da época, em que o uso da força era corriqueiro nas relações

---

[31] Correspondência recebida pelo ministro Rodrigo de Souza Silva Pontes. Maços Especiais 1851-1852. AHI (404/3/19), Despacho reservado n. 2, 22 de junho de 1852, apud Torres (2011:113-114, grifos meus).

internacionais e prevalecia na América do Sul forte rivalidade geopolítica — sobretudo em face da permanência de inúmeras disputas territoriais. Exemplo eloquente do que precede seria materializado durante a Guerra do Pacífico envolvendo Chile, Peru e Bolívia (1879-83). Foi por temor da intervenção argentina no conflito que o Chile acordou ceder toda a Patagônia a leste dos Andes ao seu vizinho pelo tratado bilateral de 1881.[32]

4. O FIM DA GUERRA DO PARAGUAI E O OCASO DO IMPÉRIO

Há consenso entre os historiadores de que o término da Guerra da Tríplice Aliança correspondeu ao início do fim da Monarquia no Brasil. Entre 1870 e 1889, o país conheceria a erosão das bases política e econômica do Segundo Reinado. Não cabe aqui citar em pormenor como se deu esse processo. No entanto, é oportuno elencar as razões mais frequentemente citadas pelos estudiosos daquele período. Do ponto de vista político, assistiu-se à formação do Partido Republicano, ao fortalecimento do Exército como ator social, às cisões do Partido Conservador, às tensões relacionadas ao iminente fim da escravidão (lei do ventre livre, lei dos sexagenários) e ao recrudescimento dos movimentos em prol de maior descentralização do poder. De acordo com Lynch:

> Depois de boicotarem as eleições de 1869 — boicote que rendeu a maior taxa de renovação bruta da Câmara dos Deputados durante todo o Império: 91,8 % —, os liberais deflagraram uma campanha agressiva e incessante durante os dez anos seguintes pela realização de uma reforma eleitoral que, suprimindo a compressão exercida pelo governo, tornasse as eleições real-

---

[32] Por meio do tratado mencionado, ambas as partes concordavam com o princípio do "Chile no Pacífico e Argentina no Atlântico". Os problemas relacionados à demarcação da fronteira comum, acoplados ao aumento exponencial do poder argentino nas duas décadas seguintes, fariam com que o princípio acordado em 1881 fosse colocado em questão por lideranças nacionalistas de Buenos Aires, interessadas em expandir a influência do país ao Pacífico. Os Pactos de Mayo, de 1902, poriam fim às tensões com o Chile decorrentes desse processo e colocariam de pé novamente o princípio. Ver Lacoste (2000:81-84).

mente competitivas para que a nação pudesse livremente se manifestar e se autogovernar. Foi então (1870) que Tavares Bastos lançou em A Província sua pregação pela descentralização política e administrativa, completando o cerco intelectual à velha estratégia conservadora de fazer da Coroa o eixo centrípeto do poder nacional. (Lynch, 2011:81)

No plano econômico, a cafeicultura do oeste paulista afirmava-se cada vez mais como motor da economia brasileira, em contraste com o declínio da agricultura das zonas tradicionais de produção agroexportadora, como o nordeste e o vale do Paraíba — que, por sua vez, constituíam o esteio fundamental da monarquia. Ao mesmo tempo, cresciam a população, as taxas de urbanização, a importância dos profissionais liberais, assim como a infraestrutura de transportes (sobretudo as ferrovias). Uma incipiente indústria formava-se, aumentando a complexidade da produção nacional (Costa, 2010:387-447).

A incapacidade de a Monarquia compreender o sentido da transição em curso e de arregimentar o apoio dos novos atores emergentes refletiu-se em várias dimensões. Atestam o imobilismo monárquico as medíocres taxas de crescimento da renda *per capita* ao longo do século XIX, de apenas 0,2% ao ano entre 1820 e 1870 (Almeida, 2001:68). Para que se tenha uma ideia mais clara do pífio desempenho da economia brasileira ao longo do período imperial e da primeira década republicana, basta mencionar que o PIB por habitante de 1900 era inferior ao de 1870 (Almeida, 2001:68). Mesmo impulsionado pelo *boom* do café, e mais tarde pelo da borracha, o crescimento do produto *per capita* entre 1870 e 1913 seria de apenas 0,3% ao ano (Almeida, 2001:74). Nesse mesmo intervalo, o incremento anual do PIB argentino foi de 2,5% (Almeida, 2001:74). A dificuldade de o Brasil monárquico aproveitar o extraordinário crescimento da economia mundial ao longo do século XIX, proporcionado pela Revolução Industrial, deveu-se em boa medida à manutenção da base produtiva herdada da Colônia, centrada na grande propriedade monocultora e no trabalho escravo. A onda de prosperidade que impulsionou a ampliação do leque de atividades econômicas, iniciada em 1887 e potencializada no ano seguinte com o 13 de Maio, não foi capaz de reverter a decadência do regime.[33]

Nos anos finais do Império, ninguém mais acreditava seriamente na possibilidade de um terceiro reinado. Do ponto de vista diplomático, houve um perceptível retraimento brasileiro. Do ativismo platino adotado desde a segunda gestão do visconde de Uruguai passou-se ao que Cervo e Bueno chamaram de "distensão e universalismo" (Cervo e Bueno, 2011:139). Distensão para "conduzir as relações com a República Argentina sem nova guerra" (Cervo e Bueno, 2011:139), permitir ao país recuperar-se da severa drenagem de recursos causada pelo conflito no Cone Sul e facultar o enfrentamento de uma agenda doméstica cada vez mais complexa (abolição da escravatura, movimento republicano, problemas de mão de obra, questão militar, *inter alia*). Até mesmo fatores imponderáveis, como a devastadora seca que atingiu o nordeste brasileiro entre 1877 e 1879, somar-se-iam às dificuldades enfrentadas pelo governo nos planos econômico e financeiro, que só seriam aplacadas a partir de 1885 (Fausto e Devoto, 2004:138). Nessa circunstância, tornara-se impossível ao Brasil agir de modo coercitivo em suas relações com os países do Prata, como ficara patente na decisão de não cobrar as dívidas do Paraguai (indenizações a particulares e de governo a governo) e do Uruguai (empréstimos contraídos, o que levaria à falência do barão de Mauá). Nas palavras de Cervo e Bueno:

> Não convinha, segundo o governo brasileiro, insistir na cobrança das dívidas paraguaias, ante a absoluta falta de recursos, ante a necessidade de manter boas relações com aquele Estado e ante a disposição de não recorrer a qualquer tipo de ação coercitiva. Era mais uma vez a distensão e, com ela, a falência do imperialismo brasileiro, em favor da paz externa, contrariamente ao que ocorria então pelo mundo. (Cervo e Bueno, 2011:142)

---

[33] Gustavo Franco (1991:7-8) menciona que o triênio 1887-89 conheceu a feliz coincidência de uma série de fatores positivos: aumento dos fluxos migratórios para o Brasil, incremento do investimento estrangeiro na economia e elevação dos preços do café no mercado internacional. Tudo isso gerou um vigoroso *boom* da atividade econômica.

Ainda como decorrência da necessidade de distencionar o relacionamento internacional do país, o Império, em sua fase de decadência, não deu seguimento à negociação de tratados de limites com as nações vizinhas. É bem verdade que a questão de Palmas, a mais espinhosa e potencialmente explosiva, continuou a ser um foco de atritos entre Brasil e Argentina, mesmo depois da assinatura, em 1877, do Protocolo de Montevidéu — documento por meio do qual se encerravam definitivamente as desinteligências entre os países que lutaram contra a ditadura de Solano López. O não encaminhamento das questões de limites pendentes faria com que a República nascesse sob o signo desse passivo diplomático. Caberia ao filho mais velho do mais ilustre diplomata do Império resolver essas pendências e delimitar o corpo da pátria.

No tocante ao eixo de relacionamento brasileiro-argentino, deve-se registrar que a tendência geral à distensão não foi capaz de evitar a ocorrência de graves atritos. Disso são exemplos as questões do armamentismo portenho, de Martín Garcia e de Palmas. No primeiro caso, desencadeado a partir da assinatura pelo Brasil da paz em separado com o Paraguai, o país foi obrigado a encomendar material bélico de maneira açodada para fazer frente ao desafio.[34] Os jornais das duas capitais falavam abertamente na possibilidade de guerra (Viana Filho, 1959:61). Nesse contexto, foi vazada pela oposição no congresso teor de carta escrita pelo deputado Paranhos Jr. ao jornalista Henrique de Carvalho, na qual o primeiro sugere que o último publique matéria ameaçadora direcionada ao governo e à opinião pública argentinos. Essa carta, que Silveira Martins acreditava ter sido concebida pelo visconde do Rio-Branco, seria depois utilizada por Estanislao Zeballos (1974:22) como suposta prova das intenções agressivas de Paranhos Jr. em relação a Buenos Aires. Vale reproduzir o teor desse texto em sua inteireza:

Amigo e Sr. Henrique de Carvalho — 14 de Junho (1872)
É muito conveniente que o Movimento, em artigo de fundo, diga algumas coisas sobre a nota insolente que dirigiu-nos o governo argentino (publicada

---
[34] Brasil. Ministério da Marinha. Relatório do anno 1872 apresentado à Assembléa Geral Legislativa. 1873. p. 21.

anteontem no Jornal do Commercio) sobre os armamentos da República Argentina, e sobre a nomeação de Mitre para a missão ao Brasil, depois de ter atacado tanto na imprensa o nosso governo.

Não seria mau dizer que o nosso governo não deveria recebê-lo, e escrever alguma coisa que mostrasse no Rio da Prata a indignação de que o povo brasileiro está possuído diante de tantas provocações.

Mostrar que não devemos temer a guerra, aconselhar energia ao governo; declarando que em questões desta ordem terá por si todo o país, porque se a guerra com o Brasil é popular no Rio da Prata, a guerra com a República Argentina é popularíssima no Brasil; tornar patente que a República Argentina o que quer é que o Brasil se preste a auxiliá-la na sua ridícula política de conquista, quando ela nem sequer pode com os Cafulcurás e outros caciques da Patagônia, tudo isso será de muito bom efeito. É bom falar nas pretensões argentinas: quando não podem povoar os seus desertos, têm conflitos por causa de aumento de território com o Paraguai, a Bolívia e o Chile, e sonha com a anexação da República Oriental e do Paraguai.

Espero que preparará um artigo editorial fogoso para amanhã. *É indispensável que em Buenos Aires vejam que há aqui espírito público, patriotismo e dignidade.*

Afetuoso amigo e criado obrigado — Silva Paranhos.[35]

O primogênito do chefe do gabinete de 1871 escreveria ainda artigos de imprensa, sob pseudônimo, criticando o republicano Aristides Lobo pelo seu ataque à atitude prudente e vigilante do Brasil em relação às iniciativas portenhas de aquisição de material bélico no contexto do imediato pós-guerra do Paraguai:

Evidentemente, antepõe o senhor Aristides Lobo o que julga ser interesse do seu partido a reclamos imperiosos dos brios nacionais. *Por sedutora que seja a perspectiva da paz, há uma condição imprescindível sem a qual não seria a paz desejável. É que ela não seja a humilhação, o aviltamento, menosprezo da sobe-

---

[35] *Jornal do Commercio*. Rio de Janeiro, segunda-feira, 6 jan. 1873. Seção Rio de Janeiro. (Grifos meus).

rania nacional. Essa [paz] não a quereríamos, nem a pode querer a imprensa republicana. Essa não a quer por nenhum preço o chefe augusto do Estado, não a quer o seu governo, não a quer o país. (Pereira, 2012:158, grifos meus)

No segundo caso, ocorrido em 1874, houve forte reação brasileira à iniciativa portenha de artilhar a ilha estrategicamente localizada no delta do rio da Prata (Strauss, 1978:27-28). Essa ação poderia colocar em risco navios da esquadra que tivessem de operar naquele teatro. Como reação à atitude de Buenos Aires, tomada no contexto das tensões que se seguiram ao término da Guerra da Tríplice Aliança, o chanceler do Império, visconde de Caravelas, afirmou que o Brasil teria de "igualar armamento com armamento" e determinou o aumento do número de navios de guerra brasileiros estacionados no Prata (Strauss, 1978:27-28). Quanto ao problema de Palmas, irresoluto apesar das tentativas realizadas em 1759, 1789 e 1857 (Topik, 1996:65), grave rusga eclodiu em 1881, momento em que Buenos Aires instalou a Gobernación de Misiones (Doratioto, 2012:41). Ambos os países encontravam-se à beira de conflito armado, tendo em conta que ao Brasil era inaceitável ceder o território em disputa:

> Os Campos de Palmas de posse argentina criaria uma vulnerabilidade militar para o Império do Brasil, pois representaria uma cunha, quase alcançando [o] litoral atlântico, praticamente separando o sul do sudeste do Brasil. Os militares brasileiros e argentinos trabalhavam com a hipótese de guerra entre os dois países e, com a posse de Palmas, as tropas da Argentina poderiam cortar rapidamente a ligação terrestre entre essas duas regiões, ao ocupar o estreito corredor litorâneo que ficara de posse do Brasil, o que levaria à queda do Rio Grande do Sul na mão dos "invasores". (Doratioto, 2012:41-42)

No que respeita ao universalismo mencionado, esse processou-se tanto a partir de estímulos externos quanto da vontade de dom Pedro II de preservar o prestígio internacional do Brasil. O país intensificou sua participação em congressos, conferências e exposições internacionais — tendo modificado sua tradicional posição de distanciamento em relação às conferências pan-americanas (Cervo e Bueno, 2011:146-156). A participação na Conferência Pan-Americana de Washington (1889) seria expressiva da aproximação entre os governos de Brasil e Estados Unidos. Essa aproximação, aliás, tivera grande impulso com a presença do imperador na Exposição Universal da Filadélfia, em 1876. As demais viagens de dom Pedro II ao exterior, em 1871 e 1887, permitiriam à nação ampliar seus horizontes diplomáticos por meio de contatos do mais alto nível com autoridades de diversos países europeus, além de Rússia, Império Otomano, Grécia, Terra Santa e Egito. Em idêntico sentido, procurou a diplomacia imperial estender sua atuação ao Oriente, de que é prova o estabelecimento de relações com a China, consolidadas pelo tratado de 1881.[36]

Do ponto de vista militar, assistiu-se a dois movimentos distintos nos anos correspondentes aos estertores da Monarquia. Embora Exército e Marinha tenham sido fortemente desmobilizados uma vez terminada a conflagração com o Paraguai, foi o primeiro o mais atingido por esse processo. De acordo com Edmundo Campos Coelho, a força terrestre transitou de um orçamento equivalente a 45% das despesas governamentais, no ano fiscal de 1865-66, para algo em torno de 8% em 1878-79 — muito abaixo, portanto, dos 21,9% registrados em 1863-64, imediatamente antes da invasão do Mato Grosso pelas tropas de Solano López (Coelho, 2000:63). Schulz, por sua vez, oferece dados bastante distintos. Segundo o historiador norte-americano, o orçamento do Exército transitou de pouco mais de 22,4% da despesa total (13.2 mil contos) no ano fiscal 1865-66 a 14,1% em 1878-79 (14.9 mil contos) (Schulz, 2008:147). Esse patamar orçamentário seria mantido razoavelmente inalterado até o golpe militar que instituiu a República em 15 de novembro de 1889, de acordo com Coelho, e reduzido em termos relativos, mas não absolutos, de acordo com Schulz (10,3% ou 14.6 mil contos) (Schulz, 2008:148). Como se observa, os orçamentos foram significativamente diminuídos em termos proporcionais, sobretudo considerando a inflação do período — estimada em 1,6% ao ano (Maddison, 2012:7). Há de se levar em

---

[36] Cervo e Bueno mencionam que um dos principais motivos da aproximação do Brasil com a China tinha a ver com a intenção de promover a imigração chinesa como forma de minimizar a escassez de braços para a lavoura, em vista da iminente abolição da escravatura e da insuficiência de trabalhadores europeus (Cervo e Bueno, 2011:147).

conta, por outro lado, que os efetivos do Exército foram sensivelmente desmobilizados, passando de 76 mil durante o momento mais agudo do conflito (21 mil do EB acrescidos de 55 mil dos corpos de voluntários, aos quais se somavam ainda 59 mil guardas nacionais, totalizando 135 mil homens), a 19 mil em 1871, na versão de Carvalho (2005:179). De acordo com Coelho, o efetivo do Exército conheceria o nadir de 13 mil homens no ano da Proclamação da República, constituindo o menor efetivo desde o início da base de dados em 1830 (Coelho, 2000:55).

No que se refere à Marinha, Schulz sustenta uma participação na despesa governamental da ordem de 13,9% em 1863-64 (7.5 mil contos). Em plena guerra, 1865-66, a despesa permanece a mesma em termos absolutos e decresce em termos relativos para 12,7%. No orçamento 1878-79, há um ligeiro aumento em relação aos dois períodos anteriormente citados, perfazendo um total de 10.4 mil contos. No entanto, em termos relativos, isso significa uma queda para o patamar de 9,8% das despesas governamentais. Em 1889, as verbas destinadas à força naval não ultrapassam 10.8 mil contos ou 7,6% do total da despesa (Schulz, 2008:147-148). À primeira vista, não teria havido qualquer diferenciação perceptível entre o tratamento dispensado ao Exército e à Marinha no período assinalado. No entanto, há de se matizar os dados fornecidos pelo autor norte-americano. Em primeiro lugar, a segunda possuía efetivo muito menor que o primeiro. Ao fim da Guerra da Tríplice Aliança (1870), a esquadra brasileira contava com 56 navios de variados tipos, a grande maioria em mau estado, e 5.456 homens (340 oficiais e 5.116 praças).[37] Isso equivalia a cerca de 25% do efetivo da força terrestre. Em segundo lugar, a compra de navios de guerra, assim como equipamentos mais complexos para o Exército (artilharia, fuzis etc.), era tradicionalmente financiada por empréstimos externos (Centeno, 2002:132). Isso significava que as elevadas somas empregadas na compra de material não saíam do orçamento das forças, centrado essencialmente em despesas de custeio.[38] Há também de considerar-se os créditos suplementares que muitas vezes não

---

[37] Brasil. Ministério da Marinha. Relatório do anno 1870 apresentado à Assembléa Geral Legislativa. 1871. p.7.
[38] Essa inferência deriva da leitura dos relatórios do Ministério da Marinha, em que não aparecem discriminadas despesas com aquisição de equipamento.

eram computados nos orçamentos. Em terceiro lugar, quando se compara a participação de cada força no orçamento a partir de uma perspectiva mais alargada, verifica-se que, entre 1845 e 1889,[39] o total investido na Marinha em valores absolutos aumentou 348%, passando de 3.1 mil contos a 10.8 mil, ao passo que o valor aplicado no Exército transitou de 6.9 mil contos para 14.6 mil, ou 211% de acréscimo. Em termos percentuais, o orçamento da Marinha variou de 12,5% da despesa pública, em 1845, a 7,9%, em 1889 (redução de 41%), enquanto o do Exército foi de 27,8% no início da série a 10,3% no final (redução de 62%). Em outra perspectiva, o orçamento naval, que equivalia a menos de 45% do destinado às forças de terra em 1845, passou a representar 74% em 1889.[40]

A situação dos meios navais brasileiros era bastante precária no imediato pós-guerra, não somente pelo desgaste causado pelo conflito com a nação guarani, mas também pela inadequação desses meios ao ambiente marítimo e pela baixa taxa de renovação do material.[41] O gabinete conservador liderado pelo visconde do Rio-Branco (1871-75) procurou modernizar o material flutuante, tendo conseguido encomendar no exterior e fabricar no Arsenal de Marinha dois encouraçados, duas corvetas, dois monitores e dois navios de transporte.[42] Apesar disso, o número de navios disponíveis foi diminuindo progressivamente, passando de 63 (em 1871) a 54 ao final de sua gestão.[43] De modo sintomático, o imediato pós-guerra

---

[39] A escolha de 1845 como ano base dá-se apenas porque é essa a base de dados de Schulz. O ideal seria o de comparar os dados relativos ao início e término da Monarquia, assim como a média do período.

[40] Cálculos feitos pelo autor com base em Schulz (2008).

[41] Como é sabido, o elemento naval da Guerra do Paraguai processou-se em vias fluviais. Uma vez terminado o conflito, a esquadra brasileira possuía muitos meios adaptados ao teatro fluvial — pouco ou nada úteis em ações militares nos oceanos.

[42] Brasil. Ministério da Marinha. Relatório do anno 1872 apresentado à Assembléa Geral Legislativa. 1873; Brasil. Ministério da Marinha. Relatório do anno 1873 apresentado à Assembléa Geral Legislativa. 1874; Brasil. Ministério da Marinha. Relatório do anno 1874 apresentado à Assembléa Geral Legislativa. 1875; Brasil. Ministério da Marinha. Relatório do anno 1876-1 apresentado à Assembléa Geral Legislativa. 1877; Brasil. Ministério da Marinha. Relatório do anno 1876-2 apresentado à Assembléa Geral Legislativa. 1877. passim.

[43] Os relatórios referentes aos anos de 1870 (publicado em 1871) e 1871 (publicado em 1872) mencionam um aumento do número de unidades de 56 a 63. Não há menção discernível à razão desse aumento — que pode estar relacionada simplesmente à incorporação de novas unidades ou

é frequentemente citado pelos defensores da supremacia naval brasileira, entre os quais se encontrava Paranhos Jr., como época áurea de nossa Marinha. Arthur Dias apresenta quadro comparativo das principais forças navais do mundo em 1872, em que a Marinha do Brasil aparece como a sexta mais poderosa: dotada de 16 encouraçados, 78 vapores e 237 canhões.[44] No entanto, entre a idealização da realidade e a realidade em si haveria um abismo. Juca Paranhos, escrevendo a Nabuco em 1882 sobre a questão de Palmas, percebe claramente a decadência militar do país:

> Pela primeira vez, desde que o Império existe, achamo-nos assim, à mercê da República Argentina, sem exército, sem esquadra e sem torpedos quando os nossos vizinhos têm tudo isso. Pensa-se no Brasil que cantando o Brava gente brasileira podemos vencer os argentinos. É uma ilusão, meu caro. *Entendo que a nossa situação é gravíssima, e que se os argentinos aproveitarem agora o ensejo que a criminosa imprevidência dos nossos governantes lhes oferece, teremos de passar por grandes vergonhas e humilhações... A nossa esquadra não faz evoluções, como o nosso exército não faz manobras de campanha. Daí uma ignorância espantosa. Entende-se entre nós que só depois de começada a guerra deve-se começar a aprender a fazer a guerra.*[45]

De acordo com a interpretação de Bradford Burns, o trecho citado resume a percepção do futuro barão do Rio-Branco sobre o vizinho

---

a uma diferença na forma pela qual os meios flutuantes eram contabilizados (incluindo-se ou não no cômputo geral unidades de menor valor, por exemplo).

[44] Esses dados, cuja fonte Dias não cita, não estão de acordo com o relatório apresentado pelo ministro da Marinha à assembleia legislativa em 1873, referente ao ano anterior. Nesse relatório, o número informado é de 63 unidades. Em qualquer circunstância, a disparidade entre a força naval do Brasil e a quinta maior força, a Turquia, é assustadora: 2.370 bocas de fogo para a última em comparação às 237 da primeira (de acordo com os dados fornecidos por Arthur Dias). A despeito do que precede, faz sentido ser saudosista em relação à Marinha no imediato pós-Guerra do Paraguai pelo simples fato de que provavelmente se encontra aí o momento de maior preponderância naval brasileira na América do Sul — não tanto pela força do Brasil mas, sobretudo, pela fraqueza das demais nações sul-americanas. Infelizmente, não há estudos históricos confiáveis em que se possa fundamentar uma comparação segura entre as forças navais da América do Sul ao longo do tempo. Dias (1899:70).

[45] Carta de Rio-Branco a Joaquim Nabuco, de 29 de agosto de 1882. Arq. Joaquim Nabuco, apud Viana Filho (1959: 114, grifos meus).

platino: "a única maneira de evitar uma 'situação gravíssima' era armar o Brasil, sobretudo aumentar a marinha, a fim de enfrentar a ameaça argentina. Ele formou precocemente as suas ideias de preparação contra a Argentina e as conservou durante toda a existência" (Burns, 1997:391). Mesmo diante da importante desmobilização dos meios navais, o ano de 1884 assistiu à formação da "Esquadra de Evoluções". Composta por 16 navios, entre os quais figuravam os mais modernos à disposição da Marinha de Guerra — construídos nas décadas de 1870 e no início da de 1880 (Paula, 2004:317-318) —, representava um claro esforço das autoridades brasileiras em manter a nossa esquadra entre as mais poderosas da América do Sul. Seu primeiro comandante foi o chefe-de-esquadra Arthur Silveira da Motta, barão de Jaceguay.

Não surpreende, portanto, a constatação de que foi o Exército a causa eficiente da queda da Monarquia.[46] Enquanto a questão militar causava intensa agitação nas hostes da força terrestre, a Marinha oferecia o último grande baile do Brasil imperial. De acordo com Paula:

> Durante o período que precedeu a Proclamação da República, a Marinha Imperial pouca atuação teve na chamada Questão Militar e isso se explica principalmente pela sua própria organização: arsenais, navios, comandos relativamente concentrados em determinados lugares; portanto, muito menos sujeitos às influências que levaram o Exército a tomar parte ativa na política nacional. E o que afirmamos bem pode ser comprovado pelo último baile que a Monarquia ofereceu aos oficiais chilenos na Ilha Fiscal. (Paula, 2004:318)

Em qualquer circunstância, a identificação da Marinha com o regime decrépito era mais acentuada do que ocorria no caso do Exército. Ainda

---

[46] Nelson Werneck Sodré menciona que uma das reuniões de oficiais das Forças Armadas para discutir os desdobramentos da questão militar teria sido realizada na casa do barão de Jaceguay. No entanto, não oferece detalhes que possam confirmar a participação de outros elementos da Marinha ou a perspectiva que Artur Silveira da Motta tinha sobre o movimento. Ver Sodré (1979:150).

que o argumento de Sodré esteja condicionado pela falta de referências bibliográficas, por sua filiação institucional ao Exército e pelo arcabouço analítico marxista, vale reproduzir o seguinte trecho de *História militar do Brasil*: "(...) a nação não se reconhecia nele (Exército), não se via nele representada, mas sim na Marinha. Esta devia, por isso, ser como uma vitrine bem cuidada, para dar ideia do que não éramos, mas desejávamos ser (...)" (Sodré, 1979:134). Certamente contribuíam para o maior alinhamento da força naval à Monarquia a extração social mais elevada da oficialidade, a emulação do *éthos* institucional prevalecente na Marinha britânica e a própria natureza das tarefas desempenhadas — que obrigavam a instituição a se voltar para o exterior, o que implicava a necessidade de não descurar a dimensão de defesa.[47]

No entanto, não é correto tomar essa visão como capaz de reproduzir perfeitamente a realidade. Embora seja possível sustentar de modo muito genérico a identificação da Marinha com a Monarquia, Arias Neto matiza a suposta oposição da força naval à República. De acordo com esse historiador, que admite o caráter ainda preliminar de seu trabalho, havia frações da Marinha descontentes com os rumos do regime monárquico — particularmente nas camadas mais jovens da oficialidade (Arias Neto, 2009:43). Da mesma forma, deve-se ter presente que, apesar da intensa rivalidade entre Exército e Marinha durante o Império, a solidariedade "estamental" por vezes adquiria sentido forte — o que parece ter sido o caso no 15 de novembro.[48] O Clube Militar, criado em 1887, contou, entre seus sócios fundadores, com 176 oficiais do Exército e 72 da Marinha (Queiroz, 1997:102). O almirante Custódio de Melo, líder da Revolta

---

[47] Isso absolutamente não quer dizer que a Marinha, no caso brasileiro, fosse apenas empregada na dissuasão de ameaças externas. É certo que, em inúmeras ocasiões, a Marinha foi utilizada para garantir a integridade territorial do país (ou como braço repressivo do Estado) em situações de conflito doméstico. O que se quer significar é a natural propensão de a força naval atuar distante da massa continental da nação, o que normalmente ocorre em conflitos internacionais. A própria estrutura padrão de uma força naval é voltada para o enfrentamento de outras forças navais, o que orienta para conflitos interestatais. Esse era certamente o caso do Brasil naquele período histórico, em que havia percepção de ameaças navais no entorno sul-americano.

[48] O autor desconhece trabalhos históricos em que tenha ficado caracterizada a intenção do comando da Marinha de resistir ao golpe de 15 de novembro.

da Armada alguns anos mais tarde, foi o primeiro vice-presidente dessa agremiação. Ainda que se considere o menor envolvimento político da força naval, é sabido que ele existia (Gomes, 2010). Em idêntico sentido, aos almirantes e oficiais da Armada não escapava a debilidade da Monarquia em seus estertores. Mesmo nos altos escalões da força naval brasileira havia ressentimentos com parcelas das elites civis, o que pode ser constatado pelo fato de ter sido a Esquadra de Evoluções desfeita pelo gabinete de João Maurício Wanderley, barão de Cotegipe (1885-88). Nas palavras de Arias Neto:

> Este [barão de Jaceguay] solicitou sua reforma como protesto pela dissolução da esquadra de evoluções pelo gabinete de Cotegipe. A despeito do barão apresentar razões de ordem econômica para tal, a medida foi sentida como perseguição do ministro escravocrata ao chefe de divisão abolicionista. Este evento representou um desar para o governo imperial, pois dado o papel de liderança de Silveira da Mota na Armada — que já havia sido inclusive cotado como possível ministro — sua reforma causou grande comoção entre oficiais da Marinha. (Queiroz, 1997:42)

Há de se considerar outros indícios de que a caracterização da Marinha como força perfeitamente unida em torno dos ideais monárquico e escravocrata possui algo de caricato. O rancor em relação às lideranças políticas civis, que vicejava em setores da Armada, pode ser observado no *affair* Leite Lobo. Esse oficial da Marinha envolveu-se, no início de 1888, em desinteligência com agentes das forças policiais da capital, sendo espancado e preso. Seguiram-se ampla cobertura de imprensa e forte reação corporativa. Reunidos no Clube Naval, oficiais da Marinha e do Exército, entre os quais se encontravam Eduardo Wandenkolk e Custódio de Melo, decidiram pressionar as autoridades pela demissão do chefe de polícia e a libertação de Leite Lobo (Gomes, 2010:9-10). Revoltados, os marinheiros fizeram chegar à princesa regente, por meio de um colega de farda, o príncipe d. Augusto de Saxe, suas reivindicações (Silva, 1975:63). Isabel solicitou, então, que seu marido, o conde d'Eu, se deslocasse ao Clube Naval para dialogar com os agravados. Disposta a atender às exigências dos suplicantes diante da perspectiva de arruaças e enfrentamentos entre militares e policiais, a princesa sugeriu ao barão de Cotegipe que demitisse o chefe de polícia. Cotegipe recusou-se a fazê-lo, não restando àquela outra alternativa a não ser a dissolução do Gabinete.

Esse episódio demonstra de modo cabal como o controle civil sobre a Marinha era precário na fase final do Império. Se não cabe dúvida quanto ao papel de liderança do Exército durante a questão militar, é impossível desconhecer o fato de que setores da força naval tiveram participação no processo.[49] O que parece claro é a dificuldade em tratar o Exército e a Marinha como entidades monolíticas, nas quais as divergências entre seus membros são contidas por meio da disciplina e do respeito à cadeia de comando. Particularmente em um contexto de grande volatilidade e incerteza, como o que caracterizou os últimos suspiros da Monarquia e os primórdios da República, as Forças Armadas lutavam para manter dentro de limites aceitáveis as disputas entre distintos grupos em suas fileiras — disputas quase sempre vinculadas às que travavam as diversas facções políticas civis externas às instituições castrenses. Exemplo emblemático disso é a tardia aproximação entre Deodoro e os conspiradores republicanos, dentre os quais se destacava o neorrepublicano Rui Barbosa,[50] ocorrida em 11 de novembro de 1889.[51]

Cabe realçar que a penetração da caserna pela política manifestava-se frequentemente por meio da aceleração da carreira dos oficiais mais afinados com os grupos no poder. Essa realidade contribuiu para a crescen-

---

[49] A despeito do caráter sumário da pesquisa, Gláucia Soares de Moura (2007:1-17) retrata vários líderes navais da época como republicanos — o que reforça a tese de que o conceito da Marinha monarquista deve ser, no mínimo, repensado.

[50] Rui Barbosa foi monarquista até as vésperas da Proclamação da República. Aderiu ao movimento republicano e às conspirações que levaram à queda da Monarquia por acreditar que a última não seria capaz de implantar o federalismo. Coerente com essa postura, recusa vaga no ministério Ouro Preto por ter o último se recusado a levar à frente as reformas federalistas defendidas por ele. Bello (1956:passim).

[51] José Maria Bello afirma que estiveram presentes na reunião com Deodoro: Rui Barbosa, Quintino Bocaiúva, Aristides Lobo, Benjamin Constant, Francisco Glicério, Solon Ribeiro e representantes dos republicanos paulistas não especificados. Ibid., p. 57. José Murilo de Carvalho (2005:45), ao se referir aos planos de Quintino Bocaiúva no sentido de instaurar a República com o apoio do Exército, afirma que o líder republicano não foi recebido por Deodoro no dia 11 de novembro de 1889 por não ser um dos que "vestiam farda".

te insatisfação de parcela do oficialato, tanto do Exército quanto da Marinha, em relação às lideranças militares e seus aliados civis (Smallman, 2002:17; Arias Neto, 2009:passim). José Murilo de Carvalho, ao resenhar o trabalho de Schulz sobre as origens da ingerência do Exército na política, aponta o crescente distanciamento entre as elites civis e a elite daquela força a partir de 1850, ou seja, antes mesmo da Guerra do Paraguai e dos eventos que se seguiram ao seu término.[52] A contraelite que se formava tinha extração social distinta da que caracterizara a liderança da força terrestre até então: substituíam-se paulatinamente oficiais emanados dos quadros da nobreza por oficiais tecnicamente qualificados oriundos da pequena burguesia rural e urbana. Infelizmente, não há estudo similar que trate do caso da Marinha. Em qualquer circunstância, Carvalho resume assim a propensão dessa arma em se envolver na política: "Por suas características organizacionais, recrutamento aristocrático dos oficiais, isolamento e treinamento mais profissional, a Marinha era uma força menos sensível a pressões políticas e menos hostil às elites políticas civis".[53]

Ainda sobre o suposto monarquismo dos marinheiros, não se deve esquecer a força da propaganda florianista, que procurou por todos os meios atribuir à Marinha a pecha de reacionária e saudosa da Monarquia no contexto da Revolta da Armada (1893-94) (Arias Neto, 2009:44). Como será possível perceber mais à frente, essa revolta pouco ou nada teve a ver, a não ser de maneira muito indireta e quase acidental, com motivações "sebastianistas". O cerne desse movimento encontrava-se na enorme politização das Forças Armadas e no papel desempenhado por

---

[52] Esse processo teria sido possibilitado pela reforma do sistema de promoções introduzida pelo ministro Manoel Felizardo de Sousa e Melo. Essa reforma aboliu o sistema anterior, em que as promoções dependiam da posição social do oficial, e o substituiu por outro em que as promoções dar-se-iam por mérito e antiguidade. Cabe notar que esse sistema, embora tenha aberto a possibilidade de ascensão funcional de elementos oriundos da pequena burguesia, de modo algum impedia o favoritismo e a influência política na determinação das promoções. Apenas apontava para uma ampliação da base de recrutamento de oficiais por parte da força terrestre. Além da modificação paulatina da origem social dos oficiais, o fator que mais contribuiu para o distanciamento entre militares do Exército e políticos civis foi o aumento da qualificação técnica do oficialato e a consolidação de uma perspectiva tecnocrática que rejeitava a situação de inferioridade da força em relação aos "legistas" — como eram conhecidos pejorativamente os políticos do Império. Carvalho (2005:153-154).
[53] Ibid., p. 52.

algumas lideranças navais no marco de um ambiente institucional extremamente confuso e polarizado. A clivagem monarquismo/republicanismo durante os governos de Deodoro e Floriano parece ter representado muito mais um emblema para a mobilização de apoio junto a setores radicais (os chamados "jacobinos") ou para justificar ações repressivas do que qualquer outra coisa. Dadas a fragilidade da disseminação do republicanismo doutrinário entre as elites (inclusive militares) e as camadas populares, a volubilidade dos elementos oportunistas, a incorporação ao governo de figuras ligadas ao regime decaído[54] e a baixa capacidade de articulação de reação consistente dos monarquistas empedernidos ao golpe implementado pelo Exército,[55] não impressiona que a apatia tenha sido a tônica quanto à natureza do regime político em vigor. A historiografia sobre o período salienta, inclusive, a ignorância da grande maioria dos soldados e de parte dos oficiais sobre o que estavam fazendo nas ruas em 15 de novembro (Castro, 1995:193-194). Não seria absurdo especular que, não fosse o endurecimento do gabinete Ouro Preto, com a convocação da Guarda Nacional e o reforço da polícia no Rio de Janeiro, emprestando plausibilidade à tese de que o governo tencionava erradicar o Exército,[56] Deodoro pudesse ser convencido a preservar a Monarquia.[57]

---

[54] Rui Barbosa, primeiro ministro da Fazenda republicano, era monarquista até 1888 — sendo um confesso admirador do sistema inglês. Depois do advento da ditadura florianista, passou a defender a tese de que o regime político era essencialmente indiferente, desde que o governo fosse de molde a defender as liberdades públicas e as garantias constitucionais. Barbosa (1972:345-363).

[55] Muitos dos maiores nomes da Monarquia aderiram à República a contragosto, como foi o caso do barão do Rio-Branco e de Joaquim Nabuco. Eduardo Prado foi um dos poucos que se mantiveram irredutíveis críticos do novo regime. Em qualquer caso, a historiografia não oferece elementos para supor que os monarquistas tivessem qualquer plano articulado para reestabelecer a casa de Bragança no controle do Estado brasileiro. Ver, por exemplo, Santos (2012:passim).

[56] Edmundo Campos Coelho utiliza o conceito huntingtoniano de "política de erradicação" para caracterizar a relação entre as elites brasileiras e o Exército de 1822 até 1930. Por política de erradicação, entende-se a sistemática imposição aos militares da força terrestre da seguinte escolha: conformar-se ou perecer. Conformar-se com estatuto subalterno e precário ou assistir ao desmantelamento da instituição. Na base dessa política, encontra-se uma profunda desconfiança sobre a possibilidade de manter um Exército e, ao mesmo tempo, preservar o Estado da ingerência castrense. Ver Coelho (2000:49).

[57] Sabe-se que Deodoro era monarquista e nutria grande respeito pelo imperador. As circunstâncias e as pressões a que foi submetido fizeram-no optar pela extirpação do regime

Cabe mencionar que a queda do regime não se deu pela conjunção de crises política e econômica. Ao contrário, os últimos anos do Império foram de intenso otimismo nas regiões brasileiras em que o trabalho assalariado se disseminara (Franco e Lago, 2012:174). A abolição da escravatura, em 13 de maio de 1888, foi acompanhada de significativo aumento dos investimentos estrangeiros, intensificação dos fluxos imigratórios e desenvolvimento da cultura do café — espinha dorsal da economia. Franco e Lago afirmam que o chefe do Gabinete, visconde de Ouro Preto, pretendia valer-se dessa conjuntura para obter a "inutilização da república" (Franco e Lago, 2012:175). No entanto, a debilidade do sistema bancário e o conservadorismo da política monetária, presa ao debate histórico entre "metalistas" e "papelistas", representaram fatores impeditivos para que as conjunturas doméstica e internacional favoráveis fossem potencializadas a tempo de gerar resultantes políticas que garantissem a manutenção do regime. Em qualquer circunstância, os esforços de Afonso Celso em prol da expansão dos mercados viram-se atropelados pela dinâmica do processo político (Franco e Lago, 2012:180).

5. As linhas mestras da grande estratégia do Império

Antes de abordar o período que se estende da Proclamação da República até o governo Rodrigues Alves, vale sumariar as linhas gerais da grande estratégia do Império. Esse exercício permitirá, por comparação, perceber de maneira mais estruturada as continuidades e rupturas entre aquela e a que vai se desenvolver no período republicano antes e depois da presidência Rodrigues Alves, que corresponde ao início da gestão do barão do Rio-Branco. Resta claro que a pedra angular da grande estratégia brasileira durante o Segundo Reinado — período de relativa estabilidade que permitiu a implementação de política externa minimamente coerente — foi a garantia da incolumidade do território, a preservação do

---

monárquico. A Proclamação da República ocorre, portanto, sem que tenha havido qualquer afinidade eletiva entre o seu artífice maior e o novo regime instituído.

modelo econômico baseado na grande lavoura e no trabalho escravo e a prevenção do surgimento de um adversário geopolítico capaz de colocar em risco a segurança e a primazia do país no plano regional. Portanto, além da necessária prudência no manejo das relações com as grandes potências, a diplomacia imperial tratou de empregar todos os meios à sua disposição, cooperativos e coercitivos, para impedir a reconstituição, pela Argentina, do Vice-Reino do Rio da Prata. A preservação da independência do Uruguai e do Paraguai era imperativa nesse contexto.

Os meios humanos e materiais disponíveis para a realização desse desiderato eram limitados pela realidade de uma nação retrógrada, iletrada, provinciana e cuja estreita base econômica se fundamentava na agropecuária voltada para o mercado internacional. A despeito da dispersão do poder entre o arquipélago de províncias pouco integradas que conformavam o país, a Monarquia unitária e suas instituições (Poder Moderador, Conselho de Estado, Senado vitalício, voto censitário etc.) foi capaz de evitar que impulsos centrífugos terminassem por desmembrar o Brasil em uma miríade de pequenos Estados independentes. Nas palavras do marquês de São Vicente:

> O território do Império não constitui somente a sua mais valiosa propriedade; a integridade, a indivisibilidade dele é de mais a mais não só um direito fundamental, mas um dogma político. É um atributo sagrado de seu poder e de sua independência; é uma das bases primordiais de sua grandeza interior e exterior. Essa importante integridade indivisível é com razão confiada pelo art. 145 da Constituição no patriotismo, às armas e às forças de todos, e de cada um dos brasileiros. (Kugelmas, 2002:80)

A hegemonia política da elite saquarema, seu reduzido número e relativa homogeneidade, deitou os alicerces de política externa estável e pragmática. O emprego da força para a sustentação dos objetivos centrais da grande estratégia do Império foi feito de maneira moderada, mas decidida sempre que absolutamente necessário. A Marinha foi privilegiada como instrumento de defesa e projeção regional, não somente em face de sua capacidade de deslocamento rápido aos longínquos rincões da massa territorial brasileira, mas também em vista de sua complexão mais afinada à ideologia liberal do Império — profundamente ciosa da prevalência do poder civil sobre o militar.

Como resultado, a República herdaria um país territorialmente íntegro, que se orgulhava de sua estabilidade em face das nações hispânicas — permanentemente assoladas por sobressaltos, revoluções, pronunciamentos militares e instabilidades de toda ordem. A despeito dos avanços obtidos no setor de infraestrutura, com a construção de uma ponderável malha ferroviária, o Brasil legado pela Monarquia à República caracterizava-se pela baixa integração entre as suas regiões, precário nível educacional da população, economia pouco diversificada, com grande concentração da pauta de exportações em reduzidíssimo número de *commodities* (com destaque absoluto para o café e a borracha), forte dependência do capital estrangeiro, dificuldades de assimilação do largo contingente de escravos libertos pelo mercado de trabalho, fortíssimas assimetrias sociais, Forças Armadas crescentemente politizadas e em estado de penúria material e organizacional.

Do ponto de vista da política externa, já se encontrava em curso processo de aproximação com os Estados Unidos da América, acoplado à paulatina redução do peso do relacionamento com a Grã-Bretanha (ainda assim relevante, sobretudo nos campos financeiro, de investimentos e naval). Era inegável, contudo, a predominância da vertente europeísta da política externa, particularmente no campo da cultura (em que a França permanecia sendo referência central) e na consequente emulação do modo de vida do velho continente. Na América do Sul, reduzira-se a influência brasileira no rastro da crise que levaria à queda da Monarquia. As relações com a Argentina continuavam sendo fator crítico, sobretudo em razão da permanência do diferendo relacionado ao território de Palmas e do exponencial impulso que a exportação massiva de produtos agropecuários proporcionava ao país platino. A resolução dos problemas envolvendo a demarcação definitiva das fronteiras permanecia em aberto no que toca a vários países lindeiros. A projeção internacional do Brasil era limitada tanto em termos de abrangência geográfica quanto em intensidade.

A despeito do que precede, pode-se afirmar que os objetivos centrais da grande estratégia imperial foram alcançados: manteve-se o país unido, evitou-se a expansão argentina e preservou-se, enquanto foi possível, o modo de produção fundado na grande lavoura e no trabalho escravo — ainda que ao preço de manter o país atrelado ao atraso econômico e social.

CAPÍTULO 2

Grande estratégia ou caos? Desordem e militarismo entre 1889 e 1894

> Nas camadas oficiais a mais consumada incapacidade, nas populares a indiferença mais profunda condenam à morte pelo resfriamento glacial essas questões [navais], de que depende o nosso porvir. Todos os dias, nos fatos mais comezinhos e pelos casos mais repetidos, se evidencia, a esse respeito, nos homens, a quem o acaso e a intriga confiam a sorte de nossa pátria, a ausência não só das faculdades superiores a que está ligada a previdência do futuro, como dos dotes vulgares, a que assenta a simples inteligência do presente nos seus interesses mais elementares. (Barbosa, 1899:VIII)

1. O 15 de novembro e a "sul-americanização" do Brasil

Após o golpe militar que resultou na Proclamação da República, o país mergulharia em período de enormes incertezas. Não poderia ser maior a distância entre o bordão inserido na nova bandeira nacional e a realidade existente no terreno. A própria definição da bandeira "revolucionária" fora objeto de disputa entre facções republicanas, tendo a versão verde e amarela da *star spangled banner flag* perdido a contenda para o pavilhão defendido pelos positivistas ortodoxos (Carvalho, 1990:110-121). Depois de acompanhar bestificado à queda da Monarquia, o povo assistiria à sucessão interminável de agitações, revoltas e balbúrdias de toda sorte. Produziu-se significativo vácuo simbólico com a extinção abrupta do decadente regime monárquico. O principal fator de aglutinação nacional, a imagem projetada pelo imperador como líder da Monarquia unitária, evaporara de um dia ao outro. Em seu lugar, assumiu o governo um velho chefe militar, politicamente inexperiente e fisicamente debilitado. Antes de refletir projeto alternativo e articulado, a tomada de poder pelo Exército representava desforra contra a autoridade civil, concebida como desdenhosa em relação à caserna, corrupta e insensível às verdadeiras aspirações nacionais. Nada poderia ser mais revelador do que o diálogo travado entre Deodoro da Fonseca e o visconde de Ouro Preto, reproduzido por este último, logo após a rebelião das unidades da força terrestre sediadas na capital, no próprio dia 15 de novembro de 1889:

> No meio do mais profundo silêncio, cientificou-me de que se pusera à frente do Exército para vingar as gravíssimas ofensas recebidas do Governo (...) Só o Exército, afirmou, sabia sacrificar-se pela Pátria, e, no entanto, maltratavam-no os homens políticos que até então haviam dirigido o país, cuidando exclusivamente dos seus interesses pessoais (...) Aludiu aos seus serviços nos campos de batalha, rememorando que pela pátria estivera três dias e três noites combatendo no meio de um lodaçal, sacrifício que eu não podia avaliar. Declarou que o ministério estava deposto e que se organizaria outro de acordo com as indicações que iria levar ao Imperador (...) Quanto ao Imperador, concluiu, tem a minha dedicação, sou seu amigo, devo-lhe favores. Seus direitos serão respeitados e garantidos. (visconde de Ouro Preto apud, José Maria Bello, 1956:60-61)

A força naval, por sua vez, teve participação discreta no levante que extinguiria o reinado de Pedro II. Tampouco opôs-se militar ou politicamente à quartelada levada a cabo pelo Exército. José Maria Bello capta o conformismo da Marinha com a Proclamação da República: "Aceitara a República como fato consumado, por espírito de disciplina e de patriotismo, no fundo descontente da supremacia do exército na implantação do novo regime" (Bello, apud Sodré, 1979:174). Significativamente, a primeira manifestação oficial do governo provisório (15 de novembro de 1889 a 23 de fevereiro de 1891) refere-se ao "Povo, Exército e Armada Nacional" nessa ordem (Silva, 1975:69-70) — o que não terá passado despercebido aos marinheiros, uma vez que a maior antiguidade da Marinha garantiria, em condições normais, que o seu nome aparecesse antes do que o da força terrestre.[58] De modo emblemático, dentre a quase inexistente resistência ao golpe desfechado por Deodoro, encontrava-se a do ministro da Marinha, barão de Ladário, que, impedido por um oficial do Exército de se reunir com seus colegas de ministério e recebendo voz de prisão, trocou tiros com seu opositor e acabou alvejado por ele (Bello, 1956:59). O evento que envolveu o último ministro da Marinha do período monárquico, porém, prenunciava o que não tardaria a vir: o crescente distanciamento e oposição entre as duas forças, que desaguaria na Revolta da Armada e em sua conexão com a Revolução Federalista patrocinada por Gaspar Silveira Martins contra Júlio de Castilhos no Rio Grande do Sul.

Finado o centralismo monárquico, uma explosão de particularismos locais até então represados tomou conta da política nacional. Em grande medida, a queda da Monarquia ocorria no contexto de sua incapacidade de incorporar novos atores sociais excluídos dos processos decisórios. O grupo excluído mais importante era, sem dúvida, o dos cafeicultores paulistas, sobretudo do oeste do estado, que clamava por maior autonomia em relação ao poder central. O republicanismo e o federalismo eram duas bandeiras desse grupo, desejoso de converter sua prosperidade econômica em influência política. A centralidade da lavoura do café para o Brasil podia ser aquilatada pelo fato de a venda desse produto ao exterior corresponder a mais que 50% do valor total das exportações do

---

[58] Para a mentalidade castrense, esse tipo de "detalhe" protocolar nada tem de secundário. Ao contrário, qualquer erro ou, pior, inversão das regras protocolares reveste-se de grande importância por afrontar aquilo que distingue a profissão das armas: a hierarquia, a disciplina e o respeito às tradições militares. Logo, a inversão da ordem de antiguidade na primeira proclamação oficial republicana terá certamente desagradado aos marinheiros — sendo uma explícita demonstração do estatuto diferenciado do Exército nesse contexto.

país em 1873, atingindo mais de 55% em 1901 (Maddison, 2012: 10). Também era digna de nota a ascensão de setores médios urbanos, no rastro do processo de diferenciação funcional decorrente do avanço do capitalismo no país. A expansão da malha ferroviária melhoraria a integração entre as regiões, assim como o acúmulo de capital decorrente da exploração da lavoura do café permitiria o investimento de excedentes em outras atividades. As indústrias, absolutamente marginais em termos econômicos durante a maior parte do Império, começam a adquirir alguma relevância: entre 1875 e 1890, o seu número salta de 175 para 600 (Costa, 1989:167). A Associação Industrial do Rio de Janeiro seria criada na década de 1880 para defender os interesses do setor (Costa, 1989:167). Paralelamente ao crescimento urbano e à melhoria do nível educacional da população (ainda muito baixo), houve importantes iniciativas de aprimoramento da infraestrutura e da habitabilidade das principais cidades brasileiras. Todas essas modificações estruturais tiveram influência na conformação do contexto que levaria à queda da Monarquia e estiveram na base daquilo que seria conhecido como república oligárquica. Antes, porém, era preciso fazer com que os militares retornassem aos quartéis.

A instauração da República teve impacto imediato na política externa do país. Quintino Bocaiúva, primeiro chanceler do regime nascente, pretendeu emprestar sentido "americanista" às relações internacionais brasileiras. Havia clara intenção de realçar a distinção da nova política em relação à que era levada a cabo pelo Império. O lema que direcionava as ações iniciais da diplomacia era o *slogan* reproduzido no manifesto republicano de 1870: "Somos da América e queremos ser americanos". Naturalmente, essa distinção dava-se no plano da mais profunda superficialidade, desconsiderando os interesses de longo prazo da nação (Bueno, 1990:71-82). Alonso retrata da seguinte forma o desejo da geração de 1870 de romper com a política externa imperial:

> Todos os grupos condenavam o belicismo saquarema, que coibira as rebeliões provinciais dos anos 1840, fizera as guerras da Cisplatina e do Paraguai e mantivera vários contenciosos na América do Sul. A política imperial de intervenção americana, levada a cabo por uma casa dinástica europeia em

meio a repúblicas recebeu crítica radical. Ao contrário dos saquaremas, não admiraram as virtudes de uma nobreza guerreira. (...) A política externa foi vista, assim, não como um veículo de imperialismo, mas como um dos caminhos de inserção do Brasil na civilização moderna — no "concerto das nações". (Alonso, apud Santos, 2012:49-50)

Os dois gestos mais significativos nesse sentido foram o abandono das reservas do Império quanto aos temas tratados durante a I Conferência Internacional de Estados Americanos realizada em Washington (1889) e a concordância em resolver o litígio das Missões com a Argentina por meio de acordo que previa a repartição do território — naturalmente rejeitado pela opinião pública, pelo Congresso e objeto de intensa oposição das Forças Armadas.[59] A despeito da retórica superficial e do açodamento de determinadas posições, fazia todo sentido do ponto de vista da diversificação das relações internacionais do país a aproximação com os Estados Unidos (Topik, 1996:60-69).

Salvador de Mendonça, republicano histórico e cônsul do Brasil em Nova York desde 1875, substituiu Lafaiete Rodrigues Pereira como chefe da delegação brasileira, uma vez proclamada a República. Recebeu instruções de alinhar-se no que fosse possível às posições defendidas pelos Estados Unidos, emprestando "espírito americano" à participação brasileira no conclave (Bethell, 2010:77). A conferência em apreço fazia parte dos esforços norte-americanos para organizar a América Latina de acordo com seus interesses, em que se destacava o aumento da penetração econômica na região. A despeito de resultados práticos pouco animadores, a reunião serviu como marco de um novo impulso no relacionamento bilateral Brasil-Estados Unidos. Mendonça, que seria nomeado ministro-plenipotenciário junto àquela nação, exercendo o cargo entre 1890 e 1898, foi instrumental nesse sentido. Nas palavras de Bethell: "A

---

[59] Além da indignação gerada no seio do Clube Militar, Peixoto afirma mesmo que a Marinha teria se recusado a enviar o encouraçado *Riachuelo*, comandado por Alexandrino de Alencar, para buscar Quintino Bocaiúva em Buenos Aires. O navio que se encontrava em Montevidéu teria retornado ao Brasil sem recolher o ministro das Relações Exteriores. Peixoto (2000:34-35).

Conferência Pan-Americana de Washington (1889-90) e o período em que Salvador de Mendonça serviu como representante brasileiro na capital norte-americana (1890-98) marcam o início da 'americanização' da política externa brasileira na Primeira República" (Bethell, 2010:77).

É digno de nota que uma das primeiras medidas do governo provisório foi justamente a de extinguir o Conselho de Estado e o Senado vitalício, instâncias que serviam de *loci* para a discussão de políticas transversais como as externa e de defesa.[60] Mais do que isso, ambas eram mobiliadas por parcela significativa de indivíduos que tinha exercido funções governativas no passado (Santos, 2012:55-56). Logo, havia a possibilidade de o Estado recorrer ao repositório de experiências acumuladas por seus *elder statesmen* para o encaminhamento de questões complexas que se apresentassem. Fazendo tábula rasa desses mecanismos, não substituídos por outros que exercessem as mesmas funções, a República teria de se debater com o amadorismo que caracterizou a gestão Bocaiúva. Como a rejeição pelo congresso do acordo para repartir o território de Palmas indicaria, a mudança de regime político pouca diferença faz quando estão em jogo temas fulcrais como os relacionados à demarcação em termos favoráveis do "corpo da pátria".[61] Por mais que a solidariedade americana tenha inspirado certo conteúdo de retórica idealista no alvorecer do novo regime, os constrangimentos estruturais à ação internacional do Brasil logo se fariam sentir. Muito em breve o novo regime redobraria a vigilância sobre os movimentos argentinos e pressionaria o Uruguai para que não permitisse que seu território fosse usado como base de apoio das forças federalistas (Bueno, 1995:211-219). Da mesma forma, incentivaria a derrubada do governo paraguaio, suspeito de favorecer a anexação do país pela Argentina (Doratioto, 2000:131).

Ainda que Emília Viotti da Costa carregue nas tintas quanto às linhas de continuidade da República em relação à Monarquia, sobretudo ao não

---

[60] Em certo sentido, tanto o Conselho de Estado quanto o Senado vitalício proporcionavam aos decisores a possibilidade de terem assessoramento de alto nível na formulação da grande estratégia nacional.

[61] O corpo da pátria refere-se à forma pela qual a coletividade imagina os limites do território nacional. Ver Magnoli (1997).

mencionar a novidade histórica representada pelo protagonismo castrense na política nacional, vale a pena refletir sobre o seu entendimento do significado do 15 de novembro de 1889:

> A principal conquista da república foi levar ao poder uma nova oligarquia de produtores de café e suas clientelas que promoveram apenas aquelas mudanças institucionais necessárias para satisfazer as suas necessidades. Para todos os outros grupos sociais que tinham a esperança de que a república representasse um rompimento com o passado, o 15 de novembro foi uma *journée des dupes*. (Costa, 1989:213)

De fato, a República não significou o rompimento do padrão histórico de transição pelo alto que caracteriza a vida brasileira até o presente — padrão esse que se convencionou chamar de *via prussiana*, termo emprestado a Lenin, ou de *revolução passiva*, no quadro do pensamento gramsciano.[62] No entanto, o despertar do Exército como ator político rompe até certo ponto com o passado. Já se mencionou aqui a impossibilidade de tratar a força terrestre como um monólito, como a visão retrospectiva sobre o período em apreço autoriza inferir de maneira bastante clara. A despeito disso, é somente a partir da desforra liderada por Manuel Deodoro da Fonseca contra o poder civil que o espectro da ocupação coercitiva do governo pelos militares passa a ser uma realidade palpável para as elites brasileiras. Como salienta Carvalho, com o intuito de contrastar os dois regimes, as lideranças civis do Império foram extremamente ciosas da manutenção de sua supremacia sobre os militares — particularmente sobre a força terrestre, por ser esta a que mais evidentemente poderia desempenhar papel pretoriano. Segundo esse autor:

---

[62] Ambos os conceitos referem-se a revoluções lideradas por elites, que determinam os termos da mudança sem permitir que essa seja conduzida ou substantivamente influenciada pelas massas. No caso do conceito de revolução passiva, há ainda forte elemento de mudança incremental, molecular, quase imperceptível. Luiz Werneck Viana (1997) explora o conceito de revolução passiva aplicado à interpretação do sentido da história política nacional.

já existiu no Brasil (imperial) um sistema eficiente de governo civil, com controles adequados sobre os militares, um sistema em que os civis controlavam porque assim o desejavam e porque tinham competência para o fazer. (...) Os ministros do Exército e da Marinha eram quase sempre políticos civis. No caso da Marinha, até o fim do Império não houve queixas contra essa situação. Ainda no âmbito do Executivo, havia o Conselho de Estado que possuía uma seção dedicada a assuntos do Exército e outra aos da Marinha. Novamente, os membros dessas seções eram muitas vezes civis. (Carvalho, 2005:144-145)

O intervencionismo militar, conhecido na época como "militarismo",[63] passaria a representar um problema de suma importância durante a Primeira República, tanto no que ele significava em termos de ameaças quanto de oportunidades — ameaças à estabilidade política da nação, frequentemente sobressaltada por pronunciamentos, rumores de sabres, levantes e revoltas; oportunidades oferecidas a setores das elites em seus constantes esforços de cooptação de parcelas da oficialidade do Exército e da Marinha em prol de seus projetos de poder. É certo que o momento mais crítico no que se refere às relações civis-militares na Primeira República foi o do jacobinismo (1893-97).[64] No entanto, as tensões entre paisanos e fardados, ou melhor, entre facções de paisanos e fardados, perdura-

---

[63] Note-se que a condenação do militarismo nos anos finais do século XIX e no início do XX referia-se, no Brasil, à indevida intromissão castrense na gestão do Estado — o que incluía, evidentemente, a própria tomada do poder aos civis. Em sua utilização local, o termo pouco tinha da conotação de crítica ao culto do poder militar, à expansão das capacidades bélicas de um país e à sua utilização para sustentar uma política de *aggrandizement*. Ao contrário, o período em tela era muito mais tendente a valorizar o militarismo no sentido contemporâneo (do pós-Primeira Guerra Mundial) do que a criticá-lo. É bem verdade que, na linha do descrito por Berghahn, havia naquela época, sobretudo na Europa e nos Estados Unidos, correntes liberais e socialistas que denunciavam a ideologia do engrandecimento nacional por meio do poder das armas como deletéria para o progresso da humanidade. Sobre o assunto, ver Berghahn (2011).
[64] De acordo com Queiroz, o jacobinismo pode ser classificado como um movimento político civil e militar temporalmente restrito, que se inicia com a Revolta da Armada e termina com a repressão aos envolvidos na tentativa de assassinato do presidente Prudente de Morais. Apesar de sua heterogeneidade, os jacobinos compartilhavam alguns elementos comuns: antimonarquismo, lusofobia, nacionalismo, culto a Floriano

riam por muitas décadas. Mesmo depois da estabilização do regime e do início daquilo que Campos Sales chamou de "política dos estados", e que outros alcunharam de *política dos governadores*, houve agitações levadas a cabo por militares (Carvalho, 2005:43-46). Não constitui surpresa o tom lúgubre que Joaquim Nabuco assumiria ao externar seu pensamento sobre o futuro da República a Rio-Branco: "Estamos sob um governo verdadeiramente paraguaio. (...) Nunca eu pensei ver o Brasil rebaixado a um Paraguai, Uruguai, Equador, Argentina ou o que quiserem" (Nabuco para Rio-Branco, apud Bueno, 2002:388). Raul do Rio-Branco resumiria desta forma o sentimento de seu progenitor: "A queda do regime imperial foi (...) o golpe mais rude que meu Pai sofreu em toda a sua existência" (Rio-Branco, 1942:104). Evidentemente, à elite do *ancien régime*, como Nabuco, Rio-Branco e Eduardo Prado, incomodava sobremaneira a percepção de que o país se "sul-americanizara" rapidamente depois de 15 de novembro de 1889. De acordo com a visão preponderante entre os monarquistas, a anarquia endêmica dos Estados sul-americanos tomara conta do Brasil, nivelando-o ao que de pior existia no subcontinente.

2. O GOVERNO PROVISÓRIO

É nesse contexto que o governo provisório irá atuar. O povo, contudo, permanecerá fundamentalmente excluído dos processos.[65] A necessidade de legitimação do novo governo perante a opinião pública[66] teria peso decisivo na adoção, pelo ministro da Fazenda, Rui Barbosa, de política econômica expansionista (Dean, 1989:221). O fomento à atividade econômica pela expansão do meio circulante geraria um notável movimento

---

Peixoto (florianismo) e pendor por governos de perfil autoritário. Ver Queiroz (1986:263-273).
[65] Sobre a relação entre o povo e a República, ver Carvalho (2001:61-87).
[66] Deve-se ter em conta que a opinião pública brasileira não diferia muito em escopo daquela existente durante o Segundo Reinado. Os jornais, principais meios de comunicação social da época, tinham penetração limitada em função das altas taxas de analfabetismo da população. A opinião pública efetivamente relevante nesse contexto resumia-se às elites.

especulativo, o encilhamento. As falências em série, o descontrole inflacionário e a desvalorização da moeda brasileira ocorreriam em face da opção pelo laxismo monetário.[67] Antes de se materializar, a crise econômica seria precedida por uma permanente crise de governabilidade. Tornaram-se célebres as desavenças entre os membros do ministério e o chefe do governo daquilo que a Constituição de 1891 chamaria de República Federativa dos Estados Unidos do Brazil. A mais notável de todas ocorreu quando Deodoro e Benjamin Constant (ministro da Guerra) trocaram insultos violentos em função de divergência sobre a promoção de oficiais. Seguiu-se o desafio de Constant por parte de Deodoro para um duelo à espada, tendo o primeiro aceitado sob a condição de que o confronto ocorresse ali mesmo e imediatamente. Foi preciso a intervenção dos ministros presentes para que se evitasse uma tragédia (Carvalho, 2005:159-160). Apesar do caráter esdrúxulo do episódio, como pano de fundo do conflito, encontravam-se duas concepções antagônicas sobre o papel do Exército. O generalíssimo (como Deodoro viria a ser chamado), apesar de sua participação protagônica na queda da Monarquia, concebia o soldado como indivíduo cuja função social era a de servir à pátria no desempenho de tarefas eminentemente castrenses, afastado da política. O positivista Constant e seus discípulos na jovem oficialidade, em contraste, eram adeptos da doutrina do soldado-cidadão, que supunha legítima a participação política do Exército nas grandes decisões que afetavam a vida nacional (Carvalho, 2005:38).

As fraturas encontradas nas instituições castrenses e as alianças de geometria variável formadas entre civis e militares encontrarão um exemplo conspícuo na constituinte de 1890 e nas eleições presidenciais que se seguiram à promulgação da Constituição de 1891. Vale a pena ressaltar que a eleição da Assembleia Constituinte seguiu em grande medida o figurino do Império: pleito de antemão determinado pelas oligarquias estaduais e pelos presidentes dos estados nomeados pelo governo provisório — entre os quais se encontravam vários militares. De acordo com Hélio Silva (1975:84), as listas com os nomes daqueles que deveriam ser eleitos

---

[67] Sobre o assunto, ver Franco (1991).

em cada estado partiram diretamente do Rio de Janeiro. Nesse contexto, é notável o aumento da representação castrense no congresso. Segundo dados compilados por Carvalho, o número de fardados na Câmara dos Deputados aumentou de 1,6% do total, em 1886, para 19,03%, em 1890. Já no Senado, esse número subiu de 3,17%, em 1889, para 17,58%, em 1890.[68] Esses dados são convergentes com o protagonismo assumido pelo Exército naquela quadra da história, o que também terá reflexos sobre a participação de militares no ministério. Enquanto no período compreendido entre 1871 e 1889, apenas 6,06% do gabinete era composto por ministros efetivos oriundos das Forças Armadas (quatro no total), entre 1889 e 1894 esse percentual atinge 35% (14 no total) (Carvalho, 2005:54).

A breve constituinte foi marcada pelo embate entre distintas visões sobre o federalismo. De um lado, propostas radicais que incluíam a possibilidade de os estados constituírem suas próprias forças armadas, inclusive com um componente naval distinto da Marinha nacional.[69] De outro, aqueles, como Rui Barbosa, dispostos a equilibrar a maior autonomia estadual com a manutenção da viabilidade do governo federal.[70] Deve-se mencionar que Rui teve participação destacada na redação da Carta de 1891 — o anteprojeto enviado pelo governo ao congresso como base da nova constituição foi em grande medida obra do intelectual baiano (Lamounier, 1999:84-92). A inspiração liberal do documento vinha do universo anglo-saxão, de que a designação "República dos Estados Unidos do Brazil" era prova contundente. Algumas das características mais marcantes da nova carta foram as seguintes: presidencialismo, mandato de quatro anos para o presidente da República, congresso bicameral, separação entre os poderes, atribuição ao Supremo Tribunal Federal da

---

[68] Carvalho (2005:55). Infelizmente, esse dado não especifica quantos deputados e senadores pertenciam a cada uma das forças singulares.
[69] Segundo Lessa (2001:28): "As demandas hiperfederalistas aparecem de modo fragmentado, não sendo sistematizadas em um projeto constitucional homogêneo. Eis algumas de suas propostas: proibição da existência de um Exército Nacional permanente, direito dos estados a possuir Marinha de Guerra, pluralidade do direito e da magistratura, ampla liberdade de emissão por parte dos estados, entre outras".
[70] Havia ainda elementos radicais minoritários que defendiam a centralização do poder no governo federal.

tarefa de controle de constitucionalidade,[71] descentralização da receita tributária, autonomia dos estados para organizarem suas próprias forças de segurança (polícias militares), liberdade para a formulação das constituições estaduais (que deveriam apenas não conflitar com a federal), autonomia das unidades federativas (incluindo os municípios) para captarem empréstimos no exterior, extensão do voto a todos os brasileiros homens maiores de idade e alfabetizados, *inter alia*. Note-se que o Poder Moderador, o Conselho de Estado e o Senado vitalício já haviam sido extintos anteriormente por decreto.

Vale destacar outra inovação importante em relação à Carta de 1824. Trata-se do papel constitucional atribuído aos militares. Se o art. 147 da Constituição imperial mencionava serem as forças de mar e terra "essencialmente obedientes", sem jamais poderem se reunir sem a autorização expressa do poder político,[72] o texto de 1891, em seu art. 14, reza o seguinte:

> As forças de terra e mar são instituições nacionais permanentes, destinadas à defesa da Pátria no exterior e à manutenção das leis no interior. A força armada é essencialmente obediente, dentro dos limites da lei, aos seus superiores hierárquicos e obrigada a sustentar as instituições constitucionais.[73]

É patente a distinção entre um documento e outro. No mais recente, as Forças Armadas são alçadas a estatuto único entre a burocracia estatal, pois passam a constituir "instituições nacionais permanentes" — condição não igualada por nenhuma outra instituição pública. Mais do que isso, a redação dada ao texto permite ambiguidade fundamental no que toca ao sujeito que exerceria o comando sobre Marinha e Exército. Quem

---

[71] A Constituição de 1891 consagrou o STF como responsável pelo controle de constitucionalidade das leis. No entanto, o STF propriamente dito foi criado em 1890 por decreto do governo provisório.
[72] CONSTITUIÇÃO POLITICA DO IMPERIO DO BRAZIL (25 mar. 1824). Disponível em: <www.planalto.gov.br/ccivil_03/constituicao/constitui%C3%A7ao24.htm>. Acesso em: 10 nov. 2012.
[73] CONSTITUIÇÃO DA REPÚBLICA DOS ESTADOS UNIDOS DO BRAZIL (24 fev. 1891). Disponível em: <www.planalto.gov.br/ccivil_03/constituicao/constitui%C3%A7ao91.htm>. Acesso em: 10 nov. 2012.

são os superiores hierárquicos? O chefe do Executivo democraticamente eleito ou o oficial-general comandante da força? Ademais, a ambiguidade adicional introduzida pelo aposto "dentro dos limites da lei" suscita outra questão inevitável: quem determina os limites da lei? A justiça ou as próprias chefias militares? Estavam cristalizadas na Carta Magna as bases do intervencionismo castrense na vida política do país.

3. O RECRUDESCIMENTO DOS CONFLITOS INTRAELITES

A elaboração da Constituição seria seguida da eleição indireta, pelo congresso, dos novos presidente e vice-presidente da República. O ambiente político encontrava-se carregado. Havia clara intenção das lideranças paulistas de afastar os militares do poder, assumindo o controle do governo federal (Silva, 1975:86). Ao mesmo tempo, as chefias das Forças Armadas ainda não estavam convencidas de que deveriam voltar aos quartéis. As eleições mais uma vez demonstraram as fissuras existentes nos campos civil e militar. As duas candidaturas propostas contavam com apoiadores e detratores em cada campo. De um lado, a chapa formada pelo marechal Deodoro da Fonseca e o almirante Eduardo Wandenkolk; de outro, a de Prudente de Morais e Floriano Peixoto.[74] Hélio Silva, ao tratar do contexto em que foram realizadas as eleições, narra cenas dignas de repúblicas bananeiras, entre as quais a presença no recinto do Congresso de capangas a mando de Deodoro e Wandenkolk com o objetivo de coagir parlamentares e destruir as urnas em caso de derrota (Topik, 1996:88). Da mesma forma, era generalizada a percepção de que, se Prudente de Morais vencesse, o Exército dissolveria o parlamento e Deodoro passaria a governar ditatorialmente.[75] O resultado do pleito acabou não

---

[74] Steven Topik menciona, corretamente, que os motivos para a escolha de Floriano Peixoto como vice na chapa do paulista Prudente de Morais têm a ver com a influência que o general tinha sobre o Exército, além da percepção de que seria facilmente manipulável. Ver Topik (1996:97).

[75] Topik (1996:87). Campos Sales teria alertado Prudente de Morais sobre a sua percepção de que o golpe seria desfechado na hipótese de vitória deste último. Ainda

sendo de molde a desencadear o golpe planejado e a resistência que a ele se seguiria por parte de lideranças militares antagônicas, como o almirante Custódio de Melo (Arias Neto, 2001:189-190). Dado o sistema de votação, acabaram eleitos os marechais Deodoro, presidente, e Floriano, vice-presidente.

O ano de 1891 continuaria conturbado. A popularidade de Deodoro era cada vez menor, assim como a do ministério chefiado pelo barão de Lucena, que substituiu o liderado por Rui Barbosa. Cabe notar que o ministério Lucena, também conhecido como gabinete dos "áulicos", entrou em função depois da renúncia coletiva dos ministros anteriores, motivada pela intransigência de Deodoro em forçar a aprovação de empréstimo em condições favorecidas a empreendimento capitaneado por amigo de longa data (Arias Neto, 2001:80-81). Também não contribuía para a tranquilidade do governo o fato de Floriano Peixoto ser o segundo homem na hierarquia de poder, uma vez que era patente o estranhamento entre ele e Deodoro. O processo de erosão das bases de apoio do generalíssimo atingiu o ápice nos últimos meses de 1891, momento em que o Congresso aprovou projeto de lei sobre crimes de responsabilidade do presidente da República. A interpretação de Deodoro, aliás correta, era de que o parlamento pretendia emparedá-lo com a ameaça de impedimento consubstanciada na nova lei. Tendo vetado o referido diploma em uma primeira oportunidade, ao velho líder militar pareceu intolerável saber que deputados e senadores haviam derrubado o veto no dia 2 de novembro. Em consequência, o generalíssimo determinou a dissolução do parlamento no dia seguinte.

A oposição, no entanto, rapidamente se articulara para resistir. Mais uma vez, estabeleceram-se coalizões civis-militares antagônicas. As principais lideranças paulistas conseguem escapar da prisão tomando trens em Cascadura e em outras estações mais afastadas do centro do Rio de Janeiro. São Paulo, Minas Gerais, Rio de Janeiro e Pernambuco formaram o núcleo básico de resistência. O generalíssimo decidiu pela prisão

segundo Sales, à tomada de poder inconstitucional de Deodoro, seguir-se-ia uma fratura dentro do Exército e o início de guerra civil.

de Quintino Bocaiúva, dos almirantes Wandenkolk e Custódio de Melo e do general José Simeão (Arias Neto, 2001:101). Oficiais de Marinha, entre eles o deputado pelo Distrito Federal, José Augusto Vinhais, e o administrador das docas, José Carlos de Carvalho, passaram a instigar os trabalhadores a paralisarem a Estrada de Ferro Central do Brasil e o Porto de Santos, respectivamente (Arias Neto, 2001:101). O almirante Custódio de Melo, que, nas palavras de reputado historiador, estava "aflito por projetar-se na *mêlée* política, à sombra do prestígio da Marinha (...)" (Bello, 1956:112), conseguiu escapar da ordem de encarceramento expedida contra ele e sublevou a maior parte da esquadra. Saldanha da Gama, contudo, permaneceu fiel ao governo (Calmon, 1956:52). Ao movimento encabeçado por parcela da Marinha, juntar-se-iam unidades do Exército. Enquanto isso, Floriano Peixoto conspirava em silêncio contra o generalíssimo. Concomitantemente, o Rio Grande do Sul era tomado por conflitos intestinos extremamente graves (Bueno, 1995:211-219). Diante desse quadro, sem ânimo para lançar o país em uma guerra civil,[76] Deodoro renunciou em favor de Peixoto.[77]

Em 23 de novembro de 1891, o marechal alagoano assumiria as rédeas do Poder Executivo. Nesse mesmo dia, o Decreto 685 anulou a dissolução do parlamento e reafirmou a impossibilidade de o Executivo suprimir o Legislativo. Igualmente, reiterava a excepcionalidade da decretação de estado de sítio — justificada apenas em caso de agressão externa ou grave comoção interna (Bonavides e Amaral, 2002:331). No entanto, Floria-

---

[76] Não terá escapado a nenhum dos contendores o recentíssimo exemplo do Chile, em que a Marinha, aliada ao parlamento, conseguiu vencer a coalizão formada pelo presidente Balmaceda e o Exército, tomando o poder em setembro de 1891 depois de oito meses de guerra civil.

[77] A Constituição de 1891 era relativamente ambígua quanto à possibilidade de assunção do cargo pelo vice-presidente Floriano Peixoto. Dois artigos distintos, com interpretações muito diferentes, foram utilizados por apoiantes e opositores de Floriano para legitimar ou denunciar a entrega de poder àquele que viria a ser conhecido como Marechal de Ferro. O problema relacionava-se ao caráter imperativo ou não de dispositivo que previa que novas eleições deveriam ser realizadas em caso de o presidente encontrar-se impedido de governar antes de completar a metade de seu mandato, isto é, dois anos de governo. Ver CONSTITUIÇÃO DA REPÚBLICA DOS ESTADOS UNIDOS DO BRAZIL (24 fev. 1891).

no iniciaria uma escalada de intervenções nos estados para substituir os governadores que declararam apoio ao golpe do generalíssimo (todos, à exceção de Lauro Müller). A "revolução de 23 de novembro", como seria chamada por Floriano e seus acólitos, constituiu aliança tática entre a parcela da elite paulista representada por homens como Campos Sales e Prudente de Morais e setores da força terrestre ora no poder. Era também uma composição temporária entre o Marechal de Ferro e as oligarquias excluídas dos governos estaduais pela gestão anterior. As "salvações" de Peixoto iriam aprofundar a já intensa politização das Forças Armadas. Pedro Calmon narra da seguinte forma a relação prevalecente entre as frações oligárquicas excluídas e os representantes florianistas (quase sempre oficiais do Exército de confiança):

> Reproduziu-se, do norte ao sul, uma cena equivalente: escudados na parceria dos batalhões, os políticos, ferventes de entusiasmo constitucionalista, se reuniam num comício agressivo; atestava-se de povo a praça; defensivamente, o governador se cercava em palácio da polícia desmoralizada pela ameaça da tropa de linha; uma comissão ia levar-lhe o "ultimatum"; intervinha, intimidativo, o oficial encarregado de liquidar a pendência; (...) fosse corajosa ou acomodada, a condenada autoridade acabava rendida, fugitiva ou expulsa. (Calmon, 1956:v. V, p. 56)

Se é certo que a retórica florianista proclamava o respeito à Constituição, adicionada aqui e ali de tintas antirrestauração monárquica, as ações empreendidas pelo seu governo eram flagrantemente inconstitucionais. Calmon nota que os alvos preferenciais da repressão não eram os ditos sebastianistas, mas os partidários de Deodoro — ou seja, aqueles que mais direta e imediatamente poderiam ameaçar o regime (Calmon, 1956:v. V, p. 62). Custódio de Melo, ministro da Marinha de Floriano, seria inicialmente favorável à política de salvações por acreditar não haver alternativa à violação da Carta Magna:

> E se a nossa constituição, no entender de V.Exc. é um obstáculo para que se pacifique o Rio Grande do Sul, o Poder Executivo, a quem compete manter a

paz interna e velar pela tranquilidade pública, não podendo, portanto, deixar entregue à luta armada o destino desse Estado inteiro, deve, em minha opinião, tratando-se da salvação pública — porque este é o caso — lançar mão de meios extraordinários, mesmo fora da lei, para a todo transe consegui-la. (Melo, apud Arias Neto, 2001:207)

Muitas das salvações ocorreram, contudo, em detrimento de oficiais do Exército anteriormente incrustrados nos governos locais (Arias Neto, 2001:57). As rivalidades, as rixas, os ódios entre companheiros de corporação dilaceravam as Forças Armadas de *per se* perpassadas por aguda politização.[78] Embora em intensidades distintas, Marinha e Exército foram tragados pelo torvelinho de facciosidade característico da política brasileira naquela quadra histórica. Seguramente não contribuiu para serenar os ânimos o fato de os governos Deodoro e Floriano terem concedido aumentos de salário muito mais elevados para a força terrestre, deixando a força naval para trás. Conforme Carvalho, entre 1889 e 1895, o Exército teve os salários reajustados em 122,5% e a Marinha em 53,0%.[79] Talvez mais deletério do que a flagrante diferenciação entre as duas forças em termos salariais tenha sido a ingerência, ou a ameaça de ingerência, do Exército nas promoções da Marinha. Wandenkolk, ainda ministro da Marinha de Deodoro, pediu a intercessão de Rui Barbosa, ministro da Fazenda, para convencer o generalíssimo a não interferir no processo.[80]

---

[78] Deve-se notar que a Marinha também participou do salvacionismo florianista. Carlos Balthazar da Silveira foi nomeado governador do Rio de Janeiro (na verdade, um interventor) por Floriano e exerceu o cargo entre dezembro de 1891 e maio de 1892.
[79] Segundo Carvalho, os aumentos para os servidores civis foram, em média, de 11,4% no mesmo período. Carvalho (2005:56).
[80] Não é possível, com os dados disponíveis, afirmar que houve interferência sistemática do Exército nas promoções da Marinha. No entanto, os termos duros utilizados por Wandenkolk em sua comunicação com Rui Barbosa sugerem que algo nessa linha foi ao menos sugerido ou esboçado. Qualquer um que conheça minimamente a psicologia militar sabe que esse tipo de ação – a ingerência externa nas promoções – tem consequências potencialmente explosivas e pode, sim, ser considerado um fator de atrito sério entre Exército e Marinha. Ver Lopes (1953:13-14, carta de Wandenkolk a Rui Barbosa de 10 de janeiro de 1890).

Os inevitáveis sobressaltos decorrentes do salvacionismo motivaram a apresentação de uma carta-manifesto por parte de 13 oficiais-generais da Marinha e do Exército, em 31 de março de 1892, pela qual solicitavam ao chefe do Executivo em funções que convocasse eleições presidenciais conforme o disposto na Constituição Federal (Calmon, 1956:v. V, p. 333). Pediam, igualmente, que Floriano fizesse cessar a "desorganização em que se acham os estados, devido à indébita intervenção das Forças Armadas nas deposições dos respectivos governadores"(Calmon, 1956:v. V, p. 333). Pouco depois, Peixoto reagiu, fazendo publicar um manifesto seu em que rejeitava liminarmente o teor do pedido dos oficiais-generais, acusava-os de indisciplina e falta de patriotismo e atribuía punições a todos eles. Custódio de Melo apoiou a ação do presidente, o que diz muito sobre sua relação com Wandenkolk (Arias Neto, 2001:200-201). Dos quatro almirantes e nove generais, quase a totalidade foi compulsoriamente reformada. Rui Barbosa foi o responsável por denunciar a arbitrariedade na imprensa e defender os ofendidos perante a justiça.

O vice-almirante Eduardo Wandenkolk, ex-ministro da Marinha, candidato a vice-presidente na chapa de Deodoro, senador constituinte pelo Distrito Federal e um dos principais líderes navais da época, encontrava-se entre os militares apenados. Mais ainda, Wandenkolk foi preso e desterrado para Tabatinga, no estado do Amazonas, juntamente com outros inimigos políticos do regime, acusado de tomar parte em suposta conspiração levada a efeito no dia 10 de abril de 1892.[81] Em agosto do mesmo ano, os presos políticos seriam anistiados pelo congresso.[82] Wandenkolk, decidido a trabalhar pela derrubada do governo, seguiu para o Prata com a intenção de juntar-se aos revoltosos gaúchos. Logo ele prota-

---

[81] Em 10 de abril de 1892, simpatizantes de Deodoro, entre os quais Wandenkolk e uma série de militares de ambas as forças, convocaram manifestação de rua pelo restabelecimento da saúde do generalíssimo. De acordo com Calmon (1956:v. V, p. 66-67), os organizadores do evento previam obter a adesão da tropa para desfechar golpe contra Floriano nesse mesmo dia. Alertado previamente, o Marechal de Ferro antecipou-se e prendeu os supostos conspiradores.

[82] O Congresso aprovou a anistia aos degredados em 5 de agosto de 1892, o que foi acatado pelo governo Floriano. Muitos dos que se encontravam na Amazônia somente conseguiram chegar ao Rio de Janeiro cerca de um mês depois. Ver Silva (2002:174).

gonizaria o evento do *Júpiter* (navio mercante artilhado pelo ex-ministro da Marinha de Deodoro e seus seguidores), em que tentou, sem sucesso, desembarque de tropas em Rio Grande (RS) com o objetivo de tomar a cidade. Por problemas de coordenação, não houve apoio das forças terrestres comandadas por Gumercindo Saraiva, o que acabou resultando na captura do *Júpiter* pelo cruzador *República*.[83]

Wandenkolk foi então detido e levado para a fortaleza de Santa Cruz, no Rio de Janeiro, pertencente ao Exército. Rui Barbosa faria a defesa de Wandenkolk e dos demais militares e civis capturados no navio, solicitando *habeas corpus* ao Supremo Tribunal Federal (STF). Como Wandenkolk era senador, entendia o tribuno baiano que somente a justiça civil poderia julgá-lo, após autorização do Senado. Floriano, no entanto, pretendia julgar o almirante rebelde em um tribunal militar. O STF, ao contrário do que fizera quando do desterro dos elementos supostamente envolvidos na sedição de 10 de abril de 1892, momento em que fora pressionado pelo aparato repressivo florianista, aprovou o pedido em 2 de setembro de 1893 (Arias Neto, 2001:209). Quatro dias depois, a Revolta da Armada seria desencadeada por Custódio de Melo, quando se encontrava em pleno andamento a Revolução Federalista no Rio Grande do Sul.

4. A Revolta da Armada e a aniquilação da força naval

A rebelião da Marinha teve, portanto, ligação apenas indireta com aquela última — sendo a questão Wandenkolk um elemento de menor importância para a sua deflagração. Segundo Rui Barbosa, três fatores contribuíram decisivamente para a tentativa de Custódio derrubar a ditadura florianista. Foram eles: 1) a percepção de que Floriano Peixoto não con-

---

[83] O episódio teria decepcionado Wandenkolk, por constatar que a Marinha não o seguiu em seu impulso revolucionário. A eleição simbólica de Wandenkolk como presidente do Clube Naval, em maio de 1892, enquanto desterrado, teria sido uma manifestação de solidariedade corporativa sem maior significado imediato. Ver Arias Neto (2001:209).

vocaria eleições presidenciais e tentaria se perpetuar no poder — conforme se inferia a partir do veto, no dia 5 de setembro de 1893, véspera do início da revolta, de projeto do Legislativo que tornava inelegível para um mandato sucessivo o vice-presidente que assumisse a chefia de governo em caso de vacância do presidente; 2) a continuação do combate aos federalistas no RS, apesar das promessas de pacificação do estado feitas por Floriano a Custódio de Melo; e 3) a intenção de Floriano de passar por cima do Conselho Naval de Investigação e julgar Wandenkolk em tribunal militar do Exército, além de sua inflexibilidade em voltar atrás quanto à reforma dos almirantes envolvidos nos episódios de abril de 1892 (Lopes, 1953:85). De maneira muito conveniente, dada a oposição tanto de Rui quanto de Custódio ao governo, o primeiro seria muito generoso em relação ao segundo: o político baiano esqueceu-se de que o almirante rebelado apoiou entusiasticamente o salvacionismo florianista e, de acordo com alguns, nutria a expectativa de substituir o Marechal de Ferro à testa do Poder Executivo — em um revezamento militar da chefia da nação (Arias Neto, 2001:208).

Embora negue qualquer participação nas tratativas que levaram à Revolta da Armada, Rui Barbosa esteve envolvido indiretamente em seu início e diretamente na sua sustentação. Indiretamente, por seu papel como advogado de defesa dos militares (da Marinha e do Exército) afetados pelos arreganhos ditatoriais de Floriano — mais notavelmente no *affair* Wandenkolk. Diretamente, por ter mantido intensa correspondência com oficiais de Marinha envolvidos na revolta — como Custódio de Melo e Saldanha da Gama —, dispondo-se, no exílio, a apoiar os revoltosos tanto em termos materiais (busca de recursos) quanto simbólicos (divulgação da propaganda revolucionária) (Lopes, 1953:passim). Além de ter tido sua vida ameaçada pelo florianismo, Rui atribuía caráter benigno e democrático à revolta: "O almirante Melo, que foi o chefe da primeira (revolução) reagiu contra uma ditadura, a segunda reage contra outra" (Lopes, 1953:85). A despeito disso, não aceitou a oferta de Custódio de tornar-se uma espécie de embaixador oficial dos revoltosos ("Governo Provisório", segundo seus apoiadores) na Europa (Lopes, 1953:126-127). O senador baiano, que tinha antepassados pertencentes à Marinha lusitana (Lopes, 1953:11-12), acreditava que a força naval poderia representar um contrapeso ao militarismo que grassava no Exército — embora nunca tenha escondido a sua crença de que o envolvimento militar na política, seja de uma ou de outra força, era em si deletério. Calmon captou o sentido da luta de Rui e o apoio que imaginava poder vir da Marinha:

> Esse combate doutrinário à violência oficial produziu, em 1893, um efeito análogo aos ataques a Ouro Preto em 89: atiçou a rebelião, que só podia vir do mar para a terra — com o crescente desgosto das forças navais. Tinham abatido Deodoro, que descambara para a ditadura; deviam insurgir-se contra Floriano, que a continuava... Há duplicidade de sentido na carta de Rui ao Jornal do Commercio em 6 de março: que no montante da intolerância "as baionetas podem ser tão inúteis como contra a água do mar...". (Calmon, 1956:v. V, p. 73)

A Revolta da Armada, que acabou por se misturar à Revolução Federalista do Rio Grande do Sul em face dos objetivos comuns, a luta contra a ditadura florianista, teve significativas repercussões interna e externa. Além do pavor que incutiu na população em vista das ameaças de bombardeio da capital, produziu forte impressão na comunidade internacional — fato que se viu magnificado pela circunstância de haver navios de guerra de outras nações atracados no Rio de Janeiro. Não é o caso de aprofundar a discussão da Revolta e seus desdobramentos. No entanto, vale recordar aspectos centrais, e que não deixariam de ter consequências futuras. Como Rui Barbosa previra, as baionetas pouco puderam fazer para derrotar a água do mar. De acordo com a narrativa de Joaquim Nabuco, o fator fulcral para a derrota da armada foi a intervenção estrangeira no conflito doméstico (Nabuco, 2010:passim). A presença na baía da Guanabara de navios de guerra da França, da Inglaterra, de Portugal, da Itália, da Alemanha e dos Estados Unidos foi decisiva para o desfecho do conflito. Pretendendo evitar os danos ao comércio que o bloqueio do porto do Rio de Janeiro causaria, e interessados em proteger seus nacionais, a esquadra estrangeira, capitaneada pelos EUA, impediu que Custódio de Melo, em um primeiro momento, e Saldanha da Gama, em um segundo, ameaçassem o governo Floriano — o que somente poderia ser feito por meio de um desembarque anfíbio, pelo bloqueio do comércio internacional ou pelo bombardeio sistemático da cidade pela esquadra revoltosa.[84]

A circunstância criada permitiria a Floriano exercer com mão de ferro o controle do governo, seja por meio da decretação do estado de sítio,[85] seja pelo fechamento e censura de órgãos de imprensa opositores. Nabuco abordou essa questão e demonstrou de maneira cabal como o espantalho da ameaça restauradora foi usado fraudulentamente como justificativa para a repressão de elementos suspeitos e para convencer outros países, especialmente os EUA, a respeito da existência de uma ilusória trama monarquista para a reintrodução do regime decaído no Brasil.[86] Nesse sentido, o manifesto do almirante Saldanha da Gama, que, como diretor da Escola Naval, se mantivera neutro no início do enfrentamento por entender ser imperioso isolar a juventude naval das contendas políticas, não teria sido nada além de uma expressão pessoal. Nas palavras de Nabuco: "Nessa revolta da Armada não aparece, entretanto, a monarquia: há somente, em dezembro, o Manifesto Saldanha, expressando a opinião individual de um homem que julgou ter o direito, ao oferecer a sua vida, de fazer aquele testamento de fé política" (Nabuco, 2010:136). O autor de *Minha formação*, de maneira serena e realista, demonstrou como nem mesmo a eventual vitória dos monarquistas Saldanha da Gama e Silveira Martins seria suficiente para reinstituir o regime monárquico (Nabuco,

---

[84] Ao ameaçar usar a força contra a esquadra rebelada caso esta atacasse a cidade ou bloqueasse o porto, os navios das potências estrangeiras permitiram a Floriano ter a certeza de que venceria o conflito, sendo o desfecho apenas uma questão de tempo. A ação da esquadra norte-americana de forçar o bloqueio imposto por Saldanha da Gama à alfândega do Rio de Janeiro foi decisiva no processo de desmoralização moral e material da Revolta. Ver Cervo e Bueno (2011:189).

[85] O estado de sítio foi aprovado pelo Congresso, em sua maioria subserviente ao Executivo — sobretudo em face da aliança tática existente entre Floriano e o governador de São Paulo.

[86] Isso não significa admitir que a ameaça monarquista fosse universalmente insincera. Havia quem de maneira genuína acreditasse nela. Certamente não era o caso de Floriano, indivíduo extremamente pragmático e que usou conscientemente o espantalho sebastianista para angariar o apoio de grupos radicais. Ver Topik (1996:141).

2010:136-137). A farsa monarquista seria ainda menos verossímil quando observado que, após a demissão de Custódio de Melo do Ministério da Marinha, Floriano teria convidado Saldanha da Gama a assumir a pasta em duas oportunidades (Arias Neto, 2001:208).

O choque da Marinha contra o Exército, entre setembro de 1893 e março de 1894, constituiu oportunidade para a intensificação adicional das relações entre Brasil e Estados Unidos — prioridade do governo brasileiro, que enxergava no gigante norte-americano um parceiro econômico e político de enorme importância.[87] Os dois países que, em 1891, assinaram um polêmico acordo de reciprocidade comercial negociado por Salvador de Mendonça e pelo secretário de Estado James Blaine,[88] viam-se envolvidos na revolta naval. Mendonça teve papel de proa no convencimento do governo dos EUA de que era de seu interesse sustentar Floriano Peixoto. Contando com a estreita colaboração de Charles R. Flint, influente empreendedor estabelecido em Nova York, com o qual o representante brasileiro teria negócios,[89] esse republicano histórico

---

[87] Como demonstra Topik, a americanização das relações internacionais do Brasil republicano não se deu apenas por admiração pelo modelo civilizacional norte-americano. Deu-se também por questões econômico-comerciais, os EUA eram os maiores clientes do café brasileiro, e estratégicas, pois preocupava a possibilidade de ingerência do imperialismo europeu no Brasil. Essa última possibilidade articulava-se em torno de dois temores principais: conflitos sobre as fronteiras ainda indefinidas do Brasil no arco norte (com as Guianas Francesa e Inglesa) e eventual apoio das monarquias europeias a projetos restauradores. É duvidoso, contudo, que esse último temor fosse seriamente contemplado para além das mentes das figuras mais paranoicas. Como já se mencionou aqui, o espantalho monarquista foi uma ferramenta extremamente útil para os governos Deodoro e Floriano como meio de justificar medidas repressivas ou simplesmente ilegais. Topik (1996:60-69).

[88] O acordo de reciprocidade comercial teve vida curta, vigindo apenas até 28 de agosto de 1894 (Cervo e Bueno, 2011:187).

[89] Topik levanta dúvidas sobre a honestidade de Mendonça. Segundo o historiador norte-americano, citando denúncia do sucessor de Mendonça no Consulado do Brasil em Nova York, ele teria adquirido propriedade nessa cidade com dinheiro recebido de Blaine por seu apoio ao acordo de reciprocidade — o primeiro acordo dessa natureza assinado pelo Brasil em mais de 50 anos. Antes disso, Mendonça teria entregue a Flint os recursos que recebera do tesouro nacional para adquirir prata nos EUA — o que teria permitido ao empreendedor norte-americano expandir significativamente seus negócios. A despeito disso, Mendonça permaneceu como ministro do Brasil junto aos Estados Unidos até 1898. Topik (1996:passim). Já Manuel de Oliveira Lima, ao se referir

(coautor do manifesto republicano de 1870) valeu-se de sua ampla rede de contatos nos Estados Unidos para atuar em duas frentes: a persuasão de Washington de que era essencial estacionar a maior parte do esquadrão do Atlântico na baía da Guanabara como forma de impedir que os revoltosos derrubassem a República e a construção, nos EUA, com o agenciamento de Flint, de uma esquadra improvisada que pudesse ser empregada contra as forças de Custódio de Melo e Saldanha da Gama (Pereira, 2009:155-175).

A *Flint's Fleet*, como Steven Topik chamou a esquadra mandada construir às pressas pelo governo Floriano com a assistência do homem de negócios *Yankee*,[90] e velado apoio da U.S. Navy, acabou tendo influência pouco clara no desfecho da revolta. Também conhecida como "esquadra legal" ou "esquadra de papelão", foi comandada pelo almirante reformado Jerônimo Gonçalves e guarnecida fundamentalmente por mercenários norte-americanos, muitos ex-componentes da Marinha dos EUA (Pereira, 2009:163-164). Sua aparição tardia na capital, em 10 de março de 1894, não mudou os rumos da Revolta da Armada — duramente enfraquecida por meses de desgaste do material flutuante e pelo fracasso da tentativa de tomada da cidade de Niterói, em 9 de fevereiro (Pereira, 2009:171-175). O historiador norte-americano, contudo, exagera a influência dos vasos de guerra arregimentados por Flint, alegando que eles serviram como uma espécie de esquadra em potência — provocando temor na esquadra rebelada e, assim, limitando suas alternativas estratégicas. Embora possa ter contribuído para o desenlace do conflito, as causas principais da derrota de Custódio de Melo e Saldanha da Gama parecem consensuais tanto para Joaquim Nabuco quanto para Rui Barbosa — ambos acerbos inimigos do regime florianista. Foram elas: 1) a falta de coesão

---

à recusa do Congresso em aprovar o nome de Salvador de Mendonça como ministro-plenipotenciário do Brasil junto ao Reino de Portugal em 1898, faz referência às intrigas levadas a cabo contra Mendonça por Fontoura Xavier, cônsul em Nova York, como as responsáveis pela rejeição de seu nome pelo parlamento. Ver Lima, apud Pereira (2009:128).

[90] Sondada, a administração Grover Cleveland negou-se a fornecer navios de guerra ao governo Floriano. Foi necessário apelar à conversão apressada de navios mercantes em navios de guerra. Pereira (2009:156).

existente entre as lideranças navais e destas com as lideranças federalistas; 2) a baixa capacidade de coordenação das ações em terra e no mar; 3) a falta de um planejamento estratégico coerente; 4) a limitação, imposta pela presença de navios de guerra estrangeiros, sobretudo da esquadra norte-americana comandada pelo almirante Benham, à capacidade de os rebeldes ameaçarem militarmente a sede do governo no Rio de Janeiro e bloquearem o fluxo de comércio internacional; e 5) a incapacidade de os revoltosos estabelecerem um governo alternativo que pudesse emprestar credibilidade à noção de que constituiríam parte beligerante.

Ao término da confrontação entre governo e esquadra, seguiram-se demonstrações inequívocas da gratidão brasileira pelo apoio advindo dos EUA. Topik descreve episódios pitorescos como o do envio de tropa de cavalaria para homenagear o aniversário de Washington perante o ministro norte-americano no Brasil, a decretação do dia 4 de julho (data nacional estadunidense) como feriado em todo o país e a realização de um enorme espetáculo de fogos de artifício em comemoração ao dia da independência dos Estados Unidos da América. Na mesma linha, Prudente de Morais inauguraria seu mandato assistindo a espetáculo pirotécnico em que uma réplica da estátua da liberdade aparece segurando a bandeira do Brasil em uma mão e a dos EUA em outra. Como se não bastasse, nesse mesmo dia foi lançada a pedra fundamental do monumento a James Monroe e sua doutrina no Rio de Janeiro. O Congresso, por sua vez, mandou cunhar moedas comemorativas com a efígie de Floriano estampada de um lado e a de Cleveland de outro. Para culminar, cidades em Santa Catarina e no Amazonas receberam o nome de Clevelândia (Pereira, 2009:177). Topik sugere inclusive, sem o demonstrar, que essas homenagens ter-se-iam dado no contexto de possível intermediação do almirante Andrew Benham para garantir a realização das eleições em que o prócer paulista seria escolhido como novo presidente da República em substituição a Floriano (Pereira, 2009:177).

As consequências da Revolta da Armada far-se-iam sentir durante muitos anos. Joaquim Nabuco capta o sentido geral do que seria produzido pela ditadura florianista em vários planos, inclusive no militar e, mais particularmente, no naval:

todos os perigos que podem ainda ser fatais à República foram aumentados em escala extraordinária pelo marechal Floriano; (...) O perigo da bancarrota (...) O perigo da tirania (...) O perigo do militarismo e ao mesmo tempo o perigo do esfacelamento militar, ao qual se seguiria o esfacelamento nacional (...) Por último: o perigo revolucionário, aumentado pelo predomínio e ascendente de um elemento que se chama a si mesmo jacobino, e o perigo estrangeiro, tornado palpitante pela abdicação temporária do princípio da soberania (...) e pelo sacrifício completo de todas as defesas do país: a sua fronteira aberta e anarquizada, a sua Marinha de guerra destruída, as suas finanças arruinadas, a sua união abalada, a sua altivez humilhada pela sensação de tirania. (Nabuco, 2010:139)

As dificuldades legadas pela administração Floriano a seu sucessor, Prudente de Morais, não se limitaram aos aspectos elencados. O próprio autor de *Balmaceda* iria apontar o fator mais preocupante no campo militar, para além da ruína da força naval e de seu ressentimento em relação ao Exército, qual seja, a inversão de hierarquia produzida nos quadros da força terrestre pelo Marechal de Ferro. Em função das pronunciadas fraturas existentes nas fileiras castrenses, Floriano optou por empregar interventores de sua inteira confiança nos estados, independentemente de suas patentes. Com isso, capitães, majores, tenentes-coronéis foram alçados do dia para a noite a posições de poder, muitas vezes em detrimento de oficiais de patente superior, que ocupavam até então essas posições. De acordo com Nabuco, esse processo corroeu a espinha dorsal do Exército, comprometendo o princípio basilar da hierarquia (Nabuco, 2010:127). O florianismo deixaria, igualmente, marcas profundas na força naval. Apesar da noção de que a Marinha teria aderido unanimemente à conclamação de Custódio de Melo, a realidade dos fatos demonstrou que parte da oficialidade absteve-se de apoiar a Revolta da Armada. O futuro ministro da Marinha de Rodrigues Alves, almirante Júlio César de Noronha, foi um dos oficiais que se manteve equidistante do movimento revoltoso, sendo um convicto florianista (Arias Neto, 2001:235). Alexandrino de Alencar, a seu turno, comandou o encouraçado *Aquidabã*, nau capitânea do líder da revolta — tendo ao final do movimento se refugiado na Argentina (Dias, 1910:17-19).

Apesar do escancarado *parti pris*, vale reproduzir longa citação de Nelson Werneck Sodré sobre no que se teria transformado a Marinha depois de derrotada na tentativa de derrubar o Marechal de Ferro. Afirma ele que as elites reacionárias teriam encontrado na força naval o instrumento de coerção necessário à sua manutenção no poder — não levando em conta, evidentemente, que as elites paulistas foram firmes apoiadoras de Floriano:

> Para manter sistema desse tipo [de interesses privados contrários aos interesses do conjunto da nação], seria necessário um aparelho militar especial, com capacidade de repressão muito grande, ao pé da obra ou com capacidade de acudir rapidamente aos focos de inquietação, obediente, desinteressado da realidade política. No plano federal, esse aparelho será a Marinha: fechada em redoma, desde a revolta de 1893, de efetivos reduzidos, recrutamento discriminatório da oficialidade, tendo feito da adoração de Saldanha o seu culto lareiro (esquecendo, premeditadamente, o grande marinheiro que havia sido Jerônimo Gonçalves, porque este servira a Floriano). Voltada para o exterior mais do que para o país, guardando os comandantes enorme distância dos comandados, na rotina e na escala social, a Marinha estava em condições de servir a missão dessa natureza. (...) Omissa, esquecida, desaparelhada, a Marinha começa a receber tratamento especial: não o tratamento que a tornasse o instrumento militar capaz de servir ao país, mas o instrumento capaz de servir a determinada política interna (...). (Sodré, 1979:186)

A ácida crítica de Sodré ao suposto papel assumido pela Marinha, após o terremoto devastador representado pela Revolta da Armada, tem grande importância para o trabalho aqui desenvolvido. Segundo essa visão, compartilhada por José Murilo de Carvalho e baseada no relato de Pandiá Calógeras sobre a atuação da Marinha, particularmente na gestão Alexandrino de Alencar, como "bate-pau" das elites civis contra o Exército, a força naval teria sido instrumentalizada como contrapeso ao permanente perigo representado pela ingerência dos generais na política (Calógeras, 1938:58). Essa discussão, fundamental para a compreensão das razões que levaram o Brasil a adotar o programa naval que redundaria na chamada esquadra de 1910, não será aprofundada neste momento, mas no capítulo que enfoca o programa naval propriamente dito. A despeito do que precede, é relevante mencionar alguns dos pressupostos e dos problemas relacionados a essa percepção.

Para que se admita a hipótese de uma aliança elite civil-Marinha *versus* Exército, do imediato "pós-Floriano" em diante, seria preciso supor correta, em uma primeira aproximação, a existência das seguintes condicionantes: 1) unidade, ou ao menos relativa unidade, de pensamento das elites civis ao longo do tempo sobre a conveniência de instrumentalizar e fortalecer a Marinha contra a ameaça de interferência política do Exército; 2) unidade, ou ao menos relativa unidade, das chefias navais ao longo do tempo em aceitar como vantajosa essa tarefa (ou de simplesmente submeter-se a ela); 3) a permanência do Exército como força desestabilizadora, ameaçando a sobrevivência política das elites civis no poder — ou, ao menos, sendo percebido por elas como tal. Caso todas as três condicionantes estivessem presentes, seria possível explicar o fortalecimento da Marinha representado pelo programa naval da primeira década do século XX com base na política doméstica — levando em conta a estabilização da República oligárquica e a existência de condições econômicas favoráveis a partir da administração Rodrigues Alves. Isso se, ao mesmo tempo, não houvesse esforço de semelhante monta no sentido de fortalecer o Exército.[91]

Embora a ideia seja tentadora em certo sentido, dados o ressentimento[92] e as incompreensões existentes entre as duas forças e a visibilidade da

---

[91] Nesse caso, o fortalecimento das capacidades materiais da Marinha e do Exército poderia ser considerado parte de um programa mais amplo de modernização militar do país. Seria difícil, assim, caracterizar o programa naval da primeira década do século XX como motivado pela intenção de reforçar a Marinha em detrimento do Exército.

[92] Joaquim Nabuco, inimigo político de Floriano, chega a classificar a política deste como uma espécie de extermínio da Armada: "(...) desde que se sente protegido e guardado pela Esquadra estrangeira, só tem um pensamento: aniquilar a Esquadra rebelde, afundar os navios, eliminar, como eliminou quanto pôde depois, os elementos suspeitos da Armada, e destruir para o futuro toda a possibilidade de rivalidade entre as duas classes, fazendo da Marinha uma dependência do Exército. Foi neste sentido que surgiu a ideia de se fundirem as escolas militar e naval; que as fortalezas do interior da baía passaram para a repartição da guerra; que os marinheiros foram incorporados aos

interferência política do Exército na fase inicial da Primeira República, ela apresenta-se como de difícil comprovação — merecendo, contudo, estudos mais aprofundados que possam aquilatar de que forma, e em que medida, poderia ter havido a instrumentalização da Marinha como contrapeso ao Exército. Ao que tudo indica, se essa política de fato existiu, a sua implementação foi pontual, episódica, descontínua. Ainda que se leve em conta o marco representado pelo governo Campos Sales, como precursor do sistema de partilha oligárquica do poder em nível nacional e local, não é factível encontrar a partir daí as seguintes implicações lógicas da tese civis-Marinha *versus* Exército: a) o contínuo aumento dos orçamentos da Marinha ou, em circunstância de crise, a sua manutenção ou pequena diminuição; b) o fortalecimento e a ampliação contínua da força de fuzileiros navais da Esquadra (Batalhão Naval) — elemento mais apropriado para dar combate às forças terrestres em situações de emergência; c) a escolha como ministros da Marinha de civis ou de almirantes sempre afinados com as frações oligárquicas no poder;[93] d) o congelamento ou a diminuição contínua dos orçamentos do Exército, bem como o congelamento, a diminuição ou a transferência dos seus efetivos para longe da capital.

Além disso, dada a profunda politização de ambas as forças, parece altamente improvável que fosse possível alcançar a unidade interna necessária tanto ao favorecimento quanto à oposição sistemáticos ao tipo de estratégia do tipo "dividir para conquistar", que a utilização da Marinha como contrapeso ao Exército implicaria. Essa tese também faz tábula rasa da influência do sistema internacional sobre a percepção de ameaças ao Estado dos decisores brasileiros em plena era dos Impérios.[94] Isso pois, mesmo que fosse

---

batalhões de terra, e os navios guardados por tropa de confiança". Nabuco (2010:135-136).

[93] Pretende-se, com isso, sugerir que os ministros militares, mesmo sendo ligados aos grupos políticos no poder, podem ter autonomia para discordar de determinadas políticas governamentais que vão de encontro às preferências da instituição à qual pertencem.

[94] Na quadra histórica em apreço, isso é particularmente problemático. Havia naquele momento considerável percepção de ameaças advindas de três quadrantes, a depender da perspectiva do interlocutor: dos imperialismos norte-americano, europeu e do impulso

interessante enfraquecer o Exército relativamente à Marinha para debilitar o primeiro do ponto de vista político, aquele poderia revelar-se essencial na defesa do país contra agressões externas e comoções internas.[95] As próprias bases da crítica de Calógeras incorporadas por Sodré e Carvalho parecem frágeis como pilares de sustentação da tese aqui discutida. Esse grande político e intelectual da Primeira República concentrou sua artilharia contra um ministro da Marinha que não se digna a citar o nome, mas que com toda a probabilidade deve ser Alexandrino de Alencar.[96] Seria este o responsável por transformar a força naval em guarda-costas do presidente — não havendo menção de que tal política fosse algo institucionalizado, que ultrapassasse as gestões desse ministro específico (Calógeras, 1938:58-70).

No mesmo ano em que se iniciava a Revolta da Armada, Rio-Branco seria convidado por Floriano Peixoto para assumir a defesa do Brasil no arbitramento da questão de Palmas (ou das Missões), entregue à deliberação do presidente dos Estados Unidos. Não se trata aqui de recuperar os detalhes da participação de Paranhos Jr. nesse caso, que representaria seu passaporte para a notoriedade. Cabe notar, na linha do que afirma Santos, que a chance dada ao monarquista pelo presidente jacobino encontrava-se inserida nos esforços levados a cabo pelo primeiro no sentido de buscar sua inserção em um regime que a ele somente poderia suscitar profunda inquietação (Santos, 2012:80-88). Em carta endereçada ao barão Homem de Mello, expressava dessa forma o seu pensamento:

> os moldes antigos que a geração nova quer hoje quebrar imprudentemente deram-nos quarenta anos de paz, de prosperidade e de glória que hão de

---

expansionista argentino. Ver, por exemplo, Dias (1899). Sobre a era dos imperialismos, ver Hobsbawm (1989).

[95] A Guerra de Canudos não demoraria a demonstrar, ao mesmo tempo, a utilidade do Exército para a segurança doméstica e sua fragilidade como força combatente.

[96] Essa suposição está baseada nas críticas de Calógeras ao caráter centralizador, personalista e salvacionista da gestão desse ministro — o que se coaduna com o perfil de Alexandrino de Alencar. Da mesma forma, sobram críticas à incorporação de grandes vasos de guerra para os quais não há dinheiro suficiente para a manutenção, o que, mais uma vez, indica ser Alexandrino o objeto da reprimenda em vista de seu papel decisivo na compra dos grandes encouraçados tipo *Dreadnought*.

avultar muito no futuro quando a obra de nossos pais puder ser comparada com o resultado das reformas que a geração nova anda a reclamar. (Paranhos Jr., apud França, 2007:51)

De maneira irônica, seria o líder da República da Espada o responsável por abrir as portas do prestígio a Rio-Branco. Prestígio de que ele certamente usufruiria durante o reinado de Pedro II não fosse a sua escandalosa relação (para os padrões da época) com uma corista belga.[97] Logo, se a rigidez moral do Império dificultaria sua ascensão política, a escassez de massa crítica especializada em questões de limites proporcionaria a Paranhos Jr. a oportunidade de transformar-se em um dos grandes demiurgos do nacionalismo brasileiro.[98]

---

[97] É conhecida a rigidez moral da corte liderada por Pedro II. Em vista disso, mesmo sendo primogênito de um dos homens mais influentes do Segundo Reinado, Rio-Branco foi objeto de censura por ter tido um filho com Marie Stevens sem ser com ela casado. O fato de o *affair* ter acontecido enquanto seu pai era chefe do gabinete apenas piorou a situação. Pior ainda, Paranhos Jr. somente se casaria com Stevens muitos anos depois, quando com ela já tinha vários filhos. Ver Viana Filho (1959:152).
[98] Santos ressalta de maneira convincente o papel de Rio-Branco em um momento particularmente importante do processo de construção da nacionalidade brasileira. As vitórias nos arbitramentos com a Argentina, sobre a questão de Palmas, e com a França, na questão do Amapá, foram cruciais nesse contexto. Ver Santos (2012:passim).

CAPÍTULO 3

A ASCENSÃO CIVIL E O ESTABELECIMENTO DAS BASES DA GRANDE ESTRATÉGIA NACIONAL (1895-1902)

A previsão em marinha é economia, é perfeição, é força, é tudo.[99]

1. A ASCENSÃO DE RIO-BRANCO DURANTE A REPÚBLICA

A brilhante vitória obtida pela equipe chefiada por Rio-Branco — formada pelo general Dionísio Cerqueira, pelo contra-almirante José Candido Guillobel,[100] por Domício da Gama, Olyntho de Magalhães, Domingos Olímpio e Charles Girardot — foi retratada quase unanimemente, por historiadores profissionais e amadores, como triunfo da enorme erudição histórico-geográfica do advogado brasileiro (Lins, 1965: 201). Da mesma forma, essa narrativa sugere que a questão teria sido uma espécie de

---

[99] Visconde do Rio Branco. In: Brasil. Ministério da Marinha. Relatório do anno 1872 apresentado à Assembléa Geral Legislativa. 1873. p. 20.
[100] Tanto Cerqueira quanto Guillobel eram especialistas em cartografia e tinham sido membros da parte brasileira da comissão binacional responsável por explorar a região de Palmas com o objetivo de determinar a localização de acidentes geográficos que permitissem a demarcação da área — tudo isso no contexto do tratado bilateral argentino-brasileiro assinado em 28 de setembro de 1885. Sobre isso, ver Doratioto (2012:42-43).

disputa de egos: de um lado, a circunspecção de Rio-Branco, de outro, a exuberância caricata de Estanislaos Zeballos.[101] Encontra-se na representação do trabalho do patrono da diplomacia brasileira como labor fundamentado exclusivamente no direito o cerne da mitologia construída a respeito do seu suposto "pacifismo".[102] Para esses apologetas, Paranhos Jr. corporificaria o exato inverso daquilo que defendia a "Águia de Haia", citando Spencer Wilkinson, em seus discursos às classes armadas: ao invés de confiar em seus soldados, as nações deveriam confiar em seus advogados...[103] No afã de contribuir para a santificação de Rio-Branco, praticou-se toda sorte de falácias historiográficas identificadas por Skinner.[104] Não surpreende que sequer tenha sido considerada por esses estudos outra possível narrativa sobre a vitória obtida na questão de Palmas: a de que o triunfo tenha sido obtido política e não juridicamente ou, de maneira alternativa, que a política e o direito tenham sido habilmente empregados

---

[101] Curiosamente, Álvaro Lins, o grande artífice da difusão de perspectiva hagiográfica sobre o barão, retrata de maneira equilibrada a ação de Zeballos na defesa da causa argentina, limitando-se a mencionar o contraste entre sua tentativa de mobilizar a imprensa norte-americana em favor do pleito portenho e o comedimento de Rio-Branco nesse sentido quanto à defesa dos interesses brasileiros (suposta prova de confiança na isenção do árbitro). Essa narrativa, no tocante à questão de Palmas, difere radicalmente da que será desenvolvida por Lins quando das desinteligências entre Zeballos e Rio-Branco a partir de 1906 — momento em que ambos se encontravam à frente das chancelarias de seus respectivos países. Nessa quadra, Lins retratará Zeballos como um indivíduo morbidamente obcecado pelo barão, agindo de maneira insana com o fito de contrapor-se ao seu adversário figadal, possuído por inveja doentia etc. (Lins, 1965:passim).

[102] A biografia produzida por Álvaro Lins, encomendada pelo Itamaraty para comemorar os 100 anos do nascimento de Rio-Branco, pode ser considerada a obra que mais influência exerceu sobre a construção do mito do barão pacifista. A despeito do louvável trabalho de compilação de dados, a biografia elaborada por Lins possui inegável caráter hagiográfico. O autor constrói uma visão panglosiana do legado do barão, em que o seu suposto pacifismo avultaria como traço distintivo.

[103] A citação de S. Wilkinson utilizada por Rui Barbosa, em seu ensaio "Lição do Extremo Oriente", é a seguinte: "As nações anuem ao arbitramento em desavenças triviais; mas nunca se submetem a ele em pendências, que sejam, ou se acredite serem de importância vital para elas. Uma nação, que confia nos seus direitos, em vez de confiar nos seus marinheiros e soldados, engana-se a si mesma, e prepara a sua própria queda". Barbosa (1972:155).

[104] Sobre o tema, ver Tully (1988).

por Paranhos Jr. e seus colaboradores para obter o resultado favorável ao Brasil.[105] Outro fator relevante, e quase sempre negligenciado, é o que se refere ao imponderável. A tranquila aceitação argentina do laudo arbitral desfavorável não ocorreu por apego indefectível daquela ao direito das gentes, mas pela circunstância de interessar aos portenhos contar com a boa vontade do Brasil em momento de altíssima tensão com o Chile em torno de questões de limites e do diferendo de Puna de Atacama.[106]

Há duas ordens de fatores que indicam ser a narrativa oficialista, no mínimo, questionável. A primeira refere-se à suposição, implícita no argumento jurisdicista, de que questões vitais, como a manutenção da integridade territorial de um Estado, podem ser esgotadas e resolvidas recorrendo-se apenas à hábil manipulação do universo abstrato das normas legais. Essa perspectiva, em que a política é anulada em face do direito, parece em dissonância com a história tal qual a conhecemos há, pelo menos, 12 mil anos.[107] O segundo conjunto de fatores tem a ver com estudos e depoimen-

---

[105] Um curioso elemento de realismo no que toca ao contencioso das Missões, mencionado por Luiz Viana Filho, refere-se ao fato de que Floriano Peixoto determinou que a polícia do Rio de Janeiro acompanhasse (leia-se espionasse) as atividade de Rio-Branco nos Estados Unidos — certamente para se certificar de que o advogado brasileiro defenderia a causa brasileira de modo apropriado, dado o seu passado monarquista. Viana Filho (1959:194-195).

[106] A região boliviana conhecida como Puna de Atacama foi ocupada pelo Chile durante a guerra do Pacífico. A despeito disso, os governos argentino e boliviano firmaram acordo secreto, na década de 1880, pelo qual envolviam a região em uma permuta de territórios. O acordo acabou por tornar-se conhecido do governo chileno, que já enfrentava sério diferendo com Buenos Aires a respeito da demarcação das fronteiras decorrentes do tratado bilateral de 1881. Essa circunstância quase levou Chile e Argentina à guerra, havendo grande tensão entre os dois países em 1895. Ver Bueno (1995:43); Burr (1974:passim).

[107] A paleontologia sugere que, a partir do ano 10 mil a.C., inicia-se o processo de sedentarização da espécie humana com o advento das sociedades baseadas na agricultura — em contraste com os grupos de caçadores-coletores até então hegemônicos. Esse processo está na base da construção das sociedades fundadas no Estado e das disputas por território em termos similares ao que conhecemos até os dias de hoje. Na realidade, se Gat estiver correto, as disputas (guerras) por território eram também endêmicas no período correspondente à hegemonia dos grupos de caçadores-coletores. Em suma, é possível argumentar que, desde que o *Homo sapiens* existe, ele encontra-se em luta com outros grupos de hominídeos para preservar e adquirir território (e os bens a ele associados). Ver Gat (2006:133-145).

tos fragmentários que apontam para a possibilidade de que a política tenha atuado fortemente para a obtenção do laudo arbitral favorável ao Brasil. Sem entrar no mérito da questão, o que nos desviaria demais dos objetivos deste capítulo, valeria citar taquigraficamente: 1) a afirmação de Salvador de Mendonça de que o secretário de Estado norte-americano havia dito a ele, com muita antecedência, que a questão seria julgada favoravelmente às pretensões brasileiras (Mendonça, 1913:250-255); 2) a menção de Steven Topik de que o secretário de Estado Blaine, no contexto de seus esforços para arrancar o acordo de reciprocidade comercial, teria sugerido a possibilidade de os EUA favorecerem o Brasil;[108] e 3) o fato de Rio-Branco ter conhecido o resultado do laudo arbitral anteriormente à sua apresentação pelo presidente Cleveland (Viana Filho, 1959:212-213). Nada do que vai acima retira os gigantescos méritos do patrono da diplomacia brasileira. O que se aponta é a fragilidade da retórica hagiográfica e sua provável disjunção em relação à realidade empírica.

2. A QUESTÃO DA TRINDADE
E A AMEAÇA IMPERIALISTA

No mesmo ano em que o país vencia o diferendo das Missões, e Rio-Branco era entronizado como herói pelas elites letradas com acesso à informação,[109] fato grave sensibilizou a opinião pública: a ocupação da ilha da

---

[108] Cabe notar que Blaine não era mais secretário de Estado em 1895, ano em que o laudo arbitral sobre a questão de Palmas foi divulgado. No entanto, não resta dúvida de que aos EUA interessava naquele momento favorecer o Brasil, país que não competia com a sua produção agroexportadora — o que não era o caso da Argentina. Note-se também que Buenos Aires encontrava-se fortemente vinculada à órbita britânica, estando o Rio de Janeiro bastante mais aberto ao aumento dos vínculos comerciais com Washington do que o seu competidor sul-americano. Topik (1996:69).

[109] O rádio ainda não tinha aplicações comerciais nessa época. As comunicações de longa distância eram feitas por meio do telégrafo, que dependia de linhas telegráficas e cabos submarinos. Uma vez recebida a comunicação telegráfica escrita, ela era disseminada por intermédio de jornais impressos. Somente as elites letradas tinham acesso aos jornais. Mesmo considerando o efeito da transmissão oral, uma vez divulgada a informação pelos jornais, é altamente improvável que parcela substancial da população brasileira tenha sabido da vitória de Rio-Branco no arbitramento da questão de Palmas.

Trindade pelo Reino Unido. Distante mais de mil quilômetros do litoral do Espírito Santo, o território representa o ponto mais oriental do Brasil. Em janeiro de 1895, quando foi tomado pelos britânicos, encontrava-se completamente despovoado. Somente cerca de seis meses depois, o governo recebeu a notícia de que a Grã-Bretanha tinha se apossado da ilha (Arraes, 2000:54-78). Pretextando estar o território abandonado, e com o intuito de utilizar aquele ponto de apoio para a instalação de um dos trechos de cabo submarino que a ligaria diretamente à Argentina, Londres limitou-se a afirmar, quando questionada oficialmente pelo governo brasileiro, que já tivera a posse da ilha no século XVIII e que tomava posse dela novamente por encontrar-se desabitada. Ciente do perigo representado pela eventual perda da Trindade para a República recém-instituída, o Ministério das Relações Exteriores expediu ordem para que o ministro do Brasil junto ao Reino Unido buscasse a devolução da ilha.[110]

Artur de Sousa Corrêa, a partir daí, entabulou conversações com o Foreign Office e com lord Salisbury, primeiro-ministro britânico notável por sua profissão de fé imperialista.[111] Durante as gestões de Corrêa, ficou patente que, se, por um lado, não havia intenção de simplesmente devolver Trindade, por outro, tampouco o Reino Unido emprestava grande valor estratégico à ilha para além do interesse em instalar o cabo submarino e da proteção das empresas locais, que lucrariam com o empreendimento (Arraes, 2000:63). Como tática dilatória, Salisbury mencionou não po-

---

De uma população adulta de cerca de 10 milhões de habitantes, em 1900, apenas 35% eram alfabetizados. Pode-se supor que, dentro desse universo, uma parcela bem menor teria acesso a meios de comunicação impressos. Ver Souza (1999:7).

[110] Dadas as circunstâncias em que o poder político foi restituído aos civis, seria ruinoso para a gestão Prudente de Morais permitir a anexação por potência estrangeira de parcela do território nacional — sobretudo tendo em vista que o Brasil ainda mantinha pendências de fronteira com outros Estados e a própria Grã-Bretanha (a questão do Pirara).

[111] Arthur Dias menciona o famoso discurso de Salisbury na Primerose League, em que este afirma, com base em ideologia de extração darwinista e organicista, sua crença na disjuntiva nações vivas *versus* nações moribundas: "O que é fóra de dúvida é que as nações debeis se vão debilitando cada vez mais, e as nações fortes se vão robustecendo. As nações vivas hão de se ir apoderando dos territorios das nações moribundas, e este é um viveiro de conflictos que, mais ou menos brevemente, poderão brotar". Arthur Dias (1899:14).

der simplesmente revogar medida adotada por administração anterior (a ocupação) e deu conta de estar procedendo a uma ampla pesquisa arquivística para ter todos os elementos históricos sobre a posse do território pela Grã-Bretanha (Arraes, 2000:64). Em determinado ponto da interlocução, depois de Sousa Corrêa ter afirmado que a demora em se chegar à solução satisfatória causava agitação popular e pânico no Brasil, Salisbury sugeriu o arbitramento — foram também aventadas as hipóteses de arrendamento da ilha e de compensação brasileira pelo desvio do traçado do futuro cabo submarino (Arraes, 2000:passim). O ministro das Relações Exteriores, Carlos de Carvalho, manteve-se irredutível em sua posição: o país não aceitaria a arbitragem nem ofereceria nenhum tipo de compensação por território que lhe pertencia de direito. Isso apesar de o Itamaraty ter consultado o departamento de Estado a respeito do caso e ter ouvido deste posição favorável ao arbitramento.[112]

Vale mencionar que Sousa Corrêa, por entender que a proposta de arbitramento era apenas uma forma de a pérfida Albion não perder a face com a simples devolução, fez reveladoras considerações sobre a eventual escolha de árbitro. De acordo com Arraes:

> Para ele, a posição de Salisbury pelo arbitramento era a justificativa necessária para devolver o território. Caso o Brasil optasse por essa resolução, Corrêa recomendava cuidado na escolha do árbitro de modo que não houvesse revés. Descartou, de início, a Rússia, a qual seria contrária ao Brasil, ante o conhecimento de suas posições internacionais. Preferia a Espanha, que seria favorável ao país, pelo fato de ter tido um caso análogo ao do país: as ilhas Carolinas. (Arraes, 2000:65)

---

[112] A posição do secretário de Estado Olney sobre o assunto era coerente com a pressão que os EUA exerciam sobre a Grã-Bretanha para que aceitasse o instituto do arbitramento no caso do diferendo com a Venezuela sobre a região de Essequibo, na fronteira com a Guiana Inglesa. A crise venezuelana, ocorrida também em 1895, teve como desfecho a aceitação pelos britânicos da arbitragem — o que não deixou de produzir grande efeito simbólico, ao demonstrar a determinação dos EUA em sustentar uma versão expansiva da Doutrina Monroe. Com esse evento, o Reino Unido simbolicamente abandonava o hemisfério ocidental e transmitia o bastão imperial aos EUA no que se refere à região. Sobre o assunto, ver Kennedy (1998:passim).

Ao expressar essa opinião quase em simultâneo ao arbitramento da questão de Palmas, o ministro-plenipotenciário do Brasil tornava patente sua crença na preponderância da política sobre o direito. Não seriam os títulos presumivelmente irrefutáveis do país sobre o território que garantiriam a vitória, mas a escolha de árbitro favorável aos interesses brasileiros. A política continuaria operando também no plano doméstico, em que setores jacobinos se valeram do contencioso para desgastar o governo civil de Prudente de Morais (Kampf, 2011:116).

Depois de discursos inflamados no parlamento e na imprensa nacionais, de visões contraditórias produzidas pela imprensa britânica, em que não faltou quem apontasse a superioridade militar do Reino Unido como fator suficiente para a manutenção da ilha (Arraes, 2000:62-63), e de uma série de marchas e contramarchas, os dois países acabaram chegando a uma solução de consenso: a intermediação portuguesa. Não se tratando de arbitragem, mas apenas de bons ofícios, a solução era aceitável aos olhos do Brasil, pois, em caso de derrota, a decisão não teria caráter vinculante. Uma conjunção de fatores, entre os quais a descoberta de que a ilha ofereceria dificuldades técnicas para a instalação do tronco do cabo submarino, diminuiu o interesse bretão por Trindade (Arraes, 2000:69). Assim, não houve contestação quando o Reino de Portugal se pronunciou, em 1896, favoravelmente ao retorno da soberania do território contestado ao Brasil (Arraes, 2000:70). De maneira pouco surpreendente, terá contribuído para esse resultado a determinação lusitana de reaproximar-se da sua ex-colônia depois do rompimento das relações diplomáticas levado a cabo por Floriano Peixoto no contexto da Revolta da Armada.[113]

---

[113] O comandante das unidades navais lusitanas estacionadas no Rio de Janeiro, Augusto de Castilho, concedeu asilo aos marinheiros rebelados. Sendo as duas unidades pequenas corvetas, não seria possível atravessar o Atlântico com centenas de passageiros adicionais. Houve necessidade de escala em Buenos Aires para abastecimento, momento em que inúmeros oficiais e praças brasileiros desembarcaram e por lá ficaram — alguns deles, como Saldanha da Gama, retornando à contenda junto aos federalistas do Rio Grande do Sul. Em função das decisões tomadas por Castilho, alegadamente em nome da humanidade, Floriano determinou o rompimento das relações diplomáticas entre os dois países. Segundo Heinsfeld (2007:14), 254 brasileiros se evadiram quando as corvetas lusitanas fundearam no rio da Prata.

3. A FRAGILIDADE DA ORDEM OLIGÁRQUICA

A questão de Palmas e o contencioso da ilha da Trindade representariam os primeiros embates importantes da República no sentido de resolver passivo legado pelo Império: a delimitação definitiva das fronteiras nacionais.[114] Muito mais do que uma mera questão de direito internacional, tratava-se de tema extremamente sensível do ponto de vista da política doméstica, tanto mais grave quanto ocorresse no contexto da consolidação das instituições republicanas — consolidação essa que não seria atingida até o governo Campos Sales. A gestão Prudente de Morais teria de enfrentar graves problemas econômicos, sem falar na ameaça representada pela ingerência militar na política. Basta mencionar nesse aspecto o relato de Schulz de que até a posse do presidente, em 15 de novembro de 1894, seus partidários temiam a possibilidade de um golpe ser desfechado por Floriano ou por algum dos seus apoiadores (Schulz, 1994:195). Nas palavras de Renato Lessa:

> O componente caótico dos primeiros tempos da República teve ainda como ingrediente nada desprezível o comportamento do estamento militar. Presentes no governo através do presidente e dos ministros (...), os militares passam a viver uma inédita situação de hiperpolitização. Egressos de um regime que lhes confinava uma identidade estritamente profissional, passam a representar seu papel como dotados da missão de realizar com pureza a verdadeira república. Invariavelmente, essa busca da verdade se traduzia em petições ao presidente no sentido de perpetuar a ditadura e afastar da política a legião dos "casacas". (Lessa, 2001:22-23)

A instabilidade do período inicial da República deveu-se aos constantes embates entre alianças *ad hoc* civis-militares. A partir da eleição

---

[114] No caso da ilha da Trindade, tratou-se, evidentemente, de defender o território nacional da usurpação e não de demarcá-lo. Em qualquer caso, como toda e qualquer fronteira só tem existência enquanto arranjo político — que será mais ou menos "permanente" —, ao fim e ao cabo não faz tanta diferença se se trata de demarcação ou simples manutenção.

de Prudente de Morais, uma das prioridades da elite paulista por ele representada será a pacificação dos quartéis: "Durante o seu mandato, a supremacia civil foi consolidada por meio de acordos judiciosos onde necessário, firmeza nos momentos certos e hábil manipulação das divisões dentro das Forças Armadas" (Hahner, 1966:9). Como salienta Lessa, simbolicamente o antípoda do regime vigente transita da Monarquia para a República da Espada.[115] Além da necessidade de estabelecer a supremacia civil sobre o poder militar, tratava-se de dar resposta aos dilemas institucionais irresolutos legados pelas presidências de Deodoro e Floriano: a definição dos atores políticos relevantes à sustentação do regime; a calibragem das relações entre o poder central e os poderes regionais; e o esclarecimento dos procedimentos de interação entre Executivo e Legislativo (Lessa, 2001:33). Ainda de acordo com Lessa: "O que ameaçava o regime não era o sebastianismo monarquista ou florianista, (...) mas sim a sua não institucionalização e a não definição das regras de constituição da *polis*" (Lessa, 2001:33).

Em qualquer circunstância, à problemática das relações civis-militares (ou civis-Exército, pois a Marinha recolhera-se depois da Revolta da Armada para digerir sua derrota) somavam-se as incongruências institucionais acima resumidas. A tentativa da gestão Prudente de Morais de impor sua autoridade à caserna teve como contraparte a permanente ameaça de reação pretoriana:[116]

---

[115] Termo genérico utilizado para denominar os governos dos marechais Deodoro e Floriano, em que a presença do componente militar na direção do Estado foi predominante.

[116] O pretorianismo ganhou projeção como conceito acadêmico por meio do trabalho de D. Rapoport. Luckham, ao elaborar tipologia das relações civis-militares, define o conceito a partir de três condições concomitantes: existência de poder civil fraco, poder militar médio ou forte e fronteiras institucionais fragmentadas entre a corporação militar e a sociedade civil. Essa taxonomia não parece corresponder perfeitamente ao caso brasileiro, sobretudo no que se refere à segunda condição. Em qualquer circunstância, o que importa aqui é a definição genérica de pretorianismo: circunstância em que as Forças Armadas estão divididas em grupos antagônicos ligados a facções políticas distintas, o que faz com que haja ameaça permanente de que, insatisfeitos com as resultantes de determinado arranjo, os políticos perdedores e seus apoiadores militares articulem ou ameacem articular golpe de Estado para solapar o *status quo* que lhes parece desfavorável. Ver Luckham (1971:30). Raymundo Faoro, por sua parte,

Com relação aos militares, a política do governo civil pretendia afastá-los da cena política. Os procedimentos adotados combinaram cooptação de oficiais graduados com punição a focos de rebeldia, além da intenção de reduzir os efetivos militares. (...) Os efeitos dessas medidas são imediatos e duradouros. Durante praticamente todo o tempo em que durou, o Governo Prudente foi combatido nas ruas do Centro da capital. A Rua do Ouvidor e o Largo de São Francisco, territórios livres dos jacobinos, foram um constante foco de protesto, quase nunca pacífico. (Lessa, 2001:35)

O presidente tomaria outras medidas extremamente mal vistas pelos militares, como a dissolução dos batalhões patrióticos criados durante a Revolta da Armada, a demissão de fardados de cargos da administração civil e a extinção da censura à difusão de notícias inconvenientes ao regime florianista — por exemplo, as relativas às atrocidades praticadas pelo coronel Moreira César quando de sua atuação em Santa Catarina no combate aos federalistas e aos marinheiros rebelados (Pereira, 2009:105). Outra frente de insatisfação militar decorreu da intenção demonstrada por Prudente de chegar a um compromisso com a liderança federalista para pacificar o RS. Tal decisão não decorria apenas de razões humanitárias, mas dos enormes custos financeiros que a manutenção das forças castilhistas e do Exército naquele estado geravam para os combalidos cofres públicos.[117] Após a morte de Saldanha da Gama

---

afirma não haver base para caracterizar o comportamento das FFAA brasileiras na Primeira República como pretorianismo. Embora não defina explicitamente o conceito, o advogado e ensaísta gaúcho nega a sua existência em face da premissa de que implicaria a existência de uma espécie de partido militar coeso e disposto a derrubar o governo civil para ele próprio assumir o poder. A inexistência de golpes bem-sucedidos e a preponderância da visão, inclusive na corporação castrense, de que as intervenções militares seriam males necessários mas forçosamente ilegítimos e episódicos, tornaria incorreto classificar de pretorianas as FFAA. Ver Faoro (2001:625). É muito possível que tanto a conceituação de Faoro quanto a de Luckham estejam certas — pois abordam dimensões diferentes da problemática em questão. Em qualquer circunstância, adota-se aqui a versão menos exigente do conceito — em que o pretorianismo é interpretado como uso ou ameaça de uso da intervenção armada em contexto de politização e de fragmentação da unidade das Forças Armadas.

[117] O governo federal financiava não somente as tropas do Exército em operações no RS, mas também as forças castilhistas — o que agudizava a sangria financeira. Ver Carone (1971:142-143).

em Campo Osório, em 26 de junho de 1895, e a anistia aos militares revoltosos aprovada pelo Congresso, em outubro do mesmo ano, chegava ao fim a Revolução Federalista — o mais grave movimento insurrecional experimentado pela República.[118]

Como demonstrou Carone, depois do falecimento de Floriano, em 29 de junho de 1895, as agitações políticas não cessaram.[119] Pelo contrário, parecem ter-se intensificado (Carone, 1971:148-159). A ameaça representada pelos setores jacobinos do Exército (e seus aliados civis) ao bom funcionamento da *polis* chegaria ao ápice na tentativa de assassinato de Prudente de Morais, levada a cabo pelo anspeçada Marcelino Bispo, em 5 de novembro de 1897. O atentado contou com a colaboração de políticos e militares radicais, ocorrendo poucos meses depois da tentativa de Prudente de reduzir os efetivos do Exército, e que resultou na demissão do ministro da Guerra, general Francisco de Paula Argôlo (Carone, 1971:160). Embora falhada, a tentativa de assassinato do Presidente redundou inadvertidamente na morte do sucessor de Argôlo, marechal Carlos Machado Bittencourt — que entrou em luta corporal com o atacante. Seguiu-se o pedido de decretação de estado de sítio, logo aprovado pelo Congresso. No contexto do inquérito instaurado pela polícia, apontou-se o envolvimento de figuras de proa da política nacional, como o vice-presidente Manoel Vitorino Pereira, os senadores João Cordeiro e Pinheiro Machado, os deputados Francisco Glicério, Alexandre Barbosa Lima, Irineu Machado, Torquato Moreira e Alcindo Guanabara, além de oficiais do Exército. Cordeiro, Guanabara, Barbosa Lima, entrou outros, foram desterrados para Fernando de Noronha.[120]

---

[118] Na verdade, dada a participação de Saldanha da Gama, a maior liderança da Marinha brasileira, na Revolução Federalista, pode-se dizer que a sua morte representa o final simbólico da Revolta da Armada — que, em seus estertores, tornara-se um apêndice da Revolução Federalista.
[119] Aparentemente, houve várias tentativas de setores radicais no sentido de convencer Floriano a encabeçar golpe contra Prudente. Carone (1971:146).
[120] Apesar do desterro, logo seriam liberados por meio de *habeas corpus* impetrado no Supremo Tribunal Federal por Rui Barbosa. Ibid., p. 167-168.

4. Canudos, navalismo e tensões internacionais

A repressão governamental serviu para reduzir o ímpeto do jacobinismo que, a despeito disso, não desapareceu completamente.[121] De acordo com Edgar Carone, o que desaparece é a identidade entre jacobinos civis e militares, que a partir daí passarão a atuar independentemente uns dos outros (Carone, 1971:169). Contudo, o autor não explica por que essa identidade teria desaparecido de uma hora para outra. Pode-se supor que, além da repressão aos elementos suspeitos de apoiarem o atentado ao presidente, terá contribuído para a suposta desarticulação entre radicais civis e militares o desastre sofrido pelo Exército em Canudos.[122] A imensa dificuldade da força terrestre em subjugar sertanejos fanáticos no interior da Bahia, acusados de monarquistas para justificar as ações brutais das autoridades, demonstrou de maneira cabal como a politização do Exército tinha como contraparte a sua imensa debilidade como força combatente. No entender de McCann:

> Se alguns esperavam que Canudos ensejasse uma República dominada por militares, o resultado foi o oposto. O desastre reforçou o controle dos oficiais que almejavam reformar e profissionalizar o corpo de oficiais e dos políticos civis que desejavam reduzir a influência militar sobre o governo. O Exército encerrou a década quase em colapso. Os anos seguintes seriam devotados à sua reconstrução e ao estabelecimento do papel apropriado do Exército na sociedade e na política do Brasil. (McCann, 2007:101)

A desarticulação das Forças Armadas, agravada pelas dificuldades financeiras enfrentadas pelo país, ocorria em um ambiente internacional de crescentes tensões. Os imperialismos europeu e norte-ame-

---

[121] Entre as medidas adotadas estava o fechamento do Clube Militar. Lessa (2001:40).
[122] Coincidentemente, a tentativa de assassinato de Prudente de Morais no Arsenal de Marinha ocorreu no dia em que o presidente foi receber as tropas que retornavam da Bahia depois das cinco tentativas (quatro delas frustradas) de submeter o povoado de Canudos.

ricano não podiam ser descontados como inócuos,[123] tampouco as implicações dos maciços investimentos em defesa feitos pela Argentina.[124] Essa nação, rival geopolítica do Brasil desde a Independência, vinha experimentando um notável processo de crescimento econômico. Entre 1870 e 1914, o Produto Interno Bruto argentino ampliou-se, em média, 5% ao ano (Conde, 1993:49). O rápido incremento populacional, por sua vez, deveu-se à imigração em grande escala — o que permitiu àquela nação saltar de 1.736.923 habitantes, em 1869, para 3.954.911, em 1895, e 7.885.237, em 1914, de acordo com os dados do censo portenho (Conde, 1993:55). Apesar do *crash* das finanças argentinas em 1890, o país retomaria, na segunda metade da década, a trajetória de robusto crescimento (Conde, 1993:62-63). A maior disponibilidade de recursos, acompanhada pelo recrudescimento da disputa com o Chile em torno da demarcação das fronteiras dos dois Estados, parece ter sido o foco principal do investimento militar capitaneado por Buenos Aires.[125]

---

[123] A questão da ilha da Trindade estava muito fresca na memória de todos, assim como a consciência de que permanecia em aberto a definição da fronteira do Brasil com a França (Guiana Francesa), uma das potências imperialistas da época. Da mesma forma, ainda que os governos republicanos tenham buscado uma forte aproximação com os Estados Unidos, não foram poucos os analistas do período que apontaram o perigo representado pelo expansionismo norte-americano — como foi o caso de Eduardo Prado e Arthur Dias.

[124] Ao ser questionado pelo chanceler Thomas Anchorena, em fins de 1892, a respeito de relatório do Ministério da Marinha no qual se apontava a Argentina como provável adversário a ser enfrentado, o ministro brasileiro Assis Brasil afirmou tratar-se apenas da necessária cautela que todo país deve ter com seus vizinhos — não havendo intenção hostil alguma do governo brasileiro em relação a Buenos Aires. O diplomata gaúcho aproveitou a oportunidade para mencionar que ninguém no Brasil compreendia os "aprestos" bélicos levados a cabo pela Argentina, uma vez que excederiam em muito o que parecia razoável. AHI, Ofício reservado de Buenos Aires, 27 dez. 1892, apud Bueno (1995:244).

[125] De acordo com Scheina (1987:46-47), terá contribuído para a corrida naval entre Argentina e Chile o recrudescimento dos desacordos relacionados à demarcação da fronteira da Patagônia aliado ao fato de, na chefia de governo chilena, encontrar-se o almirante Jorge Montt — um dos líderes da revolução que opôs Marinha e Parlamento, de um lado, e o presidente Balmaceda e o Exército, de outro. A vitória dos primeiros e a assunção da presidência por Montt, entre 1891 e 1896, teriam contribuído para intensificar a disputa por supremacia naval.

Essa circunstância, acoplada à devastação da Marinha depois da Revolta da Armada, levou à perda da preeminência naval brasileira na América do Sul para a Argentina e o Chile,[126] o que representava, no mínimo, um duro golpe no prestígio internacional do país. Para que se tenha ideia mais precisa desse fenômeno, por ora basta mencionar dois aspectos: um ideológico, outro material. No plano ideológico, vivia-se sob o impacto do navalismo de Alfred T. Mahan, cuja obra *The influence of seapower upon history, 1660-1783* havia sido publicada em 1890.[127] Se é fora de dúvida que o capitão-de-mar-e-guerra norte-americano não foi o primeiro, tampouco o único, a defender a preponderância do poder naval como fator crítico para a grande estratégia das nações,[128] seu livro teve o mérito de surgir em momento especialmente favorável. Basta mencionar o exponencial prestígio adquirido por ele, um simples oficial superior da Marinha dos Estados Unidos.[129] Em 1894, Mahan, de passagem pelo Reino Unido, foi recebido por ninguém menos do que a rainha Vitória, o kaiser Guilherme II (em visita à sua avó), o príncipe de Gales, o primeiro-ministro lord Rosebery e o barão Rothschild — sem mencionar o fato de que foi o primeiro estrangeiro a entrar no restrito Royal Navy Club (Crowl, 1986:447). No Japão, sua obra foi traduzida em 1897 e, por édito imperial, distribuída a todas as escolas de nível intermediário, intermediário-superior e normal do país (Crowl, 1986:475). No Brasil, Rui Barbosa utilizou o trabalho de Mahan como

---

[126] No final do governo Floriano, apesar da rivalidade entre Exército e Marinha, o governo aprovou a contratação de empréstimo de £ 2.000.000 junto à casa N. M. Rothschild & Sons para a aquisição de meios navais junto a estaleiros franceses. Certamente deve ter contribuído para tanto a percepção da vulnerabilidade do país e a tentativa de apaziguar a Marinha. Ver Brasil. Ministério da Fazenda. Relatório do ano 1895 apresentado ao Presidente da Republica dos Estados Unidos do Brazil. 1896. p. 5.
[127] Marder salienta que Mahan exerceu influência no pensamento estratégico equivalente à de Copérnico no domínio da astronomia. Mahan foi um dos primeiros autores a tratar a estratégia naval de modo sistemático, de forma independente da estratégia (terrestre) *lato sensu*. Ver Marder (1961:4).
[128] Utiliza-se aqui o sentido contemporâneo do termo, que naquele momento histórico ainda não fazia parte do léxico corrente dos estrategistas.
[129] Mahan foi presidente do United States Naval War College. Deve-se notar, contudo, que a Marinha dos EUA estava naquela época longe de ter o prestígio que possui hoje.

um dos fundamentos de seu ensaio *Lição do Extremo Oriente* — em que defende a necessidade premente de o país construir poder naval indispensável à sua defesa.[130] O texto de Barbosa seria logo reproduzido em uma das edições da *Revista Marítima Brasileira* (maio de 1895).[131] Esta, por sua vez, publicaria tradução da obra do oficial estadunidense também em 1895.[132]

Do ponto de vista material, a decadência naval do Brasil era patente. De acordo com o relatório do Ministério da Marinha de 1895, dos 27 navios que constituíam o núcleo combatente da esquadra apenas 12 tinham condições mínimas de serem empregados.[133] Desses, apenas dois eram modernos e três mais poderiam ser razoavelmente úteis em combate. De acordo com o ministro Elisiario Barbosa:

> Pela descrição já feita de todos os navios se verifica, Sr. Presidente da República, que apenas dispomos atualmente, para combate, de um encouraçado de oceano; de três cruzadores, sendo um de 2ª, um de 3ª, e um de 4ª classe, todos sem a velocidade e o raio de ação necessários, qualidades hoje essenciais e levadas a alto grau nos navios de todas as potências; de uma caça-torpedeira de marcha de 18 milhas. Isso quer dizer, que nos achamos desarmados, impossibilitados não somente de aceitar qualquer batalha naval como mesmo para opor a menor resistência à guerra de corso, que o nosso comércio marítimo pode ser repentinamente paralisado; que nossos portos se acham sujeitos a serem tributados e bombardeados impunemente.[134]

---

[130] Rui Barbosa afirma que o poder naval é a forma preponderante de poder militar e que o Brasil deveria dar máxima atenção à sua Marinha. Para fundamentar tal assertiva, utiliza as lições emanadas da guerra sino-japonesa de 1894 — em que o Japão triunfara porque obtivera o controle do mar. O antigo ministro da Fazenda de Deodoro refere-se a Mahan como "grande autoridade americana" e cita o seu *The influence of seapower*. Barbosa (1972:163).

[131] Periódico editado pela Marinha do Brasil.

[132] A *Revista Marítima Brasileira* publicou tradução do mencionado livro de Mahan em 1895. Martins Filho (2010:44).

[133] Brasil. Ministério da Marinha. Relatório do ano 1895 apresentado ao Presidente da Republica dos Estados Unidos do Brazil. 1896. p. 68-73.

[134] Ibid., p. 71-72.

Ao requisitar recursos para a aquisição imediata de dois encouraçados e dois cruzadores-encouraçados adicionais, Barbosa enfatiza a necessidade de os políticos atenderem à defesa nacional sob pena de exporem o país a grandes perigos. De maneira dúbia, finaliza seu relatório com a seguinte afirmativa: "Reorganisar a esquadra é garantir a paz externa e quiçá tornar estável a tranquilidade interna da República".[135] Enquanto a Marinha do Brasil encontrava-se em frangalhos, inclusive com aguda carência de pessoal,[136] a Argentina caminhava a passos largos para obter equivalência naval com o Chile. Ambos os países encontravam-se envolvidos no que muitos analistas classificavam como corrida naval ou paz armada.[137] Entre 1891 e 1902, a Argentina encomendou 21 navios de guerra (2 encouraçados, 1 cruzador-encouraçado de 1ª classe, 5 cruzadores de 1ª classe, 4 cruzadores de 2ª classe, 4 *destroyers*, 1 fragata, 2 caça-torpedeiras e 2 navios de transporte) — cuja tonelagem total excedia as 80 mil t (Lacoste, 2001:326). Isso sem falar em 22 torpedeiras, incorporadas entre 1880 e 1893 (Lacoste, 2001:326). Santiago, a seu turno, fez um enorme esforço para manter vantagem sobre Buenos Aires no plano naval. Em 1900, as suas marinhas encontravam-se entre

---

[135] Essa frase comporta diversas leituras, inclusive a de que o reforço da Marinha serviria à contenção do Exército no plano doméstico. Certamente, sinaliza ao Poder Executivo a necessidade de reconstituir a esquadra com o fito de evitar agitações como a que deu origem à Revolta da Armada. Ibib., p. 73.

[136] De acordo com o relatório do ano de 1895, a necessidade mínima de marinheiros para guarnecer os navios da esquadra era de 2.916 homens. No entanto, o quadro contava com apenas 1.708. Em idêntico sentido, o Corpo de Infantaria de Marinha que, em 1852, dispunha de um efetivo autorizado de 1.216 praças, possuía em 1895 tão somente 212 homens de um efetivo autorizado de 360. Isso sem falar na confusão prevalecente no quadro de oficiais, por força das reformas, promoções meteóricas e anistias que se seguiram à Revolta da Armada. Ibid., passim.

[137] A corrida naval nada mais significava do que o polêmico conceito de corrida armamentista aplicado à Marinha. A paz armada, por sua vez, refere-se à situação estrutural em que dois ou mais Estados encontram-se diante de dilema de segurança — em que as aquisições de armamentos por parte das demais unidades estatais fazem com que sejam obrigadas a igualar ou ultrapassar aquelas aquisições sob pena de verem a sua segurança comprometida. Como o conceito indica, no entanto, o equilíbrio na disputa por armamentos mantém a paz — a despeito da suposição implícita de que desequilíbrios podem levar a agressões. Ver Lacoste (2001:301-328).

as 10 maiores do mundo em tonelagem.[138] Depois de assinados os Pactos de Mayo de 1902,[139] por meio dos quais os dois países aceitavam o arbitramento de suas divergências fronteiriças e estabeleciam um dos primeiros acordos de limitação de armamentos do mundo, houve uma temporária redução da incorporação de novas unidades. Os dados de Lacoste são corroborados por Bueno. Este refere-se a ofício confidencial da embaixada em Buenos Aires para a Secretaria de Estado das Relações Exteriores, datado de 7 de agosto de 1900, no qual se relata o crescimento espetacular da esquadra argentina em perspectiva histórica e suas implicações para o Brasil:

> de 6.114 toneladas em 1875, passou para 12.377 em 1880, 15.975 em 1885, 17.481 em 1890, 39.121 em 1895 e 94.891 em 1900. A possibilidade de uma guerra com o Chile explicava o grande aumento havido no último quinquênio referido, da ordem de 55.770 toneladas. Gonçalves Pereira ao ponderar as decorrências de tal aumento – que colocava a esquadra argentina em posição superior à do Brasil – reportou-se às palavras de Duferin, embaixador da Grã-Bretanha em Paris: "a força e não o direito ainda é o fator mais eficiente nos negócios humanos." (...) a inferioridade naval brasileira seria uma débil garantia de paz para a América do Sul, especialmente para o Brasil...[140]

---

[138] Lacoste afirma, baseado em dados de Paul Kennedy, que as forças navais da Argentina e do Chile tinham cerca de 100 mil t em 1900, o que as colocaria empatadas na oitava posição entre as marinhas do mundo em tonelagem — à frente da Marinha do Império Austro-Húngaro, mas bem atrás do Japão, cuja esquadra seria a sétima maior com 187 mil t. Apesar de a tabela organizada pelo pesquisador argentino ser instrutiva, ela apresenta erros como o relativo à apresentação da França como segunda maior potência naval com uma esquadra de 99 mil t. Em qualquer circunstância, a tonelagem representa apenas uma medida — imprecisa, é verdade — das capacidades de uma força naval. Ela não dá conta da qualidade do material flutuante nem dos homens que guarnecem os navios. Lacoste (2001:328).

[139] De acordo com Lacoste, em 1902 e 1903, como decorrência dos *Pactos de Mayo*, ambos os países concordaram em desfazer-se de navios em construção. A Argentina vendeu os cruzadores *Moreno* e *Rivadavia* para o Japão; e o Chile os encouraçados *Constitución* e *Libertad*, para o Reino Unido. Ibid., p. 324.

[140] AHI. Ofício confidencial de Buenos Aires, 7 ago. 1900, apud Bueno (1995:247).

5. As rivalidades no Cone Sul

Na realidade, a porção meridional da América do Sul conhecia, no final do século XIX, um sistema tripolar, em que Brasil e Chile apareciam como aliados de conveniência contra uma Argentina cada vez mais assertiva.[141] Além do notável crescimento da população, do intenso fluxo de investimentos externos, do aumento consistente das exportações de *commodities*, da rápida melhoria da infraestrutura e do substancial incremento do PIB e da renda *per capita*, havia setores influentes da sociedade que professavam crença no excepcionalismo portenho e no destino manifesto da "Grande Argentina". Estanislao Zeballos era um dos maiores representantes dessa ideologia, tendo chegado a afirmar que o primeiro *homo sapiens* surgira em seu país (Lacoste, 2003:117). Note-se que, do ponto de vista material, as bases de sustentação de um projeto hegemônico argentino estavam bem encaminhadas. Basta ter em mente que, de 1870, momento em que o seu PIB equivalia a 2.354 milhões de dólares (de 1990) e o brasileiro a 6.985 milhões, passando por 1900, em que o primeiro ascendia a 12.932 milhões e o segundo a 12.668 milhões, até 1913, quadra em que Buenos Aires já tinha ultrapassado em muito o Rio de Janeiro (29.060 contra 19.188 milhões) (Maddison, 2001:194), o Brasil teve desempenho econômico medíocre enquanto a Argentina crescia de modo acelerado. É bem verdade que, conforme o sugerido em passagem anterior, a relação entre a disponibilidade de recursos econômicos e a

---

[141] Deve-se notar que, em 1913, o PIB argentino era três vezes maior do que o chileno. Se, em 1870, a população chilena era ligeiramente maior do que a argentina, em 1913 esta última já tinha mais do que o dobro da população da primeira: 7.653.000 habitantes contra 3.491.000. Santiago, ao contrário do passado, via-se crescentemente impossibilitada de lidar com o desafio portenho, ao mesmo tempo que era obrigada a conter Peru e Bolívia. Nesse contexto, fazia sentido apaziguar Buenos Aires e preservar canais de entendimento desempedidos com o Rio de Janeiro. Do ponto de vista brasileiro, interessava também manter diálogo fluido com Santiago, de modo a fomentar a ideia de que uma aliança com o Chile estaria sempre disponível como opção — o que, por sua vez, diminuiria o ímpeto argentino, uma vez que uma guerra em duas frentes estaria além das possibilidades de defesa de Buenos Aires. Esse era o substrato material básico do sistema tripolar do Cone Sul na primeira década do século XX. Sobre o Produto Interno Bruto e a população dos três países, ver Maddison (2001:193-194).

expansão internacional de um Estado não obedece a leis inelutáveis no sentido de impelir o último a projetos imperialistas. De qualquer modo, uma das condições necessárias à expansão estava posta no caso portenho. O Brasil tinha a seu favor, no entanto, dois recursos de poder não desprezíveis: maior população (que em 1913 correspondia a três vezes a do vizinho, 23.660 milhões de habitantes contra 7.653 milhões) e vasto território, o que lhe proporcionava profundidade estratégica.[142] Esse dado matizava a vantagem militar e econômica argentina, tornando mais difícil determinar qual dos dois países detinha preponderância em termos de poder material.[143]

Por não possuírem fronteiras nem diferendos relevantes, Brasil e Chile mantinham relações fluidas. Conforme Clodoaldo Bueno, a conjuntura do Cone Sul por vezes imitava a política de alianças do Concerto Europeu: "A Argentina procurava aproximar-se do Brasil, consoante as suas relações com o Chile, como se pôde observar em 1895" (Bueno, 1995:228). O mesmo acontecia com o Rio de Janeiro e Santiago em momentos de tensão com Buenos Aires. Embora não formalizada, essa lógica era consistente com o ambiente internacional do período. A república platina aparecia em desvantagem pelo fato de possuir sérios diferendos territoriais com o Chile e alimentar longa rivalidade geopolítica com o Brasil. Assim, o máximo que poderia esperar em caso de enfrentamento com um dos dois possíveis contendores era a neutralidade da terceira parte.[144] A Argentina via-se tolhida em sua capacidade de projeção inter-

---

[142] A respeito da superioridade brasileira sobre a Argentina em população e profundidade estratégica, ver Mares (2001:125).
[143] O índice CINC (Composite Index of National Capability), por exemplo, coloca o Brasil à frente da Argentina em termos de poder material — certamente em função da população bastante maior — naquele momento histórico. Os parâmetros desse índice são: total da população, população urbana, produção de ferro e aço, consumo de energia, gasto militar e número do pessoal militar. Sobre a correlação de poder entre Brasil e Argentina em 1908, ver Abreu (2009:243).
[144] Esse é um argumento contrafactual, pois não houve enfrentamento bélico com o Brasil nem com o Chile — embora tenha havido momentos de grande tensão tanto com o primeiro (questão Itaipu-Corpus) quanto com o segundo (canal de Beagle). No entanto, a sua lógica interna parece respaldada pelo contexto histórico do relacionamento entre a Argentina, de um lado, e Brasil e Chile, de outro.

nacional pela ameaça de envolver-se, ou ser envolvida, em um conflito de duas frentes.

No plano hemisférico, já no final da gestão Prudente de Morais, o Brasil, apesar de formalmente neutro, foi o único país latino a manifestar simpatia pelos EUA durante a guerra hispano-americana (1898) — evento universalmente considerado como a entrada definitiva de Washington no rol das nações imperialistas (Bueno, 1995:150-152). Dando curso à política de forte aproximação com os EUA iniciada desde o alvorecer da República e tirando partido das circunstâncias negativas da economia nacional, o Brasil vendeu ao colosso do norte dois cruzadores protegidos de 3.769 t[145] em construção no estaleiro Armstrong-Whitworth Elswick Works,[146] do Reino Unido.[147] O primeiro deles, batizado pelo país de *Amazonas* e rebatizado pelo novo proprietário como *USS New Orleans*, chegou a ser empregado na guerra contra a Espanha. O segundo, denominado *Almirante Abreu* e depois *USS Albany*, não ficou pronto a tempo de participar do conflito.[148] Apenas a terceira unidade, o *Barroso*, seria incorporada à esquadra (Gama, 1982:6). Embora não cite essa decisão governamental, o relatório do ministro da Marinha referente ao ano de 1898 reitera o alerta sobre as condições precárias da esquadra: "é

---

[145] O problema da tonelagem exata dos navios é intratável. Cada fonte distinta fornecerá um dado diferente. Muitas vezes as discrepâncias são pequenas, o que não constitui problema significativo. No entanto, divergências importantes são inconvenientes. Neste trabalho, utilizar-se-á como padrão o dado fornecido pela fonte sem modificações, a não ser quando fonte oficial paralela forneça elemento para a retificação. Quando duas fontes não oficiais apresentarem resultados ligeiramente distintos, os números serão mantidos de acordo com o constante em cada fonte.

[146] O estaleiro Armstrong fazia parte de um grupo empresarial amplo. Por sua condição de empresa britânica, utilizar-se-á neste trabalho, indistintamente, o artigo masculino "o" e o feminino "a" para designar o (estaleiro ou grupo empresarial) Armstrong e a (empresa) Armstrong.

[147] O Brasil valeu-se da oportunidade para obter receita, diminuir despesas e ainda realizar gesto político amistoso em relação aos EUA. Isso tudo em contexto de crise econômica e contenção do gasto público. Ver Franco (1991:26); A cessão... (1898:119-120).

[148] Vale lembrar que o secretário-adjunto de Marinha dos EUA naquele momento era o indefectível Theodor Roosevelt, que conseguiu arrancar do congresso crédito emergencial de US$ 50 milhões para a aquisição de meios navais, aí incluídos os dois cruzadores brasileiros em construção no Reino Unido. Burr (2008:20).

minha firme convicção ser necessário e imprescindível termos uma força naval que nos garanta, senão a supremacia na América do Sul como já tivemos, ao menos posição não inferior entre as outras marinhas desta parte do Continente". O almirante Carlos Balthazar da Silveira prosseguia afirmando que: "No estado de quase abandono em que se encontram os nossos portos e a nossa extensa costa somente uma esquadra bem preparada poderá (...) levar auxílio aos pontos ameaçados".[149]

6. Fatores domésticos e incapacidade de reagir às ameaças

As dificuldades econômicas por que passava a República tornavam impraticáveis iniciativas mais ousadas no plano militar (Cardoso, 2006:40). O derradeiro ano do mandato de Prudente de Morais seria um pouco menos conturbado do ponto de vista político,[150] momento em que se avançaria no sentido da política contracionista adotada com vigor por Campos Sales e capitaneada pelo ministro da Fazenda Joaquim Murtinho. Antes de o governador de São Paulo assumir a Presidência da República no lugar de seu conterrâneo, iniciar-se-ia a negociação tendente a levar a cabo o chamado *Funding-Loan* — empréstimo a partir do qual o Brasil garantiu a rolagem da dívida externa, evitando ter de declarar moratória. Essa consolidação do passivo forneceria as condições para que a política de enxugamento da massa monetária inconversível fosse implementada. O pagamento de juros dos empréstimos externos e das garantias de juros dadas pelo governo federal para as estradas de ferro, venci-

---

[149] Brasil. Ministério da Marinha. Relatório do ano 1898 apresentado ao Presidente da Republica dos Estados Unidos do Brazil. 1899. p. 32.

[150] Ainda assim, Prudente teve de mais uma vez lidar com problemas no Rio Grande do Sul. O comandante do distrito militar atritara-se com Júlio de Castilhos, entre outras razões, pelo fato de o caudilho gaúcho estar reforçando muito a Brigada Militar estadual. O fenômeno da utilização das polícias militares como exércitos "particulares" dos governadores, especialmente nos casos do Rio Grande do Sul e de São Paulo, representaria foco de preocupação do Exército Brasileiro durante boa parte da Primeira República. Sobre a querela entre o general Carlos Maria da Silva Teles e Júlio de Castilhos, ver Carone (1971:170-171).

das entre julho de 1898 e junho de 1901, seria efetuado com a emissão de novos títulos. A amortização do passivo ficava adiada até 1911 (Fausto, 2006:227). Como garantia, o país foi obrigado a hipotecar a renda de suas alfândegas, comprometer-se a não tomar novos empréstimos até 1901 e retirar de circulação valor equivalente ao *Funding-Loan* em papel moeda (Fausto, 2006:227).

Do ponto de vista político, Campos Sales inauguraria o que se convencionou chamar de política dos governadores. O princípio básico que a informava era a não ingerência federal em assuntos estaduais, o que, em princípio, permitia que as correntes situacionistas locais se perpetuassem no poder em troca de irrestrito apoio no Congresso ao Executivo nacional (Carone, 1971:176-177). A Comissão de Verificação de Poderes da Câmara dos Deputados, responsável por homologar os resultados dos pleitos em todo o país, seria elemento central da política idealizada pelo novo presidente. Antes da sua gestão, o presidente da Câmara, a quem cabia nomear os quatro integrantes da Comissão, era o deputado mais antigo da casa legislativa — o que poderia resultar na assunção do cargo de elemento não necessariamente afinado com o governo. Com a mudança do regimento vislumbrada por Campos Sales e aprovada pela Câmara, o presidente da casa passou a ser o mesmo da legislatura anterior, desde que tivesse sido reeleito (Carone, 1971:176-177). Com isso, garantia-se a sua lealdade e a consequente nomeação de membros da Comissão comprometidos com o Palácio do Catete. Logo, em princípio, os conflitos decorrentes das disputas interoligárquicas nos estados não transbordariam mais para o plano federal, pois a Câmara federal deveria a partir de então apenas aprovar os resultados encaminhados pelas juntas de apuração municipais.

O *quid pro quo* era claro: autonomia no plano estadual, subserviência ao Executivo no plano federal. A hegemonia das oligarquias mais poderosas, garantida a partir de então pelo pacto de não ingerência com o Rio de Janeiro, fundar-se-ia na violência institucionalizada, na fraude eleitoral e nas redes coronelísticas (Cardoso, 2006:54-55). A Primeira República representaria o auge do fenômeno descrito por Victor Nunes Leal (1997) como coronelismo. O poder dos coronéis, chefes locais detentores da posse da terra, decorria de sua capacidade de arregimentar votos para os candidatos do oficialismo com base no sistema de dependência criado em torno da grande propriedade rural:

> Despejando seus votos nos candidatos governistas nas eleições estaduais e federais, os dirigentes políticos do interior fazem-se credores de especial recompensa, que consiste em ficarem com as mãos livres para consolidarem sua dominação no município. Essa função eleitoral do "coronelismo" é tão importante que sem ela dificilmente se poderia compreender o *do ut des* que anima todo o sistema. (Leal, 1997:279)

Os governadores são, nessa ordem de coisas, os elementos-chave de intermediação entre as esferas nacional e local. Evidentemente, nem todos os estados eram iguais. São Paulo constituía o *primus inter pares*, seguido em plano ligeiramente inferior por Minas Gerais. Depois de consolidado o sistema oligárquico no quadriênio 1898-1902, dar-se-ia a implementação da conhecida política do "café-com-leite" no governo Rodrigues Alves, que implicava a alternância de São Paulo e Minas no controle do poder federal.

Esse esquema estava em sintonia com a visão de Campos Sales, infenso ao varejo da política partidária e determinado a conseguir a estabilidade indispensável à implementação de seu plano de governo tecnocrático e fiscalista (Carone, 1971:179). Ainda assim, como relata Carone, o sufocamento das disputas oligárquicas em nível local não foi completo. Problemas sérios ocorreram em Mato Grosso e também, com menor gravidade, em São Paulo e na Paraíba (Carone, 1971:179). Do ponto de vista das relações civis-militares, persistiu-se na política de desincentivo à interferência castrense. Apesar da forte contração da despesa pública, que incidiu pesadamente sobre o orçamento das Forças Armadas, o presidente conseguiu impor sua autoridade sobre as correntes mais radicais do Exército. De outra parte, não houve registro de agitações relevantes no âmbito da Marinha. Mesmo assim, cabe ressaltar que a ameaça pretoriana não desapareceu por completo, sendo exemplos disso os episódios das conspirações ditas monarquistas de 1900 — que envolveram militares da Marinha e do Exército, além de políticos e profissionais liberais — e de 1902 — esta de maior envergadura, envolvendo jacobinos, membros do Clube Militar (reaberto em 1901), políticos, dissidentes paulistas e setores da população insatisfeitos com a política econômica do governo (Carone, 1971:184-192).

No plano externo, a presidência Campos Sales procuraria dar continuidade à demarcação das fronteiras, notadamente por meio do arbitramento da questão do Amapá. A defesa do Brasil ficou a cargo do barão do Rio-Branco, escolha óbvia de Prudente de Morais depois do sucesso alcançado no caso das Missões. Em certo sentido, essa questão seria mais complexa do que a anterior, uma vez que, do outro lado, encontrava-se uma potência imperialista como a França. Ao comentar as implicações do diferendo com Paris, Paranhos Jr. demonstraria seu pragmatismo e a importância que atribuía ao poder militar nas relações internacionais. Afirmou ao chanceler Carlos de Carvalho que: "Os meios persuasivos são, a meu ver, os únicos de que lança mão, para sair-se bem de negociações delicadas como esta, uma nação como o Brasil que ainda não dispõe de força suficiente para impor a sua vontade a uma grande potência militar" (Ricupero, 1995:64). A assertiva não se dava por principismo, defeito de que Rio-Branco jamais poderia ser acusado, mas pela profunda compreensão do caráter da sua época. Diante das maiores potências, ao país restaria apenas a persuasão e o recurso ao direito internacional, pois a imposição estava *a priori* descartada em face do nanismo militar brasileiro. Deve-se ter em conta o quanto era recente a experiência do *affair* ilha da Trindade e o fato de já ter havido conflitos armados provocados pela exploração de ouro na região em disputa com a França (Ricupero, 1995:61). Na visão de Burns, um dos fatores que contribuíram para que o europeísta Paranhos Jr. se voltasse para os Estados Unidos, durante sua gestão como chanceler, teria sido a constatação de que, sem a intervenção daquela potência no contencioso entre Venezuela e Guiana Inglesa em 1895,[151] Paris não teria hesitado em ocupar militarmente a região disputada com o Brasil.[152]

---

[151] A Venezuela e a Guiana Inglesa (leia-se Reino Unido) travaram grave disputa em torno da região do Essequibo, em 1895. Os Estados Unidos foram os responsáveis por moderar a resposta da Pérfida Albion aos reclamos de Caracas.

[152] Essa afirmação, embora lógica, não está fundamentada em evidências empíricas consistentes — ao menos no trabalho em tela. Burns (1966:85).

Embora pareçam inexistir, no arbitramento da questão do Amapá, os elementos contextuais que sugeririam a preponderância da política sobre o direito no caso das Missões, ainda assim cabe matizar a narrativa oficialista a respeito do segundo grande triunfo de Rio-Branco.[153] Luiz Viana Filho, autor da melhor biografia do patrono da diplomacia brasileira, menciona aspecto nunca abordado pelos apologetas da mistificação: a sagaz utilização da inteligência (popularmente conhecida como espionagem) como meio de antecipar a orientação de cada um dos atores-chave do processo decisório suíço, de modo a tentar influenciá-lo.[154] Esse trabalho foi feito por meio do famoso naturalista helvético, então radicado no Brasil, Emílio Goeldi (Viana Filho, 1959:264-265). O cientista foi contactado por Paranhos Jr., que solicitou assistência durante as passagens do primeiro por sua terra natal. De maneira estritamente sigilosa, Goeldi deveria abordar membros destacados da sociedade suíça visando colher informações sobre o arbitramento. Tarefa que realizou de acordo com as instruções do advogado do país:

> As notícias que pude obter em Zurique pelo intermédio do Dr. Emil Goeldi, chegado do Pará a 16 de maio, são muito satisfatórias. Ele esteve com o sr. Muller em Ramsen no dia 24 e tem tido várias entrevistas com os dois Professores daquela Universidade incumbidos de dar parecer sobre certas questões geográficas. Ambos estão convencidos do nosso direito. O sr. Muller foi trabalhar em Ramsen, não só para ocupar-se exclusivamente do assunto, mas também para escapar às importunações dos franceses. Sentia-se até espionado em Berna. (Paranhos Jr., apud Viana Filho, 1959:278)

A esse aspecto importante, mas provavelmente não decisivo, juntar-se-ia outro de ainda maior relevância: a intenção demonstrada por Rio

---

[153] Ao contrário dos Estados Unidos, maior importador de produtos brasileiros e nação com a qual o Brasil mantinha importantes vínculos políticos, a Confederação Helvética não tinha relações especialmente intensas com o país.

[154] Viana Filho (1959:287) afirma, sem contudo apresentar referência contundente, que Paranhos Jr. também conheceu o resultado do laudo arbitral antes da sua divulgação — como acontecera no caso das Missões.

-Branco, antes mesmo de definida a arbitragem internacional pela Confederação Helvética, de arregimentar o apoio da Inglaterra e da Holanda como contrapeso às pretensões francesas sobre o território do Amapá. Para tanto, propunha a elaboração, em segredo e no mais breve prazo, de tratados de limites com essas duas potências (detentoras da Guiana e do Suriname), de modo a dissuadir a França de ocupar militarmente a região contestada e de ampliar as suas pretensões territoriais (Viana Filho, 1959:228). A questão da ilha da Trindade causaria em Paranhos Jr. grande sobressalto, uma vez que o irritante no relacionamento com a Grã-Bretanha impedia que se levasse a cabo tal estratégia (Viana Filho, 1959:229-232). Em idêntico sentido ao exposto anteriormente, essa linha de ação, concebida mas não executada por Rio-Branco,[155] demonstra de maneira evidente o quanto é precária a tese jurisdicista. Fosse o mundo um idílio em que os melhores argumentos jurídicos prevalecessem, seria desnecessária a estratégia imaginada pelo ícone máximo da diplomacia pátria. A explicitação do esquema formulado pelo barão é por si só reveladora de sua concepção política realista e pragmática, avessa ao principismo. Para ele, o direito seria instrumento precário utilizado pelo fraco contra o forte, jamais um bálsamo universal a ser empregado por apego doutrinário. A política em sentido *lato* estaria sempre presente, como ele próprio afirma de modo cristalino ao tratar da questão do Amapá em correspondência a Joaquim Nabuco: "Não é possível prever a solução porque vai ser dada por um tribunal de sete homens políticos. (...) Não é, portanto, impossível que considerações políticas levem esses juízes, isto é, o Governo deste país, a conceder alguma coisa à França".[156]

---

[155] Não se tem elementos para determinar se o governo brasileiro encetou negociações com Holanda e Grã-Bretanha no sentido desejado por Paranhos Jr. Em qualquer circunstância, uma vez definida a arbitragem em 1897, não seria mais possível utilizar essa estratégia para dissuadir a França — já que as posições dos dois países tornavam-se relativamente cristalizadas pelo próprio recurso a esse instituto. Com o benefício da sabedoria retrospectiva, pode-se supor que a estratégia em apreço não lograria êxito. Isso pois as divergências entre Brasil e Grã-Bretanha sobre a questão do Pirara acabaram levando a questão ao arbitramento.
[156] Rio-Branco a Nabuco. Carta de 18 de maio de 1900. Arquivo Joaquim Nabuco, apud Viana Filho (1959:280, grifos meus).

Em qualquer circunstância, a segunda vitória de Paranhos Jr. em uma questão de limites, obtida em 1900, o catapultaria aos píncaros da glória. Rui Barbosa interpretaria o sentimento coletivo: "Hoje literalmente do Amazonas ao Prata há um nome que parece irradiar por todo o círculo do horizonte num infinito de cintilações: o do filho do emancipador dos escravos, duplicando a glória paterna com a de reintegrador do território nacional".[157] O nome de Paranhos Jr. passaria a representar unanimidade em todo o país. Optando por não retornar ao Rio de Janeiro para as comemorações do grande feito, assumiria a titularidade da missão do Brasil junto ao Império Alemão. Permaneceria no novo posto por menos de dois anos, uma vez que foi convidado a assumir o Ministério das Relações Exteriores do governo Rodrigues Alves (1902-06). Cabe ressaltar, como fez Santos, que, por ironia do destino, a ascensão profissional do monarquista empedernido ocorresse justamente durante a República — que aceitara como dado incontornável da realidade sem, contudo, nutrir por ela nenhum tipo de simpatia.[158]

No que se refere ao sistema político, o governo Campos Sales, temporariamente beneficiado pelo triunfo de Rio-Branco, acabaria como começou: sem que se estruturassem partidos políticos nacionais.[159] Os partidos republicanos estaduais permaneceriam. sendo os principais *loci* em que a política localista se desenvolvia. Os governadores, fortalecidos

---

[157] Rui Barbosa. A Imprensa. 2 de dezembro de 1900, apud ibid., p. 289.
[158] Tal como Nabuco, Rio-Branco tinha ojeriza ao militarismo (leia-se intervenção indevida dos militares na política) e aos sobressaltos políticos que caracterizaram a República durante os seus primeiros anos — associando-os à imagem negativa que nutria acerca das repúblicas hispano-americanas do entorno brasileiro, na linha da grande maioria da elite política imperial. Seu pragmatismo, aliado à necessidade de sobrevivência — dado não ter fortuna que lhe permitisse abandonar o serviço público —, fez com que fosse obrigado a buscar meios de compor-se com as novas elites. A sorte também facilitou a sua vida, por levar ao poder figuras como Floriano Peixoto, que conhecera no Paraguai durante a guerra, e Campos Sales, antigo colega da faculdade de direito do Largo de São Francisco. Santos (2012:passim).
[159] O Partido Republicano Federal (PRF), liderado por Francisco Glicério, jamais conseguiu obter um mínimo de unidade e acabaria por se esfacelar no final da gestão de Prudente de Morais. De acordo com Lessa, é nesse momento que se prenuncia a política dos governadores a ser adotada por Campos Sales: "Ao implodir o PRF, o presidente (Prudente de Morais) só reconhece os chefes estaduais". Renato Lessa (2001:39).

pelo pacto com o Palácio do Catete, dariam as cartas em seus domínios e escolheriam, no caso de São Paulo (e, em menor medida, Minas Gerais), o titular da Presidência da República. O voto de cabresto, a fraude sistemática e a violência eleitoral garantiriam a aderência dos candidatos eleitos aos chefes oligárquicos e ao governo federal.[160] Ocorria, assim, a estabilização do sistema — que duraria, a despeito do interregno Hermes da Fonseca, até a década de 1920.[161] Paralelamente à política de cooptação e enfraquecimento do Exército, dava-se o robustecimento das polícias militares (PMs) estaduais. Essas passariam a ser, *mutatis mutandis*, os novos instrumentos repressivos à disposição das unidades federadas, tendo em conta que a Guarda Nacional encontrava-se completamente desarticulada nesse momento. Contudo, as PMs não serão apenas mecanismos de manutenção da ordem. Serão também, sobretudo em São Paulo e no Rio Grande do Sul, "pequenos exércitos" capazes de opor resistência a intervenções do Exército nacional.[162]

Em termos econômicos, o governo atingira, a enorme custo, a sua meta de sanear as finanças da nação. De acordo com Franco: "Até maio de 1903, o papel moeda destruído somaria 113 mil contos (13% do total em 1898). A consequência mais imediata dessa política seria a avalancha de falências bancárias ocorridas em 1900" (Franco, 1991:28). Para

---

[160] Nicolau cita duas formas principais de fraude eleitoral durante a Primeira República: a eleição "a bico de pena" e a "degola". A primeira refere-se, essencialmente, às fraudes praticadas pelas mesas eleitorais, o que podia incluir a falsificação de assinaturas de eleitores e a adulteração das cédulas de votação. A segunda refere-se à interferência nos pleitos da Comissão de Verificação do Legislativo Federal, órgão responsável por referendar a eleição de deputados. A degola ocorria quando essa Comissão rejeitava a eleição de um determinado indivíduo ou grupo de indivíduos — normalmente por fazerem parte de correntes oposicionistas. Sobre o assunto, ver Nicolau (2012:68-72).

[161] Estabilização não significa aqui ausência de conflitos, que, evidentemente, continuaram existindo. Significa apenas que eles passaram a se encontrar em um patamar administrável.

[162] A base da organização da Brigada Militar do Rio Grande do Sul e da Força Pública do Estado de São Paulo era estritamente militar. Assim, havia unidades de infantaria, cavalaria e artilharia em suas hostes. A polícia paulista chegou a ter uma ala de aviação que atuou na revolução constitucionalista de 1932. Em 1926, o Exército nacional tinha cerca de 39.045 homens, enquanto as polícias militares tinham mais de 45 mil. Ver McCann (2007:294).

que se tenha uma ideia mais precisa sobre as circunstâncias relacionadas à economia brasileira, particularmente durante a gestão Campos Sales, cabe mencionar o comportamento do PIB no período. De uma trajetória de crescimento em 1890 e 1891, seguiu-se retração em 1892, estagnação no biênio 1893 e 1894 e recuperação em 1895. Contudo, o nível do produto somente ultrapassará os valores de 1891 em 1901 (Araújo e Carpena, 2008:578). Durante a administração Sales, 1899 conhecerá estagnação em relação ao ano anterior e 1900 ligeira queda. Em 1901, haverá forte expansão, para a qual contribuiu a retomada da confiança e dos fluxos externos de capitais. Em 1902, terminava o governo obtendo uma discretíssima expansão do PIB que, na verdade, também poderia ser classificada como estagnação. A renda *per capita* real decresce a uma taxa de 2,15% ao ano entre 1891 e 1900 (Araújo e Carpena, 2008:565). A exportação de café continuará a ser elemento fulcral para o equilíbrio do balanço de pagamentos, ajudado no período pelo sensível incremento do valor das exportações de borracha. De um percentual médio de 15% das vendas externas entre 1891 e 1900, a borracha passará a ser responsável por 25,7% entre 1901 e 1910 (Arias Neto, 2011:212) — com incremento tanto em quantidade quanto em preço.[163]

A exploração da borracha, como se verá, esteve na base do contencioso com a Bolívia sobre o território do Acre. Este, por sua vez, representou séria dor de cabeça para a diplomacia brasileira, cabendo ao governo Rodrigues Alves encaminhá-lo satisfatoriamente. Ainda no plano das relações internacionais, Campos Sales, atendendo a acenos do presidente argentino, general Julio Roca, concordou em receber o último em visita oficial, em 1899, e em retribuí-la no ano subsequente (Bueno, 1995:249-254). De acordo com Bueno, por muito que se tenha especulado sobre o significado desses gestos diplomáticos, seus resultados práticos foram parcos (Bueno, 1995:249-254), ainda mais se se considera, com Hilton, que a rivalidade brasileiro-argentina perduraria até o início do último quartel do século XX

---

[163] De um *quantum* exportado da ordem de 6.591 t, em 1870, o Brasil passou a exportar 38.547 t, em 1911. Ver Dean (1986:695).

(Hilton, 1985:27-51). Na realidade, viver-se-ia um dos tantos momentos de *entente* logo seguidos de episódios de estranhamento entre as duas nações. Por trás disso, havia do lado brasileiro "imagem duradoura da Argentina como Estado agressivo, expansionista" (Hilton, 1985:28), que pretenderia isolar o Brasil na América do Sul. Segundo o historiador norte-americano há pouco mencionado, é nesse sentido que:

> Durante a "velha república" (1889-1930), observadores brasileiros estudaram com cuidado os esforços comerciais e políticos da Argentina na bacia (do Prata) e concluíram que, em seu impulso em busca da supremacia continental, ela buscava sistematicamente isolar o Brasil (...) por meio do estabelecimento de uma versão moderna do Vice-Reinado do Prata. (Hilton, 1985:28)

Não causa surpresa, diante do que vai acima, que Olyntho de Magalhães tenha manifestado, logo de sua assunção da chefia do Itamaraty, preocupação com os aprestos bélicos argentinos e chilenos — destacando a necessidade de o Brasil rearmar-se para fazer frente a essa realidade (Bueno, 1995:246). Ainda de acordo com Clodoaldo Bueno, foi a consciência de sua fraqueza militar o fator-chave para a decisão do país de declinar do convite elaborado pelo czar Nicolau II para que participasse da I Conferência sobre o Desarmamento de Haia, em 1899 (Bueno, 1995:246). Naquele momento não caberia assumir qualquer compromisso que pudesse limitar a capacidade brasileira de diminuir a assimetria de meios bélicos em relação aos vizinhos sul-americanos. Prevaleceria na América do Sul uma espécie de ação reflexa àquela encontrada no velho continente: a busca de segurança por meio do recurso aos armamentos. Nesse diapasão, o ministro plenipotenciário do Brasil em Buenos Aires, Gonçalves Pereira, seria brutalmente pragmático. Segundo Bueno: "apesar de reconhecer as então excelentes relações entre Brasil e Argentina (...), não se deixava iludir (...); era de opinião que a rivalidade (...) se mantinha em estado latente e que a Argentina ambicionava exercer uma política de hegemonia na América do Sul".[164]

---

[164] AHI. Ofício confidencial de Buenos Aires, 7 de agosto, 1900, apud Bueno (1995:247).

Não se pode esquecer o ambiente ideológico da época, em que o imperialismo colonialista atuava de modo agressivo, lastreado em concepções racistas, evolucionistas e nacionalistas. Faz-se imprescindível recordar que o darwinismo social, assim como os determinismos em suas várias acepções e o racismo eram reconhecidos como teorias sociais legítimas:

> A era do novo imperialismo foi também o período em que o racismo alcançou o seu zenith. Os europeus, que no passado haviam respeitado alguns povos não ocidentais — especialmente os chineses — começaram a confundir distintos níveis de tecnologia com distintos níveis de cultura em geral, e por fim com capacidade biológica. Conquistas fáceis tinham deformado até mesmo o julgamento das elites científicas. (Headrick, 1981:209)

A partilha da África, desencadeada a partir do Congresso de Berlim, em 1884, é apenas um dos exemplos mais eloquentes de como as potências imperialistas atuavam em busca de mercados e matérias-primas. As disputas por esferas de influência e o emprego sistemático da força armada seriam decorrências desse sistema. A despeito de seu caráter excêntrico — no sentido de afastada do centro —, a América Latina não poderia estar alheia ao *zeitgeist* da época. As ações cada vez mais agressivas dos EUA na América Central e sua transformação em Estado colonialista após a guerra hispano-americana representavam vívido exemplo de que não bastaria o recurso ao direito para garantir a soberania e a independência das nações mais fracas. Da mesma forma, a fragmentação dos domínios coloniais da Espanha na América do Sul legara aos Estados independentes da região fronteiras pouco claras, o que exacerbaria potenciais conflitos.

No que se refere ao preparo das Forças Armadas brasileiras para enfrentar contingências militares, é certo que o quadriênio de Campos Sales em nada contribuiu para mitigar a situação calamitosa dos meios humanos e materiais da Marinha e do Exército. Enquanto a esquadra argentina atingia 94.891 t, em 1900, a brasileira não passaria, ao final do século

XIX, de 33.401.[165] Aos gravíssimos problemas de pessoal aludidos anteriormente, somar-se-iam o reduzido número e tonelagem dos navios da esquadra, a falta de homogeneidade do material flutuante e seu estado de obsolescência.[166] A tabela 1, elaborada por Martins Filho, fornece uma ideia da situação.

TABELA 1
NAVIOS DA ESQUADRA NO FINAL DO SÉCULO XIX

Nome	Lançamento	Modificado	Origem	Deslocamento em tons.	Velocidade normal (nós/milhas)	Armamento principal (pol.)
Riachuelo	1883	1895	Inglaterra	5.700	16	4 × 9,4 6 × 5,5
Aquidabã	1885	1897	Inglaterra	5.000	15	4 × 8 4 × 4,7
Deodoro e Floriano	1898		França	3.162	14	2 × 9,2
Barroso	1896		Inglaterra	3.450	19,8	4 × 4,7
Tamandaré	1890		Brasil	4.537	16	10 × 6 2 × 4,7

continua

[165] A comparação acima realizada não é exata em termos estritamente numéricos por três motivos: 1) não há referência se a tonelagem total da Marinha argentina engloba todos os navios, mesmo os de apoio e sem capacidade direta de combate, ou apenas as unidades combatentes. Há motivos para acreditar que esse total englobe todos os navios – mesmo os não combatentes; 2) os navios listados por Martins Filho são apenas aqueles de maior tonelagem e capacidade combatente – excetuado o Benjamin Constant, como se verá adiante. Logo, se se considera a totalidade dos meios navais da Marinha do Brasil, a sua tonelagem aumentaria ligeiramente; e 3) o fato de haver sempre unidades em reparos, sofrendo modernizações ou mesmo sendo construídas. Isso faz com que a tonelagem total jamais corresponda à tonelagem dos meios efetivamente disponíveis para combate – o que introduz mais uma nota de cautela nas comparações baseadas apenas no peso dos navios de uma esquadra. Em qualquer circunstância, pode-se seguramente afirmar que o ano de 1900 encontrava a Argentina com marinha de guerra pelo menos duas vezes maior em tonelagem do que a detida pelo Brasil. João Roberto Martins Filho (2010:47).

[166] O caos instalado nos arsenais de Marinha certamente contribuiu para a obsolescência acelerada dos meios navais. Outro aspecto importantíssimo é o que diz respeito à ausência de diques apropriados para a realização da manutenção periódica dos navios — o que também contribuía para sua precoce depauperação. Sobre a heterogeneidade e a falta de coerência dos meios navais brasileiros, ver Martins e Cozza (1997:79).

Nome	Lançamento	Modificado	Origem	Deslocamento em tons.	Velocidade normal (nós/milhas)	Armamento principal (pol.)
Benjamin Constant	1892		França	2.750	14	4 × 6 8 × 4,7 2 × 3
República	1892		Inglaterra	1.300	16	6 × 4,7
Tiradentes	1892		Inglaterra	750	12	4 × 4,7
Tupi, Tamoio e Timbira	1896		Alemanha	1.030	18	2 × 4,7
Gustavo Sampaio	1893		Inglaterra	500	18	2 × 3,5
Total	13 unidades			28.179 t		

Fonte: Adaptado de Martins Filho (2010:47).

Considerando o ano de 1900 como base para extrapolações, vê-se que apenas 12 navios tinham capacidades mínimas de combate oceânico — pois, de acordo com o almirante Armando Vidigal, o *Benjamin Constant*, por ser um cruzador-escola, não poderia ser considerado unidade combatente (Vidigal, 1985:54). Contudo, desses 12, apenas três ou quatro estariam prontos a ser empregados a qualquer tempo.[167] Constata-se que, à exceção dos encouraçados guarda-costas *Deodoro* e *Floriano*, nenhum navio foi incorporado durante a gestão Campos Sales. Como unidades principais, a Argentina podia contar nessa época com dois pequenos encouraçados, quatro cruzadores-encouraçados (de 6.949 t cada um — Lacoste, 2010:26, logo com maior deslocamento do que qualquer navio brasileiro) e quatro cruzadores de 2ª classe (Vidigal, 1985:55). A superioridade portenha no plano naval fica clara na tabela 2.

---

[167] É isso o que se constata ao ler o relatório do ministro Júlio de Noronha de 1903, referente ao ano de 1902. Brasil. Ministério da Marinha. Relatorio do ano de 1902 apresentado ao Presidente da Republica, 1903. p. 4-10.

TABELA 2
NAVIOS DE GUERRA ADQUIRIDOS PELA ARMADA
ARGENTINA DE 1891 A 1902*

Nome	Tipo	Deslocamento	Cumprimento	Lançamento	Velocidade Máxima
25 de Mayo	Cruzador de 2ª Classe	3.500 t	107 m	1891	-
Rosales	Contratorpedeiro	520 t	64 m	1891	-
Espora	Contratorpedeiro	520 t	64 m	1891	-
9 de Julio	Cruzador de 2ª Classe	3.575 t	114 m	1893	-
Libertad	Encouraçado	n.d.	70 m	1893	-
Independencia	Encouraçado	2.300 t	70 m	1893	-
Patria	Cruzador de 2ª Classe	1.070 t	77 m	1894	20 nós
Garibaldi	Cruzador-encouraçado de 1ª Classe	6.949 t	105 m	1895	20 nós
Buenos Aires	Cruzador protegido de 2ª Classe	4.788 t	124 m	1895	24 nós
Santa Fe	Destroyer	288 t	58 m	1896	27 nós
Entre Ríos	Destroyer	288 t	58 m	1896	27 nós
Misiones	Destroyer	288 t	58 m	1897	27 nós
Corrientes	Destroyer	288 t	58 m	1897	27 nós
San Martín	Cruzador de 1ª Classe	6.949 t	105 m	1898	20 nós
Pueyrredón	Cruzador de 1ª Classe	6.949 t	105 m	1898	20 nós
Belgrano	Cruzador de 1ª Classe	6.949 t	105 m	1898	20 nós
Sarmiento	Fragata	2.733 t	86 m	1899	-
Total	17 unidades	47.954 t			

Fonte: Adaptado de Lacoste (2001:26).

* Este quadro não inclui navios de transporte (a Armada Argentina possuía dois de 8.700 t cada), os cruzadores de 1ª Classe *Moreno* e *Rivadavia* vendidos ao Japão no contexto dos Pactos de Mayo e uma série de navios de deslocamento reduzido, como os 22 torpedeiros incorporados entre 1880 e 1893. Somados todos os navios, incluindo os construídos mas não incorporados *Moreno* e *Rivadavia*, a Armada Argentina chegaria muito próxima às 100 mil t de deslocamento em 1902. Para todos os fins, o núcleo combatente da esquadra portenha em 1907 giraria em torno das 50 mil t apontadas na tabela.

O relatório do ministro da Marinha de 1902 evidencia o descalabro na área de pessoal. A estrutura tornara-se ao mesmo tempo macrocéfala (muitos oficiais para poucos navios) e raquítica (número inferior de marinheiros e especialistas em relação ao necessário). Enquanto na Marinha britânica havia um oficial para cada 836 t, no Brasil essa relação era de um para 79.[168] O Corpo de Marinheiros Nacionais possuía 2.552 homens, em 1902, havendo, em 1893, em suas fileiras 3.174.[169] Perante esse quadro, seria compreensível se nossas lideranças navais compartilhassem o sentimento popular a respeito da administração presidencial que se encerrava. A enorme vaia recebida por Campos Sales ao deixar a capital em direção a São Paulo depois da posse de Rodrigues Alves expressava o descontentamento popular com o desemprego, a carestia e a estagnação econômica (Bello, 1956:229).

Não resta dúvida, portanto, de que a grande estratégia brasileira durante os 13 primeiros anos da República padeceu de significativos constrangimentos. No esquema proposto por Schweller, registraram-se problemas em todos os quatro eixos: *consenso entre as elites, coesão entre as elites, vulnerabilidade do governo/regime* e *coesão social* (Schweller, 2006). A essas dimensões, que afetam a vontade e a capacidade de reagir a pressões do sistema internacional, somou-se a debilidade econômico-financeira. *Grosso modo*, pode-se dividir o período 1889-1902 em dois momentos. O primeiro correspondeu às presidências militares, à chamada República da Espada. Nos cinco primeiros anos do regime, os marechais presidentes buscaram valorizar as Forças Armadas em termos salariais e de material. Até a crise do encilhamento, essa política contava com o su-

---

[168] Isso se devia, em parte, à diminuição do número de meios flutuantes. Brasil. Ministério da Marinha. Relatorio do ano de 1902 apresentado ao Presidente da Republica, 1903. p. 17.

[169] Infelizmente, o relatório de 1902 não informa o número ideal de homens requerido pela Marinha. Há menção, contudo, ao crônico problema de falta de pessoal para preencher as vagas existentes no Corpo de Marinheiros Nacionaes. A solução para tanto, segundo o ministro Noronha, seria a efetiva implantação do sorteio naval entre os indivíduos de 16 a 30 anos registrados nas capitanias dos portos. Brasil. Ministério da Marinha. Relatorio do ano de 1902 apresentado ao Presidente da Republica, 1903. p. 33-34.

porte de uma economia em trajetória de crescimento. Entre 1892 e 1894, no entanto, as condições macroeconômicas deterioraram-se ao mesmo tempo que o país mergulhava em seriíssima guerra civil (Revolução Federalista e Revolta da Armada). Nesse contexto, o aprofundamento das relações com os EUA apresentava-se como verdadeira tábua de salvação. O colosso do norte ensaiava os primeiros passos de sua política expansiva. A intervenção estadunidense na revolta liderada por Custódio de Melo e Saldanha da Gama representou, do ponto de vista daquele Estado, uma espécie de teste prático dessa nova orientação internacional. Na perspectiva brasileira, o desenvolvimento de íntimas relações com os Estados Unidos oferecia a possibilidade de instrumentalizá-las tanto em sua vertente econômica (manutenção do principal mercado consumidor do café nacional) quanto de segurança — ao infundir em possíveis antagonistas a dúvida sobre eventual auxílio norte-americano ao Brasil.

A par do cuidadoso cultivo do relacionamento com a maior potência do hemisfério, e já naquele momento primeira economia do mundo, tratou o país de não antagonizar a Argentina. Buscava-se manter a cordialidade oficial no plano discursivo da política externa em relação ao vizinho platino — o que era convergente com os conceitos difusos de "americanização" e de "republicanização" daquela política pública. No plano da realidade, inquietava a parcelas das elites brasileiras o crescimento do poder argentino. Outros dois temas relevantes fariam parte da agenda de política internacional no período em tela: o apoio à imigração, com o fito de garantir os braços necessários ao desenvolvimento da lavoura de café, e a manutenção das fontes de financiamento externo da economia via empréstimos, linha de crédito etc. Finalmente, buscou-se encaminhar a demarcação das fronteiras nacionais por meio de negociações diretas e — quando essas fossem inviáveis — pelo recurso ao arbitramento.

No que se refere à capacidade de as Forças Armadas apoiarem a grande estratégia nacional, constata-se que, a despeito dos esforços realizados por Deodoro e Floriano, as dissensões entre Marinha e Exército, bem como a politização de seus quadros, corroeram suas já parcas capacidades combatentes. O Brasil apresentava-se desprovido de recursos militares significativos. Pior do que isso, aqueles existentes tornavam-se inúteis diante da incapacidade sistêmica de as forças os utilizarem de maneira conveniente. As carências de pessoal eram também muito sensíveis, uma vez que o recrutamento militar no Brasil ainda não tinha conseguido desvincular-se de sua característica de apêndice do sistema penal.[170] Por qualquer ângulo que se observasse a aptidão das Forças Armadas para a defesa da pátria, verificar-se-ia o descalabro prevalecente — mais importante ainda na Marinha do que no Exército, em face da tecnologia e da intensidade de capital requeridos pela força naval. Essa realidade não oferecia ao país margem de manobra, obrigando-o a adotar postura moderada e jurisdicista em suas relações internacionais — o que não impediu Floriano de exercer forte pressão sobre o Uruguai para que impedisse o uso de seu território como área de homizio dos revolucionários federalistas (Bueno, 1995:199-200).

No segundo momento, que corresponde aos governos de Prudente de Morais e Campos Sales, observar-se-ão dificuldades adicionais à implementação de grande estratégia mais ambiciosa. Procurando garantir a governabilidade, as elites civis procuraram levar à frente uma política deliberada de afastamento das Forças Armadas da política partidária (Schweller, 2006) seja pela cooptação das lideranças castrenses, seja pelo enfraquecimento de Marinha e Exército, particularmente deste último. A estagnação econômica, aliada à crise financeira, foi repetidamente invocada como justificativa para os baixos orçamentos militares. A instabilidade doméstica, especialmente no governo Prudente de Morais, foi outro fator crítico para o ensimesmamento brasileiro. No entanto, as questões da ilha da Trindade e das Missões seriam indicativas das tensões que poderiam advir do sistema internacional. Contando com o desinteresse britânico no primeiro caso e com a hábil condução política de Rio-Branco no segundo, o país conseguiu sair vitorioso de duas circunstâncias que muito poderiam ter contribuído para fomentar instabilidade adicional.[171]

---

[170] Beattie afirma que apenas no início dos anos 1900 o Exército conseguiria pouco a pouco mudar a sua imagem, o que teria contribuído para a aprovação da lei do serviço militar obrigatório em 1908. Ver Beattie (2001:207).

[171] É perfeitamente plausível especular que derrotas nas duas questões referidas gerariam reações enfurecidas dos setores jacobinos civis e militares.

Apenas na gestão Campos Sales a República encontrará mecanismos de estabilização do funcionamento da *polis*. A administração do segundo presidente paulista será marcada, no entanto, pela ênfase na recuperação da credibilidade da moeda brasileira — o que foi obtido a ferro e fogo, gerando severas consequências para a economia real. O início da operação da política dos governadores permitiu que Sales obtivesse a estabilidade necessária para levar à frente seu programa fiscalista. Permaneceu a orientação geral de apoiar a imigração para a lavoura do café e de avançar na demarcação das fronteiras nacionais. Mais uma vez, Rio-Branco foi elemento-chave nesse processo ao liderar a equipe brasileira vitoriosa no arbitramento da questão do Amapá. Para a aceitação francesa do resultado desfavorável, parece ter contribuído a crescente assertividade dos Estados Unidos no hemisfério ocidental — bem como o aumento das tensões no velho continente, o que tornava mais difícil a Paris desviar sua atenção das ameaças emanadas de sua vizinhança imediata.

Nesse contexto, os baixos investimentos em defesa terão como resultado o aprofundamento da crise instalada na caserna, particularmente depois da Revolta da Armada, na Marinha, e do desastre de Canudos, no caso do Exército. Em vista dessa realidade, e superada a questão de Palmas, o Brasil continuou adotando o que Hilton chamou de "*holding action*" em relação à Argentina: manifestações de cordialidade acompanhadas de estrita vigilância das ações portenhas na América do Sul. A decadência da Marinha, contudo, não representava apenas a impossibilidade de o país defender-se de agressões a partir do mar. Em determinados círculos profissionais e políticos, consolidava-se a nostalgia em relação ao lugar cimeiro que a força naval ocupara na região durante a maior parte do século XIX. Rui Barbosa, com sua conhecida verve, escreveria o seguinte sobre a aniquilação da esquadra:

> Acabo de ler com tristeza, em um opúsculo recente, o estudo comparativo de nossa armada com a do Chile e a da República Argentina. (...) Deus nos dê por muitos anos paz com as nações que nos cercam. Mas, se ela se romper, é no oceano que veremos jogar a sorte da nossa honra. E essa partida não será

decidida pelo azar, mas pela previdência. *A nulificação da nossa Marinha é, portanto, um projeto e começo de suicídio.* (Barbosa, 1972:11-12, grifos meus)

É fora de dúvida que os constrangimentos domésticos à ação internacional do país foram avassaladores durante os 13 primeiros anos da República. Nesse sentido, os homens de Estado brasileiros tinham limitada margem de manobra para escolher rumos mais ambiciosos em termos de política externa. Procurou-se internamente estabilizar o sistema político e melhorar as condições macroeconômicas. No plano externo, adotou-se uma estratégia de baixo envolvimento, centrada na aproximação com os Estados Unidos e na manutenção de relações superficialmente cordiais com a Argentina. Ao período de ajustamento interno corresponderam iniciativas diplomáticas visando à demarcação das fronteiras nacionais por meio de bons ofícios (ilha da Trindade) e do arbitramento (Missões e Amapá), sempre que inviável a negociação direta. A problemática do Acre, a ser abordada no capítulo seguinte, começa a tomar corpo durante a gestão Campos Sales — chamando mais uma vez a atenção dos decisores brasileiros para o fato de que as relações internacionais, na era do imperialismo, comportavam riscos apreciáveis. Diante de tanta volatilidade e incerteza, a grande estratégia brasileira foi fundamentalmente limitada, defensiva e ensimesmada.

CAPÍTULO 4

Rio-Branco, grande estratégia e poder naval

A marinha de guerra é talvez o atestado mais conciso e expressivo do valor moral e material de um país.
Ela traduz pela sua força, a grandeza dos interesses nacionais; ela reflete pela lei do seu desenvolvimento progressivo, a estabilidade da orientação governamental; ela exprime pela procedência do seu material, os recursos e os progressos industriais; ela indica pela história do seu passado, a diretriz da política exterior; ela mostra pela sua disciplina e pela sua coesão, a capacidade do povo para a vida coletiva (...).
Os povos mais ricos e mais enérgicos são também os mais poderosos no mar, pois a grandeza e a decadência das nações coincidem com a grandeza e a decadência marítimas.[172]

1. Introdução

Antes de abordar a grande estratégia brasileira durante a gestão Rio-Branco e o papel representado pelo poder naval, particularmente pelo programa de reconstrução da Marinha de meados da década, cabem algumas considerações sobre a visão do patrono da diplomacia a respeito da instrumentalidade do poder militar. Essas considerações têm por objetivo situá-lo em seu

---

[172] Brasil. Ministério da Marinha. Relatório do ano 1913 apresentado ao Presidente da Republica dos Estados Unidos do Brazil. 1914. p. 39-40.

tempo, estabelecendo os limites daquilo que a ele era possível vislumbrar. Não se postula aqui, evidentemente, que Paranhos Jr. tivesse uma percepção principista e imutável da questão, o que estaria em conflito com o seu arraigado pragmatismo.[173] No entanto, esboço genérico de sua mundivisão a esse respeito será extremamente importante no sentido de excluir determinadas hipóteses presentes na literatura — muitas delas precárias em termos empíricos e conceituais.[174] Conforme Cristina Patriota de Moura, as biografias são, ao mesmo tempo, elementos indispensáveis para a reconstituição de sua trajetória e fontes primordiais para a construção do mito em torno de sua figura pública (Moura, 2000:81-83). Às biografias juntam-se a literatura a respeito da política externa de Rio-Branco e toda uma série de trabalhos acadêmicos que permitem produzir inferências sobre o universo de possibilidades à sua disposição. Não cabendo aqui realizar um ensaio biográfico sobre o patrono da diplomacia brasileira, o autor limitar-se-á a fazer breves comentários a respeito de três condicionantes de sua visão sobre a instrumentalidade do poder militar como ferramenta à disposição do Estado: trajetória familiar, predileção acadêmica, contexto social.

2. Bases da fascinação de Rio-Branco pelo poder militar

Sobre as origens de Rio-Branco, tanto Álvaro Lins quanto Luiz Viana Filho enfatizam o peso do componente militar.[175] Desde os antepassados

---

[173] Não se pretende realizar pesquisa extensiva sobre eventuais mudanças de percepção do patrono do Itamaraty sobre a temática militar ao longo de sua trajetória. Isso estaria além do escopo de um trabalho como este, embora lhe fosse extremamente útil. No entanto, sempre que houver indícios consistentes a respeito de eventual mudança, o autor deste texto a apontará.

[174] Trata-se aqui de salientar as contradições da literatura áulica sobre Rio-Branco, mais preocupada em construir ou reforçar visões convenientes a determinadas narrativas oficialistas do que em buscar os insumos empíricos e contextuais necessários à produção de inferências consistentes com as possibilidades inerentes ao tempo em que Juca Paranhos cresceu, formou-se e desenvolveu suas atividades profissionais.

[175] Cristina Patriota de Moura menciona o fato de que o componente militar da família Paranhos é enfatizado por Lins e Viana Filho em detrimento do componente mercador

portugueses, passando pelo tio de seu pai (oficial responsável por apoiar financeiramente o futuro visconde em seus estudos), pelo irmão de seu pai (Antônio Paranhos, brigadeiro do Exército que combateu na guerra do Paraguai) e por seu próprio pai (segundo-tenente da Marinha imperial, engenheiro militar, professor de balística, artilharia e fortificações da Escola Militar),[176] a presença das Forças Armadas na vida de Rio-Branco era intensa (Viana Filho, 1959:8-9). Cabe lembrar que o primeiro cargo político ocupado pelo futuro visconde foi o de ministro da Marinha do gabinete de conciliação do marquês de Paraná. A amizade de sua família com a de Luiz Alves de Lima e Silva (duque de Caxias) era notória, tendo sido Caxias em pessoa, como chefe do Gabinete, o responsável por extrair a fórceps a nomeação de Juca Paranhos como cônsul do Brasil em Liverpool no lugar do falecido Mendonça Franco — que, por sua vez, fora antecedido pelo almirante Grenfell, nome de proa da Marinha.[177] Segundo Viana Filho, as relações com os Lima e Silva iriam além, tendo o primogênito do visconde apaixonado-se por sobrinha de Caxias, filha do visconde de Tocantins (Viana Filho, 1959:87). Já na condição de ministro das Relações Exteriores, Paranhos Jr. mantinha, na sala de sua residência na Vestfália (Petrópolis), uma fotografia do duque de Caxias, "que Rio Branco jamais esquece" (Viana Filho, 1959:334). Ainda no campo familiar, Rio-Branco tentou convencer seu filho mais velho, Raul, a ingressar no exército francês (Viana Filho, 1959:256) e fez todos os esforços possíveis para que sua filha, Clotilde, não rompesse o noivado com oficial daquele mesmo exército (Viana Filho, 1959:230).

As estreitas relações familiares com membros das Forças Armadas são reforçadas pelo vivo interesse por temas castrenses demonstrado por Juca Paranhos. Durante a juventude e a vida adulta, o estudo da história militar brasileira constituiu a temática predileta de suas incursões

---

– que praticamente não é explorado como representativo do contexto familiar. A autora sugere que isso ocorre em função da intenção dos biógrafos de emprestar aos dois Rio-Branco (pai e filho) certo ar de nobreza marcial. Moura (2000:85).

[176] Visconde do Rio Branco. *Dados biográficos*. Disponível em: <www.mat.ufrgs.br/~portosil/riobran.html>. Acesso em: 20 dez. 2012.

[177] Sobre a nomeação de Paranhos Jr. para o consulado, ver Mariz (2012).

acadêmicas. A primeira obra por ele produzida, aos 16 anos de idade, foi uma biografia de Barroso Pereira, comandante da fragata *Imperatriz*, morto em combate contra os argentinos durante a guerra da Cisplatina (Viana Filho, 1959:20). Em 1864, já como estudante universitário, publicaria, com o pseudônimo "X", artigo na revista do grêmio estudantil intitulado "Episódios da Guerra do Prata" (Viana Filho, 1959:23). No ano seguinte, escreveria nova biografia, dessa vez do general José de Abreu, barão do Sêrro Largo, herói da campanha contra as forças castelhanas na Cisplatina (Lins, 1965:30-31). No transcorrer da Guerra do Paraguai, atuou como correspondente da revista francesa *L'Illustration* — entabulando correspondência periódica com seu tio Antônio Paranhos e uma série de figuras cimeiras da Marinha e do Exército, às quais solicitava esclarecimentos sobre fatos ocorridos no teatro de operações. Posteriormente, a pedido do ministro da Guerra, Oliveira Junqueira, publicou versão comentada da obra *A Guerra da Tríplice Aliança* de Louis Schneider — em que retificou imprecisões desfavoráveis ao Brasil (Lins, 1965:74-75).

O diplomata a quem se atribui ter definido o traçado das fronteiras nacionais também seria o responsável por redigir a seção "Forças militares" do livro *O Brasil*, de Émile Lavasseur — publicado por ocasião da exposição universal de Paris de 1889. O texto correspondente possui notável precisão, apontando o efetivo da Marinha e do Exército em alguns dos momentos capitais da história do Império:

> A frota ativa (em 1889) se compõe de 58 navios, dos quais 9 encouraçados, 8 torpedeiras, 7 corvetas, 16 canhoneiras, 7 chalupas canhoneiras, 4 navios-escola, 2 navios de transporte, 5 navios auxiliares e 2 rebocadores, com um total de 39.390 cavalos e 251 canhões e metralhadoras; o pessoal é de 16 generais, 444 oficiais de 1ª Classe, 79 do corpo médico, 95 de contabilidade, 80 mestres e guardas, 175 mecânicos, 25 pilotos do Prata, 3.411 suboficiais e marinheiros do corpo dos "Marinheiros Imperiais", 601 suboficiais e soldados do batalhão naval; total de 4.326 homens, além de 1.500 marinheiros aprendizes. (Paranhos Jr., 2000:102)

Joaquim Nabuco, escrevendo sobre o barão para o *Jornal do Commercio*, logo depois do sucesso deste na questão de Palmas, refere-se ao seu período como deputado pela província de Mato Grosso. Diz o autor de *Balmaceda* que "não se lhe conhecia nesse tempo outra paixão política senão a do Império napoleônico, e esta — antes de Sedan — tinha o caráter de uma fascinação militar".[178] A admiração de Rio-Branco pela pujança militar da França napoleônica, até as derrotas sofridas para a Prússia (1870-71), seria corroborada por seu filho mais velho (Rio-Branco, 1942:46). No livro que viria a ser publicado com o título de *Esboço da história do Brasil*, a predileção pelos temas castrenses fica patente pelo fato de Paranhos Jr. utilizar 18 das 32 páginas dedicadas ao Brasil independente para retratar as guerras que envolveram as Forças Armadas brasileiras (Paranhos Jr., 1992:99-130). Esse trabalho, publicado inicialmente como capítulo de *Le Brésil en 1889*, organizado pelo paraense Santa-Anna Nery como instrumento de divulgação da Monarquia, foi também lançado no âmbito da participação do país na Exposição Universal de Paris — concebida para marcar os 100 anos da Revolução Francesa. De acordo com Ferreira, Fernandes e Reis (2010:93): "quer seja em relação aos brancos, aos escravos ou aos indígenas, os poucos comentários que o autor (Rio-Branco) faz a respeito da população destacam as qualidades guerreiras e a coragem daqueles que formaram a nação brasileira".

O contexto social em que o filho do visconde do Rio-Branco transitou apenas reforçaria as já muito importantes afinidades de Paranhos Jr. com a temática do poder militar, que para ele constituía uma verdadeira paixão.[179] Isso tem a ver, fundamentalmente, com o *zeitgeist* de sua época. O século XIX seria marcado por correntes filosóficas, científicas e artísticas que emprestavam legitimidade à guerra. Esta era tida como elemento quase corriqueiro de regulação de conflitos entre Estados. A despeito das ondas de choque produzidas pela França napoleônica entre 1792 e 1815, que inauguram o que veio a ser *a posteriori* classificado

---

[178] Joaquim Nabuco. *Jornal do Commercio*, 9 fev. 1895, apud Viana Filho (1959:41).
[179] Seu filho mais velho afirmaria a respeito: "[Rio-Branco,] Apaixonado como era pelas cousas militares". Ver Rio-Branco (1942:27).

como "guerras totais", o mundo conheceria a ascensão do imperialismo no último quartel do século XIX, fundamentado em ideologias racistas, organicistas e evolucionistas. Deve-se levar em conta, igualmente, a existência de vertentes do pensamento nacionalista, como o nacionalismo romântico alemão, que sustentavam a existência de unidade primordial, atávica, entre povo, cultura e território. Essa união daria origem a uma forma de vida única, verdadeiramente autêntica. À civilização dessas comunidades nacionais corresponderia a barbárie dos povos incultos e selvagens, que, pelo seu primitivismo, deveriam ser governados pelos mais aptos, fortes e avançados. O emprego do aparato coercitivo de um Estado para a materialização desse dever civilizacional seria, então, fartamente utilizado. Cabe notar que a linguagem dos estadistas do século XIX refletia a influência do nacionalismo romântico por meio da intensa antropomorfização das relações entre unidades estatais. No plano da segurança internacional, tratava-se de evitar "insultos", repelir "agravos", garantir a "honra" e a "glória" da pátria, além de dar respostas "viris" aos caluniadores.

As correntes de pensamento difundidas na Europa encontravam eco na Monarquia tropical brasileira. Paranhos Jr. terá certamente entrado em contato com elas durante sua formação acadêmica e no período (1876-1902) em que viveu no exterior (Grã-Bretanha, França, Estados Unidos, Suíça e Alemanha).[180] Mais importante ainda foi a sua inserção na sociedade do Segundo Reinado. Parece fora de dúvida que o fato de ser o primogênito de um dos políticos de maior projeção do Império seria decisivo para a constituição de sua personalidade. A elite saquarema na qual nasceu e foi criado compartilhava alguns valores essenciais: a crença na superioridade civilizacional do Império em relação às repúblicas hispano-americanas vizinhas; a compreensão de que a primazia do país na América do Sul e a própria unidade nacional correriam inaceitáveis riscos caso se conformasse nação poderosa o bastante para rivalizar com o

---

[180] Infelizmente, o autor desconhece trabalhos acadêmicos que abordem as influências intelectuais do barão do Rio-Branco. No entanto, é possível inferi-las, de maneira tentativa, a partir do contexto social em que transitou, de sua história de vida e de suas manifestações públicas.

Brasil na sub-região; a defesa do centralismo monárquico como forma de manutenção da unidade territorial; a incorporação do liberalismo econômico como contraparte do conservadorismo social — com destaque para a sustentação do modo de produção escravista;[181] e o nacionalismo e o elitismo associados às instituições monárquicas, particularmente à figura do imperador e à sua capacidade de representação de uma comunidade de destino unificada.[182] De acordo com a síntese de Lynch:

> O paradigma saquarema que orientava a política externa brasileira passava pela consolidação do espaço político nacional por meio do uti possidetis, pela livre navegação dos rios limítrofes pelos ribeirinhos e pelo equilíbrio de poder na região do Prata. Era o equivalente externo do paradigma saquarema interno, monárquico parlamentar unitário. Ambos se orientavam por um objetivo: a consolidação do Estado nacional, contra a anarquia interna (os luzias) e externa (os caudilhos platinos). Seus principais artífices políticos, tanto em uma quanto em outra esfera, formaram três gerações de mestres e discípulos: Bernardo Pereira de Vasconcelos, o Visconde do Uruguai e o Visconde do Rio Branco. Embora assentada em diretrizes preferencialmente pacíficas, aquela política saquarema admitia o recurso à intervenção militar para defender o território (como aconteceu nas décadas de 1850-1870), tanto quanto, no interior, admitia excepcionalmente o estado de sítio para garantir a ordem pública. (Lynch, no prelo:6)

---

[181] Essa é uma proposição genérica, havendo visões distintas sobre a matéria tanto no partido conservador quanto no liberal. É sabido que uma das grandes lutas do visconde do Rio-Branco, quando presidente do Conselho de Ministros, foi avançar no sentido da abolição da escravidão. Daí a Lei do Ventre Livre e toda a polêmica que a envolveu. O barão do Rio-Branco, de sua parte, era favorável à abolição da escravatura — desde que os proprietários de escravos fossem indenizados pelo governo pelos prejuízos acarretados pela medida. Note-se que a posição mais liberal dos dois Rio-Branco está muito provavelmente ligada ao fato de que nenhum deles era proprietário rural. A família Paranhos (pai e filho) inseria-se claramente na elite burocrática do Império. Ver Santos (2012:66).

[182] É conhecida a relação que o barão do Rio-Branco desenvolveu com o imperador depois de ter deixado o Brasil sem contar com a simpatia do último. Isso está refletido na correspondência que os dois mantiveram, sobretudo depois da queda da Monarquia e do exílio de Pedro d'Alcântara. Ver Paranhos Jr. (1957).

A conjunção dos três condicionantes elencados de modo sumário permite inferir o enorme valor atribuído pelo barão do Rio-Branco ao poder militar — tido por ele como fator essencial à defesa e ao prestígio internacional de uma nação. Como se verá adiante, o descalabro em que se encontravam as Forças Armadas brasileiras na fase final da Monarquia e nos primeiros anos da República foi motivo de grande preocupação e desgosto para o patrono da diplomacia. Este, no entanto, empenhou-se pela modernização da capacidade de defesa do país e apoiou politicamente os esforços de aprimoramento das forças de mar e terra. Mais ainda, e ao contrário do que procura fazer crer o oficialismo conservador e mitômano, Rio-Branco empregou o poder militar nas circunstâncias em que julgou apropriado — particularmente na questão do Acre e no *affair Panther*. Todos esses elementos sugerem, de maneira bastante segura, a impropriedade de classificar Paranhos Jr. como um "pacifista" — adjetivo que, no contexto de sua época e história de vida, se enquadraria nas mitologias da doutrina e do paroquialismo propostas por Skinner. Tampouco seria correto classificá-lo como belicista ou jingoísta, o que significaria forçar o argumento em sentido inverso. O estudo de caso a ser desenvolvido a partir da próxima seção servirá para gerar hipóteses sobre o lugar do patrono da diplomacia brasileira no eixo pacifismo-belicismo, além de lançar luz sobre a visão de Rio-Branco a propósito da instrumentalidade do poder militar como ferramenta de política externa.

3. Grande estratégia e política externa durante a gestão Rio-Branco, 1902-04

Parece não ser controversa a crença de que os grandes homens são resultado inevitável da conjunção de *fortuna* e *virtú*. O exemplo de Rio-Branco certamente corrobora a tese, de acordo com o assinalado por Ricupero (1995:passim). Depois da segunda vitória obtida no arbitramento da questão do Amapá, o que conferiu plausibilidade ao dizer de que o Brasil estende-se "do Oiapoque ao Chuí", seu nome passou a ser identificado como o de um verdadeiro herói nacional. Todas as portas se abriam ao eminente brasileiro. Paranhos Jr. decidiu, naquele momento, aceitar nomeação para a chefia de missão diplomática, tornando-se ministro plenipotenciário do Brasil junto ao Império Alemão. Daquele ponto de observação privilegiado, entre 1901 e 1902, intervalo de tempo em que ocupou o cargo, terá acompanhado o aumento das tensões no velho continente (Côrrea, 2009). Embora não haja relatos a respeito, é difícil imaginar que ao ministro em Berlim escapassem completamente as repercussões da corrida naval entre a Alemanha e o Reino Unido, que começaria a ganhar *momentum* a partir da primeira Lei Naval obtida pelo almirante Tirpitz, em 1898, e da segunda, de 1900 (Kennedy, 1998:215). Se a primeira versão da lei previa que a Marinha alemã deveria contar com 19 navios capitais encouraçados (*battleships*), a segunda já aumentara esse total para 38 (Kennedy, 1998:215).

A reação de Londres ao desafio capitaneado por Berlim será objeto de aprofundamento mais à frente em face de sua influência sobre o programa naval brasileiro. Por ora, basta mencionar episódio relatado por Corrêa a respeito das relações civis-militares da época e que envolveu diretamente Rio-Branco. Trata-se da passagem do encouraçado *Floriano* por Kiel, em 1901, com o objetivo de retribuir gesto do *kaiser* que, em 1898, enviara belonave para prestigiar a posse do presidente Campos Sales. De modo a tornar uma longa história curta, por força do tipo de relação civil-militar prevalecente naquele país, Paranhos Jr. viu-se impedido de acompanhar a visita que o imperador Guilherme II fez ao mais moderno navio da Marinha brasileira, em 12 de junho (Côrrea, 2009:56). Isso ocorreu em vista do fato de o cerimonial militar teutônico ter feito todos os arranjos relacionados ao evento sem nada informar à missão diplomática do Brasil naquela corte. Em idêntico sentido, a partir da chegada ao porto de Kiel, o então capitão-de-mar-e-guerra Duarte Huet de Bacelar Pinto Guedes[183] cessou suas comunicações com a legação brasileira e não se dignou sequer a dar conta de sua partida. O episódio muito agastou o

---

[183] O capitão-de-mar-e-guerra Huet Bacelar seria depois promovido a contra-almirante e responsável pela comissão de acompanhamento da construção dos navios brasileiros encomendados ao Reino Unido no contexto do programa naval de 1906.

barão do Rio-Branco, que fez questão de consignar ao comandante Bacelar a seguinte mensagem:

> Os últimos encouraçados brasileiros que visitei foram os do Paraguai, em 1869, fundeados diante de Humaitá e de Assunção (...) Estas linhas vão chegar aí às suas mãos amanhã, aniversário de Riachuelo. Peço-lhe que receba e transmita a seus oficiais e marinheiros as saudações de um velho patrício que foi contemporâneo daquele feito, que o festejou com entusiasmo quando ainda estudante em São Paulo e que teve a fortuna de conhecer de perto os marinheiros daquele tempo, Barroso, Inhaúma e outros de quem guarda, com o maior cuidado, cartas afetuosas e preciosos documentos sobre coisas da Marinha.[184]

Côrrea aponta o baixíssimo nível de articulação entre as esferas civil e militar (com forte predominância da última) como fator explicativo do dissabor vivenciado por Paranhos Jr. no episódio. Sugere, igualmente, que a visita do kaiser Guilherme II ao *Floriano* tenha ocorrido em vista de a belonave ser de origem francesa — o que aumentaria o interesse em conhecer suas características. Na mesma linha, aponta as dificuldades de relacionamento entre paisanos e fardados durante a República instaurada em 1889 (Côrrea, 2009:61-64).

4. A QUESTÃO DO ACRE E O EMPREGO DAS FORÇAS ARMADAS

Em sua breve passagem por Berlim, Rio-Branco teria contato com tema extremamente perigoso com o qual lidaria ao assumir a chefia do Ministério das Relações Exteriores: o problema do Acre. O crescimento da importância da exploração econômica do látex, matéria-prima da borracha, foi responsável por forte afluxo populacional para a Amazônia. Em especial, a região do Acre contava com grande incidência da *Hevea*

---

[184] Ofício de Rio-Branco a Olyntho de Magalhães, 13 de junho de 1901, apud Côrrea (2009:58).

brasiliensis, árvore mais conhecida como seringueira, de onde se extraía a seiva que dava origem à borracha natural. Para aquela região acorreram sobretudo migrantes cearenses depois da grande seca de 1877.[185] Em 1900, calcula-se que cerca de 60 mil brasileiros residiam no atual estado do Acre, até então região boliviana limítrofe com o Brasil nos termos do tratado bilateral de 1867 (Ganzert, 1934:434). Em 1901, o parlamento transandino aprovou a concessão da exploração do território ao Bolivian Syndicate of New York, um consórcio empresarial anglo-americano que contava com a participação de destacados investidores da *City* e de Wall Street, entre os quais W. E. Roosevelt — primo de Ted Roosevelt, então vice-presidente dos EUA e futuro primeiro mandatário daquela nação (Moniz Bandeira, 2000:153-154). Antes mesmo da referida concessão, que implantava na América do Sul o sistema de *chartered companies* utilizado pelas potências imperialistas na exploração econômica da África e da Ásia, dois incidentes apontavam para o caráter ameaçador do empreendimento: o episódio da canhoneira *Wilmington* e a declaração de independência realizada por Luís Gálvez.

No caso do navio norte-americano, processou-se flagrante violação da soberania brasileira no início de 1899, momento em que, sem autorização governamental, essa unidade penetrou o rio Amazonas, deslocando-se até Iquitos. O que estava por trás desse ato era a articulação de acordo entre Bolívia e Estados Unidos para a exploração do Acre por capitalistas estadunidenses (Moniz Bandeira, 2000:150-151). A divulgação pelo espanhol Gálvez, residente em Belém, do acordo ora em elaboração entre os dois países gerou intensos protestos por parte dos governos do Amazonas e do Pará. O chanceler Olyntho de Magalhães determinou que o ministro em Washington, Assis Brasil, protestasse contra a ação do comandante da *Wilmington*. Assim fez o republicano gaúcho, comentando que a situação se devia ao estado de espírito dos EUA depois das "frescas e facílimas vitórias" obtidas na guerra hispano-americana.[186] Pouco de-

---

[185] Ganzert (1934:434). O autor menciona a grande seca como datando de 1879, mas na realidade ela se estende de 1877 a 1879.
[186] Ofício, 31.5.1899, Assis Brasil a Magalhães. Washington — AHI — 233/4/12, apud Moniz Bandeira (2000:150).

pois, o próprio Gálvez lideraria rebelião contra as autoridades bolivianas, que tentavam impor o controle sobre o território, declarando a criação do "Estado Independente do Acre".[187] O Rio de Janeiro, apesar dos protestos contra a ameaça de repressão boliviana aos brasileiros, não reconheceu a independência acreana decretada por Gálvez.

Nesse contexto de crescentes tensões, o ministro do Brasil em Berlim recebeu instruções oficiais para dar conta ao Império Alemão de que o país não via com bons olhos as tentativas de participantes do Bolivian Syndicate no sentido de arregimentar apoio teutônico ao projeto (Côrrea, 2009:92-93). Naquela altura, em meados de 1902, o contencioso do Acre ganhava contornos cada vez mais alarmantes — sobretudo em vista da ambiguidade do governo norte-americano em relação ao assunto. Se aquele, por um lado, afirmava não cogitar intervenção em assuntos que diziam respeito ao Brasil e à Bolívia, por outro, sinalizava estar interessado em resguardar os interesses dos investidores norte-americanos que faziam parte do sindicato (Moniz Bandeira, 2000:154-155). A Bolívia, por sua vez, tentava envolver os EUA na questão como forma de pressionar o Brasil a reabrir o rio Amazonas à navegação de embarcações originárias ou destinadas ao país vizinho — a atitude do Rio de Janeiro inviabilizava, na prática, a concretização do arrendamento ao sindicato. Note-se que a notícia da concessão do Acre ao grupo de investidores anglo-americano causou forte reação negativa na opinião pública sul-americana, em geral, e na brasileira, em particular: "Foi intensa a repercussão sôbre o patriotismo brasileiro; as outras Repúblicas sul-americanas, sempre pouco inclinadas ao Brasil, não ocultavam, entretanto, as próprias apreensões" (Bello, 1956:251).

Quando Rio-Branco finalmente aceitou o convite do presidente eleito Rodrigues Alves para assumir o Itamaraty, estava bastante bem informado sobre os meandros da questão. Ao chegar ao Brasil no dia 1º de dezembro de 1902, o *Deus Terminus* das fronteiras, como seria representado por Rui Barbosa, viu-se freneticamente saudado por uma multidão

---

[187] Ibid., p. 153. Ao que tudo indica, Rio-Branco foi bem sucedido em suas gestões tendo em vista o fato de que o Império Alemão efetivamente se manteve distante da questão.

de cerca de 10 mil pessoas (Lins, 1965:259). Realizou seu primeiro discurso no Clube Naval, oportunidade em que deu conta de sua visão de um Brasil forte e respeitado, em que a política externa estaria insulada das querelas partidárias, servindo antes de mais nada como instrumento do Estado em prol do engrandecimento nacional (Lins, 1965:262). Sobre a ideia de insulamento da política externa em relação às desavenças da política doméstica, Santos afirma tratar-se, no caso de Rio-Branco, de artifício voltado à obtenção de dois objetivos: fundamentar o conceito de que deveria haver continuidade no relacionamento internacional do país (dado crucial para o novo ministro, um pragmático monarquista conservador operando em ambiente republicano) e permitir a obtenção de espaço de manobra político para a implementação da política externa que acreditava mais adequada aos interesses do Brasil (Santos, 2012:89-98). Logo, o conceito de autonomia da política externa — uma variação sobre o tema do primado da *Aussenpolitik* de Ranke — seria a chave para que Rio-Branco lançasse as pontes entre as suas afinidades eletivas (a política internacional saquarema) e as demandas de inserção externa do Brasil republicano. Esse trabalho seria facilitado por seu enorme prestígio pessoal e pelo fato de o *alter* do regime implantado em 15 de novembro de 1889 haver transitado da Monarquia para a fase jacobina da República.

Ao tomar posse no dia 3 de dezembro, Rio-Branco mergulhou imediatamente na problemática do Acre. Sua estratégia era clara: declarar o território litigioso e buscar negociação direta com a Bolívia — evitando a possibilidade de negociação trilateral incluindo o Peru, que reivindicava parcela do território contencioso para si, assim como o arbitramento.[188] Ao mesmo tempo, buscou afastar o perigo representado pela possibilidade de intervenção estrangeira, negociando indenização ao sindicato anglo-americano.[189] O auge da tensão entre Brasil e Bolívia ocorreu

---

[188] De acordo com Lins, a exclusão da possibilidade de negociação trilateral teria sido decidida por Rio-Branco com base na experiência brasileira no imediato pós-guerra do Paraguai — em que se seguiram consideráveis desinteligências entre o Rio de Janeiro, Buenos Aires e Montevidéu. Lins (1965:304).

[189] Moniz Bandeira demonstra como os Rothschilds lucraram duplamente com a questão do Acre. Além de fornecer o empréstimo para que o Brasil indenizasse o

quando o próprio presidente do país transandino, general Pando, decidiu liderar expedição militar para subjugar a população brasileira.[190] A essa altura, Plácido de Castro liderava a rebelião contra o governo boliviano. Diante da ameaça de um banho de sangue, que se seguiria às inúmeras mortes causadas pelos confrontos ocorridos no território, Rio-Branco solicitou autorização do presidente Rodrigues Alves para que fossem enviadas tropas para ocupar a região em litígio. Segundo Moniz Bandeira, que reproduz o pensamento do chanceler externado a Eduardo Lisboa,[191] caso Pando lograsse submeter os nacionais residentes no Acre, "(...) um movimento incoercível de opinião, dentro do Brasil, tornaria a guerra inevitável" (Moniz Bandeira, 2000:158).

Em 3 de fevereiro de 1903, Rio-Branco deu instruções ao ministro em La Paz para que advertisse o governo local de que suas tropas não poderiam ultrapassar o paralelo 10º 20". O patrono da diplomacia brasileira afirmaria nessa comunicação: "O presidente Pando entendeu que é possível negociar marchando com tropas para o norte. Nós negociaremos também fazendo adiantar tropas para o sul" (Viana Filho, 1959:332). Seguiu-se então o deslocamento de forças da Marinha e do Exército para a região:

> Uma brigada, constituída pelos corpos aquartelados no 1º, 2º e 3º distritos militares, marchou pelo Norte, sob o comando do general Olímpio da Silveira, e outra seguiu pelo Sul, sob o comando do general João César de Sampaio (...). Ao mesmo tempo, o 16º Batalhão de Infantaria da Bahia, e o 19º do Rio Grande do Sul foram despachados para reforçar a fronteira do Mato Grosso com a Bolívia, enquanto o 27º e o 40º Batalhões de Infantaria de Pernambuco, bem como o 33º de Alagoas, o 17º, 31º e 32º, esta-

---

Bolivian Syndicate, um dos membros do próprio sindicato, August Belmont, seria filho bastardo de N. M. Rothschild e representante da casa Rothschild nos EUA. Moniz Bandeira (2000:159-160).

[190] Sobre os combates ocorridos entre brasileiros e bolivianos no território do Acre, ver Carvalho (1998:v. III, p. 44-53).

[191] AHI, Despacho à Legação do Brasil em La Paz, 9 de março de 1903, apud Lins (1965:286-287).

cionados no Rio Grande do Sul, dirigiram-se para Manaus. No dia 05 de fevereiro de 1903, o governo brasileiro (...) ordenou que a divisão naval do Norte, composta do encouraçado Floriano, do cruzador-torpedeiro Tupi e do caça-torpedeiro Gustavo Sampaio seguisse para Puerto Alonso sob o comando do contra-almirante Alexandrino de Alencar. (Moniz Bandeira, 2000:158)

A despeito da clara sinalização dada pelo Brasil, a Bolívia ainda insistiu em prosseguir na marcha destinada a subjugar os brasileiros. Rio-Branco determinou, nessas circunstâncias, que Eduardo Lisboa desse prazo de 48 horas ao governo local para se pronunciar sobre as propostas de solução da crise avançadas pelo Itamaraty. Segundo um intérprete da questão: "Estes representavam, diplomaticamente, os termos de um *ultimatum*, encapando a ameaça de guerra, ou seja, a *ultima ratio regum*" (Moniz Bandeira, 2000:159). Cabe dar conta de que a Divisão Naval do Norte, comandanda pelo almirante Alexandrino de Alencar, e que incorporou a flotilha do Amazonas, foi recriada especificamente para fazer frente às ameaças decorrentes dos diferendos fronteiriços aqui mencionados (Dias, 1910:20-21). Sua prontidão operacional, no entanto, era baixíssima — como fica claro pelo fato de os navios que a compunham terem demorado 21 dias para serem aprestados e 42 para alcançar o Pará a partir do Rio de Janeiro (Um Oficial da Armada, s.d.:69).

A Bolívia decidiu por bem aceitar um *modus vivendi* que incluía a ocupação do território por tropas brasileiras até que a questão fosse definitivamente resolvida. Para isso, contribuíra decisivamente a vitória de Plácido de Castro sobre as forças bolivianas presentes no terreno, em 24 de janeiro de 1903 (Cervo e Bueno, 2011:207). O Acre seria incorporado ao Brasil mediante o pagamento de indenização a La Paz, permuta de território (191 mil quilômetros quadrados incorporados pelo Brasil e 3.200 cedidos à Bolívia) e promessa de construção da ferrovia Madeira-Mamoré — pela qual o país vizinho passaria a ter acesso ao Oceano Atlântico através dos rios amazônicos (Cervo e Bueno, 2011:208) e que teria a vantagem adicional de o atrair para a órbita brasileira.[192] É de notar-se que o oficialismo retrata o episódio do Acre como quase totalmente despido de conflitividade, ressaltando apenas a sagacidade negociadora de Rio-Branco e sua generosidade em relação aos bolivianos. Ori Preuss, em interessante ensaio sobre história das ideias, atribui ao diferendo importância transcedental para a determinação das origens da mitologia que envolve a diplomacia do Barão. Segundo o pesquisador israelense, encontra-se precisamente aí o elemento propulsor fundamental do *leitmotiv* da política externa brasileira voltada à paz e à concórdia sul-americana (Preuss, 2011). Nesse sentido, além do novo contexto da relação historicamente ambígua entre as Américas lusitana e hispânica,[193] tiveram peso determinante na construção do mito os próprios esforços de Rio-Branco voltados a fomentar essa versão.[194]

Ao contrário dessa narrativa, a negociação que redundaria no Tratado de Petrópolis não foi isenta de controvérsias, razão inclusive do estremecimento da relação entre Paranhos Jr. e Rui Barbosa — que considerava inaceitável a cessão de território pelo Brasil.[195] O ministro das Relações

---

[192] A construção da ferrovia Madeira-Mamoré, que custou a vida de muitos milhares de pessoas dada a insalubridade da região, já estava prevista no tratado bilateral de 1867 e era de interesse do Brasil — que disputava com a Argentina a ascendência sobre aquele país.

[193] Ori Preuss sustenta a permanência de ambiguidade simbólica entre o Brasil e seus vizinhos hispânicos mesmo depois de implantada a República e do desejo manifesto dos republicanos de "americanizar"o país. Rio-Branco seria um dos elementos mais importantes na construção dessa ambiguidade, ao incorporar em sua ação e em sua retórica elementos tanto de repulsa quanto de identificação com a América espanhola. O ensaio do intelectual israelense é muito instrutivo e perspicaz, mas tende, como muitos ensaios sobre história das ideias, a sobrevalorizar a importância destas *vis-à-vis* a realidade material.

[194] Ao ser homenageado pelo Clube de Engenharia, por exemplo, Rio-Branco nega que o Brasil tenha obtido uma vitória diplomática na questão do Acre, afirmando o seguinte: "Sumamente penhorado pela nova manifestação de benevolência com que me distingue essa ilustrada Associação, peço, entretanto, licença para discordar quanto à 'vitória diplomática' que ela me atribui na conclusão do nosso acôrdo com a Bolívia em 21 de março. Honroso e satisfatório para ambas as partes, êle é sobretudo vantajoso para a Bolívia e novo atestado do tino político e esclarecido patriotismo do seu Ministro das Relações Exteriores Sr. E. Villazón". Viana Filho (1959:333).

[195] Da mesma forma, questionou-se a indenização paga pelo Brasil ao Bolivian Syndicate, uma vez que a vitória militar de Plácido de Castro sobre as forças bolivianas

Exteriores, a despeito de mais uma vitória em questão de fronteiras, viu-se criticado por aqueles, como Rui, que reclamavam do fato de ele não ter sido mais duro.[196] Em sentido inverso, houve críticas de setores que apontavam para o imperialismo de Rio-Branco, que chegou a ser comparado ao antigo primeiro-ministro francês Jules Ferry, conhecido por seu fervor colonialista (Preuss, 2011:191). Também não faltaram censuras na imprensa argentina, tendo a indefectível *Revista de Derecho, Historia y Letras* de Estanislao Zeballos atacado a moralidade da ação do chanceler brasileiro (Preuss, 2011:193-194). De acordo com Álvaro Lins, um dos mais rematados representantes do oficialismo, dataria da questão do Acre "a lenda do imperialismo de Rio-Branco" (Lins, 1965:290). Segundo Lins, haveria apenas três alternativas de resolução do contencioso: a negociação direta, o arbitramento e a conquista pura e simples.[197] Tendo rejeitado as duas últimas, o Brasil buscou acordo mutuamente satisfatório com a Bolívia. Nas palavras do chanceler: "Verdadeira expansão territorial só há agora e com a feliz circunstância de que, para a efetuar, não espoliamos uma nação vizinha e amiga, antes a libertamos de um ônus, oferecendo-lhe compensações materiais e políticas".[198] Evidentemente, a interpre-

---

tornava impraticável o exercício da concessão pelo sindicato — o que retirava poder de barganha aos capitalistas anglo-americanos. Moniz Bandeira (2000:passim).

[196] Isso apesar de ter empregado o poder militar e de ter dado *ultimatum* ao governo boliviano para que se decidisse rapidamente a respeito das propostas de resolução do conflito feitas pelo Brasil.

[197] É lícito especular que uma das razões para o Brasil não ter escalado o conflito, uma vez afastada a ameaça representada pelo sindicato formado por investidores influentes junto aos meios oficiais de Washington, encontra-se justamente na prudência de Rio-Branco. Sabedor da precária situação em que se encontravam as Forças Armadas brasileiras, seria a ele muito fácil prever os custos e os problemas logísticos decorrentes de uma guerra em região tão inóspita e de difícil acesso — que seria provavelmente vencida pelo Brasil, mas sabe-se lá a que custo e em quanto tempo, especialmente se o Peru se juntasse à Bolívia contra o país, em virtude de também reivindicar parte do que hoje se conhece como Acre. Mais importante ainda seria a repercussão regional junto aos países de origem hispânica, o que contribuiria para o isolamento brasileiro em um momento em que o país já não era a primeira potência econômica e militar do subcontinente. Rio-Branco dá pistas sutis nesse sentido na exposição de motivos que encaminhou ao presidente Rodrigues Alves para justificar os termos do Tratado de Petrópolis. Lins (1965:296-297).

[198] Exposição de motivos ao Presidente da República, apud Viana Filho (1959:348).

tação do conceito de "mutuamente satisfatório" dependerá do ponto de vista dos diferentes analistas.[199]

No plano empírico, constata-se que Rio-Branco desde muito cedo deu-se conta das enormes carências militares do Brasil. Não é por outro motivo que, em 31 de agosto de 1903, durante as negociações com a Bolívia, encaminhou ofício reservado ao ministro da Marinha, almirante Júlio César de Noronha, sugerindo a aquisição de um cruzador da classe *Amalfi* italiana de 9.800 t e de seis torpedeiros-*destroyers* de 450 t (Guedes, 2002:310-311) — unidades que a Argentina mandara construir e das quais deveria se desfazer no contexto de seu acordo de limitação de armamento naval com o Chile, assinado no ano anterior. Noronha, que estava elaborando um detalhado e ambicioso plano de reaparelhamento da força, não deu seguimento à sugestão do chanceler. Para a Marinha, importava levar à frente um programa que a provesse de navios novos e equilibrados do ponto de vista de suas capacidades combatentes. A eficiência do gasto era outra preocupação primordial, uma vez que, no relatório do Ministério da Marinha de 1903, mencionava-se o dado estarrecedor de que o Brasil, apesar de todos os problemas que afetaram sua força naval durante o período 1891-1900, tinha gasto uma média de 28.657 contos anuais, resultando na aquisição de navios que totalizavam 27.179 t. O Chile, por sua vez, incorporou no mesmo período navios que representavam 43.430 t, com um gasto médio anual de 24.576 contos (Guedes, 2002:309).

5. O TRATADO DE PETRÓPOLIS E AS TENSÕES COM O PERU

Se o tratado de Petrópolis, assinado em 17 de novembro de 1903, encerrava a controvérsia com a Bolívia, restava ainda encaminhar solução para o

---

[199] Ao defender os termos do acordo com a Bolívia nos jornais brasileiros, valendo-se do pseudônimo Kent, Rio-Branco deu conta do baixo valor do território permutado com o país vizinho — em grande parte desabitado, ou habitado apenas por bolivianos, e composto majoritariamente de terrenos pantanosos e alagados. Lins (1965:297-298). Já Bradford Burns, em seu difundido *Unwritten alliance*, compara a incorporação do Acre à do Texas pelos Estados Unidos. Burns (1966:43).

contencioso com o Peru — em alguns aspectos mais perigoso do que o que envolveu o Rio de Janeiro e La Paz.[200] A notória precariedade das Forças Armadas brasileiras teria impacto direto na política internacional do país. Se com a Bolívia não havia qualquer possibilidade de derrota em caso de guerra — inclusive pela dificuldade de acesso ao território a partir do altiplano andino —, o mesmo não se poderia dizer do Peru.[201] De acordo com Burns: "Uma vez mais, como no caso da Bolívia, houve irritantes choques na fronteira e represálias acompanhadas por virulentas acusações" (Burns, 1966:47). Para tornar a situação ainda mais problemática, Lima reivindicava uma área equivalente a 252 mil quilômetros quadrados no estado do Amazonas — área maior do que a do Acre (Lins, 1965:304). As tensões de parte a parte fizeram com que Rio-Branco mandasse cessar todas as comunicações oficiais com o encarregado de negócios do Peru no Rio de Janeiro, o que terminou por resultar na sua retirada do país após sugestão de Paranhos Jr. de que o Brasil poderia expulsá-lo.[202] Da mesma forma, as tensões intensificavam-se pelo fato de o Peru ter enviado dois destacamentos militares para ocuparem a região do Alto Juruá e Alto Purus (Guedes, 2002:311). Em resposta ao contexto crescentemente conflitivo, o governo brasileiro, por meio do Itamaraty, determinou o fechamento do Amazonas ao comércio de armas destinadas ao país vizinho:

> a 16 de maio, comunica que o governo do Brasil resolveu proibir o trânsito de armas e outros elementos de guerra com destino ao Peru pelo caminho do

---

[200] Deve-se notar que o Peru protestou fortemente contra os termos do tratado de Petrópolis, uma vez que reivindicava o território do Acre e parte da Amazônia ocidental brasileira. Sendo um Estado mais poderoso do que a Bolívia e tendo ainda presente o trauma da perda de território decorrente da guerra do Pacífico, as autoridades de Lima estavam dispostas a utilizar o diferendo do Acre como forma de resgate de sua autoestima nacional.

[201] O Peru estava longe de ser uma potência militar, mas certamente possuía maiores recursos humanos e materiais do que o pobre Estado transandino. Dada a enorme precariedade das forças brasileiras naquele momento, um conflito bélico com o Peru implicava certamente muito maiores riscos.

[202] Rio-Branco já havia anteriormente reclamado ao chanceler peruano a respeito do tom inadequado empregado pelo ministro daquela nação no Rio de Janeiro. Lins (1965:305).

Amazonas, e, dentro dessa providência, já mandara retirar do vapor Ucaiale os caixões de armamentos e munições vindos da Europa com destino a Iquitos. (Guedes, 2002:307)

Alarmado com os possíveis desdobramentos do contencioso com o Peru, Rio-Branco voltará a incentivar, no plano intragovernamental, a aquisição dos meios de defesa que a seu ver seriam necessários para dissuadir ou fazer frente a alguma agressão proveniente de Lima.[203] Em 11 de março de 1904, sugere ao ministro Júlio de Noronha a aquisição de duas belonaves usadas: o encouraçado *Pratt* e o cruzador *Chacabuco* chilenos (Guedes, 2002:311). No dia seguinte, o almirante Noronha responde querer "com urgência, adquirir navios novos e couraçados capazes de colocarem a nossa força naval em situação de não recear dos nossos vizinhos ou de bem defender a integridade da pátria".[204] De acordo com Guedes, o ministro da Marinha admitia em sua comunicação que, no intuito de "evitar conflito ou guerra com o Peru", buscaria informações sobre o *Chacabuco*, uma vez que o *Pratt*, construído em 1893, deixaria a desejar como unidade naval.[205] Em 2 de maio, Rio-Branco insistiu com seu colega de ministério:

Ontem conversei com o Presidente sobre a necessidade de encomendarmos já e já dois bons encouraçados, porque o Peru pode romper conosco logo que haja feito as suas encomendas — se é que já as não fez — e nesse caso ficaremos impossibilitados de fazer as nossas, pois nenhum estaleiro as poderá aceitar. O Presidente disse-me que pedirá ao Congresso o necessário crédito

---

[203] De acordo com Moniz Bandeira: "Rio Branco recebeu informação de Buenos Aires sobre grande encomenda de canhões feita pelo Peru à empresa Krupp, da Alemanha, e instou o ministro da Guerra, marechal Francisco de Paula Argollo, a tomar idêntica medida, recomendando-lhe que concentrasse no Amazonas pelo menos 4.000 homens, com os meios necessários para ocupar Iquitos, tomar as lanchas de guerra peruanas e dominar Ucaiale, por onde passavam os reforços para o Alto-Juruá e o Alto-Purus. Vários combates houve entre peruanos e brasileiros naquela região". Moniz Bandeira (2000:162).
[204] Ofício confidencial de 12 de março de 1904, de Júlio de Noronha ao Barão do Rio-Branco, AHI, apud Guedes (2002).
[205] Ibid.

(...) com urgência. Quem sabe, porém, se prevenido pelo telégrafo, o Peru se adiantará em romper? Creio, pois, que nos devemos considerar — como de fato estamos — em circunstâncias extraordinárias e que é mais seguro fazer já e já as encomendas em segredo, sem esperar pela aprovação do crédito. Poderíamos também procurar comprar já o Chacabuco aos chilenos. *Há patriotismo nessa terra, e o Congresso e a nação sem dúvida aprovarão todos os atos de previdência praticados com o fim de evitar a guerra ou de a aceitar com a superioridade de forças que podemos e devemos ter.*[206]

Solicitará, igualmente, o envio de tropas para a área conflagrada — exatamente como fez no caso boliviano:

Além de apreender armas vindas para o Peru através do Amazonas, remeteu tropas para a região. Contudo, o exército ainda sem o preparo que lhe imprimiu a gestão do Ministro Hermes da Fonseca, mostrava-se lento ante os apelos de Rio Branco, cuja irritação extravasava para o Diário: "25 de maio. Estivemos em conferência com o Presidente, eu e os ministros da Guerra e da Marinha. Com espanto fiquei sabendo que apenas os batalhões 14 e 26, de Pernambuco e Bahia, tinham sido mandados para o Amazonas, e que o Ministro da Guerra não pensava mandar outros quando eu havia pedido a remessa de pelo menos 6.000 soldados". (Viana Filho, 1959:351)

A irritação do patrono da diplomacia brasileira era justificada, pois tratava-se de situação de perigo real, que deixava mais uma vez patente a precariedade das Forças Armadas do país como instrumentos de respaldo da política externa. Em seu diário pessoal de 27 de maio de 1904, registrará lamentação compreensível, mas algo exacerbada, sobre a prontidão e a mobilidade do Exército:

Estamos a perder tempo e a dar tempo ao Peru para que se reforce e fortifique em Iquitos, no Juruá e no Purus. Qualquer das republiquetas da América

---

[206] Ofício de 2 de maio de 1904, do Barão do Rio-Branco a Júlio de Noronha, AHI, apud ibid., p. 311-312 (grifos meus).

Central poria 6 a 8.000 homens prontos para operar em poucos dias. Fui ter com o Presidente para lhe manifestar a minha contrariedade diante de tantos adiamentos, quando desde tanto tempo, no interesse da paz, eu peço e insto que nos mostremos fortes e prontos para dar um golpe que impressione os Peruanos. O Chefe do Estado-Maior atribui ao Presidente este triste estado de coisas. O Presidente atribui ao Ministro da Guerra e ao Chefe do Estado--Maior a falta de compreensão das ordens e a situação em que nos achamos. Eu disse-lhe quanto me espanta que gastando com o exército muito mais do que o Chile e a Argentina, não possamos dispor de uns 6.000 homens em um momento crítico e decisivo como este. (Viana Filho, 1959:351)

A despeito das dificuldades do Exército de colaborar com a geometria negociadora imaginada pelo patrono da diplomacia brasileira, a instabilidade da política doméstica peruana contribuiu para que as autoridades daquele país chegassem à conclusão de que não valia a pena escalar o conflito.[207] Talvez mais do que isso tenham colaborado as prontas *démarches* diplomáticas encetadas por Rio-Branco, que logrou obter o apoio da Bolívia e do Equador caso tivessem início as hostilidades com as forças peruanas: "A guerra afigurou-se de tal modo iminente que o Brasil, além de obter a simpatia da Bolívia e a promessa de apoio se o conflito irrompesse, negociou secretamente uma aliança com o Equador (...) firmando um pacto defensivo em 04 de maio de 1904" (Moniz Bandeira, 2000:162-163). Em qualquer circunstância, a crise arrefeceu com a assinatura de um *modus vivendi* entre as duas partes, em 12 de julho de 1904. Arrefecimento, contudo, não significaria resolução definitiva. Durante o período que vai do acordo provisório até a assinatura do tratado de limites entre Brasil e Peru, em 8 de setembro de 1909, as autoridades limenhas fizeram ampla utilização de táticas dilatórias com vistas a forçar o governo do Rio de Janeiro a aceitar uma arbitragem internacional (Moniz Bandeira, 2000:163). Paralelamente, o Torre Tagle buscou trazer os Estados Unidos para o seu

---

[207] Burns menciona o fato de que, entre 1904 e 1909, o Peru conheceu diversas trocas de ministros das relações exteriores, bem como de representantes diplomáticos no Brasil — o que acabou favorecendo o Rio de Janeiro, que teve apenas um ministro das relações exteriores à frente das negociações. Burns (1966:47).

lado, o que gerou grande irritação em Rio-Branco. Em telegrama a Joaquim Nabuco datado de 1908, quando este exercia a função de embaixador do Brasil em Washington, o chanceler brasileiro afirmaria o seguinte: "o governo peruano é bem capaz de andar suplicando protetorado americano, mas espero que o governo americano ache suficientes os protetorados de Cuba e São Domingos".[208] Mais ainda, demonstrando seu espírito altivo e independente, reitera a Nabuco a autonomia do Brasil perante os Estados Unidos: "Entendo que é de direito nosso operar em política nessa parte do continente sem ter que pedir licença ou dar explicações a esse governo (EUA)". Em seguida, finaliza afirmando que "pelas provas tantas vezes dadas de amizade, temos o direito de esperar que não se envolva ele para ajudar desafetos nossos nas questões em que estamos empenhados".[209]

6. Rio-Branco, grande estratégia e outras questões sensíveis

No período que se estende da posse de Rio-Branco até a aprovação do primeiro programa naval pelo Congresso, em 14 de dezembro de 1904, também conhecido como plano Júlio de Noronha, além do encaminhamento da resolução da crise do Acre e do diferendo com o Peru, outras circunstâncias indicariam o sentido da grande estratégia perseguida pelo Brasil de Rio-Branco. Valeria, antes de passar à análise das principais ações que instruíram a grande estratégia nacional naquele momento, tecer alguns comentários sobre a possibilidade de utilizar esse conceito referido a Rio-Branco e não ao país como um todo ou mesmo ao presidente da República Rodrigues Alves — supremo magistrado da nação. É consenso na literatura o enorme prestígio político de que desfrutava Paranhos Jr. como chanceler.[210] Apesar das críticas sofridas na gestão do

---

[208] Telegrama de Rio-Branco a Joaquim Nabuco, 10.1.1908, AHI-235/4/1, apud Moniz Bandeira (2000:163).
[209] Ibid.
[210] Essa é a visão tanto de Álvaro Lins quanto de Luiz Viana Filho, os dois principais biógrafos de Rio-Branco.

contencioso que resultou no tratado de Petrópolis, seu primeiro grande desafio como ministro das Relações Exteriores, a verdade é que o seu prestígio aumentou ainda mais com a aquisição do território contestado. Há de se considerar, igualmente, o fato de que Rodrigues Alves possuía como princípio conceder autonomia a seus ministros. Na sua formulação à época, citada por José Maria Bello: "Os meus ministros fazem tudo que querem, menos o que eu não desejo" (Bello, 1956:235).

A aura de infalibilidade que se criou em torno de Rio-Branco, adicionalmente impulsionada pela grande influência que o ministro tinha junto aos órgãos de imprensa (Santos, 2012:152-155), permitiu que ele consolidasse espaço privilegiado de autonomia burocrática. Se é lícito sustentar que essa autonomia não era total,[211] é igualmente válido supor que, em assuntos diretamente atinentes à sua pasta, sua margem de manobra era muito elevada. Um exemplo cabal disso encontra-se no fato de que o chanceler apresentou apenas um relatório de atividades ao presidente da República durante toda a sua longa gestão de quase 10 anos: o referente ao período que vai de 28 de maio de 1902 a 31 de agosto de 1903, publicado em 1904.[212] Depois disso, o próximo relatório será o de 1912, publicado depois da morte de Rio-Branco pelo ministro Lauro Müller.[213] Acresce a esse fato a inferência, corroborada pela personalidade do patrono da diplomacia, de que o ministro das Relações Exteriores jamais agiria conscientemente de modo a minar sua posição junto ao presidente, desafiando-o ou desconsiderando suas preferências. Como monarquista e patriota umbilicalmente ligado às coisas militares, Rio-Branco co-

---

[211] Rio-Branco não podia, por exemplo, solicitar o emprego das Forças Armadas em contenciosos de fronteira diretamente — dependendo do aval do presidente da República.

[212] Brasil. Ministério das Relações Exteriores. Relatório de 28 de maio de 1902 a 31 de agosto de 1903 apresentado ao Presidente da República dos Estados Unidos do Brasil. 1904.

[213] Esse fato não deixou de gerar perplexidade em alguns políticos de oposição como o deputado Barbosa Lima. Em resposta às críticas deste último, Pandiá Calógeras, amigo pessoal de Rio-Branco, faria a defesa do chanceler com base na ideia de que a inconstitucionalidade da ação de Paranhos Jr. (a omissão do envio dos relatórios ministeriais ao Congresso) era compensada pela excelência de sua ação diplomática. Iglésias (1987:380).

nhecia e respeitava como ninguém o princípio da autoridade — que ele exercia de modo pleno em sua esfera de atuação. Não se deve esquecer, igualmente, que a operação ideológica levada a cabo por Paranhos Jr., no sentido de retirar a política externa do alcance das querelas político--partidárias domésticas, foi em grande medida bem-sucedida — o que contribuía adicionalmente para sua autonomia na definição das linhas mestras do relacionamento internacional brasileiro.[214] Georges Clemenceau, escrevendo a respeito de suas impressões sobre o país, afirmou: "O Barão (...) desfruta de autoridade soberana em matéria de política externa" (Clemenceau, 1911:212).

Diante dessas considerações, acredita-se que Rio-Branco tinha enorme peso na formulação da grande estratégia do período em consideração (1902-12). Como ministro, contudo, não cabia a ele decisões que extrapolassem claramente sua esfera imediata de atuação. A despeito do prestígio de que usufruía junto aos ministros militares,[215] por exemplo, os dados compilados até aqui permitem inferir que Paranhos Jr. não tinha poder de veto sobre a política de defesa.[216] Tampouco seria de se supor que, por mais importantes que fossem as Forças Armadas para a garantia da soberania do país e para sua inserção internacional, o ministro das Relações Exteriores pudesse delas dispor livremente ou determinar a configuração

---

[214] Antes mesmo de aceitar o cargo de ministro das Relações Exteriores, Rio-Branco afirmara a Rodrigues Alves que a política externa não poderia ser refém da política doméstica. O presidente eleito concordou desde logo com a tese de Paranhos Jr. Ver Viana Filho (1959:320).

[215] Domício da Gama, em carta a Graça Aranha, afirmaria: "No Gabinete, os ministros militares têm por ele verdadeira afeição (...)". Carta de Domício da Gama a Graça Aranha, 21 de dezembro de 1903. Inédita. Coleção Múcio Leão, apud Viana Filho (1959:347).

[216] Embora Calógeras fosse um aliado de Rio-Branco, e portanto enviesado em suas considerações, esse grande estadista brasileiro afirmaria que: "a censura que o nobre deputado [Barbosa Lima] fez ao chefe de nossa Chancelaria, atribuindo-lhe a encomenda dos nossos *dreadnoughts* não tem fundamento algum. A modificação do nosso primeiro plano de reconstrução naval foi feita pelo Presidente Pena, de acordo com o seu ministro da Marinha, Sr. almirante Alexandrino de Alencar, sem intervenção alguma dos outros ministros. Ainda há dias, falando no Clube Militar, o Sr. barão do Rio Branco afirmou isso. 'Nunca fui conselheiro ou instigador de armamentos formidáveis, *nem da aquisição de máquinas de guerra colossais*'". Iglésias (1987:384-385, ênfase no original).

mais apropriada de sua estrutura.[217] Ao mesmo tempo, é correto sustentar que a oposição de Rio-Branco a algum projeto militar teria significativa influência no processo decisório dos governos a que serviu como chanceler, sobretudo se algum desses projetos tivesse relevância específica tal que gerasse turbulências no plano dos relacionamentos internacionais do Brasil — como foi exatamente o caso do programa naval da primeira década do século XX. Em síntese, parece ao autor plenamente factível utilizar a expressão "grande estratégia de Rio-Branco" como representativa da grande estratégia brasileira do período — particularmente tendo em conta que aquela se refere a "*big things*" e constitui o amálgama de várias políticas setoriais, entre as quais a política externa, que se destaca por seu caráter derivativo.[218]

Diante do mencionado, e antes de mergulhar na questão dos armamentos navais, caberia abordar alguns eventos do período 1902-04 indicativos da grande estratégia que seria favorecida por Rio-Branco.[219] Quatro acontecimentos internacionais emblemáticos marcariam o início da gestão do patrono da diplomacia brasileira. Refere-se aqui à crise

---

[217] Deve-se ter em conta que foram os militares que instauraram a República e a governaram durante cinco anos. Embora as relações civis-militares tenham se estabilizado razoavelmente a partir do governo Campos Sales, a supremacia do poder civil ainda se encontrava relativizada pela irrupção de focos pontuais de indisciplina e pela disseminação, sobretudo nos escalões inferiores da oficialidade, de uma ideologia crítica do elemento civil e favorável à intervenção da caserna na política nacional. Nessas condições, dificilmente se poderia esperar supervisão civil profunda sobre o projeto de forças de Marinha e Exército. Note-se que a prática da nomeação de ministros militares para as pastas da Marinha e da Guerra institucionaliza-se a partir do 15 de novembro. Como já mencionado, durante o Império a grande maioria dos ministros dessas duas pastas era civil.

[218] Por caráter derivativo da política externa entende-se a sua dependência de uma série de políticas setoriais domésticas, entre as quais a política de defesa. Como não pode haver política externa desvinculada da realidade interna de um Estado, a efetividade da primeira depende essencialmente dos insumos fornecidos pela última. Evidentemente, essa relação é dialógica e a política externa pode contribuir para o robustecimento das capacidades domésticas.

[219] Note-se que, a partir de agora, grande estratégia brasileira e grande estratégia de Rio-Branco serão tratados como sinônimos. Note-se, igualmente, que não se supõe aqui que a grande estratégia de Rio-Branco seja imutável ao longo de sua gestão à frente do Itamaraty.

venezuelana, à criação do Panamá, à revolução paraguaia de 1904 e à questão do arbitramento com o Reino Unido a respeito da região do Pirara — tendo exercido, nos três primeiros episódios, o poder naval papel preponderante ou, ao menos, considerável. Por terem ocorrido imediatamente após a posse de Rio-Branco, as ações imperialistas que envolveram o governo da Venezuela em grave perturbação durante meses, entre 1902 e 1903, serão objeto de atenção neste momento. Exemplo clássico da diplomacia das canhoneiras, a crise venezuelana ocorreu em função de dívidas não saldadas por Caracas.[220] Como forma de pressionar a nação devedora, Reino Unido, Alemanha e Itália decidiram implantar um bloqueio naval na costa do país sul-americano até que houvesse solução satisfatória para suas reclamações. A intenção das potências imperialistas europeias era compelir o presidente Castro a efetuar os pagamentos devidos. Caso esse objetivo não fosse alcançado, apropriar-se-iam das rendas da alfândega local como meio de ressarcimento pelos prejuízos causados pela inadimplência.

A relevância simbólica desse acontecimento é transcendente, pois representou teste de fogo para a Doutrina Monroe em momento em que a Grã-Bretanha renunciava à presença militar na América do Sul e no Caribe, atemorizada que estava pelo desafio naval suscitado pela Alemanha guilhermina[221] e por uma série interminável de problemas, entre os quais se destacava a guerra dos Boers (Bueno, 2003:33). Do ponto de vista dos Estados Unidos, tratava-se de situação sumamente perturbadora, pois envolvia a presença nas águas do Caribe de unidades de três potências navais importantes, duas das quais possuíam marinhas de guerra mais

---

[220] James Cable define da seguinte forma a *"gunboat diplomacy"*: "Diplomacia das canhoneiras é o uso ou ameaça de uso de força naval limitada, de forma distinta de um ato de guerra, de modo a assegurar vantagem ou prevenir perda, seja no encaminhamento vantajoso de uma disputa internacional, seja contra cidadãos estrangeiros no território ou sob a jurisdição de seu próprio Estado". Cable (1981:39).

[221] Paul Kennedy localiza a "passagem do bastão" de força policial internacional das Américas da Grã-Bretanha para os Estados Unidos na virada do século XIX para o XX. Foi nesse momento que a Marinha inglesa desistiu de exercer controle sobre a região, deslocando seus ativos navais do hemisfério ocidental para pontos mais relevantes do Império — particularmente para a esquadra do Canal. Kennedy (1998:210-212).

poderosas do que a U.S. Navy.[222] Nos círculos governamentais de Washington, temia-se, sobretudo, o envolvimento alemão, única das grandes potências que não reconhecia a Doutrina Monroe e era publicamente crítica de seus pressupostos.[223] Além disso, a existência de significativas colônias tedescas no sul do Brasil era encarada como potencialmente perigosa, pois poderia fornecer apoio à Marinha imperial em caso de confronto com a U.S. Navy.[224] A Marinha norte-americana refletia essa preocupação e, desde o momento em que o ministério das relações exteriores germânico expressara aos EUA sua intenção de recorrer a uma demonstração de força para solucionar o contencioso com Caracas, o que foi feito em 13 de dezembro de 1901, iniciou os preparativos para um enfrentamento na região (Livermore, 1946:458). No final de novembro de 1902, momento em que Reino Unido e Alemanha informaram ao departamento de Estado que efetivamente iriam coagir o governo da Venezuela, a força naval estadunidense estava em condições de iniciar seus "exercícios de inverno" no Caribe. Concentrada na base de Culebra, Porto Rico, a esquadra seria comandada pelo almirante George Dewey — o oficial mais graduado da U.S. Navy —, englobando todas as unidades navais importantes dos esquadrões do Caribe, América do Norte, América do Sul e Europa. Ao

---

[222] Tanto a Grã-Bretanha quanto o Império Alemão possuíam marinhas de guerra maiores e mais bem adestradas do que a U.S. Navy naquela quadra. A Marinha alemã, em particular, encarada como a principal adversária da U.S. Navy em uma futura confrontação, era vista com um misto de inveja e admiração pelos formuladores da política naval norte-americana. Ver Bönker (2001).

[223] O antigermanismo era intenso em Washington em função da postura crítica do Império Alemão relativamente à Doutrina Monroe e da intenção demonstrada pela política externa do kaiser de disputar espaço com os EUA no hemisfério ocidental. Sobre isso, ver Mitchell (1996:253).

[224] De maneira muito instrutiva, e certamente contrária ao que muitos estadistas sul-americanos do período poderiam imaginar, o General Board da Marinha norte-americana (unidade de planejamento) estava convicto de que não poderia oferecer garantia de sucesso em caso de conflito que envolvesse o Império Alemão na América do Sul. Na verdade, nem mesmo no Caribe a Marinha dos EUA acreditava poder ter sucesso contra a maior e mais bem treinada Reichsmarine. De maneira direta, a U.S. Navy admitia que não poderia respaldar em força a Doutrina Monroe, pelo menos ao sul do equador. Embora a autora não o comente, essa estimativa só faz sentido se se considera um conflito de fins ilimitados — em que os dois contendores utilizassem todos os seus recursos. Ibid., p. 256.

todo, os exercícios envolveram seis navios encouraçados capitais (*battleships*), oito cruzadores, duas canhoneiras, sete torpedeiras, um batalhão de fuzileiros navais e diversas unidades auxiliares (Livermore, 1946:461).

A demonstração de força tinha o objetivo de incentivar as potências europeias a aceitar o arbitramento internacional da questão — o que acabou ocorrendo. Deve-se ter em mente que, em princípio, o presidente norte-americano não era contrário à cobrança coercitiva de dívidas contraídas por países com "mau comportamento".[225] Em 1901, Roosevelt escrevera privadamente: "Se qualquer país sul-americano se comportar mal em relação a um país europeu, deixe o país europeu espancá-lo" (Bailey, apud Maass, 2009:393). Pretendia-se apenas evitar que o episódio degenerasse em algum tipo de aquisição territorial ou protetorado sobre a Venezuela, o que estaria em flagrante oposição à Doutrina Monroe. Nesse sentido, há controvérsia na literatura sobre o fato de Theodor Roosevelt ter dado um *ultimatum* ao embaixador alemão em Washington, ameaçando declarar guerra caso Berlim se recusasse à arbitragem e continuasse assediando os portos venezuelanos (Livermore, 1946:462).

O que importa salientar é o fato de que o resultado da ação anglo-germano-italiana reforçava duas ordens de considerações: a preeminência político-militar dos EUA sobre as Américas e o perigo que o imperialismo europeu poderia representar para uma região como a América do Sul. Da mesma forma, o *affair* venezuelano foi uma das causas eficientes do Corolário Roosevelt da Doutrina Monroe (Maass, 2009:383). A famosa proclamação do papel de polícia internacional dos EUA nas Américas, realizada em 1904, tinha como objetivo primordial evitar que situações como a narrada voltassem a repetir-se. Sobretudo diante do fortíssimo repúdio à ação europeia por parte da opinião pública norte-americana e do próprio êxito do empreendimento imperialista. Isso pois a Corte Permanente de Arbitramento da Haia deu ganho de causa às potências interventoras em seu pleito por ressarcimento prioritário em face dos demais credores da dívida venezuelana (Maass, 2009:396-397). A partir de então, as nações fracas do hemisfério, incapazes de manter os padrões

---

[225] Sobre o assunto, ver Maass (2009:385).

de convivência civilizada, estariam sujeitas à intervenção corretiva dos Estados Unidos, como viria a ocorrer, no mesmo ano da explicitação do Corolário, com a República Dominicana — cujo território foi invadido por forças *Yankees* com o objetivo de cobrar coercitivamente o pagamento de dívidas (Souza, 2008:6).

No Brasil, a crise da Venezuela coincidiu com a questão do Acre, o que talvez explique a pouca ênfase encontrada na literatura sobre esse evento específico. Ainda assim, não resta muita dúvida de qual teria sido a perspectiva de Rio-Branco sobre o seu significado para o país. Além de apoiar o Corolário Roosevelt da Doutrina Monroe, Paranhos Jr. não se juntou aos demais países latino-americanos na defesa da chamada Doutrina Drago (Cervo e Bueno, 2011:193). Luis Maria Drago, ministro das relações exteriores da Argentina durante a crise venezuelana, foi pioneiro na defesa da tese de que a cobrança de dívidas por meios coercitivos violava o direito internacional e, portanto, precisaria ser banida da prática das nações civilizadas. Em contraste com a pregação jurisdicista da autoridade portenha, durante a II Conferência de Paz da Haia, apenas Brasil e Panamá (nação para todos os fins criada e tutelada pelos EUA), dentre todos os países latino-americanos, não apoiaram a tese da proscrição completa da possibilidade de emprego de meios militares para forçar o cumprimento de obrigações financeiras (Souza, 2008:1). O próprio Rio-Branco, em artigo publicado anonimamente no *Jornal do Commercio*, em 20 de janeiro de 1908, traça a genealogia do apoio brasileiro à Doutrina Monroe, sustentando a tese de que, desde o alvorecer do Brasil independente, as duas nações usufruíram de singular amizade (Paranhos Jr., 2010).

Nessa interpretação, o Rio de Janeiro foi a primeira capital da América Latina a explicitar seu apoio à Doutrina. O artigo em questão é indubitavelmente de autoria do patrono da diplomacia nacional. Nele, uma série de objetivos políticos avultam: a já mencionada operação ideológica visando a sustentar a continuidade entre a política externa do Império e da República, a defesa da aproximação entre Brasil e Estados Unidos como algo assente em sólidos fundamentos históricos, a crítica aos críticos de sua política externa, a reafirmação do patriotismo brasileiro e das qualidades da Monarquia e até mesmo uma discreta condenação da arrogância norte-americana (Paranhos Jr., 2010:passim). Naturalmente, as palavras do chanceler precisam ser colocadas em perspectiva. Ele próprio, quando ministro em Berlim, demonstraria que, no mundo real, as relações entre Brasil e Estados Unidos não foram sempre amigáveis. Ao referir-se ao problema do Bolivian Syndicate em ofício ao Itamaraty, ele afirmava: "Faço votos para que meia dúzia de ambiciosos de La Paz e Nova Iorque não consigam despertar a cobiça com que os Estados Unidos de outros tempos olhavam para o Amazonas, cobiça que acarretou tantos incômodos e sobressaltos a mais de um Gabinete do Império".[226]

Para o ministro das Relações Exteriores, o país nada teria a temer no que diz respeito ao Corolário Roosevelt da Doutrina Monroe pelo simples fato de não ser mau pagador, sendo vedado àquela "instituir em favor dos povos americanos o privilégio de faltar impunemente a compromissos de honra e ainda zombando dos credores" (Cervo e Bueno, 2011:193-194). Além do mais, a posição singular dos EUA no hemisfério ocidental serviria como escudo protetor contra o imperialismo europeu, dado que o colosso do norte entrara definitivamente para o rol das principais potências mundiais: "só havia grandes potências na Europa e hoje elas são as primeiras a reconhecer que há no novo mundo uma grande e poderosa nação com que devem contar e que necessariamente há de ter a sua parte de influência na política internacional do mundo inteiro".[227] Adicionalmente, os EUA poderiam servir como elemento disciplinador do comportamento caótico e turbulento de determinadas nações da região. Rio-Branco defendia como natural e positiva, por exemplo, a presença de navios de guerra norte-americanos (juntamente com argentinos e brasileiros) às margens de Assunção no contexto da revolução paraguaia de 1904 (Cervo e Bueno, 2011:196-197), de que se falará mais adiante. Logo, não seria inesperada a postura brasileira diante de outra

---

[226] AHI. Ofício de Rio-Branco a Olyntho de Magalhães, 12 de junho de 1902, apud Bueno (2003:320).
[227] AHI, Despacho para Washington, 31 jan. 1905, apud Cervo e Bueno (2011:195).

demonstração do "imperialismo protetor"[228] de Washington: a independência do Panamá.

Ocorrida em 1903, a secessão da província colombiana do Panamá constituiu outro caso explícito de emprego do poder militar para avançar a política internacional imperialista de Theodor Roosevelt — que, além de ter sido secretário-assistente da Marinha durante o governo McKinley, liderara um batalhão de cavalaria voluntário (os Rough Riders), o qual na realidade atuou como tropa de infantaria durante a guerra hispano-americana.[229] Essencialmente, diante de tentativas frustradas de arrendar o canal interoceânico, cuja construção se encontrava paralisada em função da falência da Compagnie du Canal Interocéanique de Panama, titular de concessão do governo colombiano, os EUA decidiram fomentar rebelião na província (Hendrix, 2009:62) — tarefa, aliás, não muito difícil, em vista do histórico de instabilidade daquele país. Uma vez em marcha a "revolução panamenha", os EUA desencadearam operação anfíbia com o intuito de impedir que o Exército da Colômbia tivesse acesso à região conflagrada (Hendrix, 2009:62). Houve utilização ostensiva de unidades navais dos esquadrões do Caribe e do Pacífico da U.S. Navy, além da presença de Marines no terreno (Hendrix, 2009:64-66). A sinalização política não podia ser mais clara. A despeito dos protestos desesperados do governo colombiano, os EUA apressaram-se em reconhecer o novo Estado.

De modo pouco sutil, ato contínuo a chancelaria norte-americana acreditou como ministro do Panamá em Washington o senhor Philippe Bunau-Varilla, um francês naturalizado panamenho que era ninguém menos do que o engenheiro-chefe da falida Compagnie. Imediatamente, foi assinado o tratado Hay-Bunau-Varilla, por meio do qual os EUA passavam a explorar "perpetuamente" o canal, além de terem

---

[228] O conceito de "imperialismo protetor" para designar a política externa norte-americana em relação aos países latino-americanos, no período em tela, foi difundido por determinadas correntes historiográficas oficialistas dos EUA. Ver Mitchell (1996:253-278).

[229] Willmott afirma que o exército espanhol em Cuba não havia sido derrotado quando Madri decidiu colocar fim ao conflito. O autor inglês sugere que a atuação dos Rough Riders foi, nesse contexto, objeto de "aclamação acrítica". Willmott (2009:38).

a prerrogativa de intervir a qualquer momento para garantir a ordem na área. Em troca, haveria o pagamento, ao governo do novo país, de US$ 10 milhões em um primeiro momento e mais US$ 250 mil anuais (Hendrix, 2009:68). Note-se que o canal do Panamá teria enorme importância estratégica para Washington, pois facilitaria a passagem não só de navios mercantes do oceano Atlântico em direção ao Pacífico (e vice-versa), mas também possibilitaria integrar com muito maior facilidade os esquadrões navais das costas leste e oeste — algo de particular relevância em um momento em que os interesses norte-americanos no Pacífico aumentavam exponencialmente.[230] Outro aspecto a ser considerado é o que tem a ver com a relação entre a importância estratégica do canal e a Doutrina Monroe. O Corolário Roosevelt, explicitado em 1904, relacionava-se também à ideia de que a construção do canal do Panamá,[231] que viria a constituir ativo de imenso valor, precisava ser protegida de ingerências externas (Souza, 2008:5). Nesse sentido, quanto mais distantes as grandes potências europeias estivessem do Caribe, menores seriam as chances de atritos que pudessem afetar o controle norte-americano sobre aquele ativo.

A tomada do Panamá aos colombianos, confirmada pelo próprio presidente Roosevelt,[232] gerou impacto negativo na América Latina. Fortalecia-se a percepção de que os EUA passariam a exercer um protetorado sobre a região:

> Os governos norte-americanos passaram a se comportar internacionalmente como se estivessem isentos, por uma suposta retidão, das restrições do direito internacional. (...) a ocupação, ou conquista, das Filipinas, e o acordo político que originou o Panamá demonstram suficientemente a natureza da nova Doutrina Monroe contra a qual os latino-americanos se alarmaram. (Souza, 2008:10-11)

---

[230] Vale recordar a anexação do Havaí e a incorporação das Filipinas, ambas ocorridas em 1898. Sem falar na inserção dos EUA no rol de potências imperialistas que disputavam zonas de influência sobre a China.
[231] O canal foi efetivamente finalizado em 1914.
[232] Roosevelt teria admitido que "tomou a zona do canal". Ver Hendrix (2009:80).

Malgrado o alarma gerado pela forma como se deu a criação do novo Estado, Rio-Branco deu conta ao ministro dos Estados Unidos no Rio de Janeiro de que o governo brasileiro aprovava "cordialmente" as ações de Washington no processo que deu origem à independência do Panamá (Burns, 1966:87). De acordo com Burns, o Brasil comprometeu-se a reconhecer a recém-criada nação assim que as formalidades necessárias fossem cumpridas. Rio-Branco coordenou-se ainda com a Argentina, o Chile e o México para que esses países anunciassem simultaneamente o reconhecimento, o que veio a ocorrer nos dias 1º (Chile e México), 2 (Brasil) e 3 (Argentina) de março de 1904 (Burns, 1966:89-90). No que se refere ao pleito de apoio colombiano, o Itamaraty, em resposta, aconselhou que aquele país se conformasse com o *fait accompli* (Burns, 1966:89). Pouco antes, o chanceler confidenciara ao ministro brasileiro em Washington que o máximo que Bogotá poderia esperar seria a assunção pelo Panamá de parte de suas dívidas (Burns, 1966:8).

Em 1904, teria lugar revolução no Paraguai. Porém, dessa vez, para o filho mais velho do chefe do gabinete de 1871, o resultado das *démarches* diplomáticas brasileiras junto ao Estado guarani seria bastante diverso daquele consumado na época de seu adorado pai. Agora, o Brasil não era mais a incontestável primeira potência econômica e militar da América do Sul. A mudança do eixo de alinhamento político do Paraguai ajustar-se-ia a essa realidade. Em idêntico sentido, o *modus operandi* da política externa brasileira para aquele país sofreria modificações. Caberia a Rio-Branco implementá-las, a despeito da retórica da continuidade em relação ao legado do Império, que marcaria o plano declaratório de sua ação internacional. Assim, o resultado da longa crise que levou à queda do governo Escurra marcaria o declínio da influência do Rio de Janeiro e a entrada da nação guarani na órbita de Buenos Aires. Essa capital, além de ter fornecido armas e apoio logístico aos rebeldes liberais, trabalhou intensamente pela saída do poder dos *colorados* ligados ao Brasil (Doratioto, 2012:101-163).

Assim como nos casos da Venezuela e do Panamá, o poder naval seria elemento-chave para o desenlace da revolução em curso no Paraguai. Foi com base no auxílio argentino que o armamento e as tropas necessárias ao movimento insurrecional puderam ser transportados, por via fluvial, até pontos específicos do Estado guarani.[233] Nas palavras de Doratiotto: "parte do equipamento utilizado na sublevação veio do Arsenal Naval Argentino. Os suprimentos dos rebeldes eram constituídos de seis canhões Krupp e de 2.000 fuzis Remington e seus efetivos (...) por argentinos, paraguaios exilados e alguns mercenários" (Doratioto, 2012:102). Além do apoio logístico, meios navais foram amplamente utilizados para sinalizar intenções políticas. Conforme o já aludido, Argentina, Brasil e Estados Unidos enviaram navios de guerra para as imediações de Assunção. Ao contrário do que era regra durante o período que antecedeu e se seguiu à Guerra do Paraguai, provinha da Marinha portenha a maioria dos meios flutuantes: "enquanto o Brasil tinha, na baía de Assunção, apenas um pequeno navio de guerra, o Carioca, a Argentina contava com três belonaves. Tal fato levou o representante brasileiro a solicitar ao Rio de Janeiro o envio de mais uma canhoneira" (Doratioto, 2012:105).

Além da inferioridade militar brasileira, contribuía para a moderação adotada por Rio-Branco a nova geometria de poder doméstica prevalecente no Paraguai. A base de sustentação da preeminência do Rio de Janeiro sobre Assunção estava fundamentada na aliança entre "latifundiários, caudilhos militares e políticos semiprofissionais, apoiados pelo Brasil" (Doratioto, 2012:99). Essa coalizão, contudo, foi suplantada pela dos interesses mercantis e financeiros, mais voltados, no caso dos primeiros, para a Argentina. Logo, o papel secundário desempenhado pela chancelaria brasileira no desenlace da revolução teve a ver com três ordens de fatores: a incapacidade de o Brasil sustentar pelas armas a manutenção do governo paraguaio legítimo, em vista de sua debilidade militar perante a Argentina; a fraqueza relativa da base de sustentação do governo Escurra (embora este tivesse, ao menos inicialmente, o controle das Forças Armadas); e a recusa de Rio-Branco em colaborar com as forças revolucionárias locais, pelo fato de crer que esse tipo de movimento

---

[233] Como demonstra Doratioto, o apoio argentino não se limitou ao aspecto logístico. Alguns dos oficiais das Forças Armadas paraguaias que participaram da revolução, incluindo atores centrais do processo, haviam sido formados na Marinha portenha. Doratioto (2012:101).

apenas servia para desmoralizar a América Latina perante o mundo e para incentivar novas turbulências futuras: "O espetáculo [de] revoluções triunfantes é desmoralizador, desacredita nosso continente".[234]

Nas circunstâncias acima descritas, fazia sentido que o Brasil adotasse um prudente distanciamento do conflito guarani. A despeito dessa suposta neutralidade, as instruções de Rio-Branco para o ministro Itiberê da Cunha eram claras no sentido de que o último agisse com moderação, mas apoiasse o governo ora no poder.[235] O desfecho da crise, que resultou na queda de Escurra, marcaria revés significativo para a política sul-americana do Rio de Janeiro. A inserção do Paraguai na órbita argentina, decorrente da revolução de 1904, intensificaria o temor de que Buenos Aires anexasse o país — temor que vinha desde a ditadura de Rosas e ressurgira no contexto da revolução.[236] Caso a Argentina optasse por esse caminho tortuoso, como o Brasil poderia manter a independência do Paraguai, um dos pontos cardeais da política platina do Império, sem contar com forças armadas que estivessem à altura da tarefa? Pode-se especular que essa pergunta tenha sido formulada por Rio-Branco. Para além da posição ameaçadora que Buenos Aires acabara de conquistar no tabuleiro geopolítico da América do Sul, o resultado da turbulência doméstica paraguaia contribuía indiretamente para desgastar a imagem brasileira perante as nações civilizadas. O "espetáculo de revoluções" nos países latinos prejudicava a imagem de toda a região, solapando os esforços do chanceler de apresentar o Brasil como país estável, próspero e coeso.

Também em 1904, conhecer-se-ia o resultado da arbitragem da questão do Pirara com a Guiana Inglesa, colônia do Reino Unido. Conforme Menck, o problema tinha origens remotas e somente foi objeto de encaminhamento definitivo com o acordo de 1901, pelo qual Rio de Janeiro e Londres o submetiam à arbitragem do rei da Itália (Menck, 2009). Em 1838, por ocasião da expedição "científica" liderada pelo alemão naturalizado inglês Robert Schomburgk ao vale do rio Pirara, houve choques

---

[234] Rio-Branco para Itiberê da Cunha. Tel. cifr. 4, Rio de Janeiro, 15.9.1904. AHI. MDBATR, 202-1-18, apud Doratioto (2012:105).
[235] Ibid.
[236] Ibid., p. 101.

Rio-Branco trajando fardão diplomático na qualidade de ministro plenipotenciário do Brasil junto ao Império Alemão: notar a presença da espada, símbolo de justiça, coragem e valor marcial — atributos relevantes tanto para diplomatas quanto militares.

O *A Avenida* retrata Rio-Branco como a grande força responsável pela conquista do Acre e o soerguimento do Exército Brasileiro.

"Bol. – No hagas caso, hombre, que eso fue uma broma.
Brasil – Sim, mas não faças d'essas taes bromas porque podiam te sahir muito caras.
Tio Sam – Eu não contava com isto."

A imagem do índio brasileiro armado até os dentes, em diálogo com a Chola boliviana portadora de um singelo revólver apoiada por um Tio Sam abobalhado, representava bem a tensão entre Brasil e Bolívia e a disparidade de forças existente entre os dois países.

O Malho retrata a energia, a firmeza e a sagacidade da política externa de Rio-Branco, notando, acertadamente, o caráter bismarckiano dessa política.

Convite para o lançamento do encouraçado *Minas Gerais* em 10 de setembro de 1908: a mais poderosa belonave do mundo, quando lançada ao mar, acabaria se tornando o símbolo da esquadra de 1910 — de suas misérias e virtudes.

Flagrante da tradicional cerimônia de estouro da champanhe por ocasião do lançamento ao mar do *Minas Gerais*.

O presidente Afonso Pena e seu ministério: o ministro da Marinha, Alexandrino de Alencar, com apoio resoluto de Rio-Branco, levaria à frente o mais ambicioso plano de reaparelhamento naval da história brasileira.

Flagrante do *São Paulo*: na época em que foi incorporado à Marinha do Brasil, seus 12 canhões de 305 mm tinham poder de fogo comparável ao das armas nucleares nos dias de hoje.

Guarnição amotinada do *São Paulo* durante a Revolta da Chibata, que poria por terra a possibilidade de o Brasil alcançar a hegemonia naval na América do Sul.

O cruzador *Rio Grande do Sul*, ao contrário do *Bahia*, não aderiu à Revolta da Chibata. Seus canhões de 120 mm, no entanto, pouco podiam fazer diante do poder de fogo avassalador da esquadra rebelada – em especial dos encouraçados *Minas Gerais* e *São Paulo* (Fonte: DPHDM, Marinha do Brasil)

O *Minas Gerais* em águas calmas: apesar da placidez da imagem, o monstro dos mares teria vida conturbada ao longo dos mais de 40 anos em que serviu à Marinha do Brasil (Fonte: DPHDM, Marinha do Brasil)

Minas Gerais e *São Paulo* em formatura operando no litoral brasileiro. (Fonte: DPHDM, Marinha do Brasil)

Os cruzadores *Rio Grande do Sul e Bahia* (retratado acima): entre os mais modernos cruzadores *scouts* de seu tempo, tinham funções de esclarecimento (localização da esquadra inimiga) e de combate aos contratorpedeiros adversários.

Os 10 contratorpedeiros da classe Pará, como o *Amazonas* (1) acima retratado, cumpriam funções primárias de esclarecimento e de escolta dos navios capitais encouraçados, mas também podiam atuar como "canhoneiras" no teatro do Prata.

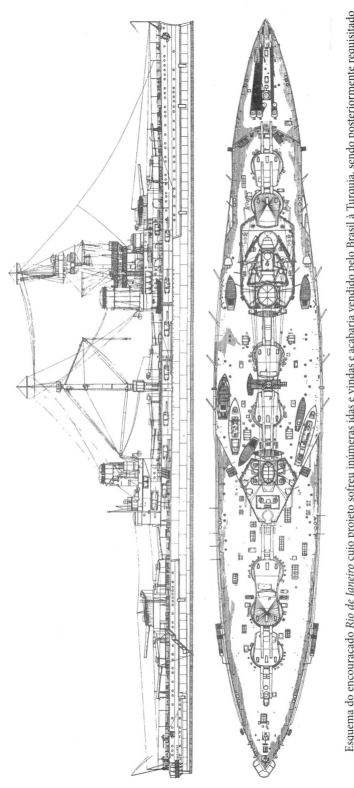

Esquema do encouraçado *Rio de Janeiro* cujo projeto sofreu inúmeras idas e vindas e acabaria vendido pelo Brasil à Turquia, sendo posteriormente requisitado pela Royal Navy no contexto da Primeira Guerra Mundial e rebatizado como HMS *Agincourt*. Tendo participado da batalha da Jutlândia, suas sete torretas ("uma para cada dia da semana") representavam *design* inédito e controverso.

entre militares brasileiros e britânicos — tendo estes ocupado a região (Heinsfeld, 2010:5). Menck argumenta que o Reino Unido não possuía interesses substantivos na posse daquela área, tendo a liderança política do Estado se tornado refém da burocracia colonial, que favorecia a expansão do território guianense. Em qualquer circunstância, o laudo arbitral foi conhecido em maio de 1904. Apesar de o autor mencionado defender a tese de que não houve má-fé por parte do rei da Itália, causa estranheza que o documento tivesse apenas duas páginas e tomasse como fundamento "jurídico" os termos do Congresso de Berlim de 1884, destinado a estabelecer parâmetros para a partilha da África (Menck, 2009:passim). Para os fins deste trabalho, interessa o fato de que o Brasil, defendido por Joaquim Nabuco, sofreu derrota importante em arbitragem contra uma das maiores potências da época: cerca de três quintos do território litigioso foram declarados britânicos. Com base nessa experiência, consolidava-se adicionalmente a ideia do perigo representado pelas potências imperialistas europeias — sobretudo diante da generalizada impressão de que a decisão não foi isenta.[237]

7. O SENTIDO DA GRANDE ESTRATÉGIA DE RIO-BRANCO, PRIMEIRO ESBOÇO

Todos os quatro episódios sucintamente abordados anteriormente permitem inferir alguns elementos basilares da política externa de Rio-Branco. Embora seja inexato, para dizer o mínimo, afirmar que o patrono da diplomacia nacional reorientou o eixo das relações internacionais brasileiras do Reino Unido para os Estados Unidos — uma vez que esse processo já se vinha delineando há muito, e nem sequer se completou em sua gestão[238] —, pode-se sem dúvida sustentar a tese de que ele acelerou

---

[237] Celso Amorim corrobora a percepção de que o laudo não foi isento em face das estreitas relações entre Itália e Grã-Bretanha naquele período. Ver Amorim (2010:30-31).
[238] Já foi mencionado o fato de que, do ponto de vista dos investimentos e financeiro, o Reino Unido permanecerá sendo por décadas o maior parceiro internacional do Brasil. Do ponto de vista comercial, contudo, a pérfida Albion já tinha sido há bastante

significativamente o *tempo* dessa transição. Do ponto de vista estritamente político, pode-se mesmo dizer que Paranhos Jr. concretizou o realinhamento do Brasil da órbita britânica para a norte-americana. No entanto, a passagem do país para a órbita política estadunidense não se fez de modo algum por questões ideológicas ou afinidades eletivas[239] — sabe-se que Rio-Branco, por formação, história de vida e preferências pessoais, identificava-se muito mais com a Europa.[240] O que presidiu a opção pelo aprofundamento das relações com os EUA foi um cálculo pragmático de custos e benefícios. Além de sua óbvia dimensão comercial — em 1902 aquele país importou 370 mil contos de mercadorias brasileiras contra 130 mil importados pela Grã-Bretanha[241] —, a aproximação com o colosso do norte visava alcançar três objetivos básicos: projetar politicamente o Brasil no contexto sul-americano, desarticular coalizões regionais possivelmente hostis e resguardar a soberania nacional diante do imperialismo europeu.

O primeiro objetivo inseria-se na diplomacia de prestígio favorecida por Rio-Branco. Sua intenção era difundir imagem do Brasil como nação estável, confiável e próspera: possuidora de território, população e potencial significativos. Uma nação que se diferenciasse dos vizinhos sul-ame-

---

tempo ultrapassada pelos Estados Unidos — o principal consumidor do café brasileiro no mundo. Evidentemente, levando-se em conta que as oligarquias paulista e mineira dominavam a economia e a política nacionais naquele instante — e sendo esses estados os principais produtores de café do país —, a relação Brasil-Estados Unidos adquiria óbvia transcendência. Em termos navais, tema de nosso interesse, os vínculos com a Royal Navy permanecerão sendo os mais relevantes para a Marinha até pelo menos a década de 1920 — momento em que uma missão naval norte-americana será enviada ao Rio de Janeiro.

[239] Não resta dúvida de que a queda da Monarquia proporcionou sensível aumento do poder de influência das instituições estadunidenses sobre parcelas significativas da política e da intelectualidade nacionais que ascendiam ao poder. Igualmente, é fato que o regime republicano brasileiro passa a olhar os Estados Unidos como uma importante referência no contexto da americanização da política externa. Logo, o aprofundamento das relações entre os dois países encontrava-se ideologicamente respaldado. O que se quer afirmar aqui, contudo, é que Rio-Branco não pautava fundamentalmente suas ações por ideologias — o que em certa medida é inevitável —, mas por pragmatismo.

[240] Esse fato resta evidente pela narrativa do filho mais velho de Rio-Branco, Raul, a respeito da trajetória de vida de seu pai. Ver Rio-Branco (1942).

[241] Relatório do Ministro da Fazenda do Brasil, 1912, apud Bueno (2003:108).

ricanos não mais pelo regime político e por suas instituições, mas pela seriedade e perspectiva de futuro. A consolidação das fronteiras nacionais fazia parte desse movimento, ao determinar o corpo da pátria da forma menos conflitiva possível — o que emprestaria estabilidade aos arranjos alcançados.[242] Relação privilegiada com os EUA permitiria alçar o país a um estatuto diferenciado na América do Sul em momento em que alguns dos marcadores clássicos de poder favoreciam a Argentina, como capacidade militar e tamanho da economia. O recuo da influência brasileira sobre o Paraguai, registrado a partir do desfecho da revolução de 1904, apenas acentuaria a importância de o Rio de Janeiro contar com o apoio de Washington para a sustentação do estatuto de *primus inter pares* na América do Sul, que Rio-Branco julgava pertencer ao Brasil.

O segundo objetivo mencionado, de caráter essencialmente defensivo, decorria das tensões geradas por dois processos inter-relacionados: a demarcação das fronteiras ainda pendentes e a disputa entre Brasil e Argentina pela primazia no subcontinente. Já foi citada a tese de que a região emulava o sistema de equilíbrio de poder prevalecente na Europa, caracterizando-se por uma intrincada teia de alianças de geometria variável. Assim, os Estados mais débeis procuravam resguardar seus interesses diante dos mais fortes por meio de acordos táticos com os antagonistas de seus antagonistas. Esses acordos podiam envolver também tentativas de obtenção de apoio junto aos Estados Unidos. Foi o que ocorreu, por exemplo, no contencioso entre Brasil e Peru em torno da delimitação de sua fronteira comum. Lima não somente procurou contar com o apoio argentino como também com o norte-americano. Rio-Branco, em resposta, buscou neutralizar as tentativas de envolvimento de Washington no processo — lembrando a Assis Brasil que aquela capital era a principal fonte de intrigas (dos países sul-americanos) contra o País (Bueno,

---

[242] Fique claro que não se está aqui referendando a retórica oficialista de que as fronteiras nacionais foram demarcadas por Rio-Branco em um contexto de quase ausência de conflitos e divergências. Em todos os casos de demarcação de fronteiras com países vizinhos, o diferencial de poder foi fator crítico para a determinação de seus resultados. Tampouco é aceitável a visão de que o processo de definição do território nacional deu-se sem a participação direta ou indireta das Forças Armadas brasileiras.

2003:162). Para a política externa brasileira, tornava-se de especial importância ter relação fluida o bastante com os EUA de modo a impedir que os Estados intrigantes obtivessem êxito em trazer para seu campo a maior potência do hemisfério. Ademais, contar com a simpatia estadunidense representava forte componente dissuasório em relação a qualquer projeto agressivo contra o Brasil.

O terceiro objetivo fundamental era resguardar o país do imperialismo europeu. O cenário internacional oferecia ampla evidência dos perigos que corriam as nações periféricas diante do expansionismo colonialista das potências do velho continente. No caso brasileiro, ainda estavam muito vivos na memória o problema da ilha da Trindade, o temor de que a França ocupasse militarmente o território do Amapá e o resultado desfavorável — além de extremamente suspeito — da arbitragem do rei da Itália a propósito do diferendo com o Reino Unido sobre a região do vale do rio Pirara. Isso sem falar na participação britânica no Bolivian Syndicate e na presença belga na fronteira oeste, revelada em pioneiro trabalho de Domingos Sávio (2009). Esse autor, aliás, chama a atenção para um aspecto crucial da historiografia conservadora e oficialista relacionada à temática da construção das fronteiras nacionais. Ao abordar o perigo em potencial para a soberania brasileira representado pelas ações dos capitalistas belgas no estado de Mato Grosso no final do século XIX, início do XX, Sávio demonstrou como distintas correntes historiográficas chafurdaram no anacronismo ao tomar o todo — entendido como o complexo processo que resultou na configuração contemporânea dos lindes pátrios — pela parte — o resultado supostamente incruento desse processo (Sávio, 2009:25). Na chave oficialista, o fato de o Brasil ter consolidado seu território sem a necessidade de recorrer à guerra (embora tenha empregado indiretamente o poder militar em várias ocasiões para respaldar sua capacidade de barganha internacional) significaria que não houve pressões ou ameaças relevantes ao país — o que é escandalosamente falso.[243]

---

[243] A tendência de grande parte da historiografia brasileira em sustentar o que poderia ser chamado de ideologia da ocultação, entendida como a tese de uma história nacional incruenta, precisa ainda ser objeto de tratamento definitivo. Este trabalho procura

Diante dos elementos aludidos, resta claro que a *entente* informal com os Estados Unidos era parte muito relevante da política externa do Brasil de Rio-Branco. Para utilizar termos em voga na época, essa "inteligência" entre os dois países — embora longe de constituir uma "aliança não escrita", como no conceito impreciso de Burns[244] — era fator-chave para o objetivo do patrono da diplomacia de resgatar o *status* internacional do país, perdido depois de tantos anos de instabilidade. No entender de Doratiotto:

> Rio Branco via o Brasil em posição de destaque na América do Sul (...). Antes, porém, o país devia superar os problemas que limitavam sua ação internacional (...): a definição de suas fronteiras; a restituição do valor primitivo de sua ação internacional; e a reconquista da credibilidade e do prestígio do país, abalados por 10 anos de conflitos internos, de desmoronamento financeiro e de flutuação dos rumos seguidos. (Doratiotto, 2012:93)

O autor citado salienta ainda outra característica conspícua da política externa de Paranhos Jr.: a feliz conjugação de *virtú* e *fortuna*. A primeira, em razão dos inegáveis méritos profissionais de Rio-Branco; a segunda, em vista do momento particularmente auspicioso por que passou a nação nos anos em que o chanceler brasileiro esteve à frente do Itamaraty. Foi a partir da presidência Rodrigues Alves que se iniciaram de modo mais intenso a recuperação econômica, a modernização do Estado, a renovação da capital federal, o aparelhamento das Forças Armadas, entre outras iniciativas relacionadas a um processo mais amplo de modernização nacional — ainda que de bases precárias e conservador.[245]

---

contribuir para tanto, embora não seja seu objetivo ir além de suscitar algumas questões relacionadas àquela ideologia. Trabalho que aborda a questão é o de Rodrigues (1970).
[244] Burns sustenta a existência de uma "aliança não escrita" entre Estados Unidos e Brasil na época de Rio-Branco. Esse conceito parece ser inexato, até mesmo em função da assimetria de poder existente entre os dois países. Resta evidente que os Estados Unidos eram muito mais importantes para o Brasil do que este para os primeiros. Sobre o assunto, ver Smith (2010:61).
[245] Gilberto Freyre trata dessa modernização parcial, improvisada, conservadora em sua análise sobre o programa naval de 1906. Ver Freyre (2004:1016-1021).

CAPÍTULO 5

O PROGRAMA NAVAL DE 1904 E O PAPEL DE RIO-BRANCO

(...) o grande problema, porém, aquele que afeta a própria existência nacional, é o problema do poder marítimo do País, cujo deslinde não será obra de uma geração, mas que não pode ser adiado pela atual, nem por nenhuma. (Dias, 1899:XVI)

1. INTRODUÇÃO

A delimitação de algumas características centrais da grande estratégia de Rio-Branco em seus dois conturbados primeiros anos à frente do Itamaraty permite que se passe ao tratamento das condicionantes domésticas responsáveis, juntamente com as pressões internacionais, pelo aparecimento dos programas de 1904 e 1906. Com base nos processos até aqui aludidos, pode-se licitamente supor que o reaparelhamento da Marinha brasileira ocorreu com base na conjunção de diversos fatores internos e externos. Na verdade, foi fruto de um improvável alinhamento de astros, evento que somente acontece em circunstâncias muito especiais e depois de longa espera. As críticas feitas por Arthur Dias ao descaso com que as elites civis brasileiras tratavam a problemática militar, mais particularmente a naval, são coerentes com as dificuldades que o país teve de enfrentar toda vez que precisou empregar suas Forças Armadas — o que se revelou de modo mais evidente na Guerra do Paraguai (Dias, 1899:269-270). O estado preocupante em que se encontrava a esquadra desde os estertores do Império foi agravado pela Revolta da Armada (1893-94) e pela incapacidade de os governos Prudente de Morais e Campos Sales investirem seriamente em seu soerguimento (Martins e Cozza, 1997:79).

A situação de descalabro em que se encontrava a Marinha, cujos meios flutuantes foram qualificados por Rui Barbosa como representativos de uma força "virtualmente extinta" (Barbosa, 1972:174), poderia, seguindo o padrão histórico de falta de investimento e ineficiência crônicos, sucedido por surtos de investimento pontuais em face de necessidades prementes, ter sido simplesmente perpetuada no governo Rodrigues Alves. Por que isso não aconteceu? Por que o programa naval foi aprovado e levado à frente a despeito da relutância de muitos em dispender elevadas somas para a reconstrução da Marinha? Uma primeira aproximação de resposta encontra-se no esquema de Schweller. Em suas quatro dimensões, o Brasil, a partir de 1902, encontrar-se-ia melhor habilitado a reagir às pressões do sistema internacional. No que se refere ao *consenso entre as elites*, pode-se seguramente afirmar que havia disseminada percepção de riscos à soberania nacional, emanados tanto do plano regional (*e.g.*, questão de fronteira irresoluta com o Peru, rivalidade com uma Argentina econômica e militarmente superior ao país, perda de influência sobre o Paraguai) quanto do internacional (*e.g.*, imperialismos europeu e, em menor medida, norte-americano). Sevcenko descreveu, assim, a percepção generalizada das elites letradas a propósito dos riscos que o país corria durante a Belle Époque:

> o esforço prometeico dessa geração tinha também razões bem mais palpáveis e urgentes para se desencadear do que o mero anseio reformista. Tratava-se do temor obsessivo extremamente difundido e sensível em todo tipo de escritor, de que o Brasil viesse a sofrer uma invasão das potências expansionistas, perdendo a sua autonomia ou parte do seu território. (...) com o próprio vazio demográfico de amplos espaços do país que assumiam a feição de uma terra de ninguém, disponível a qualquer conquista, políticos, jornalistas, cronistas e escritores assumiam uma postura de alarme e defesa (...). O próprio Barão do Rio Branco (...) iria imprimir à diplomacia brasileira uma orientação claramente defensiva com vistas a esse receio onipresente. (Sevcenko, 1983)

A visão descrita acentuou-se depois das questões da Trindade e do Acre, em que parcelas do território nacional se viram claramente ameaçadas por ações das grandes potências. Em paralelo, consolidava-se a inferioridade militar brasileira na América do Sul diante da Argentina e do Chile. Restava em aberto, ainda, a delimitação de fronteiras potencialmente explosivas, como a com o Peru. Essas circunstâncias, atuando simultaneamente, reforçavam a crença de que o país não poderia permanecer em estado de inanidade no campo da defesa.

A *coesão entre as elites*, se estava longe de ser absoluta, o que jamais ocorreria em qualquer caso, apresentava-se bastante reforçada a partir da instauração da política dos governadores, que estabelecera um *modus vivendi* entre as oligarquias estaduais e o poder central. A predominância de São Paulo e Minas Gerais desde a presidência Rodrigues Alves estabilizaria o sistema oligárquico até a cisão temporária representada pela eleição de Hermes da Fonseca, em 1910.[246] A despeito da permanência de toda sorte de divergências e arbitrariedades no plano local, o esquema instituído por Campos Sales foi responsável por aumentar consideravelmente a capacidade de o Palácio do Catete arregimentar apoio no Congresso para a implementação de sua agenda governativa. A manutenção desse acordo entre a política federal e a estadual durante o período compreendido entre 1902 e 1910, fulcro do processo de formulação e implementação do programa naval aqui estudado, foi crucial para emprestar viabilidade à reorganização da Marinha — a despeito de seu custo extremamente elevado, especialmente para um país relativamente pobre como o Brasil de então.

No que respeita à *vulnerabilidade do governo/regime*, também fica claro que houve sensível melhora em relação às turbulências que marcaram as gestões Prudente de Morais, em maior escala, e Campos Sales, em menor medida, particularmente no plano das relações civis-militares.

---

[246] Em abono da verdade, as elites paulistas pensavam em eleger mais um conterrâneo como sucessor de Rodrigues Alves. O próprio presidente nutria essa expectativa. No entanto, a necessidade de apoio mineiro e fluminense para a aprovação da política de valorização do café acabou redundando na barganha que resultou na aquiescência paulista em relação à chapa Afonso Pena/Nilo Peçanha. Ver Franco (1973:455).

Ainda assim, o envolvimento de membros do Exército nas arruaças que marcaram a revolta da Vacina, em 1904, evidenciaria a necessidade de acelerar a profissionalização das Forças Armadas, reforçando a disciplina nos quartéis e o distanciamento da caserna em relação à política partidária.[247] O prestígio do general Hermes da Fonseca seria catapultado nesse episódio por sua participação no sufocamento da rebelião da Escola Preparatória e Tática do Realengo.[248] A despeito da revolta mencionada e de outros episódios menores em que se registrou envolvimento de quadros da Marinha e do Exército (sobretudo deste), as elites civis lograram manter os quartéis sob controle por meio da cooptação das lideranças militares, de um lado, e da profissionalização das forças, de outro. Os esforços para dotar as unidades navais e terrestres de novos equipamentos inseriam-se no contexto de ambas as iniciativas, além de servirem para robustecer a política externa do país e sua capacidade de dissuasão de ameaças externas.

No plano da *coesão social*, algo extremamente difícil de ser medido em termos objetivos, pode-se argumentar que o otimismo que marcou a presidência Rodrigues Alves, com destaque para a retomada do crescimento econômico e para as inúmeras iniciativas de modernização do país, era expressivo de uma maior coesão relativamente ao período de extrema instabilidade anterior. No plano castrense, lograva-se a pouco e pouco dissociar a imagem do serviço ao Exército de uma mera engrenagem do sistema penal brasileiro — o que culminaria na aprovação da lei do serviço militar obrigatório de 1908.[249] Em contraste, esse processo não parece ter surtido efeito quanto à força naval, em que a carência de maruja devidamente instruída e qualificada serviria de justificativa para a manutenção dos castigos corporais a bordo dos navios da esquadra — com as consequências desastrosas que se apresentariam em 1910, duran-

---

[247] Sobre o envolvimento de militares na revolta da Vacina, ver McCann (2007:134-135).
[248] Coube ao coronel José Caetano de Faria suprimir a revolta da Escola Militar do Brasil (Praia Vermelha). Ibid., p. 135-136.
[249] A conscrição universal aprovada em 1908 não seria efetivamente implementada até 1916. Ver Beattie (2001:158).

te a Revolta da Chibata. Da mesma forma, restavam intensas clivagens econômicas, sociais, étnicas e regionais no país. No entanto, entre 1890 e 1910, houve ligeira melhora nos índices de alfabetização e de estudantes matriculados em escolas. A renda *per capita* e o grau de urbanização também aumentaram de maneira moderada, mas perceptível (Franco e Lago, 2012:198-199).

Finalmente, o estado da economia nacional, outro fator crítico para a materialização da possibilidade de o Brasil reagir aos estímulos ameaçadores do exterior, deixou de ser obstáculo intransponível para a reorganização da Marinha.[250] É sabido que a política econômica de Rodrigues Alves representou uma espécie de versão amenizada da praticada durante o quadriênio Campos Sales (Fritsch, 1992:37). Apesar da melhora significativa das condições macroeconômicas, o discurso sobre a necessidade de austeridade financeira constituiu eixo importante da agenda governativa entre 1902 e 1906. Há de se considerar também o problema da superprodução de café e a consequente queda de valor do produto no mercado internacional — o que acabaria tendo incidência direta sobre o programa naval, como se verá. Na mesma linha, basta analisar o teor do parecer da Comissão de Marinha e Guerra da Câmara dos Deputados sobre o programa naval de 1904 para verificar como a preocupação com os custos impingidos ao erário constituía fator decisivo (Noronha, 1950:passim). Em contraste, durante a discussão do projeto naquela casa legislativa, Galeão Carvalhal, relator do projeto na Comissão de Orçamento, assim se expressou ao matizar as ressalvas de colega a respeito da capacidade de o Estado custear a esquadra proposta pelo ministro Júlio de Noronha:

> A República Brasileira, depois disso (administração da Fazenda por Joaquim Murtinho), começando a corrigir e melhorar a sua situação financeira, teve,

---

[250] A "reorganização" da Marinha era termo muito utilizado para dar conta do que hoje seria conhecido, erroneamente no caso brasileiro, como "reaparelhamento". No entanto, o termo empregado durante a Primeira República também comportava uma dimensão de reestruturação, indo além do mero provimento de equipamentos adequados à força. No caso hodierno, é equivocado falar-se em "reaparelhamento", pois não se pode reaparelhar aquilo que jamais esteve devidamente aparelhado.

entretanto, de enfrentar com outras despesas grandes e imprevistas, como foram as com a mobilização de forças armadas e ocupação do Acre, com as liquidações das companhias Oeste de Minas, Melhoramentos, Sorocabana e com as despesas resultantes do tratado de Petrópolis. Ultimamente, ainda, surgiram novas despesas avultadas com a mobilização de uma parte do exército para o Amazonas, em virtude das últimas complicações com o Peru, a propósito de questões de limites. O tesouro tem acudido a todas estas necessidades. (...) a comissão de orçamento pensa que, no orçamento da marinha, podem ser consignadas as verbas necessárias para as despesas com os navios a serem encomendados. (Noronha, 1950:222)

Diante do anteriormente exposto, conclui-se que restrições de ordem econômica continuaram existindo, mas não mais persistia, como no passado recente, circunstância proibitiva à reconstrução da esquadra nacional.

2. Rio-Branco e a reorganização naval

Tratando especificamente da participação de Rio-Branco na formulação dos programas navais em tela, está bastante claro, pelas evidências contextuais e empíricas disponíveis, que o patrono da diplomacia brasileira, ao contrário do que reza certa narrativa insubsistente muito difundida na Marinha,[251] não teve papel apreciável em sua conformação. Isso fica patente a partir da correspondência pessoal de Paranhos Jr. Este afirmaria a Domício da Gama, com um misto de decepção e impaciência, que: "Não fui ouvido sobre o primeiro plano naval nem tampouco sobre o segun-

---

[251] É comum a associação da esquadra de 1910 com a influência de Rio-Branco. Em palestra realizada no Instituto Rio Branco, em 1996, um vice-almirante, à época no Estado-Maior da Armada, afirmou que Paranhos Jr. "deu" à Marinha a terceira esquadra mais poderosa do mundo. Evidentemente, nenhuma dessas informações é acurada. No entanto, esses tipos de narrativa demonstram o apreço que as Forças Armadas brasileiras têm pelo patrono da diplomacia, certamente pelo fato de ter sido ele um grande apoiador do fortalecimento militar do país. Texto oficialista que sugere ter tido Rio-Branco papel central na concepção estratégica do poder naval brasileiro no início do século XX pode ser encontrado em: Vianna Filho (1995:37-39).

do".[252] Esse fato em nada prejudica a substância do trabalho aqui desenvolvido. Apenas acrescenta tonalidades distintas à grande estratégia brasileira do período. Como será possível perceber mais à frente, o imenso prestígio de Paranhos Jr. e sua profunda ligação com as Forças Armadas foram fatores importantes para conferir respaldo político aos planos de modernização tanto da Marinha quanto do Exército.[253] De acordo com o aludido em passagem anterior, pode-se especular, de modo contrafactual, que uma eventual oposição do chanceler brasileiro àqueles planos teria gerado sérias dificuldades à sua implementação.

A despeito do firme apoio que Rio-Branco conferiu à reconstituição do poder naval do país, deve-se admitir que suas preocupações imediatas não se encontravam no debate acadêmico sobre a melhor composição da nova esquadra, mas na aquisição imediata de plataformas bélicas que permitissem ao Brasil se contrapor às ameaças que se apresentavam no momento — particularmente no que respeita ao diferendo com o Peru em torno da delimitação da fronteira comum e às disputas com a Argentina pela predominância na região. Artigo de Guedes revela essa realidade ao expor as tentativas frustradas de Rio-Branco no sentido de sensibilizar seus colegas da Marinha (primeiro, Júlio de Noronha e, depois, Alexandrino de Alencar) para a necessidade de realizarem compras avulsas de navios, o que se conhece hoje como compras de oportunidade (Guedes, 2002:passim). No entanto, essas *démarches*, perfeitamente racionais do ponto de vista político e diplomático, colidem com um dos desideratos primordiais da força naval: adquirir esquadra equilibrada e homogênea do ponto de vista de suas unidades combatentes.[254] Isso somente poderia

---

[252] Carta de Rio-Branco a Domício da Gama, 15 de dezembro de 1908. AHI, apud Guedes (2002:325).
[253] Deve-se notar que Rio-Branco apoiou o Exército nas tratativas relacionadas ao envio da primeira leva de jovens turcos (seis oficiais) para fazerem estágio de dois anos no Exército alemão, em 1905. McCann (1984:746).
[254] Há ainda de se considerar o fato de que, dadas as restrições financeiras inerentes a um país periférico como o Brasil do início do século XX, o investimento em compras de oportunidade provavelmente prejudicaria a implementação do programa naval propriamente dito. No mínimo, enfraquecer-se-ia o pleito principal em função do acessório — pois estaria aberto o flanco à alegação de que duas compras de navios quase simultâneas seriam insuportáveis para o erário público.

ocorrer se os navios fossem construídos de início com base nesses princípios diretores. Dessa divergência de perspectivas resultou o prolongamento da inanidade militar da nação em uma quadra muito sensível de suas relações exteriores. O próprio chanceler deixou isso claro em ofício ao ministro Alexandrino de Alencar:

> desde 1903 tenho pedido que cuidemos rapidamente de ter no Amazonas uma flotilha numerosa e eficaz, em caso de necessidade de conter os nossos vizinhos peruanos, os quais muito metodicamente e com todas as possíveis reservas se vão armando (...) estamos na Amazônia em condições de inferioridade que hão de tornar mais intransigentes os nossos contendores.[255]

3. O QUE A REORGANIZAÇÃO NAVAL NÃO FOI

Diante dos elementos sumariados, pode-se sustentar que o soerguimento da Armada deveu-se a uma conjunção única de fatores: a melhora na capacidade doméstica de resposta aos estímulos do sistema internacional, a aguda percepção de ameaças externas que se apresentavam ao país, a tentativa de recuperação pelo Brasil da hegemonia naval na América do Sul e a prevalência de cultura estratégica em que o poder marítimo se apresentava como verdadeiro emblema do estatuto internacional de uma nação. Esses elementos ficarão claros na descrição do processo que levou à concretização do segundo programa naval, em 1906. Faz-se necessário, contudo, destacar aquilo que o programa naval brasileiro não representou. Nesse sentido, é imperioso desmontar a tese de que a reorganização da Marinha teria sido uma resposta do país à transição hegemônica em curso no hemisfério ocidental.[256] De acordo com essa visão, a retirada militar britânica e sua paulatina substituição pelos EUA teriam criado

---

[255] Ofício reservado n°. 9 de Rio-Branco a Alexandrino de Alencar, 16 de outubro de 1907. AHI, apud Guedes (2002:319).
[256] Essa ideia é defendida, sem o necessário embasamento empírico, por alguns autores conceituados. Trata-se a questão a partir de prisma puramente conceitual, sem que se atente para o desenvolvimento empírico dos processos que supostamente consubstanciariam a tese. Ver Proença Jr. e Diniz (2008:4).

um vácuo temporário de poder, que seria então preenchido pelos próprios Estados sul-americanos, antes sob a égide da hegemonia de Londres. Na linguagem da teoria das relações internacionais, os países que antes se encontravam na condição de "caronas" dos bens coletivos fornecidos pela superpotência (neste caso a segurança) passariam, a partir da transição mencionada, a assumir, eles próprios, os custos do provimento desses bens. O caso da reorganização naval brasileira seria emblemático desse processo (Proença Jr. e Diniz, 2008:4). Nas palavras dos subscritores dessa perspectiva:

> De modo a poder contar ao menos com o apoio de uma potência europeia contra os avanços de outra, o Brasil tinha de se reposicionar na arena internacional. Na medida em que o poder dos Estados Unidos crescia, o Brasil também tinha de considerar o quão próximo podia estar de qualquer potência europeia sem arriscar desagradar os EUA. Durante curto espaço de tempo, nos primeiros anos do século XX, a ausência britânica já era esperada e a preponderância norte-americana ainda não era certa. Chile, Argentina e Brasil envolveram-se em uma corrida naval, (...) adquirindo (...) modernos navios capitais (battleships) tipo Dreadnought, capazes tanto de engajar uma potência europeia quanto um ao outro. A percepção da supremacia naval norte-americana depois da primeira Guerra Mundial restaurou a situação previamente existente [durante a hegemonia britânica] e conduziu ao colapso daqueles esforços [Chile, Brasil e Argentina]. (Proença Jr. e Diniz, 2008:4)

Essa tese apresenta-se, no mínimo, problemática. Ela aponta para um fenômeno de fato existente, a transição hegemônica em curso no hemisfério, mas sustenta implicações em desacordo com a realidade empírica.[257] A bem da verdade, os próprios termos do conceito de transição hegemônica são pouco claros, posto que extremamente genéricos.[258] Se se considera hegemonia a posse, por uma potência, de capacidades inigualadas necessariamente traduzidas em influência sobre as

---

[257] Sobre a transição hegemônica no hemisfério, ver Bueno (2003:passim).
[258] Proença Jr. e Diniz não o especificam.

demais unidades estatais do sistema internacional, ou parte deste, resta ainda uma imensa tela a ser inserida nessa moldura.[259] O acréscimo da ideia de transição torna-o ainda mais inespecífico. É sabido que, mesmo durante o auge da hegemonia britânica sobre a América do Sul, a capacidade de a pérfida Albion exercer controle — entendido como expressão forte de hegemonia — sobre alguns países da região era limitada.[260] Basta atentar para o fracasso da intervenção franco-britânica contra o ditador Rosas e para as décadas de conflito entre Grã-Bretanha e Brasil em torno do tráfico de escravos, para ficar apenas em dois exemplos conspícuos.

Passando à crítica dos pressupostos implícitos do texto anteriormente reproduzido, vale destacar três deles em especial: o de que o *hegemon* exerceria uma espécie de tutela benévola sobre a região; o de que os conflitos entre os países vizinhos seriam menos relevantes ou perigosos do que os eventualmente surgidos de querelas com nações europeias; e o de que os Estados sul-americanos conseguiriam ler perfeitamente os estímulos oferecidos pelo sistema internacional e reagir a eles de modo adequado. A tese da benevolência da potência hegemônica aparece claramente delineada no momento em que os autores estabelecem conexão direta entre a consolidação da "supremacia naval" norte-americana depois da Primeira Grande Guerra e o colapso da corrida aos Dreadnoughts entre Argentina, Brasil e Chile.[261] Logo, a implicação da nova hegemonia, segundo a

---

[259] Esse conceito de hegemonia é utilizado, por exemplo, em Krahmann (2005:533).

[260] Refere-se aqui apenas à América do Sul e não ao conceito mais amplo de América Latina porque isso envolveria incluir países do Caribe e da América Central que conviviam, pelo menos desde 1898, com a hegemonia norte-americana. Nesse caso, é muito mais difícil falar em um período de transição suficiente para que os Estados daquelas regiões se sentissem órfãos em vista da retirada britânica. Em qualquer circunstância, a diminuta dimensão e infraestrutura econômica dessas nações tornaria impossível qualquer esforço consequente de *internal balancing*. Considerada a América Latina, a plausibilidade da tese de Proença Jr. e Diniz diminui ainda mais.

[261] Essa asserção é completamente desprovida de base. No caso brasileiro, como se verá neste trabalho, a corrida aos Dreadnoughts terminou em 1913 — momento em que o Brasil resolve vender o encouraçado *Rio de Janeiro* já lançado ao mar — por questões essencialmente financeiras. Logo, não há relação nenhuma com a suposta consolidação da supremacia naval norte-americana depois da Grande Guerra.

lógica dos autores em apreço, é a cessação de suas tentativas de *internal balancing*. A partir da nova circunstância estratégica liderada pelos EUA, as nações sul-americanas poderiam voltar ao confortável padrão de usufrutuários da segurança proporcionada pelo *hegemon*. Nessa chave, Londres, durante o século XIX, e Washington, a partir de 1918, teriam uma influência benigna sobre a América do Sul, ao tornarem impraticáveis agressões de potências extracontinentais, por um lado, e diminuírem a incidência de conflitos regionais, por outro. O desacerto da proposição resta evidente, uma vez que é impossível determinar sentido unívoco à hegemonia. A experiência histórica demonstra como a influência do país hegemônico pode ser tanto apaziguadora — como na mediação britânica que conduziu ao término da guerra da Cisplatina — quanto fomentadora da violência — como no caso do apoio norte-americano à independência do Panamá.

Embora o imperialismo europeu fosse uma preocupação importante, durante o final do século XIX e o início do XX, o mesmo pode ser dito sobre o imperialismo *Yankee*. Não obstante, a mais conspícua ameaça à segurança internacional na América do Sul residia nos conflitos decorrentes do processo de delimitação de fronteiras entre nações vizinhas. Nesse sentido, havia incontáveis díades conflituosas na região: Brasil-Peru, Peru-Chile, Chile-Bolívia, Bolívia-Paraguai, Argentina-Chile, Equador-Peru, *inter alia*.[262] As possibilidades de emprego do poder naval, em semelhante circunstância, referiam-se muito mais à defesa na eventualidade de guerra com nações vizinhas — ou mesmo a questões de prestígio internacional — do que à quixotesca oposição contra uma grande potência imperialista. É fato que importantes publicistas navais da época, como Arthur Dias, enfatizavam o perigo europeu e norte-americano como justificativa para a reorganização da Marinha brasileira. No entanto, a desproporção de

---

[262] Algumas dessas díades eram resultantes de conflitos prévios não convenientemente resolvidos, disputas territoriais pendentes ou rivalidade geopolítica. Mares (2001:33) apresenta um quadro útil dos conflitos que escalaram até o nível da guerra na América Latina do século XIX — o que explica, em parte, a persistência de determinadas díades conflituosas.

forças era tal que somente a união de Argentina, Brasil e Chile poderia eventualmente ter algum efeito dissuasório.[263] Conclui-se que não se pode atribuir ao suposto "vácuo hegemônico", da virada do século XIX para o XX, a corrida naval no Cone Sul. Na melhor das hipóteses, esse fenômeno poderia constituir uma de suas causas permissivas, mas jamais causa eficiente.

O último dos pressupostos implícitos da tese aqui refutada é o que diz respeito à capacidade de os Estados da região perceberem a ocorrência da transição hegemônica e agirem de acordo com suas implicações supostas. O exemplo da decadência da Marinha brasileira demonstra como é frequente o descasamento entre percepções de ameaça e ações direcionadas a minimizá-las. Para que tais ações se materializem, é preciso o alinhamento de uma série de fatores domésticos e internacionais — além da existência de recursos humanos e materiais em escala adequada. Do ponto de vista argentino e chileno, bastaria mencionar que o acordo de equivalência naval de 1902 — que levou à venda de belonaves em construção na Itália e na Inglaterra — ocorreu justamente em meio à transição hegemônica ora analisada. Diante disso, como sustentar que o referido fenômeno produziu redução de armamentos navais em um primeiro momento e corrida aos Dreadnoughts pouco depois? Não é preciso mergulhar mais fundo nesse tópico, pois as breves considerações formuladas são suficientes para apontar a absoluta imprecisão da tese criticada. Observa-se, nesse caso, típica inversão entre realidade e teoria, em que a última se superpõe à primeira, emasculando-a de maneira indevida.

---

[263] Para que se tenha uma ideia da desproporção existente entre a Marinha do Brasil e as principais forças navais do mundo, basta comparar o valor dos orçamentos de cada uma delas. Embora seja uma medida crua, ela sinaliza de modo inequívoco a disparidade existente entre as forças navais em análise. Se o orçamento da Marinha, em 1904, equivalia a cerca de £ 1.500.000, os dados compilados por Modelski (em milhões de libras de 1913) sobre os orçamentos das principais marinhas nesse mesmo ano sugerem uma realidade acachapante: Grã-Bretanha, £ 47.22 (31 vezes maior que o brasileiro), França, £ 14.21 (9 vezes maior), Rússia, £ 11.95 (7 vezes maior), Estados Unidos, £ 24.29 (16 vezes maior), Alemanha, £ 13.42 (9 vezes maior), Japão, £ 2.61 (quase duas vezes maior). Ver Modelski (1988:82).

4. Condicionantes conceituais do programa naval de 1904

Até este ponto, uma série de considerações foi feita sobre os contextos doméstico e internacional que antecederam a aprovação pelo Congresso do programa naval de 1904. Da mesma forma, abordaram-se, em linhas gerais, os ambientes intelectual e ideológico da época e os traços mais salientes da grande estratégia brasileira nos dois primeiros anos da gestão Rodrigues Alves. Contudo, esse quadro não seria completo sem que houvesse menção ao pensamento estratégico naval do período e sua incidência sobre as escolhas disponíveis à Marinha. Em trabalho pioneiro no Brasil, Martins Filho mapeou as influências internacionais que circunstanciavam o debate sobre o tema no início do século XX (Martins Filho, 2010). Esse autor destacou as múltiplas referências que instruíam o pensamento nacional sobre o tema naquele momento histórico e que iam muito além da mera reprodução do que se produzia na Grã-Bretanha — ainda o modelo emulado pela maior parte dos países que pretendiam galgar posições no *ranking* das potências navais.[264] De modo genérico, pode-se reduzir o debate a duas "escolas" radicalmente distintas: a mahaniana (histórica) e a Jeune École (prática). Cada uma delas comporta inúmeras variações, o que não será explorado neste trabalho.[265]

Quando comparadas, além de suas diferenças intrínsecas, deve-se admitir de plano a avassaladora preponderância dos conceitos derivados da obra do evangelista do poder naval norte-americano. As teses de

---

[264] A influência do que se pensava e fazia na Grã-Bretanha era evidente no caso de uma marinha como a brasileira, retardatária e detentora de escassa experiência de combate propriamente naval. Recorde-se de que, na Guerra do Paraguai, os combates foram fluviais. Isso sem falar nas relações estreitas entre a Marinha brasileira e a britânica desde a instituição formal da primeira e na fortíssima penetração da indústria naval daquela grande potência junto ao Ministério da Marinha. Tanto é que o projeto do programa naval enviado ao Congresso em 1904 continha cláusula que limitava a aquisição dos meios flutuantes aos produzidos na Grã-Bretanha. Essa cláusula aberrante foi suprimida pela Câmara durante o processo de aprovação legislativa do projeto.
[265] Sobre as diversas correntes de pensamento naval existentes no momento em que foi elaborado o programa naval de 1904, ver Martins Filho (2010:52-68).

Alfred Thayer Mahan sobre o poder marítimo — que envolvia marinha mercante, indústria naval, além de poderosa esquadra de combate — eram fundamentalmente hegemônicas no período que nos interessa, o que não quer dizer que fossem isentas de contestação (Coutau-Bégarie, 2010:436-437). Por sua generalidade, contudo, abria-se um amplo espectro de possibilidades a propósito de como operacionalizá-las. Já se mencionou em passagem anterior a imensa repercussão de *The influence of sea power upon history, 1660-1783* (1890), traduzido e publicado em suas partes essenciais na *Revista Marítima Brasileira*, em 1895 (Martins Filho, 2010:40). O fato de o livro em apreço constituir obra de viés panfletário, com o intuito de deitar as bases conceituais da expansão dos Estados Unidos e da construção da New Navy, não importa aqui. O que é preciso reter são seus conceitos centrais, aqueles que maior repercussão tiveram na conformação do *mind-set* dos profissionais da guerra no mar em todo o mundo. De modo extremamente sintético, são quatro as ideias-força contidas na *magnum opus* de Mahan: 1) a preponderância histórica das potências marítimas sobre as terrestres; 2) a necessidade de as potências marítimas garantirem a prosperidade não somente por meio do comércio internacional, mas também com a posse de colônias — que ofereceriam as melhores oportunidades de obtenção de lucro; 3) a prioridade a ser acordada pelas nações à construção de poder marítimo abrangente, envolvendo o tripé indústria naval, marinha mercante e marinha de guerra; e 4) a imprescindibilidade, para as grandes potências, da posse de esquadras poderosas o bastante para garantir o comando do mar por meio da aniquilação da esquadra inimiga em batalha decisiva — o que significava que as forças navais deveriam privilegiar os navios de linha, destinados a engajar e a destruir as unidades capitais do oponente (O'Lavin, 2009). Em suas próprias palavras, reproduzidas em trabalho sobre as lições da guerra hispano-americana:

> Uma armada que queira influenciar decisivamente os resultados de uma guerra marítima deve ser composta por navios pesados — "encouraçados" — que possuam máximo poder combatente, e tão similares em suas características quanto possível para facilitar a uniformidade de movimentos e de

evolução sobre os quais depende a concentração [de forças]. (Mahan, apud Till, 2007:69)

As implicações do pensamento mahaniano eram bastante claras. Prioridade deveria ser atribuída à Marinha, pois os destinos das nações dependiam de sua capacidade de construir poder marítimo tal que lhes assegurasse não somente o desenvolvimento econômico, mas também a sobrevivência diante da possibilidade de que o acesso aos oceanos lhes fosse cortado. Do ponto de vista estratégico, tratava-se de buscar a posse de esquadras capazes de garantir o comando do mar — única forma de assegurar os fluxos normais de mercadorias e o livre trânsito em direção aos territórios em que se encontravam as colônias. Havia, portanto, relação dialética entre economia e poder naval. A primeira garantia a existência dos recursos necessários à criação e à manutenção do segundo, e este mantinha as rotas marítimas desimpedidas de modo que aquela não fosse prejudicada. Para Mahan, a esquadra deveria atuar na ofensiva, conquistando a supremacia naval que, por sua vez, permitiria o bloqueio do comércio oceânico do inimigo. O estrangulamento econômico daí decorrente geraria efeitos estratégicos decisivos. A guerra de corso não teria consequências importantes e, portanto, não deveria ser priorizada (tanto em seu aspecto ofensivo quanto defensivo) em detrimento da esquadra de combate — esta, sim, capaz de atingir o objetivo último do poder naval: a destruição da esquadra adversária ou, no mínimo, sua inutilização prática.[266]

Em contraste, a Jeune École, liderada pelo almirante Théophile Aube, tinha visão diametralmente oposta. Tendo nascido no final dos anos 1870, no contexto de uma França que se via impossibilitada de ombrear com a

---

[266] Geoffrey Till (2007) chama atenção para o fato de que Mahan admitia a possibilidade de a esquadra de combate vencer a guerra no mar sem ser preciso aniquilar a esquadra oponente — quando se apresentasse circunstância em que esta última recusasse o enfrentamento. Na opinião do evangelista do poder naval, isso não invalidaria a necessidade de os Estados se prepararem para o objetivo primordial de uma marinha de guerra: a destruição da esquadra inimiga em batalha decisiva. Note-se que a recusa em combater por parte de força naval adversária permitiria que a esquadra de combate implementasse bloqueio econômico ao oponente de maneira desimpedida.

Grã-Bretanha em termos de poder naval, essa escola baseava-se menos na exegese interessada de eventos históricos, e em suas implicações para a guerra no mar, do que em aspectos técnicos e táticos (Coutau-Bégarie, 2010:436). Defendia, assim, o emprego de minas e torpedos como forma de equalização do poder combatente entre potências cujos recursos eram assimétricos: "ele [Aube] sugere recorrer à guerra costeira, com o uso de torpedeiros, para impedir a repetição dos bloqueios cerrados do passado, e à guerra de cruzadores, para obrigar a frota britânica a defender seu tráfego e, desse modo, dispersar suas forças" (Coutau-Bégarie, 2010:436). O foco dessa vertente de pensamento estratégico recaía sobre o combate próximo ao litoral, diferentemente da ênfase nas águas azuis conferida pelo mahanismo.[267] Do ponto de vista defensivo, tratava-se de empregar meios flutuantes pequenos e rápidos, dotados principalmente de torpedos, aptos a lançar ataques inopinados, frequentemente à noite, contra a esquadra adversária. Do ponto de vista ofensivo, o fustigamento da marinha mercante adversária constituía um dos pilares da estratégia proposta pela Jeune École.

Como apontam Proença Jr., Diniz e Raza, o antípoda dessa escola era o que viria a ser conhecido posteriormente como mahanismo. Ou melhor, o antípoda a ser enfrentado era a impotência a que estaria relegada a esquadra francesa diante da inviabilidade de disputar o comando do mar à Royal Navy em batalha decisiva (Proença Jr., Diniz e Raza, 1999:121). A realidade estratégica francesa aparece novamente quando se considera a dimensão geográfica do pensamento da Jeune École. Pelo fato de o canal da Mancha separar Londres e Paris e considerando a extensão relativamente restrita desse teatro de operações, seria factível empregar flotilha constituída por numerosas torpedeiras contra a marinha mercante bri-

---

[267] Utiliza-se a metáfora da cor das águas como meio de identificar o tipo de ambiente para o qual uma determinada marinha está preparada para atuar. Assim, haveria genericamente três tipos de marinhas (o que não quer dizer que uma força naval não seja capaz de atuar, ainda que precariamente, nos três): marinha de águas azuis (Blue Water Navy), apta a atuar nos oceanos; marinha de águas verdes (Green Water Navy), apta a atuar próxima ao litoral onde estão localizadas suas bases; e marinha de águas marrons (Brown Water Navy), apta a atuar nas águas interiores de um país, ou seja, em ambiente fluvial.

tânica e ainda obter abrigo no litoral gaulês.[268] Em idêntico sentido, poder-se-ia atacar as belonaves reunidas em Portsmouth, uma das mais importantes bases da Marinha britânica. A crença no potencial do torpedo como equalizador de capacidades entre forças desiguais teria vida curta. A resposta a essa ameaça foi a construção dos contratorpedeiros, navios igualmente rápidos, manobráveis e pouco visíveis em razão do tamanho reduzido (não se deve esquecer que o reconhecimento era visual naquela época). Os destruidores de navios torpedeiros, ou somente *destroyers*, passariam a ter a função de proteger os navios capitais dos torpedeiros, bem como de desfechar ataques torpédicos contra as unidades de maior valor da esquadra adversária. Com o passar do tempo, a tendência foi o desaparecimento das torpedeiras *tout court*, substituídas pelos *destroyers* — que desempenhavam, ao mesmo tempo, as funções de caça aos navios torpedeiros e de torpedeiros propriamente ditos. Cabe notar que, a partir do momento em que passaram a acompanhar a esquadra em alto-mar, os *destroyers* tiveram seu deslocamento progressivamente aumentado.

Diante dos conceitos sumariamente expostos, é preciso dar conta de que as ideias do almirante Aube foram intensamente combatidas por boa parte do almirantado francês. Embora tenha deixado seguidores, a Jeune École enfraqueceu-se sensivelmente depois da breve passagem de seu mentor pela chefia do Ministério da Marinha (1886-87). A aproximação política entre a Grã-Bretanha e a França, ocorrida no início do século XX, contribuiu adicionalmente para colocar em xeque a *rationale* que a instruía. Mesmo no país que a viu nascer, o navalismo de corte mahaniano prevaleceria como moldura conceitual (Proença Jr., Diniz e Raza, 1999:122). O contraste entre essas escolas de estratégia aplicada ao mar tem por objetivo colocar em relevo duas realidades incidentes sobre os planejadores militares brasileiros: o estado incipiente em que se encontrava o pensamento estratégico naval naquela quadra histórica e a intensa influência do progresso técnico

---

[268] Isso, no entanto, significaria ir de encontro às iniciativas francesas, como a Declaração de Paris de 1856, que visavam justamente preservar os navios mercantes da guerra de corso. Proença Jr., Diniz e Raza (1999:121).

como gerador de incertezas a respeito da configuração mais adequada de uma força naval. Ambas contribuíram para emprestar plasticidade adicional aos planos de organização da Marinha do Brasil.[269] No entanto, é impossível desconhecer o forte viés mahaniano do pensamento dos formuladores navais do país:

> Convencidas de que a missão da marinha de guerra não é, como outrora se supunha, o transporte do exército para o litoral inimigo, mas sim o domínio do mar, afim de garantir o trânsito dos navios que o conduzirem, todas as nações se tem preocupado com o desenvolvimento da sua marinha mercante, à qual consagram não pequenas somas.[270]

Quanto à primeira realidade, bastaria citar a precariedade dos aforismos mahanianos e da dependência tecnológica da Jeune École. Note-se que a Marine-Akademie alemã data apenas de 1872, sendo seguida pelo Naval War College dos Estados Unidos, em 1884 (Coutau-Bégarie, 2010:434). Do ponto de vista da circulação de ideias, as revistas profissionais, dentre as quais a *Revista Marítima Brasileira* (1851) foi provavelmente a segunda a ser criada, depois da *Morskoi Sbornik* (1848) russa, "não tratam de início senão de técnica, raramente de tática; elas só se abrem à estratégia a partir dos anos 1890. (...) Somente nos anos 1880 se constituem as escolas cujo confrontamento vai ritmar toda a evolução do pensamento naval contemporâneo" (Coutau-Bégarie, 2010:434). A síntese de Julian Corbett, *Some principles of maritime strategy*, apenas virá a lume em 1911 — razão pela qual não teria influência no processo deci-

---

[269] A influência da Jeune École sobre o pensamento naval de Júlio de Noronha parece ocorrer, indiretamente, pela valorização do papel de meios, como as torpedeiras e os submarinos, para a defesa de pontos focais, como os portos. No entanto, fica clara a predileção do ministro da Marinha pela escola mahaniana ao afirmar o seguinte: "O Almirantado francez, que tem sabido resistir a innovações menos fundadas, como a da *Jeune Ecole*, opina que a construcção dos cruzadores-encouraçados é uma necessidade que se impõe".
Brasil. Ministério da Marinha. Relatório do ano 1904 apresentado ao Presidente da Republica dos Estados Unidos do Brazil. 1905. p. 7.
[270] Brasil. Ministério da Marinha. Relatório do ano 1902 apresentado ao Presidente da Republica dos Estados Unidos do Brazil. 1903. p. 121-122.

sório que redundou na Esquadra de 1910.[271] Quanto à segunda realidade aludida, valeria reproduzir trecho de Evans e Peattie:

> O final do século viu o rápido desenvolvimento na tecnologia naval, especialmente canhões, couraças, torpedos e propulsão, e a evolução concomitante de navios de combate, cruzadores, torpedeiras e contratorpedeiras. Contudo, como nenhuma tecnologia em particular assumiu a liderança, continuou a predominar em todas as marinhas a névoa da incerteza quanto à arma dominante, à melhor organização da frota e ao sistema tático decisivo. Para qualquer governo, a escolha entre essas alternativas significava uma enorme aposta econômica e estratégica. (Evans, apud Martins Filho, 2010:63)

O programa naval de 1904 nasceria sob o signo da ausência de clareza produzida pelo vertiginoso avanço da tecnologia bélica. Como atividade marcada de modo indelével pela incerteza inerente à guerra, uma das estratégias de minimização de riscos adotada pela generalidade das forças armadas ao redor do mundo era a da emulação dos exemplos bem-sucedidos (Resende-Santos, 2007:20-41). Assim, buscava-se compreender o que teria dado certo e o que teria fracassado na experiência dos beligerantes envolvidos nos últimos conflitos dignos de nota. No caso do programa Júlio de Noronha, a despeito da permanência da Royal Navy como esquadra modelar, era o Japão e sua vitória sobre a China na guerra sino-japonesa (1894-95), bem como os Estados Unidos e a derrota que impôs à esquadra espanhola (1898), os paradigmas a serem estudados.[272] Não por outro motivo, esse conflito fora objeto de citação tanto por parte de Rui Barbosa quanto de Arthur Dias em seus trabalhos sobre a problemática naval. No relatório de 1903 do ministro da Marinha ao presidente da República, referente ao ano anterior, o primeiro apresentaria a situação da esquadra sem meias palavras: "O nosso material flutuante encontra-

---

[271] No entanto, Corbett terá influência importante na medida em que foi interlocutor próximo de John "Jackie" Fisher, First Sea Lord entre 1904 e 1910.
[272] A principal batalha naval da guerra sino-japonesa foi a de Yalu. Já a guerra hispano-americana conheceu como batalhas mais importantes as de Santiago (Cuba) e Cavite (Filipinas).

se tão empobrecido que nem sequer conta uma verdadeira unidade de combate, na moderna acepção do termo".[273]

5. A ineficiência sistêmica da Marinha do Brasil

De acordo com o almirante Júlio de Noronha, a situação falimentar da força naval devia-se, em grande medida, ao emprego inadequado dos recursos do tesouro — majoritariamente utilizados na manutenção da ineficiente máquina administrativa.[274] A Marinha padecia de estrutura macrocéfala, em que subsistia enorme desproporção entre o número de oficiais superiores e os poucos navios que poderiam comandar. Alguns dados fornecidos pelo relatório de 1903 ao presidente Rodrigues Alves são ilustrativos. Enquanto a Marinha britânica possuía relação de 1 oficial para cada 836 t de meios flutuantes (2.012 oficiais para uma força que contava com 1.683.000 t), o Brasil tinha relação de 1 para 79 (463 oficiais para 37 mil t). A Áustria, a mais fraca das potências marítimas com as quais se comparava a situação brasileira, possuía relação de 1 para 264 (549 oficiais para 145 mil t).[275] De outra parte, a base da instituição encontrava-se fragilizada, com acentuada falta de maquinistas, cujo corpo carecia de 1 maquinista de segunda classe (capitão-tenente), 1 maquinista de terceira classe (1º tenente), 36 subajudantes maquinistas (sargentos-ajudantes) e 20 praticantes maquinistas (1ºs sargentos)[276] — isso sem considerar a necessidade, apontada pelo chefe do Estado-Maior General da Armada (Cemga), de aumento do quadro previsto e não completado.[277] Apesar da falta dos dois oficiais maquinistas indicados, mais uma vez avultava a ma-

---

[273] Brasil. Ministério da Marinha. Relatório do ano 1902 apresentado ao Presidente da Republica dos Estados Unidos do Brazil. 1903. p. 5.
[274] Ibid., p. 3-5.
[275] Ibid., p. 17.
[276] Ibid., p. 21.
[277] O almirante João Justino de Proença, chefe do Estado-Maior General da Armada, menciona a necessidade de aumentar o quadro de maquinistas dos 243 efetivamente

crocefalia da instituição. Dentre as seis nações aludidas pelo ministro da Marinha (Alemanha, Áustria, Estados Unidos, França, Inglaterra e Itália), nenhuma tinha relação oficial/potência instalada comparável à que existia no Brasil. Enquanto na Grã-Bretanha havia 1 oficial maquinista para cada 2.644 mil cavalos de potência, no País a relação era de 1 para 70 mil.[278]

O corpo de engenheiros navais, crucial para a manutenção dos meios operativos, os reparos e a especificação dos navios a serem adquiridos no exterior, contava apenas com 31 profissionais, dos quais 27 em exercício efetivo.[279] O ministro Noronha mencionou, em seu relatório, o envio de quatro deles para a Europa com o intuito de observarem *in loco* os avanços das principais potências em termos de construção e armamento naval. A precariedade financeira da Marinha, acoplada à insegurança quanto à aprovação dos créditos necessários pelo Congresso para o exercício subsequente, fez com que constasse daquele documento advertência de que, em menos de dois anos, não seria possível aos engenheiros adquirirem os conhecimentos necessários.[280] A situação da infantaria de Marinha e do Corpo de Marinheiros Nacionais era igualmente difícil. A primeira estava desprovida de quartel apropriado para abrigá-la e contava com apenas 444 homens — menos da metade do que chegara a ter no passado.[281] Acresce o fato de que as deserções permaneciam muito elevadas e o aumento do quadro se fazia de modo extremamente lento.[282] O segundo, por sua vez, continuava seriamente desfalcado: de um total de 3.174 praças antes da Revolta da Armada, em 1893, a Marinha possuía tão somente 2.552 nove anos depois.[283] Como solução para o problema, apontava-se a efetivação da inscrição marítima e do sorteio entre

---

existentes para 348. Esse aumento deveria dar-se sobretudo nas classes subalternas, onde havia o maior número de claros de lotação. Ibid., p. 23 (anexos).

[278] Ibid., p. 23.
[279] Ibid., p. 16 (anexos).
[280] Ibid., p. 19.
[281] Ibid., p. 30.
[282] Em 1902, o aumento líquido do quadro foi de apenas 33 homens. A deserção de 61 homens nesse mesmo ano equivalia a cerca de 14% do efetivo. Ibid., p. 31.
[283] Ibid., p. 32.

os elementos de 16 a 30 anos de idade cadastrados nas capitanias dos portos.[284] Apesar de o Congresso ter autorizado o início do sorteio, este, em 1902, ainda precisava ser regulamentado.[285] Cabe notar, a propósito da maruja, a continuada incapacidade das escolas de aprendizes-marinheiros em produzir o número requerido de praças para preencherem os claros existentes.[286]

No que se refere a essas unidades de ensino, o relatório em tela aponta a baixa produtividade e alto custo por marinheiro incorporado à Armada — superior, inclusive, ao incorrido pela Grã-Bretanha na formação do seu pessoal.[287] A despeito da legítima preocupação expressa pelo ministro Júlio de Noronha em remediar as inúmeras distorções que emperravam a engrenagem naval, avulta de maneira muito pronunciada a reiteração da necessidade de economia de recursos — o que estava perfeitamente em linha com a orientação geral do governo Rodrigues Alves. Na opinião do ministro da Marinha, apenas cinco das 10 escolas deveriam ser mantidas. Os recursos apurados pela redução da despesa correspondente deveriam ser utilizados no soerguimento do poder naval brasileiro:

> semelhante medida se torna tanto mais necessária, quanto é certo que, sem embargo de termos despendido, no decênio de 1891 a 1900, 286.571:816$517, perdemos — pesa-me dizer — a supremacia naval na América do Sul e, o

---

[284] A "inscrição marítima" seria versão naval do serviço militar obrigatório. O sorteio era uma espécie de serviço militar específico ao pessoal de marinha mercante inscrito nas capitanias dos portos. Ibid., p. 33-34.

[285] Um dos objetivos do sorteio entre o pessoal de marinha mercante registrado junto às capitanias dos portos era o de permitir que o maior afluxo de quadros para o corpo de marinheiros nacionais permitisse a baixa das praças que haviam ultrapassado o tempo regulamentar de serviço. A retenção (indevida) de pessoal por período superior aos seus contratos de trabalho com a Marinha era prática comum, que se devia à carência de substitutos e às altíssimas taxas de deserção. Como aponta o ministro Noronha, uma das razões para a persistência de deserções tão elevadas era justamente a retenção indevida por período alongado. Assim, o sorteio seria duplamente benéfico: aumentaria os quadros e diminuiria a taxa de deserção.

[286] Brasil. Ministério da Marinha. Relatório do ano 1902 apresentado ao Presidente da Republica dos Estados Unidos do Brazil. 1903. p. 42.

[287] Ibid., p. 50.

que mais é, descemos do primeiro para o terceiro lugar entre as potências marítimas do continente sul-americano.[288]

Do ponto de vista da instrução do pessoal, houve sincera tentativa da administração no sentido de criar núcleos de ensino profissional modernos — adequados às exigências da guerra naval contemporânea. Assim, foi instituída uma escola prática de torpedos em 1901.[289] Na gestão Júlio de Noronha, seriam implantadas escolas de artilharia, foguistas,[290] timoneiros e reorganizada a de torpedos. Embora se saiba da debilidade do material humano à disposição da Marinha para guarnecer as futuras unidades de combate, particularmente os encouraçados tipo *dreadnought Minas Gerais* e *São Paulo* que vieram a ser adquiridos, é importante assinalar que as deficiências eram conhecidas pela força naval, tendo esta atuado, ainda que de maneira descontínua e ineficaz, para minorar os problemas existentes. Em idêntico sentido, a gestão Júlio de Noronha, assim como várias administrações precedentes, identificava de modo claro a necessidade de construir um arsenal fora da baía da Guanabara. As instalações existentes eram inadequadas por vários motivos. Em primeiro lugar, estavam espremidas entre a baía e o centro da capital federal, sem possibilidade de expansão significativa. Em segundo lugar, na ausência de amplo espaço que pudesse comportar oficinas, galpões, diques secos e flutuantes, cais, entre outras instalações necessárias ao pleno funcionamento desse tipo de complexo, suas unidades foram sendo espalhadas pelas margens da Guanabara. Em terceiro lugar, com as unidades dispersas por ilhas e pela outra margem da baía, tornava-se extremamente caro e moroso o transporte de funcionários e de material entre a miríade de instalações pulverizadas. Por último, os diques existentes não podiam ser expandidos de modo a comportar meios flutuantes de grande porte.

Em face dessa realidade, qualquer plano coerente de reorganização da Marinha precisaria incluir ações no sentido de dotar a força dos meios

---

[288] Ibid., p. 55.
[289] Ibid., p. 41.
[290] O "foguista" correspondia à praça, cabo ou sargento responsável por operar as caldeiras a vapor dos navios.

necessários à manutenção dos navios a serem adquiridos. No relatório de 1903, o ministro Noronha dava conta de não ser pacífico entre os decisores navais o local mais adequado à instalação do futuro arsenal. Em sua opinião, contudo, aquele deveria ser construído na enseada de Jacuecanga, na baía de Angra dos Reis.[291] Por ironia trágica do destino, um dos mais graves acidentes vivenciados pela Marinha ocorreria justamente nas cercanias de Jacuecanga, quando o encouraçado *Aquidabã* lá se encontrava, em 21 de janeiro de 1906. Tendo o governo decidido pela construção do novo arsenal naquela localidade, a referida belonave, juntamente com o *Tiradentes* e o *Barroso*, realizava estudo para a implantação do complexo naval, quando explosão em um paiol do navio o levou a pique, ceifando a vida de mais de 200 civis e militares. Morreram no desastre do *Aquidabã*, de repercussão nacional e internacional, os almirantes Francisco Calheiros da Graça, Rodrigo José da Rocha e Cândido Brasil, além de filho do almirante Noronha, o guarda-marinha Mário de Noronha (Franco, 1973:v. II, p. 488-489).

Depreende-se do relatório da Marinha de 1903 e do relatório anexo elaborado pelo chefe do Estado-Maior General da Armada, almirante João Justino de Proença, ao ministro Júlio de Noronha, que a prioridade da administração naval era diminuir as ineficiências que a entorpeciam. Claro estava, contudo, que o problema de pessoal era agudo. Por um lado, havia número excessivo de oficiais superiores em relação aos diminutos postos de comando, o que afetava negativamente a perspectiva de ascensão funcional dos oficiais mais jovens. Em 1902, calculava-se que o ritmo das promoções faria com que, em média, um oficial de marinha chegasse ao posto de capitão-tenente com 48 anos de idade.[292] A solução alvitrada naquele momento para resolver esse grave problema foi a de diminuir o número de vagas na Escola Naval, reduzindo a quantidade de oficiais que se formavam a cada ano.[293] Por outro lado, as carências de pessoal subalterno faziam com que os quadros estivessem permanentemente incom-

---

[291] Brasil. Ministério da Marinha. Relatório do ano 1902 apresentado ao Presidente da Republica dos Estados Unidos do Brazil. 1903. p. 60.
[292] Ibid., p. 9 (anexos).
[293] Ibid., p. 9-10 (anexos).

pletos, prejudicando a já baixa operacionalidade da força. A situação de descalabro administrativo refletia-se no excesso de burocracia que inundava o precariamente aparelhado Estado-Maior General, na inexistência de sistemática na aquisição de munições, lubrificantes, sobressalentes, rações e no próprio estado sanitário de muitos navios e instalações de terra da Marinha.[294] Corroborando o estado de entropia em que se encontrava a instituição, cabe notar os dados contraditórios fornecidos pelo ministro e pelo chefe do Estado-Maior General da Armada, por exemplo, sobre o número de marinheiros existentes nas fileiras da força. Enquanto o primeiro afirmava haver 2.552 praças, o segundo dava conta da existência de apenas 2.221, em 1902.[295]

O dado mais significativo do cotejamento dos relatórios de 1903, do ministro ao presidente e do Cemga ao ministro, é o que se refere à discrepância entre o pensamento dos ocupantes dos dois mais importantes cargos da administração naval. Na linha do mencionado em passagem anterior, um dos mais deletérios fenômenos relacionados à Marinha pós-Revolta da Armada foi a profunda desunião de suas lideranças. Para o descalabro administrativo, contribuía, em muito, a falta de coesão interna. Conforme será possível observar adiante, não havia unidade entre a visão do ministro e a do Cemga sobre os mais diversos temas. Neste momento, bastaria mencionar o fato de que o ministro Noronha tencionava fechar metade das escolas de aprendizes-marinheiros, ao passo que o almirante Proença sustentava a conveniência de aumentar seu número e ampliar os investimentos nessas unidades de formação.[296] Mais impressionante ainda é a desconexão entre as necessidades de aquisição de meios flutuantes suscitadas pelo almirante Proença e aquilo que viria a ser o programa naval de 1904.[297] Pode-se dizer que, na prática, a Marinha apresentaria dois programas navais distintos naquela quadra: o Noronha (oficial) e o Proença (informal).[298] Como será

---

[294] Ibid., passim.
[295] Ibid., p. 37 (anexos).
[296] Ibid., p. 47 (anexos).
[297] Ibid., p. 71 (anexos).
[298] O "programa Proença" era muito mais modesto do que o programa oficial. Consistia da aquisição de "dous ou tres encouraçados, com o deslocamento de 8.000 toneladas;

possível averiguar adiante, a dualidade das altas chefias da Marinha não deixaria de criar problemas políticos quando da discussão da reorganização da esquadra no Congresso, em 1904.

6. A FORMULAÇÃO DO PROGRAMA NAVAL

O programa naval de 1904 foi concebido ao longo do ano anterior, como demonstra o relatório do ministro da Marinha ao presidente. No marco das restrições orçamentárias prevalecentes, a reconstituição do poder naval brasileiro dar-se-ia, de acordo com aquele documento, ao longo de período estimado entre seis e oito anos.[299] Na mesma direção, o deslocamento das belonaves seria moderado, tendo em conta que o aumento do poder ofensivo e defensivo dos navios importava necessariamente o aumento do deslocamento e este a elevação de custos.[300] Como revela o relatório, o programa, em suas linhas mestras, foi elaborado pessoalmente pelo ministro Noronha.[301] Não houve consulta sequer ao Conselho Naval, que se limitou a expedir carta saudando o ministro pela aprovação do programa no parlamento (Noronha, 1950:359). Como navios capitais (*battleships*), deveriam ser adquiridos três encouraçados de 13 mil t, de 19 milhas de velocidade, tendo como armamento principal canhões de 254 mm de 50 calibres — capazes de perfurar uma couraça de aço Krupp cimentado de 304 mm a 3 mil metros de distância — e dotados de extensa couraça, superior à existente nas classes *Wittelsbach* (Alemanha),

---

dous ou tres cruzadores de 3.500 a 4.500 toneladas de deslocamento; 10 a 15 torpedeiras, e alguns submarinos do typo Holland, sendo que o material que já possuimos, devida e competentemente reparado, será um complemento ainda valioso para a defesa dos portos e da costa, nos pontos em que ella fôr necessaria". Brasil. Ministério da Marinha. Relatório do ano 1904 apresentado ao Presidente da Republica dos Estados Unidos do Brazil. 1905. p. 62 (anexos).

[299] Brasil. Ministério da Marinha. Relatório do ano 1903 apresentado ao Presidente da Republica dos Estados Unidos do Brazil. 1904. p. 3.

[300] Ibid., p. 4.

[301] Foram ouvidos, no entanto, dois almirantes, o chefe do corpo de engenheiros navais, um oficial superior e quatro engenheiros navais especialistas em construção naval, máquinas, artilharia e torpedos. Ibid., p. 153.

Regina Elena (Itália) e *Triumph* (Grã-Bretanha), que serviam de parâmetro para os encouraçados brasileiros (Noronha, 1950:4-6). Cada um desses navios contaria com tubos lança-torpedos "subaquáticos" (abaixo da linha d'água) e "aéreos" (lançados de reparos localizados no convés).

No quesito cruzadores, Noronha admitia não ser consensual entre os especialistas a relação desses com os encouraçados do ponto de vista da proporção numérica. Para alguns, deveria haver dois cruzadores para cada couraçado, para outros, relação de um para um. O ministro da Marinha era partidário desta última perspectiva, por acreditar que a telegrafia sem fio poderia substituir, ao menos parcialmente, a necessidade de "estafetas".[302] Fazendo referência às lições da guerra hispano-americana, sustentava que os cruzadores protegidos estariam condenados ao desaparecimento por terem pouco valor militar. Os cruzadores a serem adquiridos deveriam ser homogêneos e encouraçados. Cada um teria entre 9.200 e 9.700 t de deslocamento, velocidade de 21 milhas e canhões principais de 190 mm de 50 calibres (Noronha, 1950:6). Os cruzadores serviriam como forçadores de bloqueio, captores de navios mercantes, esclarecedores e destruidores de *destroyers*. Poderiam também engajar os cruzadores e encouraçados inimigos em um momento inicial do combate, realizar perseguição e acometer unidades adversárias avariadas (Noronha, 1950:6).

Ao tratar dos *destroyers*, Noronha dissertava sobre a sua conveniência, referindo-se, mais uma vez, às experiências dos conflitos entre chineses e japoneses e norte-americanos e espanhóis. No relatório de 1904, publicado em abril, haveria também menção aos primeiros desdobramentos da guerra russo-japonesa, iniciada em fevereiro daquele ano. Novamente, percebe-se a volatilidade da percepção sobre o melhor arranjo de forças, tendo em conta que os embates de 1894 e 1898 teriam supostamente desacreditado os *destroyers*, ao passo que o ataque nipônico a Port Arthur

---

[302] Supõe-se que "estafeta" seria o cruzador que, uma vez avistado o inimigo, seria destacado para retornar ao núcleo da esquadra e informar a localização dos navios inimigos. Como afirma o ministro, essa função não precisaria necessariamente ser desempenhada por um cruzador encouraçado, podendo ser exercida por *destroyers* ou por cruzadores protegidos. Noronha (1950:6).

(fevereiro de 1904) seria prova de sua grande utilidade.[303] Ao elogiar o desempenho da força naval japonesa, o ministro da Marinha afirma sem vacilar: "Aproveitando, pois, os ensinamentos da guerra do Extremo-Oriente, eu não hesito em pronunciar-me pela aquisição de seis caça-torpedeiros com 400 t de deslocamento e marcha horária não inferior a 31 milhas" (Noronha, 1950:10).

Para a defesa móvel dos portos e o ataque a portos inimigos, deveriam ser empregados torpedeiras e submarinos. Quanto às primeiras, 12 seriam construídas: seis de 130 t de deslocamento e marcha não inferior a 26 milhas e seis de 50 t e velocidade mínima de 20 milhas. Estas seriam utilizadas, exclusivamente, nas cercanias dos portos e nos rios, enquanto aquelas atuariam de maneira isolada ou em conjunto com a esquadra em ações próximas ao litoral. Os submarinos, cuja tecnologia apenas começava a amadurecer, seriam adquiridos em número de três. Cabe notar que, mesmo em um país não industrializado como o Brasil, houve inventores que projetaram protótipos de veículos submersíveis naquele período (Noronha, 1950:143-144) — como no caso de Emílio Júlio Hess (Narciso, 1980:58). O modelo favorecido por Noronha era o que se utilizava do sistema criado por John Holland e modificado pela firma Vickers, Sons & Maxim, localizada em Barrow-in-Furness, Inglaterra. A funcionalidade dos submarinos seria a de atuar nos portos juntamente com as torpedeiras, tornando extremamente perigosa eventual tentativa de força naval hostil impor bloqueio cerrado (próximo) daquelas instalações. Por ser invisível — não havia meios de detecção por sonar naquele momento —, o submarino poderia aproximar-se dos navios que exercem o bloqueio e lançar torpedos contra eles. Esse perigo seria maior ainda à noite, momento em que os submarinos poderiam coadjuvar o ataque de torpedeiras.[304]

---

[303] Fica a indagação sobre a possibilidade de extrair-se lições substantivas de uma batalha realizada há apenas dois meses no outro lado do planeta. De todo modo, esse exemplo corrobora a tese de que o desenvolvimento tecnológico acelerado e as inovações táticas resultantes dos conflitos navais criavam grande incerteza sobre a melhor configuração de uma marinha de guerra. Ibid., p. 9-10.
[304] Brasil. Ministério da Marinha. Relatório do ano 1903 apresentado ao Presidente da Republica dos Estados Unidos do Brazil. 1904. p. 10.

Para garantir o apoio logístico à esquadra em operações a distâncias significativas, o ministro da Marinha solicitava a aquisição de um vapor carvoeiro capaz de transportar 6 mil t de carvão, marcha de não menos de 12 milhas quando carregado, dotado de canhões de tiro rápido e aparelho de transferência de combustível do tipo Temperley-Miller. A aquisição de semelhante navio permitiria, igualmente, adestrar as equipagens da força naval nesse tipo de procedimento — o reabastecimento em alto-mar. Faz-se menção à preferência de adquirir um grande navio reabastecedor a três de menor capacidade. Isso ocorreria por dois motivos básicos: a economia de recursos e as melhores características marinheiras do navio de maior deslocamento, uma vez que este deveria acompanhar a esquadra em operações distantes do litoral. O almirante Noronha dava conta, de modo explícito, de que não solicitaria a aquisição de navios de transporte de tropas, tampouco de navio hospital. De acordo com a sua visão, as funcionalidades desses meios poderiam ser supridas pela marinha mercante.[305] Esse arranjo teria a vantagem de economizar recursos indispensáveis à construção das unidades mais relevantes para o combate.

O programa naval de 1904, de autoria do ministro Júlio César de Noronha, tinha a seguinte configuração:

3 encouraçados de 12.500 a 13 mil t de deslocamento;
3 cruzadores-encouraçados de 9.200 a 9.700 t;
6 caça-torpedeiros de 400 t;
6 torpedeiras de 130 t;
6 torpedeiras de 50 t;
3 submarinos;
1 vapor carvoeiro com capacidade de 6 mil t de carvão.

7. O PROGRAMA NORONHA E SEUS DETRATORES

O projeto era, ao mesmo tempo, ambicioso e recatado. Ambicioso por implicar uma virtual reconstituição da modestíssima e periclitante es-

---

[305] Ibid., p. 11.

quadra brasileira; recatado por prever uma série de condicionantes que mitigariam o impacto orçamentário da iniciativa. Para que se tenha uma ideia, bastaria mencionar o relatório de 1903 e a constatação de que o poder naval do país se resumia a 37 mil t. Apenas os três encouraçados previstos no programa de 1904 somavam 39 mil t. A tonelagem do programa ascendia a cerca de 85 mil t, ou seja, quase duas vezes e meia a da armada previamente existente. Ademais, atrelada ao contrato de construção dos meios flutuantes estava a obrigação de que a firma vencedora implantasse o novo arsenal de marinha.[306] No entanto, o fato de o programa ser espaçado ao longo de vários anos, prever o descomissionamento dos meios flutuantes existentes conforme a entrada em operação dos novos e considerar a utilização de apenas parte dos navios no serviço ativo em esquema de revezamento[307] fazia com que a ambição fosse matizada. É preciso considerar, igualmente, que os encouraçados e os cruzadores-encouraçados a serem adquiridos no âmbito do programa, embora representassem um grande salto para a Marinha, não correspondiam ao estado da arte em termos de armamento naval (Bittencourt, 2012:66), especialmente se se considerasse a extrema rapidez com que eram introduzidos melhoramentos em novas classes de navios de guerra.

Sobre essa questão, valeria reproduzir os dados fornecidos pelo próprio almirante Noronha em uma série de artigos publicados em *O País*, entre 1909 e 1910, nos quais defendia seu programa naval sob o pseudônimo de Tácito. Antes, é preciso assinalar que, uma vez obtida a autorização de crédito pelo Congresso, as negociações com a firma britânica Armstrong — aprovada por Rodrigues Alves como vencedora do certame internacional[308] — resultaram no aumento do deslocamento dos

---

[306] Brasil. Ministério da Marinha. Relatório do ano 1905 apresentado ao Presidente da Republica dos Estados Unidos do Brazil. 1906. p. 6.
[307] Brasil. Ministério da Marinha. Relatório do ano 1903 apresentado ao Presidente da Republica dos Estados Unidos do Brazil. 1904. p. 11-12.
[308] Em 2 de maio de 1905, o governo brasileiro, por intermédio do Ministério da Marinha, enviou carta solicitando propostas para a construção de três encouraçados de esquadra a serem entregues prontos para serem comissionados. As firmas contempladas pelo convite foram as seguintes: W. G. Armstrong, Whitworth & Co.; Vickers Sons &

encouraçados de 13 mil para 14.750 t em face de exigências brasileiras quanto a aspectos técnicos dos navios (Noronha, 1950:11). Ainda assim, os encouraçados pré-*dreadnought* brasileiros previstos naquele programa não se encontravam no topo da cadeia alimentar dos navios capitais da época. Em 1904, já estavam construídos o *King Edward VII* (1903), o *Connecticut* (1904) e projetados o *Kashima*, o *Satsuma* e o *Agamemnon*. Basta observar a tabela 3.

TABELA 3
DIFERENÇA DE TONELAGEM ENTRE O *MINAS GERAIS*
(PROGRAMA NORONHA) E OS ENCOURAÇADOS CONTEMPORÂNEOS
PROJETADOS OU EM CONSTRUÇÃO EM 1904

Nomes	Deslocamento	Excesso de deslocamento sobre o *Minas Gerais*
Minas Gerais (1904)	13.000 t	-
King Edward VII	16.350 t	3.350 t
Connecticut	16.000 t	3.000 t
Kashima	16.400 t	3.400 t
Satsuma	19.350 t	6.350 t
Agamemnon	16.500 t	3.500 t

Fonte: Noronha (1950:423).

No entanto, em 1906, quando foi finalmente assinado o contrato com a Armstrong (23 de julho), já se encontravam construídos ou em construção os seguintes encouraçados, conforme tabela 4:

Maxim, Ltd.; Cammell Laird & C. Ltd.; W. Cramp & Sons; Stettiner Maschinenbau Actien Gessellschaft "Vulcan"; Geo Ansald & Co.; Societé Anonyme de Forges et Chantiers de la Mediterranée; Fried Krupp Germaniawerft; Societé Anonyme des Ateliers et Chantiers de la Loire; William Beardmore & C. Ltd.; e The Fairfield Shipbuilding C. Ltd. Dos estaleiros convidados, cinco eram britânicos, dois alemães, dois franceses, um italiano e um norte-americano. A carta convite também mencionava que ficaria a critério do governo escolher a melhor proposta independentemente do preço. Note-se que a carta, que continha as especificações desejadas, data de antes da batalha de Tsushima. Noronha (1950:331-332).

TABELA 4

DIFERENÇA DE TONELAGEM ENTRE O *MINAS GERAIS*
(PROGRAMA NORONHA) E OS ENCOURAÇADOS PROJETADOS
OU CONSTRUÍDOS EM 1906

Nomes	Deslocamento	Excesso de deslocamento sobre o *Minas Gerais*
Minas Gerais (1904 modificado)	14.750 t	-
Dreadnought	17.900 t	3.150 t
Agamemnon	16.500 t	1.750 t
Satsuma	19.350 t	4.600 t
Bellerophon	18.500 t	3.750 t
Diderot	17.770 t	3.020 t

Fonte: Noronha (1950:424).

Em defesa de seu programa, Noronha alegava, corretamente, que a maior tonelagem de um navio não era suficiente para determinar a vitória em combate. Essa dependeria, na verdade, da feliz combinação de fatores materiais e morais (Noronha, 1950:425). Da mesma forma, o ministro da Marinha enfatizaria dois aspectos que, a seu juízo, tornavam até certo ponto ilusória a identificação de maior deslocamento e artilharia mais pesada com melhor desempenho combatente: a distância real em que se travavam as batalhas navais e a resistência necessária da couraça. Nessa época, o poder ofensivo dos navios era aquilatado pelo número e pelo calibre dos canhões, que pode significar, ao mesmo tempo, o comprimento do tubo do canhão e o seu diâmetro. Quanto maior o número e o calibre dos canhões, maior o volume, a distância e o peso das granadas de alto-explosivo lançadas por eles. Outros fatores críticos para determinar a capacidade ofensiva de uma belonave eram a cadência de tiro e a marcha sustentada durante o enfrentamento, esta crucial para permitir o melhor posicionamento para o ataque. Ao fim e ao cabo, afirmava Júlio de Noronha, o dado essencial seria a quantidade de granadas lançada por unidade de tempo a uma distância tal que fosse possível perfurar a couraça do inimigo. Esta, a seu turno, constituía o âmago do poder defensivo de um navio: quanto mais resistente, espessa e abrangente, maior seria a capacidade de proteção contra granadas, torpedos e minas.[309]

Como será possível verificar adiante, o argumento técnico utilizado pelos opositores do programa Noronha baseava-se nas supostas lições da guerra russo-japonesa, particularmente no que se refere à batalha de Tsushima — evento raro na história dos combates navais, por ter representado a virtual aniquilação da esquadra de um dos contendores (Willmott, 2009:115). A batalha, ocorrida em 27 e 28 de maio de 1905, difundiu a ideia de que os canhões de grosso calibre foram os responsáveis pela decisão do enfrentamento, ao engajarem o inimigo a grandes distâncias (Albuquerque, 2009:352). Os encouraçados empregados pelas marinhas russa e japonesa eram do tipo pré-*dreadnought*, em que convivia em uma mesma belonave armamento principal de diversos calibres.[310] No entanto, como dá conta Tácito em sua defesa do programa de 1904, os ensinamentos daquele conflito já haviam sido incorporados à configuração da esquadra pretendida, uma vez que o contrato com o estaleiro inglês somente foi assinado no segundo semestre de 1906. A propósito, é de se notar que o capitão de corveta Antonio Júlio de Oliveira Sampaio foi acreditado como adido naval junto à legação do Brasil no Japão, tendo por objetivo formular relatório ao Ministério da Marinha sobre as lições aprendidas na guerra em análise.[311] Embora se refira apenas aos combates de 10 e 14 de agosto de 1904, o relatório ao presidente da República de

---

[309] Note-se que a cinta couraçada também podia abranger seções do navio abaixo da linha de flutuação — para defesa contra explosão de granadas, torpedos e minas.
[310] Cada tipo de canhão possuía funcionalidades diferentes, mas complementares. A relação era clara. Quanto maior o calibre, maior era o peso da granada arremessada e maior a distância que poderia atingir. No entanto, calibres maiores significavam tiros mais lentos. Engajamentos a maiores distâncias também implicavam maiores probabilidades de erro — tendo em vista que os métodos de detecção (visual), a direção de tiro e a estabilização dos canhões eram ainda relativamente precários. Fatores como vento, luminosidade, fumaça, neblina, velocidade desenvolvida pelos navios, estado do mar, *inter alia*, contribuíam para tornar complexo o engajamento a distâncias maiores. Era corriqueiro que os canhões de médio calibre fossem os mais utilizados em combate, restando aos de grosso calibre a tarefa de dar o golpe de graça quando o navio inimigo já se apresentava quase sem condições de reagir.
[311] Brasil. Ministério da Marinha. Relatório do ano 1905 apresentado ao Presidente da Republica dos Estados Unidos do Brazil. 1906. p. 14.

1905 antecipa as conclusões dos apologistas dos grandes deslocamentos e calibres: "Tendo, porém, a batalha naval de 10 de agosto do ano findo confirmado a previsão de que o duelo à grande distância exige que o armamento médio seja substituído por outro de maior calibre forçoso foi aceitar a lição da experiência".[312]

De acordo com o relatório, a distância dos engajamentos na batalha de 10 de agosto entre russos e japoneses teria variado entre 4 mil e 8 mil metros. Em face disso, o ministro da Marinha decidiu optar pelo aumento do calibre dos canhões principais e pelo reforço da couraça. O encouraçado brasileiro passaria a ser uma versão ligeira do *"all-big-gun battleship"*, que a Grã-Bretanha lançava ao mar no mesmo ano de 1906:

> Aceitando os ensinamentos da batalha de 10 de agosto, que ainda foram sancionados pela de 14 do mesmo mês, resolvi elevar o poder do armamento médio do couraçado projetado e, como sou apologista da unificação do calibre, entendi conveniente substituir os 12 canhões de 190 mm, que constituiam aquele armamento, por oito canhões de 254 mm, com o comprimento de 50 calibres, também em torres laterais, convenientemente dispostas. Destarte, disporá o couraçado que projetei de 12 canhões de 254 mm, 50 calibres, 12 de 76 e outros 12 de 47, isto é, de 36 canhões.[313]

No tocante à couraça, esta teve a sua espessura aumentada de 178 para 229 mm na parte central do costado, acima da linha de flutuação e nas torres laterais. Para reforçar seu argumento, Noronha reproduziu o teor das respostas de três dos estaleiros concorrentes à carta que lhes enviou, em 20 de maio de 1905, solicitando sugestões de melhoramentos no projeto do encouraçado à luz do conflito do Extremo-Oriente.[314] Essa carta, no entanto, é anterior à batalha de Tsushima propriamente dita. A Societé Anonyme des Forges et Chantiers de la Mediterranée, por exemplo, dava

---

[312] Brasil. Ministério da Marinha. Relatório do ano 1904 apresentado ao Presidente da Republica dos Estados Unidos do Brazil. 1905. p. 6.
[313] Ibid.
[314] Segundo Noronha, apenas três dos estaleiros responderam à missiva. A resposta teria ocorrido em agosto de 1905, já ocorrida a batalha de Tsushima.

conta em sua resposta que: "O navio de que se trata constitui, sem a menor dúvida, uma poderosa unidade, de valor militar, sob todos os pontos de vista, equivalente ao das mais recentes unidades em construção ou flutuando" (Noronha, 1950:427).

O almirante Noronha afirmava categoricamente que as lições de Tsushima não justificariam a unificação do armamento principal dos encouraçados em torno do canhão de 305 mm — como ocorreria no caso do *Dreadnought*. Essa afirmação baseava-se em dois pressupostos: de que os combates navais dar-se-iam, em média, a 6 mil metros de distância e de que o canhão de 254 mm do Minas Gerais (1904) seria mais eficiente do que o daquele navio, por lançar maior peso em granadas por unidade de tempo:

> Esse canhão, na distância média em que se travam as batalhas navais, equivale, em justeza e penetração, ao de 305 mm, com 45 calibres de comprimento, e se lhe avantaja pela celeridade de tiro, por seu menor peso, por ocupar menor espaço, pela modicidade de seu preço, e, finalmente, por ter mais vida ou duração. (...) O canhão de 305 mm, moderno, segundo os resultados colhidos nos recentes exercícios, dá, em termo médio, 1,5 tiro por minuto, ao passo que o de 254 mm, dá três tiros nesse intervalo. (Noronha, 1950:439)

A referida autoridade não deixou de salientar detalhe importante, qual seja o de que a construção do revolucionário vaso de guerra, que marcaria a administração de John "Jackie" Fisher, First Sea Lord da Grã-Bretanha (1904-10),[315] estava decidida desde janeiro de 1905. Brooks afirma que os desenhos da belonave foram completados em 22 de fevereiro desse ano (Brooks, 2007:158). Logo, apesar de o batimento da quilha do *Dreadnought* ter ocorrido em outubro, a sua concepção não foi influenciada pelos ensinamentos de Tsushima (Noronha, 1950:351). Em idêntico sentido, Noronha recordava que a própria Marinha japonesa decidira

---

[315] Na estrutura de defesa britânica, o First Sea Lord correspondia ao cargo de comandante da Marinha, ou seja, a mais alta autoridade militar daquela força.

equipar os encouraçados *Satsuma* e *Aki*, comissionados respectivamente em 1910 e 1911, com apenas quatro canhões de 305 mm e 12 de 254 mm (Noronha, 1950:440).

Willmott, ao descrever a batalha do estreito de Tsushima, afirma que a esquadra do almirante Togo engajou o inimigo a uma distância que variou de 6 mil a 600 jardas (5.400 a 540 metros) — o que corrobora a perspectiva do almirante Noronha (Willmott, 2009:116-117). No entanto, muitos dos acertos iniciais, de um lado e de outro, se deram por granadas de 305 mm (Willmott, 2009:116-117). A literatura também parece respaldar a tese de que o *Dreadnought* não foi inspirado pelo conflito russo-japonês. É notório o fato de que, já em 1903, Vittorio Cuniberti, projetista naval da Marinha italiana, publicaria artigo na revista *Fighting Ships*, de Fred T. Jane, propondo que a supremacia britânica no mar deveria residir na posse de navios qualitativamente superiores aos seus congêneres de outras nações (Sumida, 1979:208). Para que essa meta fosse atingida, sugeria em *An ideal battleship for the British fleet*, título de seu trabalho, a construção de belonave dotada de 12 canhões de 12 pol. (305 mm), couraça pesada e alta velocidade (24 nós). Essa unidade seria "invencível", capaz de alcançar e destruir qualquer outro navio capital (Sumida, 1979:208). A unificação de calibres representava inovação em momento em que a generalidade dos navios de primeira linha utilizava quatro canhões de 305 mm e 12 de 152 mm. De acordo com Sumida, a configuração de Cuniberti implicava a necessidade de que a belonave desenvolvesse altas velocidades sustentadas e tivesse espessa couraça, uma vez que precisaria se aproximar do alvo a 1.500 jardas para ter alta probabilidade de acerto em tiro tenso.[316]

O esquema proposto pelo arquiteto naval italiano não era favorecido inicialmente por Jackie Fisher, tendo em conta que o advento do torpedo automóvel tornava temerária a aproximação a 1.500 jardas. O First Sea

---

[316] O tiro tenso é aquele em que não há elevação do canhão. A granada, portanto, descreve trajetória retilínea e não em parábola como seria o caso se houvesse algum grau de elevação. Dado o estado primitivo do desenvolvimento de sistemas de controle de tiro, os canhões de 305 mm não tinham precisão em distâncias superiores a 1.500 jardas. Sumida (1979:208).

Lord, especialista em torpedos, acreditava no engajamento a distâncias de 5 mil jardas por meio de ataques de saturação desferidos por canhões de 6 a 10 pol. (152 a 254 mm) (Sumida, 1979:208). Isso tudo ocorria em um contexto em que as dificuldades relacionadas ao estádio incipiente dos mecanismos de controle de tiro faziam com que o acerto a longa distância fosse mais uma questão de sorte do que de competência (Sumida, 1979:209). Daí a preferência pela saturação e pelos canhões de médio calibre, superiores em cadência de tiro aos de maior diâmetro. Fisher não era um entusiasta dos *battleships*, preferindo atribuir prioridade aos cruzadores-encouraçados capazes de desenvolver altas velocidades.[317] A despeito disso, a invenção por Percy Scott, oficial da armada britânica, do sistema de controle de tiro chamado "*continuous aim*" permitiu aumentar a precisão dos canhões de grosso calibre em disparos a longa distância.[318] Seligmann, citando Marder, dá conta de que, em 1903, a Royal Navy constituiu dois comitês para avaliar a factibilidade dos combates a longa distância. A despeito do problema do controle de tiro persistir, ambos os comitês deram pareceres favoráveis à viabilidade de engajar o inimigo a distâncias de 8 mil jardas (Seligmann, 2008:309). O comitê formado junto à esquadra do Mediterrâneo sugeriu ser possível enga-

---

[317] A preferência de Fisher pelos cruzadores-encouraçados derivava inicialmente da noção de que estes, desde que fossem capazes de desenvolver altas velocidades, seriam capazes de regular a distância do combate e saturar o inimigo com seus canhões de médio calibre. Quando a tecnologia de controle de tiro tornou viável o emprego de canhões de grosso calibre aptos a engajar o inimigo a longa distância, Fisher passou a favorecer uma variante do cruzador encouraçado que chamou de cruzador de batalha. Este seria uma espécie de navio capital aligeirado: dotado de forte couraça, canhões tão poderosos quanto os dos *battleships* e grande velocidade para que pudesse fustigar o inimigo na distância que lhe fosse mais conveniente. O cruzador de batalha teria a vantagem adicional de ser mais barato do que um navio capital, além de mais flexível (podendo atuar na proteção do comércio e das linhas de comunicação marítimas).

[318] O método não era perfeito, uma vez que persistia o problema relacionado ao ajuste da direção e da elevação dos canhões de grosso calibre. Note-se que estes chegavam a pesar 100 t cada um. Havia ainda o problema da medição da distância do alvo. Os telêmetros existentes naquela época eram imprecisos, ainda mais considerando que a distância do alvo modificava-se a todo instante em função da velocidade e da trajetória dos navios inimigos e amigos.

jar o inimigo a até 10 mil jardas, com canhões de 305 mm (Seligmann, 2008:309).

De maneira sintética, o *Dreadnought* resultou de processos simultâneos: o desenvolvimento de uma série de tecnologias que tornavam aquele tipo de navio possível, a intenção da administração Fisher de assumir a ponta no que tange à construção naval (o que não era o caso anteriormente)[319] e a percepção de que, caso não fosse a Royal Navy a fabricar aquele tipo de navio, outro país o faria em curtíssimo prazo (EUA, Japão ou Rússia).[320] Havia ainda a consideração de que o canhão de 12" era o único eficiente a longas distâncias e de que, caso a Grã-Bretanha fosse a primeira a adotá-lo de maneira sistemática, teria grande vantagem do ponto de vista do treinamento de suas equipagens em relação às marinhas retardatárias. Deve-se considerar, ainda, o fato de que lord Selborne, First Lord of the Admiralty (ministro civil da Marinha britânica), não partilhava do entusiasmo de Fisher pelos cruzadores-encouraçados, defendendo intransigentemente a construção de navios capitais.[321] É nessa circunstância que surge o *design* arrojado do *Dreadnought*, em grande medida um navio-conceito que ainda precisaria provar seu valor em combate. Dentre as inovações a ele incorporadas, encontravam-se a unificação do calibre do armamento principal, por meio de 10 canhões

---

[319] De acordo com Brooks, a política britânica tradicional, no que se relacionava às inovações na construção naval e em seu armamento, era a de acompanhar o desenvolvimento tecnológico sem buscar a dianteira. Tendo sido provado o valor da inovação, a Grã-Bretanha buscava incorporá-la e aprimorá-la. Valia-se, então, de sua superioridade industrial para produzir mais e melhores meios do que era capaz o país que gerou a inovação em primeiro lugar. Brooks (2007:158).

[320] O temor de que a Grã-Bretanha perdesse a dianteira tecnológica foi um dos fatores críticos para impulsionar a construção do "*all-big-gun battleship*", de acordo com Seligmann. A inteligência naval britânica identificou que os Estados Unidos, o Japão e a Rússia cogitavam construir belonaves com o calibre do armamento principal unificado. Apesar de apenas a Rússia representar naquele momento (final de 1904) uma ameaça direta aos interesses britânicos, o que seria matizado depois de sua derrota na guerra russo-japonesa, deve-se considerar a crescente insegurança britânica refletida em sua recusa em perder a dianteira tecnológica em termos de contrução naval. Ibid., p. 305-306.

[321] Logo da assunção de Fisher como First Sea Lord, Selborne rejeitou de plano a sua proposta de substituir a construção de encouraçados por cruzadores-encouraçados. Ver Sumida (1979:210).

de 305 mm montados em torretas, o sistema de controle de tiro avançado (embora ainda deficiente) e a propulsão à base de turbinas capazes de gerar 21 nós de marcha (Brooks, 2007:passim). De particular interesse para o caso brasileiro, no entanto, é o fato de que Jackie Fisher tinha estreitas relações com a casa Armstrong, estaleiro responsável pela construção dos encouraçados *Minas Gerais* e *São Paulo* (Brooks, 2007:161).

A rápida menção à trajetória do *Dreadnought* — navio tão emblemático que todas as belonaves anteriores à sua construção passaram a ser conhecidas como pré-*dreadnought* — teve por objetivo situar algumas das críticas feitas ao programa Noronha, tema que será aprofundado mais adiante. Neste momento, valeria abordar três aspectos afetos ao programa naval ora em análise. São eles a dimensão econômico-financeira, os debates parlamentares e a perspectiva do ministro da Marinha a respeito da instrumentalidade estratégica da nova esquadra a ser adquirida. Do ponto de vista financeiro, a reorganização da esquadra representava despesa equivalente a cerca de cinco orçamentos anuais da Marinha. O Projeto nº 30, apresentado pelo deputado Laurindo Pita à Câmara dos Deputados, em 7 de junho de 1904, encaminhava formalmente o programa de reorganização naval ao Congresso. Seu custo foi estimado em 150 mil contos (cerca de £ 8.000.000) (Noronha, 1950:175), ao passo que o orçamento da Marinha encontrava-se fixado em torno de 30 mil contos anuais.[322] Havia três alternativas básicas para suprir os recursos necessários à implementação do programa: a busca de empréstimo doméstico ou internacional, a criação de um imposto específico para o efeito e o financiamento pelo Tesouro Nacional. A despeito da proposta de imposto temporário para custear a defesa formulada pelo deputado paulista Elói Chaves, a Câmara a rejeitou com base na percepção de que a carga tributária já era excessiva (Noronha, 1950:161-163). Foi igualmente rejeitada a ideia de apelo a empréstimo no Brasil ou no exterior (Noronha, 1950:163). Restou apenas o financiamento pelo próprio tesouro, alternativa que, para ser viabili-

---

[322] O orçamento ordinário de 1904 foi de 30.513:896$238, valor que ascendeu a 32.211:346$248 com os créditos suplementares aprovados pelo Congresso. Ver Brasil. Ministério da Marinha. Relatório do ano 1904 apresentado ao Presidente da Republica dos Estados Unidos do Brazil. 1905. p. 110.

zada, demandava o espaçamento temporal do programa. Desse modo, o parecer da Comissão de Marinha e Guerra sugeriu a implementação da reorganização naval em nove anos, sendo a despesa dividida por três triênios (Noronha, 1950:174).

8. Os debates parlamentares

Os debates parlamentares são ricos em ensinamentos sobre as distintas visões existentes no Brasil a respeito da Marinha. Não será possível reproduzi-los aqui, a não ser de maneira sumária. Nesse sentido, duas dimensões desses debates serão enfocadas: a econômico-financeira e a de política internacional. No tocante à primeira, não resta dúvida de que o sacrifício imposto à nação para soerguer a sua esquadra deveria permanecer dentro de limites razoáveis, na visão de quase todos os deputados e senadores. A despeito da alta relevância atribuída à reorganização da Marinha nos discursos proferidos sobre o assunto, raras eram as intervenções em que a problemática do financiamento do programa naval não aparecesse ou fosse tratada como elemento secundário.[323] Nessa circunstância, a existência do "programa informal" do almirante Proença revelou-se em toda a sua inconveniência. Por propor a obtenção de meios flutuantes mais modestos do que os constantes do projeto Pita-Noronha, o esquema do Cemga foi ventilado como alternativa menos onerosa ao erário (Noronha, 1950:235). Se o projeto patrocinado oficialmente pelo governo parece não ter sido ameaçado em nenhum momento pela manifestação divergente do segundo homem na hierarquia da força naval, é certo que a simples existência de opção mais modesta poderia fazer crer em exagero por parte do ministro da Marinha. Foi exatamente isso o que ocorreu. Os críticos de Noronha, em um dado momento, acusavam o seu programa de demasiadamente ambi-

---

[323] Um notável defensor da perspectiva fiscalista aplicada ao programa naval foi o engenheiro militar e deputado Soares dos Santos, um dos poucos que inclusive duvidavam da viabilidade da sua implementação. O combativo deputado pernambucano Barbosa Lima, também oficial do Exército, compartilhava a apreensão de seu colega. Noronha (1950: 214-215).

cioso. Depois das supostas lições da guerra russo-japonesa, a esquadra por ele proposta passou a ser tachada de "lilliputeana" (Noronha, 1950:356).

Em termos de política internacional, as visões dos parlamentares sobre a instrumentalidade da reorganização da Marinha oscilavam essencialmente em cinco direções. Uma primeira vertente era a dos saudosistas, que enxergavam na recuperação da supremacia naval sul-americana *tout court* o objetivo a ser atingido (Noronha, 1950:303). Como variação sobre esse tema, havia os que viam no renascimento da Marinha ferramenta para a consolidação da hegemonia brasileira no subcontinente (Noronha, 1950:303). Um terceiro grupo era aquele que julgava ser a nova esquadra crucial para que o Brasil detivesse os meios necessários à defesa contra a Argentina.[324] A quarta vertente era a que atribuía à reorganização naval a faculdade de repelir eventuais arremessos imperialistas contra o país (Noronha, 1950:254). Por último, havia a corrente que se poderia chamar diplomática.[325] Esta não revelava sua perspectiva a respeito do programa Noronha, afirmando que ele seria voltado à defesa da paz e à recuperação material da Armada (Noronha, 1950:270-271). É perfeitamente plausível, no entanto, que muitos deputados e senadores esposassem, no todo ou em parte, os conceitos referidos de modo esquemático — tendo em conta que eles não eram de *per se* contraditórios.

A repulsa a uma eventual agressão imperialista era desde logo o único objetivo estratégico para o qual a esquadra planejada não seria evidentemente útil, a não ser em circunstâncias bastante precisas.[326] O próprio deputado Laurindo Pita reconhece que: "Desde que seja dada execução ao programa que ora apresento, o nosso patriotismo (...) ainda terá que

---

[324] Nesse caso, enquadrava-se o próprio deputado Laurindo Pita, autor do projeto de reorganização da esquadra aprovado pela Câmara dos Deputados em 1904. Ibid., p. 254.
[325] Nesse grupo, incluía-se o senador Francisco Glicério. Ibid., p. 300.
[326] A esquadra a ser obtida de acordo com o programa naval de 1904 somente poderia dissuadir uma das grandes potências imperialistas se os objetivos colimados por estas não fossem de tal monta a justificar o empenho de parcela substancial de suas forças navais. Caso algum interesse vital daquelas potências estivesse envolvido, e considerada a disparidade de meios, a esquadra de 1904 não seria, sozinha, capaz de fazer frente à magnitude da ameaça. Poderia ser útil, contudo, se o Brasil fosse capaz de trazer para o seu lado alguma outra grande potência.

render homenagem a oito nações, à Inglaterra, à Alemanha, à França, à Rússia, à Áustria, à Itália, aos Estados Unidos e ao Japão" (Noronha, 1950:217). De outra perspectiva, a Comissão de Marinha e Guerra da Câmara dos Deputados, em seu parecer sobre o Projeto de Lei nº 30, reconhecia que a reorganização naval brasileira poderia suscitar percepções negativas nos países vizinhos, uma vez que:

> a força naval projetada, pelo seu valor ofensivo e defensivo, representa um poder combatente superior ao de que, reunidamente, podem hoje dispor as demais potências marítimas deste continente, o que poderia, talvez, induzir à crença de pretender o Brasil assumir a supremacia naval absoluta na América do Sul. (...) Além de ser muito contestável a vantagem que ao Brasil poderia advir de uma tão onerosa pretensão, para desvanecê-la bastaria atender-se ao longo prazo de realização do projeto, durante o qual bem podem as outras nações desenvolver, paralelamente, as suas respectivas marinhas de guerra. (Noronha, 1950:176)

Constata-se, portanto, o cuidado de alguns parlamentares em assegurar os propósitos não agressivos do Brasil ao recuperar posição cimeira no âmbito das potências navais sul-americanas. Contudo, de acordo com o anteriormente aludido, nem sempre houve no Congresso a preocupação de apaziguar os ânimos de terceiras nações. Martins Filho, ao tratar do programa naval de 1904, menciona o que chamou de ato falho de Laurindo Pita. O autor do projeto de reorganização da esquadra, em um de seus discursos em defesa da matéria, afirmava o seguinte: "Pretensioso quem armar o Brasil para afrontar os Estados Unidos; falto de patriotismo quem não o armar para afrontar a Argentina" (Noronha, apud Martins Filho. 2010:77). Outro exemplo revelador deriva do diálogo travado entre os senadores Antônio Azeredo e Francisco Glicério. O representante de Mato Grosso explicitou a razão que o levava a votar a favor do projeto:

> Sr. Presidente, as observações oferecidas pelo honrado senador pelo Estado do Ceará, obrigam-me a dizer o motivo porque dou o meu voto ao projeto da Câmara dos Deputados, autorizando o governo a adquirir elementos para

a esquadra moderna, de modo a nos colocar na posição que tínhamos há 20 anos — a supremacia naval no continente sul-americano.
O Sr. Francisco Glicério — Não é esta a intenção.
O Sr. A. Azeredo — Se não é, devia sê-lo. (Noronha, 1950:303)

Diante do que vai acima, constituiria exercício ocioso determinar a exata medida das motivações dos diferentes parlamentares. Tendo em conta o teor de excerto do livro *Um Oficial da Armada*, citado por Martins Filho, parece claro que o programa de 1904 não foi objeto de discussão abrangente, seja no plano governamental, seja junto à opinião pública: "nem o Presidente da República nem o Congresso nem a imprensa, faltos de uma verdadeira orientação nestes problemas que eram e são completamente alheios à cultura pública entre nós, puderam antepor-se ao projeto do ministro".[327] Não impressiona, portanto, que Rio-Branco não tivesse papel relevante na concepção do programa Júlio de Noronha, programa este, aliás, que ele favorecia em relação ao que seria parcialmente implementado pela gestão Alexandrino de Alencar. Em 1908, no contexto das crescentes tensões com a Argentina, o chanceler afirmaria a Domício da Gama, ministro do Brasil em Buenos Aires:

Não fui ouvido sobre o primeiro plano naval, nem tampouco sobre o segundo. Pelo primeiro teríamos seis encouraçados; pelo segundo deveríamos ter três muito maiores. Com isso e o barulho que se fez pela imprensa, assustamos a Argentina. Com seis encouraçados menores estaríamos melhor. Se perdêssemos um ou dois em combate, ficariam quatro ou cinco para combater. E com os três monstros? Desarranjados ou destruídos 2, ficaríamos apenas com um. (...) Não concorri para a adoção desses planos. Mas, adotado um, e depois de todo o ruído feito do nosso lado, e das ameaças dos órgãos do atual Governo argentino, entendo que recuar, mo-

---

[327] O referido livro, publicado anonimamente, foi escrito por um ex-oficial da Marinha, José Eduardo de Macedo Soares. Ver *Um Oficial da Armada*, apud Martins Filho (2010:72-73).

dificando o plano, é um vergonhoso desastre e um golpe mortal no nosso prestígio.[328]

Em qualquer circunstância, o Congresso acabou por aprovar o projeto Noronha com mínimas alterações. Além das unidades táticas constantes do plano, foram incluídas a aquisição de um navio-escola de até 3 mil t e a sugestão de que o Executivo concluísse o quanto antes a construção dos monitores de rio *Pernambuco* e *Maranhão*. Outra mudança realizada pelo parlamento foi a supressão da cláusula que determinava que os navios fossem construídos em estaleiros britânicos. A Lei nº 1.296, de 14 de dezembro de 1904, rezava o seguinte:

O Presidente da República dos Estados Unidos do Brasil.
Faço saber que o Congresso Nacional decretou e eu sanciono a seguinte resolução:
Art. 1º — Fica o Presidente da República autorizado:
a) a encomendar à indústria pelo Ministério da Marinha os navios seguintes:
Três encouraçados de 12.500 a 13.000 toneladas de deslocamento;
Três cruzadores-encouraçados de 9.200 a 9.700 tons.;
Seis caça-torpedeiros de 400 tons.;
Seis torpedeiras de 130 tons.;
Seis torpedeiras de 50 tons.;
Três submarinos;
Um vapor carvoeiro com capacidade de 6.000 tons. de carvão;
Um navio-escola, com deslocamento não excedente de 3.000 toneladas.
b) a mandar concluir, com a possível brevidade, a construção dos monitores de rio Pernambuco e Maranhão.
Art. 2º — As despesas para a execução desta lei serão providas com os recursos orçamentários de cada exercício.

---

[328] Carta de Rio-Branco a Domício da Gama. 15 de dezembro de 1908. Arquivo Rio Branco, apud Viana Filho (1959:398-399).

Art. 3º — As quantias não aplicadas serão levadas ao exercício seguinte, conservando o seu destino primitivo, sendo os respectivos contratos efetuados à proporção que forem executados os de cada triênio.

Art. 4º — Revogam-se as disposições em contrário.

Rio de Janeiro, 14 de dezembro de 1904, 16º da República — Francisco de Paula Rodrigues Alves — Júlio César de Noronha. (Noronha, 1950:326)

9. A dependência dos estaleiros estrangeiros

Martins Filho, ao tratar do tema, demonstra como os contatos entre o Ministério da Marinha e os estaleiros ingleses, mais particularmente com a firma W. G. Armstrong, Whitworth & Co., começaram bem antes da sanção da lei que instituía o programa naval. Talvez daí derivasse a cláusula que primitivamente dava preferência à construção da nova esquadra por empresas britânicas. O autor em tela sugere a possibilidade de que os irmãos Walter, representantes da Armstrong no Brasil, tivessem utilizado métodos menos ortodoxos para obter o contrato (Martins Filho, 2010:83). Há de se considerar, igualmente, outra linha de raciocínio — não necessariamente oposta à que aventa Martins Filho. Trata-se do fato de que a Marinha era tributária dos estaleiros estrangeiros em mais de um sentido. A obsolescência material da esquadra, os problemas organizacionais da instituição, as debilidades do corpo de engenheiros navais, a falta de experiência de combate recente e o atraso do país em termos industriais e tecnológicos contribuíam fortemente para que fosse limitada a capacidade de especificação autônoma do material a ser adquirido. Isso fica explícito quando se observam os requisitos exigidos pela força naval para os três encouraçados a serem construídos. Na carta em que eram especificadas as características desejadas dos navios, encontravam-se repetidas vezes expressões como "[aço] idêntico ao empregado nas construções para a respectiva marinha de guerra" (Noronha, 1950:332), "[paióis de munições e torpedos] segundo a prática admitida na respectiva marinha militar" (Noronha, 1950:334), "[chapas da couraça] de acordo com os preceitos estabelecidos pela respectiva marinha militar" (Noronha, 1950:335) etc.

Dado o fato de que a Royal Navy continuava a ser a força naval mais poderosa do mundo, além de haver fortes laços existentes entre as marinhas brasileira e britânica, não seria surpreendente se o ministro Noronha pretendesse emular o padrão construtivo adotado por aquela instituição castrense estrangeira. Deve-se levar em conta outro aspecto das especificações dos encouraçados, que corrobora tanto a tese do direcionamento da concorrência quanto a da emulação da melhor marinha. Trata-se do quesito "poder ofensivo", em que todos os canhões fixos requeridos (12 de 254 mm, 12 de 75 mm e 12 de 47 mm) deveriam provir da firma Armstrong (Noronha, 1950:333). Ora, caso levada ao pé da letra, essa exigência conferia enorme vantagem à empresa de Newcastle — naquela época o maior construtor naval da Inglaterra.[329] É preciso assinalar, igualmente, que o relatório elaborado pela Marinha sobre as propostas dos concorrentes foi encaminhado ao presidente da República com a indicação da Armstrong em primeiro lugar (Noronha, 1950:408). Curiosamente, poucos dias depois de 23 de julho de 1906, data em que foi finalmente assinado o contrato de construção dos encouraçados no valor de £ 4.214.550 — £ 1.405.750 pelo primeiro couraçado a ser completado em 25 meses e £ 1.404.400,00 por cada um dos demais, a serem completados, respectivamente, em 26 e 29 meses[330] —, a Marinha recebeu mensagem telegráfica da firma construtora dando conta de que, com a "defesa do duplo fundo", seria obrigada a aumentar o deslocamento do navio de 13 mil para 14.750 t (Noronha, 1950:411). Isso, contudo, sem qualquer aumento de custo, o que, na interpretação de Tácito, "*ipso facto* não importava

---

[329] De acordo com Topliss, a Armstrong e a Vickers, em conluio, excluíram as firmas John Browns e Fairfield da concorrência em função de as duas primeiras serem as únicas que produziam canhões navais na Grã-Bretanha. Dessa forma, a Armstrong e a Vickers poderiam simplesmente negar o fornecimento ou cotar um preço de canhão tão alto que excluísse, na prática, a John Browns e a Fairfield. Se essa informação for correta, o interesse da John Browns não foi correspondido pelo governo brasileiro, pois a Marinha não a convidou a apresentar proposta para a construção dos três encouraçados do programa de 1904. A Fairfield foi efetivamente convidada e participou do certame. Topliss (1988:245).

[330] Os valores apresentados por Júlio de Noronha em seu artigo de 17 de outubro de 1910 não estão corretos. Mantendo-se constante o preço dos três navios mencionados, ele afirma que o valor total do contrato seria de £ 4.213.200. Noronha (1950:408).

na violação da lei" (Noronha, 1950:411). Em qualquer circunstância, o ministro da Marinha afirma ter o presidente Rodrigues Alves aprovado a alteração — que poderia perfeitamente estar combinada de antemão (Noronha, 1950:411).

Vale registrar que a Armstrong terceirizou a construção do segundo encouraçado, o qual se chamaria *São Paulo*, ao estaleiro Vickers, ação que contou com a anuência do ministro Noronha. Logo, ao se dar crédito a Topliss, que menciona acordo prévio entre as duas empresas para dividir a construção da esquadra — cabendo à Elswick desenhar os encouraçados e à Barrow os cruzadores-encouraçados (Topliss, 1988:245) —, faz sentido a divisão de tarefas entre os construtores britânicos, tendo em vista o fato de a encomenda brasileira ter-se restringido, inicialmente, aos navios capitais. A Lei nº 1.452, de 30 de dezembro de 1905, autorizou a contratação apenas dos três encouraçados no valor de £ 4.214.550 (Noronha, 1950:407). O argumento utilizado publicamente para o repasse da construção foi, no entanto, o de que haveria excesso de demanda no estaleiro de Newcastle.[331] A demora desde a aprovação do programa de 1904 até a entrada em vigor do contrato, no entanto, seria fatal para a sua implementação. Duas ordens de fatores seriam determinantes para que ele não fosse adiante: o lançamento do *Dreadnought*, acoplado ao interesse dos estaleiros Armstrong e Vickers em obterem encomendas para essa nova classe de encouraçados, e o *timing* da assinatura do contrato com as firmas inglesas, em momento de evidente ocaso da gestão Rodrigues Alves.

10. Condicionantes internacionais, política externa e o programa Noronha

Neste instante, valeria fazer um paralelo entre o desenvolvimento cronológico do programa naval e o da política externa conduzida pelo barão do Rio-Branco. Foi possível observar, durante o auge das tensões com o

---
[331] Noronha afirma que a causa do repasse da construção foi o "acúmulo de serviço". Ibid., p. 408.

Peru, bem como a partir da exclusão prática do Itamaraty da concepção estratégica da nova esquadra, a dificuldade brasileira em articular defesa e diplomacia. Entre 1905 e 1906, o Ministério das Relações Exteriores teria de enfrentar a crise causada pela canhoneira alemã *Panther*. Lançaria, igualmente, uma série de iniciativas tendentes a ampliar o perfil político do Brasil nas Américas. Foi com esse intuito que Rio-Branco agiu buscando materializar a criação do primeiro cardinalato da América Latina no país (1905),[332] a elevação da legação em Washington ao nível de embaixada (1905)[333] e a obtenção, pelo Rio de Janeiro, da sede da III Conferência Pan-Americana (1906).[334] No caso *Panther*, mais uma vez a nação ver-se-ia confrontada com a arrogância das grandes potências, mais uma vez o poder naval seria elemento central do enredo. O caso *Panther*, que será mencionado aqui de maneira sumária, é importante em vários sentidos: pela reiteração do perigo representado pelo imperialismo europeu, pela adicional confirmação do estado lastimável da esquadra brasileira, pelo recurso ao apoio norte-americano (embora negado por Rio-Branco) e pela visão presente na historiografia de que o episódio teria sido uma espécie de "grito de alerta" para a elites nacionais atuarem em prol do fortalecimento da Marinha.[335]

---

[332] A luta pela criação do primeiro cardinalato da América Latina seria ideia do último gabinete do Império, abandonada na primeira década republicana e retomada na gestão Campos Sales. Ver Santos (2012:106).

[333] As razões que justificariam a elevação da legação em Washington ao nível de embaixada por parte do governo brasileiro podem ser encontradas em: Dennison (2006:156-158).

[334] Angela Alonso (2007:322-327) salienta que Rio-Branco não foi tão entusiasta da Conferência quanto Nabuco. Além das distinções de caráter entre o chanceler e o embaixador em Washington, este mais apaixonado e idealista, aquele mais frio e pragmático, a autora refere-se a fator decisivo: a projeção política alcançada por Nabuco no contexto do evento e a sua tentativa de ser escolhido pelo presidente eleito, Afonso Pena, como novo chanceler em substituição a Rio-Branco. Não espanta, portanto, que este agisse de modo tendente a impedir um maior protagonismo de Nabuco.

[335] Um autor que esposa essa tese é Peixoto (2000:99), sugerindo, equivocadamente, que o episódio teria demonstrado como o programa naval de 1904 seria insuficiente para o enfrentamento de ameaças navais como a alemã. Como será possível observar mais à frente, o caso *Panther* não tem maior relevância para a implementação do programa naval de 1906.

Ao contrário do que afirma Joffily, autor que mais se dedicou ao problema *Panther*, a canhoneira germânica não era um encouraçado. Ela era exatamente isso, uma canhoneira: navio de proporção modesta destinado a atuar próximo ao litoral. Esse vaso alemão, em trânsito para Buenos Aires, aportou de maneira inopinada em Itajaí, Santa Catarina, no dia 17 de novembro de 1905. Depois de serem festejados pela população local, boa parte dela de ascendência teutônica, no dia 27 de novembro oficiais e praças do navio invadiram domicílios à procura de suposto desertor de nome Hassemann e prenderam um súdito do imperador Guilherme II de passagem por aquela cidade, Steinhoff. Em 5 de dezembro, o governador do estado em exercício determinou a abertura de inquérito policial para apurar as responsabilidades pelas violências praticadas. No dia seguinte, o *Jornal do Commercio* noticiou o incidente, ao que se seguiu discurso do deputado Barbosa Lima denunciando o atentado à soberania nacional. Começou a agitação popular, que redundaria em protestos no Rio de Janeiro, Porto Alegre e Rio Grande (Joffily, 1988:28-29). Diante do vulto que a questão estava adquirindo, Rio-Branco telegrafou a Joaquim Nabuco, primeiro embaixador do Brasil nos Estados Unidos, nos seguintes termos:

> Marinheiros canhoneira alemã Panther dirigidos por oficiais paisana madrugada 27 novembro desembarcaram Itajaí obrigaram dono Hotel Commercio entregar-lhes jovem alemão Steinhoff refratário serviço militar levaram preso para bordo. ponto. É o que resulta do inquérito. ponto. Panther entrou ontem Rio Grande onde estará dias. ponto. Trate de provocar artigos enérgicos monroistas contra esse insulto. ponto. Vou reclamar entrega preso condenação se formal ato. ponto. Se inatendidos empregaremos força libertar preso ou meteremos a pique Panther. ponto. Depois aconteça o que acontecer.[336]

Sabendo Nabuco que eventual confronto entre a Marinha e o vaso alemão significaria declaração de guerra à maior potência continental

---

[336] Telegrama de Rio-Branco para Nabuco, 8/12/1905. AHI, apud Joffily (1988:100).

europeia, o representante brasileiro apressou-se em procurar o secretário de Estado Root. Não o tendo encontrado, Nabuco conversou com o subsecretário Bacon sobre o assunto, prevenindo-o para a possibilidade de conflito e salientando que "em tal emergência devíamos poder contar com a opinião Americana" (Joffily, 1988:101). Seguindo as instruções do chanceler, Joaquim Nabuco buscou excitar a imprensa jingoísta dos Estados Unidos:

> Ao mesmo tempo, como V. E. me recomendava, tratei de interessar a imprensa na questão, e de fato, com a suscetibilidade nervosa que existe aqui a respeito de planos alemães no Brasil, a simples comunicação do atentado bastava para despertá-la de modo que não deixasse dúvida à Alemanha sobre a maneira americana de o encarar.

Os jornais de oposição e alguns parlamentares contrários ao governo Rodrigues Alves não tardariam em acusar Rio-Branco de colocar o país em posição humilhante, ao solicitar a intervenção estadunidense (Joffily, 1988:92). Rio-Branco, evidentemente, negaria ter solicitado qualquer interferência exógena.[337] Diante da má repercussão na opinião pública, Nabuco escreveu ao secretário Root afirmando não ter pedido o apoio dos Estados Unidos — o que equivalia, em termos diplomáticos, a um pedido para que Washington coonestasse a versão oficial brasileira (Joffily, 1988:103-104).

Diante das circunstâncias que se apresentavam, o governo decidiu enviar três cruzadores — *Barroso*, *Benjamin Constant* e *Tamandaré* — para interceptar a *Panther*. Como é praxe em semelhante situação, a justificati-

---

[337] A despeito da negativa de Rio-Branco, Joffily cita comunicação de Nabuco endereçada a Root em que o embaixador brasileiro relata ter recebido previamente do secretário de Estado a informação de que este conversara com o embaixador alemão a respeito do caso *Panther*. Na realidade, por vias oblíquas, tão comuns nas comunicações diplomáticas, Rio-Branco solicitou que Nabuco pedisse ajuda ao governo norte-americano e Nabuco transmitiu esse pedido, sem o admitir, ao departamento de estado. A linguagem das comunicações, no entanto, é flexível o suficiente para que seja possível defender tanto a tese de que houve quanto a de que não houve pedido de intervenção norte-americana. Ibid., p. 103.

va pública era a de que a esquadra faria evoluções no sul do Brasil.[338] Em condições normais, essa seria uma força avassaladora diante de uma simples canhoneira de 900 t. No entanto, o estado de depauperação das belonaves mencionadas não permitiu que pudessem alcançar o vaso alemão em tempo hábil. Se ainda fosse preciso provar alguma coisa, a Marinha demonstrava como eram precárias a sua prontidão e capacidade de resposta. O *affair* terminaria sem que houvesse clareza sobre o significado do seu desfecho. O oficialismo, de um lado, afirmaria que o Império Alemão prestara "satisfação tão completa como nunca dera a qualquer outra nação"; José Joffily, por outro, daria conta de que a Alemanha limitou-se a prometer que "os responsáveis serão submetidos à justiça militar alemã" — sem que qualquer punição ulterior fosse imposta aos tripulantes da *Panther* (Joffily, 1988:109-110). A despeito dessas visões conflitantes, Peixoto afirma que Rio-Branco teria manifestado, antes e depois da crise, sua convicção de que a imprensa brasileira era contrária a Berlim por influência dos Estados Unidos (Peixoto, 2011:62-63). A percepção de Paranhos Jr. era compreensível. Do ponto de vista diplomático, o conflito era sumamente inconveniente, pois estavam em curso tratativas para que o exército alemão recebesse oficiais brasileiros em suas fileiras, assim como negociações para a compra de armas e a contratação de uma missão militar germânica para modernizar a força terrestre (Peixoto, 2011:62).

Apesar da repercussão do caso, não parece existir respaldo para a tese de que o insulto da canhoneira alemã teria sido determinante para a tomada de consciência a propósito da inanidade naval brasileira e a subsequente adoção do programa de 1906. O programa de 1904 encontrava-se aprovado e, como se observará à frente, o seu substituto resultou da combinação de vários fatores que nada, ou muito pouco, tiveram a ver com a questão *Panther* em si. Pode-se especular, contudo, que ela tenha reforçado a percepção previamente existente de que o imperialismo europeu era de fato uma ameaça em potencial ao Brasil — o que apenas robustecia a

---
[338] Foi assim que Rio-Branco se justificou ao ser questionado pelo ministro alemão von Treutler sobre o assunto. O chanceler brasileiro, contudo, afirmou que a *Panther* poderia ser abordada caso Steinhoff estivesse a bordo do navio germânico e houvesse recusa em entregá-lo. Lins (1965:346-347).

ideia de que a "amizade" norte-americana representava ativo de enorme transcendência como anteparo à agressividade das potências do velho continente.[339] Nabuco anotou em seu diário: "Agora o Brasil procede contra a Alemanha como a França jamais ousaria. E em quem confiamos? Sem o '*sea power*' (dos EUA), um bloqueio alemão do Rio e Santos nos faria cozinhar no próprio suco, que no nosso caso seria suco de café."[340] Essa questão remete à concepção estratégica do ministro Júlio de Noronha ao formular a reorganização da Marinha.

Os elementos compulsados neste trabalho não permitem ter clareza quanto à existência de estratégia predefinida e doutrinariamente consistente que a informasse. Como sói acontecer em casos semelhantes, as burocracias possuem tendência quase irresistível a formular seus programas setoriais, baseadas muito mais na emulação de suas congêneres estrangeiras e em suas próprias demandas corporativas do que em requisitos abstratos de política externa. No caso das Forças Armadas, isso é particularmente verdadeiro em contextos nos quais prevaleçam relações civis-militares complexas como as vivenciadas durante a Primeira República.[341] Se, ao que todas as evidências indicam, um personagem do prestígio e da influência de Rio-Branco não participou da formulação do projeto de força da Marinha, pode-se supor que o mesmo tenha ocorrido com os próprios presidentes da República. Com toda a probabilidade, a participação dos supremos mandatários da nação no processo (Rodrigues Alves e Afonso Pena) limitou-se a referendar politicamente os pro-

---

[339] Burns oferece versão muito próxima da oficialista ao relatar o caso *Panther*. Por um lado, afirma que o episódio reforçou ainda mais os laços de amizade entre o Brasil e os Estados Unidos, por outro, nega que Rio-Branco e Nabuco tenham solicitado a ingerência do departamento de estado. Burns (1966:106).

[340] Diário de Joaquim Nabuco, 12 de dezembro de 1905, apud Burns (1966:106-107).

[341] Conforme o mencionado anteriormente, um dos sinais mais expressivos da autonomia corporativa que Marinha e Exército adquiriram, uma vez proclamada a República, era justamente a escolha quase exclusiva por parte dos presidentes — Pandiá Calógeras sendo uma exceção no caso da força terrestre — de oficiais generais para a chefia das Forças Armadas durante a Primeira República. Já foi notado aqui que essa sistemática contrariava a prática corrente durante o Império, em que os ministros da Marinha e da Guerra eram na grande maioria das vezes civis.

jetos apresentados pelos ministros da Marinha.[342] A propósito, cabe notar que nenhum dos apelos do chanceler aos presidentes Rodrigues Alves e Afonso Pena, para que a força naval fosse imediatamente aumentada por meio de compras de oportunidade, chegou a ser atendido.

As evidências indicam que Júlio de Noronha estava preocupado em obter a esquadra mais homogênea e equilibrada possível, colocando em segundo plano as vicissitudes das relações internacionais do Brasil com os países do entorno. As missões diplomáticas brasileiras na América do Sul estavam atentas aos movimentos no campo naval. Em 9 de março de 1906, a legação em Buenos Aires transmitiu ao Itamaraty matérias da imprensa argentina que afirmavam que a marinha daquele país adquiriria encouraçados de 14 mil t e 10 torpedeiros de 400 t — comunicação que foi devidamente repassada ao almirante Noronha.[343] É nesse contexto que se deve compreender a sua perspectiva de que não haveria "razão de ordem política para estabelecer um *steeple chase* com os vizinhos no tocante ao deslocamento dos navios" (Noronha, 1950:409), em resposta à sugestão do senador Alexandrino de Alencar de que modificasse o programa naval, com base nas lições de Tsushima e na informação de que a Argentina iria adquirir encouraçados de 17 mil t (Noronha, 1950:409). Embora a rivalidade com Buenos Aires no plano naval não tivesse ainda chegado ao paroxismo conhecido em 1908, o ministro do Brasil junto à nação portenha, Francisco de Assis Brasil, apontaria a Rio-Branco, desde a sua chegada àquele país, o quanto a reorganização da Marinha irritava os argentinos. O republicano gaúcho relataria, igualmente, que o chanceler brasileiro era encarado, por parcela substancial dos formadores de opinião locais, como o grande mentor da suposta política ameaçadora do Rio de Janeiro: "O nome de V. Exa. é alarmante para os políticos argentinos. O que há, no fundo, é o dodói das Missões; mas o que se finge é crer

---

[342] Evidentemente, pesquisa empírica mais aprofundada precisa ser levada a cabo para determinar com precisão em que medida essa assertiva é correta. O autor desconhece, contudo, a existência de trabalho que aborde esse tema específico ou nele resvale.
[343] Ofício de Assis Brasil a Rio-Branco, 09 de março de 1906. AHI 206/02/01, apud Assis Brasil (2006:51).

que a sua orientação é a do Império, a de Cotegipe, que simboliza aqui o elemento invasor e astuto".[344]

A despreocupação de Noronha com a potência das esquadras dos principais vizinhos sul-americanos era, a despeito do que precede, mais aparente do que real.[345] A recusa da proposta de Alexandrino de modificar o programa de 1904 dava-se a partir de uma conjunção de fatores, entre os quais se destacavam a iminente assinatura do contrato dos encouraçados de 13 mil t (depois 14.750), o orgulho pessoal de levar a cabo o seu próprio programa de reorganização e o apego às convicções de ordem técnica sobre o melhor modelo de esquadra a ser adotado — no entender de Noronha, a reorganização por ele vislumbrada geraria poder combatente superior ao que seria obtido com o programa de 1906.[346] Da mesma forma que Alexandrino, Noronha comungava de visão mahaniana sobre a instrumentalidade do poder naval. Porém, o mahanismo do ministro da Marinha de Rodrigues Alves não é suficiente para explicitar o conceito estratégico de emprego do poder naval brasileiro.

Na ausência de documentos públicos sobre o assunto, é lícito supor que ele estivesse muito próximo ao proposto por Armando Burlamaqui. Em artigo para a revista *Kosmos*, esse oficial de marinha tratou da defesa das costas do país. Tema central de seu escrito era o que se referia à instituição castrense, Marinha ou Exército, que deveria se ocupar dessa função. No desenvolvimento de sua *rationale*, Burlamaqui traça três cenários para o emprego do poder militar brasileiro: guerra com nação sul-americana banhada pelo Atlântico, guerra com nação sul-americana banhada pelo Pacífico e guerra com nação de fora da América do Sul (Burlamaqui, 1905:43). No primeiro caso, e não é difícil imaginar que o adversário cogitado fosse a Argentina, tanto Marinha quanto Exército

---

[344] Carta de Assis Brasil a Rio-Branco, 24 de julho de 1905, apud Assis Brasil (2006:15).
[345] Isso pode ser visto nas comunicações entre Noronha e Rio-Branco, em que o primeiro assegura que seu programa naval dará ao Brasil esquadra capaz de fazer frente a qualquer nação sul-americana. Guedes (2002:311).
[346] Júlio de Noronha era essencialmente um técnico, como se pode observar a partir do teor de sua obra *A organização naval*. Outro aspecto que fica evidente com a leitura desse trabalho é a indisfarçável antipatia por Alexandrino de Alencar. Noronha (1950:passim).

seriam empregados simultaneamente, cabendo àquela atuar na ofensiva, "combatendo o inimigo onde é que o encontre, dominando-o, vencendo--o para adquirir o comando do mar "(Burlamaqui, 1905:43). No segundo caso, e não seria despropositado supor que o adversário imaginado fosse o Peru, o papel protagônico caberia ao Exército. A força naval seria incumbida de auxiliar os esforços das tropas do ponto de vista logístico, tendo em conta o caráter essencialmente fluvial do esforço de guerra. Paralelamente, a Marinha deveria garantir a liberdade das comunicações marítimas. Somente na hipótese de superioridade avassaladora, poderia atacar a esquadra inimiga em sua própria costa — dadas as distâncias envolvidas (Burlamaqui, 1905:44). Na terceira hipótese, os encargos da defesa nacional recairiam exclusivamente sobre a Marinha. Caberia a esta adotar postura estratégica que Burlamaqui classifica de defesa ativa:

> Na análise das condições presentes, acreditando que nossos recursos navais estejam à altura da nossa política exterior, e tenham força equivalente ou mesmo um pouco superior a do mais poderoso país sul-americano, desde logo compreende-se que a estratégia da esquadra é a da vigorosa defensiva ativa, aproveitando a vantagem do afastamento do adversário. O Brasil estando regularmente armado em face das complicações de sua política sul--americana, com o princípio que nos legou o Império, da primazia naval, possui elementos que obrigam aos países trans-oceânicos à meditar nas dificuldades de uma campanha naval em águas tão distantes, sem uma base naval, sem um apoio (...) [o que] vem facilitar as projetadas operações da ativa defesa. (Burlamaqui, 1905:45)

Diante do artigo referido, parece claro que, além de aumentar o prestígio internacional do País, a reorganização da Marinha serviria basicamente a dois objetivos estratégicos: permitir que o Brasil vencesse conflito regional com a Argentina e que fosse capaz de dissuadir ameaças de caráter imperialista. A despeito de existirem correntes de opinião temerosas da agressividade *Yankee*, como se pode observar na obra de Arthur Dias e no pensamento de Oliveira Lima, essas encontravam-se em dissonância com a orientação governamental. Para Rio-Branco, uma estreita relação com os EUA representava escudo contra o expansionismo europeu. Nessa linha, o imperialismo do velho continente representava o perigo primordial a ser dissuadido. Evidentemente, a defesa ativa imaginada por Burlamaqui poderia ser eficaz como elemento dissuasório apenas se nenhum interesse vital de uma grande potência europeia estivesse envolvido.[347] Para que se tenha uma ideia da desproporção entre a força naval do Brasil e a das cinco maiores potências daquele continente (Grã-Bretanha, Alemanha, França, Rússia e Itália), basta cotejar a dimensão do programa Noronha e o de Lanessan, ministro da Marinha da França. A comparação é apta por terem os detratores do programa de 1904 alegado que ele seria uma cópia do que foi lançado pelo estadista gaulês em 1900.[348]

TABELA 5
COMPARAÇÃO ENTRE OS PROGRAMAS NAVAIS NORONHA (1904) E DE LANESSAN (1900, FRANÇA)

	Programa Noronha (1904)	Programa de Lanessan (1900)
encouraçados	3 de 13 mil t (depois 14.750 t)	6 de 14.865 t
cruzadores-encouraçados	3 de 9.200 a 9.700 t	5 de 12.416 t
destroyers	6 de 400 t	28 de 305 t
Tonelagem total	**75.750 t***	**159.810 t**

Fonte: Noronha (1950:421-422).
* Empregaram-se os valores mais elevados para o cálculo da tonelagem total. Compararam-se apenas os meios de uma mesma categoria cuja tonelagem era conhecida. Se todos os navios constantes dos dois planos fossem considerados, a diferença de tonelagem em favor do programa de Lanessan seria, provavelmente, ainda maior.

A desproporção entre as ambições das duas marinhas comparadas, que já era grande, empalidece diante do programa francês de 1906. Deste constava a obtenção de uma esquadra de 38 encouraçados, 20 cruzadores-

---

[347] Caso contrário, seria improvável que uma grande potência europeia comprometesse parcela significativa de seu poder naval com operações no Atlântico Sul — enfraquecendo sua capacidade dissuasória no teatro europeu e correndo o risco de precipitar intervenção norte-americana.

[348] Evidentemente, o fato de um programa de reorganização naval ser lançado não significa que ele será concluído. De toda forma, basta a comparação entre os esforços brasileiros e franceses para que se tenha uma ideia das dimensões envolvidas.

-encouraçados, 6 exploradores (*scouts*), 109 *destroyers*, 170 torpedeiras e 131 submarinos (Noronha, 1950:422).

Vale registrar que, para profundo desgosto da Argentina, foi realizada no Rio de Janeiro, em julho de 1906, a III Conferência Pan-Americana, evento que contou com a presença, pela primeira vez na história, de um secretário de Estado norte-americano, Elihu Root.[349] As reuniões ocorreram no então recém-inaugurado Palácio Monroe, originalmente projetado pelo coronel Francisco de Sousa Aguiar como pavilhão brasileiro para a exposição universal de Saint Louis (1904), Estados Unidos. Mais uma vez, o país envidava todos os esforços para conquistar a confiança e a simpatia da maior potência do hemisfério — elemento-chave para a política externa articulada por Rio-Branco. No mesmo mês em que ocorria o conclave, de resto sem maiores desdobramentos palpáveis, era assinado o contrato de construção dos três encouraçados do programa Noronha. Um pouco antes, em maio de 1906, o contra-almirante Alexandrino Faria de Alencar assumia o cargo de senador da República pelo Amazonas, que obteve depois de curta passagem por aquele estado quando à frente da Divisão Naval do Norte.

11. O HMS *Dreadnought* e a ofensiva de Alexandrino

Quase em paralelo, o *Dreadnought* teve sua quilha batida em 2 de outubro de 1905 no Royal Portsmouth Dockyard — estaleiro de propriedade do estado britânico. Produzido em tempo recorde, seria lançado ao mar um ano e um dia depois. Apesar do sigilo que cercou a sua construção, rumores sobre o projeto de um navio de grandes proporções começaram a circular muito antes de outubro. Carl von Coerper, adido naval

---

[349] Rio-Branco e Joaquim Nabuco trabalharam intensamente para atrair o secretário de Estado Root para o evento — que reforçava o prestígio internacional do Brasil. Por esse fato, e também por discordar do protagonismo norte-americano e da agenda do conclave, a Argentina cogitou não enviar representantes à Conferência. Ver Ofício de Assis Brasil a Rio-Branco, 29 de março de 1906. AHI 206/02/01, apud Assis Brasil (2006:59).

do Império Alemão em Londres, logrou confirmar as características do que seria a revolucionária belonave em 20 de fevereiro de 1905 (Kelly, 2011:253). Hough afirma que Tennyson d'Eyncourt, projetista naval e supervisor de vendas da Armstrong, havia informado à Marinha sobre o futuro lançamento de um navio particularmente poderoso. O representante de Elswick teria aconselhado a paralisação temporária da encomenda brasileira até que houvesse mais clareza a respeito do assunto (Hough, 1966:18). Nessas condições, é virtualmente impossível que a Armstrong e a Vickers desconhecessem a existência do *Dreadnought* em 5 de julho de 1906, momento em que a literatura indica ter-se iniciado campanha orquestrada na imprensa com o fito de pressionar o governo a modificar o programa de 1904, em especial no que se referia aos encouraçados (Martins e Cozza, 1997:81-82). Foi nessa oportunidade que o capitão-tenente Souza e Silva expôs, em artigo no *Jornal do Commercio*, o que seriam as falhas do programa Noronha à luz da evolução do pensamento estratégico naval, observada desde a guerra do Extremo Oriente (Noronha, 1950:413-419). Antes disso, também pela imprensa, Alexandrino de Alencar já se manifestara contrariamente ao programa, embora em termos mais genéricos do que Souza e Silva, seu antigo subordinado (Martins Filho, 2010:89).

De acordo com Martins Filho, o que estava por trás dessa campanha orquestrada, pois todos os argumentos eram exatamente iguais, independentemente de quem se ocupasse do tema, era a pressão dos estaleiros britânicos (Martins Filho, 2010:88). Em função do *timing* das aquisições da Marinha do Brasil, esta transformara-se no cliente de exportação ideal para a difusão do conceito do *Dreadnought*. Uma eventual encomenda brasileira naquele momento faria do Armstrong e do Vickers os primeiros estaleiros privados da Inglaterra a produzir esse tipo de vaso de guerra para uma nação estrangeira — fato que indubitavelmente lhes daria vantagem na disputa por novas encomendas. Portanto, parece coerente que John Meade Falkner, diretor do Armstrong, ao se referir aos brasileiros depois de assinado o contrato para a compra dos *dreadnoughts*, se expressasse da seguinte forma:

[sinto] uma distinta e provavelmente tola simpatia quixotesca por esse povo, que nos deu um contrato que fez o mundo dos negócios ficar estupefato — que por meio dessa encomenda fortaleceu imensamente o nosso prestígio — que suplantou o próprio Herodes, e através desses navios gigantescos fez com que todas as marinhas do mundo seguissem a liderança de Elswick (Topliss, 1988:249).

A argumentação dos partidários da completa modificação do programa Noronha estava fundamentada em algumas premissas essenciais:
1. o poder ofensivo e defensivo dos navios propostos era entre 25% a 33% inferior às unidades em construção ou projetadas por outros países;
2. não estavam contemplados navios indispensáveis, como os cruzadores-exploradores (*scouts*) e o navio-mineiro (lançador de minas);
3. os cruzadores-encouraçados e os torpedeiros de 50 t, apesar de contemplados no programa de 1904, constituíam unidades em desuso;
4. não haveria necessidade de navio-carvoeiro;
5. com a mesma soma a ser despendida no ultrapassado programa, seria possível adquirir esquadra muito mais moderna e poderosa. (Noronha, 1950:415)

No entender de Souza e Silva, os recursos públicos deveriam ser utilizados de forma a permitir que os meios flutuantes adquiridos fossem os mais atuais possíveis. Igualmente, havia de considerar-se que:

Os argentinos mantêm na Europa uma comissão de oficiais de marinha estudando os tipos de navios de combate mais poderosos para adquiri-los para a esquadra. Sabe-se, nos círculos navais, e isso não é por certo ignorado pela nossa diplomacia, que por ora a escolha do estado-maior argentino recaiu em um tipo de navio semelhante ao japonês Kashima, isto é, um encouraçado de 16.400 toneladas, maior portanto, e mais poderoso do que o nosso. (...) Então, com os nossos de 13.000 toneladas, ficaríamos nas mesmas condições de inferioridade em que nos achamos atualmente. Continuaríamos desarmados, não só em face deles, como das demais nações marítimas. (Noronha, 1950:416)

A solução proposta pelo oficial ligado a Alexandrino seria a de aumentar em mais de um terço o deslocamento dos encouraçados, substituir os cruzadores-encouraçados por cruzadores esclarecedores extrarrápidos de 3 mil t (*scouts*), incrementar o número e o deslocamento dos *destroyers* adotando apenas uma classe de navio torpedeiro, além de substituir o navio carvoeiro por um navio-mineiro (Noronha, 1950:418-419). O fato de que o programa de 1906 era a reprodução exata das propostas do mencionado capitão-tenente corrobora a tese de que ele agia como porta-voz do futuro ministro da Marinha de Afonso Pena. Nesse sentido, a Comissão da Marinha e da Guerra da Câmara dos Deputados não tardaria em emitir parecer sobre o programa de 1904 com o seguinte teor: "o exemplo das nações que acodem com desvelo suas forças de mar, atentas às lições da História nos deveria induzir a um Programa diferente, que satisfizesse nossas justas ambições de efetiva hegemonia no continente" (Martins e Cozza, 1997:82). Além da pressão dos estaleiros e das eventuais preferências de Alexandrino — que, no passado, classificara o plano Noronha de exageradamente ambicioso —, outro fator deve ser levado em consideração para explicar o malogro da reorganização da força naval idealizada pelo ministro da Marinha de Rodrigues Alves. Trata-se do profundo desgaste político daquele governo em sua segunda metade, ocasionado pela crise de superprodução de café.

Já em 1905, o problema manifestou-se de modo acentuado. Naquele ano, a safra prevista atingiria 16 milhões de sacas. Considerando que o estoque mundial era da ordem de 9,6 milhões e a produção dos concorrentes do Brasil algo em torno de 4 milhões, calculava-se oferta de 29,6 milhões de sacas. A demanda, contudo, não ultrapassaria 16 milhões de sacas. Previa-se, portanto, um aumento do excedente para 13,6 milhões de sacas, o que deprimiria ainda mais os preços internacionais do produto. Isso em um contexto em que a taxa cambial se encontrava elevada, o que prejudicava a renda da lavoura, quase toda ela voltada para a exportação (Fausto, 2006:236). A solução para o problema alvitrada pelos produtores contemplava duas dimensões interligadas: o esquema de valorização do café e a estabilização da taxa cambial em níveis mais baixos por meio de uma caixa de conversão. O Convênio de Taubaté, que reuniu os presidentes dos estados de Minas Gerais, Francisco Sales, São Paulo, Jorge Tibiriçá, e Rio de Janeiro, Nilo Peçanha, em fevereiro de 1906, estabeleceu os marcos da política de valorização. Essa, contudo, dependia fundamentalmente do apoio do governo federal — que daria o aval ao empréstimo de 15 milhões de libras esterlinas voltado à compra da produção excedente e criaria a caixa de conversão para estabilizar o câmbio (Fausto, 2006:237-238). Embora Rodrigues Alves, ele próprio cafeicultor, não se opusesse *in totum* ao esquema de valorização, sua administração negar-se-ia a aprovar a caixa de conversão.[350] O ministro da Fazenda, Leopoldo de Bulhões, no relatório anual apresentado ao presidente em 1906, demonstrava sua vigorosa oposição ao intervencionismo cambial.[351]

A oligarquia de São Paulo posicionou-se contrariamente ao liberalismo da política econômica do governo. Nesse contexto, a candidatura apoiada por Rodrigues Alves à sua sucessão, a do paulista Bernardino de Campos, inviabilizou-se depois de que este fez declarações em favor da manutenção da austeridade fiscal e da livre convertibilidade do câmbio até então praticadas (Fausto, 2006:239). O senador Pinheiro Machado, líder do que ficou conhecido naquela quadra como o "Bloco", articulou o apoio à eleição de Afonso Pena como supremo mandatário da nação (Franco, 1973:v. II, p. 534-535). Nilo Peçanha, um dos signatários do Convênio de Taubaté, seria o vice-presidente. Foi nessa circunstância, de ocaso e descontentamento com a gestão Rodrigues Alves, que Alexandrino, eleito senador, manobrou para substituir o plano Noronha. Para tanto, contou com fortes apoios políticos como os de Pinheiro Macha-

---

[350] O Congresso aprovou os termos do Congresso de Taubaté, independentemente da vontade do governo. A criação da caixa de conversão, que Rodrigues Alves pretendia vetar caso fosse aprovada durante o seu mandato, foi postergada para depois da posse de Afonso Pena. Fausto (2006:241).
[351] Brasil. Ministério da Fazenda. Relatório do ano 1905-1906 apresentado ao Presidente da Republica dos Estados Unidos do Brazil. 1906. p. IV-XIV.

do, Rui Barbosa e Antônio Azeredo. Conforme apontou Mello Franco, o programa naval tinha àquela altura adquirido caráter político. Para golpear o governo, era importante desconstruir o projeto elaborado pelo ministro Noronha. A campanha iniciada na imprensa, e inspirada pelos estaleiros ingleses interessados, seria a contraparte desse processo. Mais uma vez, o senador baiano expressaria seu ponto de vista a propósito de questões navais:

> Rui Barbosa, em franca oposição, constituiu-se no Senado o mais severo orador a condenar o plano naval, apoiado por Alexandrino, que também tinha assento naquela casa. É curioso que os ataques (...) focalizavam precisamente os pontos mais vulneráveis do plano de Afonso Pena, censurando, em Rodrigues Alves, aquilo precisamente que se fez depois, sem protesto de sua parte, ou seja, agir "com imprudência e irreflexão", sem estudos prévios sérios, sem examinar "palmo a palmo o terreno em que se pisa". (Franco, 1973:v. II, p. 484-485)

Vale assinalar que a reviravolta no programa naval deu-se, quase exclusivamente, com base na vontade do futuro ministro da Marinha. A avaliação de Mello Franco capta o espírito que presidiu o plano Alexandrino, embora seja imprecisa ao mencionar os programas como pertencentes aos presidentes. Embora estes fossem os responsáveis, em última instância, por aprovar politicamente as iniciativas, claro está que seguiram o conselho de seus assessores navais. Prova cabal disso encontra-se no teor da lei que revogou o programa de 1904 e instituiu o de 1906. O Projeto nº 35, de 8 de novembro de 1906, proposto pelo senador Antônio Azeredo, reproduzia, sem qualquer desvio, as pretensões do almirante Alexandrino:

> O Congresso Nacional decreta:
> Art. 1º — Fica o presidente da Republica autorizado a efetuar as seguintes alterações e substituições nos navios mencionados no decreto nº 1.296 de 14 de novembro de 1904:
> Melhorar os caracteristicos militares dos três couraçados, aumentando o seu deslocamento;

Substituir os três cruzadores couraçados de 9.200 a 9.700 toneladas por três cruzadores esclarecedores extrarrápidos de 3.500 a 4.500 toneladas;
Substituir os 18 navios torpedeiros de três classes diferentes, isto é, de 50, 130 e 400 toneladas, por caça-torpedeiros (destroyers) de 600 a 700 toneladas;
Substituir o transporte para carregar 6.000 toneladas de carvão por um navio mineiro de 3.000 toneladas;
Substituir o navio-escola de 3.000 toneladas por um pequeno navio destinado ao serviço de hidrografia e de exploração da costa.
Art. 2º — Fica mantida a autorização para a acquisição de três submarinos, e para concluir a construção dos monitores de rio Pernambuco e Maranhão.
Art. 3º — Os navios mencionados nesta lei serão encomendados à indústria particular pelo Ministério da Marinha, devendo ser adquiridos no prazo de seis anos.
Art. 4º — As despesas para a execução desta lei serão providas com os recursos orçamentários de cada exercício, sendo levadas ao exercício seguinte, conservando o seu destino, as quantias não aplicadas.
Art. 5º — Ficam revogadas as disposições em contrário. (Dias, 1910:74-75)

Mesmo antes de assumir o ministério, o almirante político conseguiu mobilizar o parlamento para uma grande mudança de rumo nos termos da reorganização da esquadra. O Decreto nº 1.567, de 23 de novembro de 1906 (sete dias após a posse do novo ministro da Marinha), formalizaria o conteúdo do Projeto nº 35 (Martins e Cozza, 1997:83). Essa manobra é prova eloquente da falta de consistência doutrinária do debate público sobre o assunto. Embora o advento do *Dreadnought* tenha sido universalmente considerado uma ruptura em relação à configuração tradicional dos navios capitais, há muito se observava a tendência ao aumento do deslocamento, da couraça e do calibre da artilharia dos vasos de guerra (Leary, 1916:296-312). É verdade que o ritmo acelerado das mudanças tecnológicas implicava grande incerteza. No entanto, a sociedade, por meio de seus representantes políticos, em geral, e a Marinha do Brasil, em particular, praticamente nada possuíam em termos de reflexão doutrinária que mitigasse aquela circunstância.[352] Nessas condições, o projeto de forças navais passava a ser aquilo que o responsável pela pasta julgasse oportuno, quase sempre em detrimento dos esforços realizados por seus antecessores.[353] A facilidade com que foi possível transitar do programa Noronha para o Alexandrino, a despeito da rivalidade com a Argentina e do lançamento do *Dreadnought*, evidencia as frágeis bases conceituais que instruíam as políticas públicas nessa área — que tinham como contraparte o personalismo das lideranças navais. Este, por sua vez, manifestava-se livremente diante da reduzida capacidade de direção do poder político civil.

Como se dá no Brasil até os dias de hoje, a ingerência civil na composição das forças de mar e terra era mínima, ressalvadas as restrições de ordem financeira. Eram estas o instrumento pelo qual se exercia algum tipo de controle sobre os programas militares. Sabe-se que elemento crucial para a inviabilização do programa Noronha foi justamente a demora do parlamento em aprovar os créditos para a aquisição inicial dos três encouraçados de 13 mil t. Conforme o mencionado em outra passagem, o governo Rodrigues Alves relutava em aumentar as despesas públicas, a despeito da melhora acentuada da situação fiscal durante o quadriênio. Para manter a política de austeridade e, ao mesmo tempo, financiar o programa naval, Leopoldo de Bulhões pretendia conseguir que o Itamaraty extraísse do Uruguai um acordo sobre o pagamento de sua dívida externa com o Brasil (Lacombe, 1986:304). No caso do programa de 1906, a despeito da oposição de Rio-Branco, o Ministério da Fazenda tentaria reduzi-lo com o objetivo de diminuir as despesas públicas.[354]

---

[352] É bem verdade que uma elite dentro da Marinha, e mesmo alguns poucos publicistas fora dela, tinha acesso à literatura internacional sobre os progressos navais. Não é esse o ponto que se pretende abordar. O que se pretende é realçar o fato de que inexistiam mecanismos institucionais por meio dos quais fosse possível interpretar, a partir de visão original brasileira, o progresso tecnológico e sua adequação à realidade estratégica do país.
[353] Foi assim na transição de Noronha (1902-06) para Alexandrino (1906-10), deste para Marques de Leão (1910-12) e deste (depois de dois ministros interinos) novamente para Alexandrino (1913-14).
[354] É sabido que, nessa época, o Ministério da Fazenda tinha canal direto de comunicação com a *City*, o que em muito desagradava a representação diplomática

12. As pressões contrárias ao programa Noronha e o ABC

Antes de se passar à análise do programa Alexandrino propriamente dito e de suas repercussões domésticas e internacionais, cabem algumas palavras sobre a circunstância diplomática que envolvia a reorganização naval brasileira. No dia 15 de outubro de 1906, o encarregado de negócios britânico no Rio de Janeiro, Colville Barclay, escreveu ao Foreign Office dando conta dos rumores que envolviam encontro mantido entre Rio-Branco e William Buchanan — antigo ministro dos EUA na Argentina e delegado norte-americano à III Conferência Pan-Americana, há pouco realizada na capital brasileira.[355] De acordo com uma versão do encontro, realizado cerca de uma semana antes daquela comunicação a Londres, a conversa teve caráter "tempestuoso", uma vez que Buchanan teria ousado sugerir que Rio-Branco determinasse o cancelamento do contrato de compra dos encouraçados.[356] A impertinência do interlocutor teria causado irritação no chanceler brasileiro. Na visão de Barclay, Buchanan deveria estar agindo por conta própria ou em nome de amigos argentinos, uma vez que não faria sentido uma intervenção de Washington depois dos contratos assinados. O encarregado de negócios da Grã-Bretanha não deixou de registrar sua impressão de que as compras de armamentos do país não tinham fins agressivos. Para Barclay, o que justificava a aquisição dos vasos de guerra era o fato de que o Brasil estava "animado do desejo de não ficar atrás de nenhuma república sul-americana".[357]

Buchanan agia, na verdade, em coordenação com o empresário portenho Ernesto Tornquist. As comunicações entre os dois, de posse da diplomacia inglesa, comprovam essa associação.[358] Livermore, no en-

---

brasileira em Londres — frequentemente surpreendida por decisões das quais não tinha conhecimento. Ver Alonso (2007:303); sobre a articulação da Fazenda para limitar o programa de reaparelhamento naval, ver Carta de Rio-Branco a Domício da Gama, 15 de dezembro de 1908, apud Viana Filho (1959:398).

[355] Barclay a Bart, Petrópolis, 15 de outubro de 1906. FO 371/13, 37222, p. 251.
[356] Ibid.
[357] Barclay a Bart, Petrópolis, 15 de outubro de 1906. FO 371/13, 37222, p. 252.
[358] Barclay a Bart, Petrópolis, 28 de novembro de 1906. FO 371/13, 40051, p. 259-261.

tanto, sustenta que o indigitado tinha autorização do presidente Theodor Roosevelt para realizar a gestão (Livermore, 1944:33). É certo, contudo, que o ex-embaixador *Yankee* transmitiu o teor de sua *démarche* ao departamento de Estado.[359] O relato do diálogo mantido com Rio-Branco, por parte do cidadão estadunidense, indica que não haveria espaço para um retrocesso brasileiro, ainda mais tendo em conta as intenções benignas externadas pelo chanceler.[360] O *build-up*, segundo ele, estaria ligado à proteção das extensas costas do país, naquele momento totalmente desguarnecidas. O ministro das Relações Exteriores teria afirmado que não havia qualquer motivo para que persistissem desconfianças entre o Rio de Janeiro e Buenos Aires. Em idêntico sentido, teria dito a Buchanan que, caso o Brasil aceitasse rever seu programa naval, estaria submetendo-se ao mesmo tipo de suserania exercida pelos EUA sobre Cuba (Livermore, 1944:33). Essa talvez tenha sido a primeira de uma série de recusas do barão em cogitar qualquer modificação dos planos de incremento do poder naval brasileiro.[361] Rio-Branco tinha plena consciência de que qualquer recuo seria catastrófico para sua política de prestígio.[362] Em comunicação com Joaquim Nabuco, o chanceler seria peremptório ao antecipar a possibilidade de alguma ação por parte do governo norte-americano: "Se nos falarem em acordo sobre limitação de armamentos responderemos que não admitimos acordo algum sobre isso" (Lins, 1965:394). A despeito do que precede, setores da imprensa portenha veriam a reorganização da Marinha como exemplo do subimperialismo brasileiro: "o Brasil exerceria a hegemonia sul-americana por delegação norte-americana".[363]

---

[359] Ofício de Nabuco a Rio-Branco, Washington, 3 de janeiro de 1907. AHI 234/01/06. In: Nabusco (2011:225).
[360] Barclay a Bart, Petrópolis, 15 de outubro de 1906. FO 371/13, 37222, p. 252.
[361] De acordo com os elementos compulsados até aqui, não há qualquer indicação de que uma eventual decisão de Rio-Branco no sentido de rever as aquisições da Marinha seria aceita pelo presidente da República — sem falar no ministro da Marinha.
[362] No momento da entrevista de Buchanan com Rio-Branco, ainda não tinha havido a substituição do plano Noronha pelo Alexandrino — o que somente ocorreria um pouco mais de um mês depois, em 23 de novembro de 1906.
[363] "La diplomacia brasileña", apud Bueno (2003:288-289).

Não se deve esquecer que a inferioridade militar do país em relação ao rival platino dava-se naquele instante também no que respeita à força terrestre. Depois do desastre de Canudos, o Exército somente faria manobras em 1905 e 1906 (Franco, 1973:v. II, p. 482). Nunn, baseado em depoimento de Leitão de Carvalho, afirma que esses exercícios deixaram clara a incompetência de grande parte dos oficiais (Nunn, 1972:35). Sem falar no problema de formação do pessoal, o Brasil encontrava-se inferiorizado tanto em capacidade de mobilização quanto em material perante a Argentina — que contratou uma pequena missão militar alemã em 1899 (Resende-Santos, 2007:194-196) e estabeleceu o serviço militar obrigatório em 1901 (Resende-Santos, 2007:194-196). Na homenagem que recebeu do Exército dois dias depois de aprovado o Projeto nº 35, o chanceler exporia um fragmento de sua visão sobre a imperiosa necessidade de aumentar as capacidades combatentes das Forças Armadas:

> o nosso amor pela paz não é motivo para que permaneçamos no estado de fraqueza militar a que nos levaram as nossas discórdias civis e um período de agitações políticas que, devemos crer, está felizmente encerrado para sempre. (...) Não depende da vontade de uma nação evitar conflitos internacionais. Mesmo os Estados neutralizados, como a Suíça e a Bélgica, cuidam séria e patrioticamente da sua defesa militar, na previsão de possíveis complicações e ataques. A grande extensão do nosso litoral e do nosso território interior, o exemplo de vizinhos que se armaram enquanto só cuidávamos da nossa política interior, impõe-nos o dever de reunir os elementos de defesa nacional de que precisamos. *Temos de prover pela nossa segurança, de velar pela nossa dignidade e pela garantia dos nossos direitos que às vezes só a força pode dar. Carecemos de exército eficaz e de reservas numerosas, precisamos de reconquistar para a nossa marinha a posição que antigamente ocupava.* (Paranhos Jr., 1948:103-104, grifos meus)

Para qualquer analista que não esteja comprometido com o oficialismo idiotizante, os termos da declaração de Rio-Branco parecem meridianamente cristalinos: do ponto de vista militar, o Brasil precisava ser tão ou mais poderoso do que qualquer país do entorno, de modo a repelir afrontas e projetar no plano internacional sua condição de primeira potência da América do Sul.[364] Essa pretensão não implicava veleidades expansionistas, mas tampouco elidia seu caráter intrinsicamente competitivo. Se, por um lado, inexistiam intenções agressivas, por outro, pretendia-se recolocar a Marinha do Brasil em posição de superioridade diante da Argentina. A curta e atribulada corrida naval no Cone Sul — que também engolfou o Chile — decorreu das desconfianças mútuas existentes entre os países da região e do significado político atribuído à posse de navios capitais. Especialmente a partir do advento do *Dreadnought*, as nações que detinham esse tipo de plataforma adquiriam estatuto privilegiado entre seus pares: "Como as armas nucleares nas últimas décadas do século XX, a posse de dreadnoughts significava que um país contava para algo nos equilíbrios global e regional de poder" (Sondhaus, 2001:201).

Para que não reste qualquer dúvida sobre a leitura feita por Buenos Aires do nosso programa naval, mesmo antes da assunção do San Martín por Zeballos, cabe reproduzir o teor das comunicações de Assis Brasil a Rio-Branco em novembro de 1906. Dava conta o representante brasileiro de conversa mantida com o ministro das relações exteriores da Argentina, Montes de Oca, no dia 5 daquele mês, antes, portanto, da aprovação pelo Congresso do Projeto nº 35. Na ocasião, o chanceler mencionou o mal-estar gerado na imprensa bonaerense pelo anúncio do programa naval durante a III Conferência Pan-Americana — na verdade ele se referia à assinatura do contrato dos encouraçados em 23 de julho.[365] Prosseguiu o chanceler afirmando que apenas um dos encouraçados encomendados seria capaz de destruir toda a esquadra argentina e chilena.[366] Embora

---

[364] O Brasil possuía, de fato, alguns dos atributos necessários à fundamentação desse desiderato: maior população, maior território, abundância de recursos naturais. Do ponto de vista econômico e militar, contudo, cabia a liderança à Argentina.

[365] Ofício de Assis Brasil a Rio-Branco, 08 de novembro de 1906. AHI 206/02/01, apud Assis Brasil (2006:v. 2, p. 79).

[366] Supõe-se que o ministro das relações exteriores argentino refira-se oficialmente aos encouraçados de 14.750 t do programa Noronha — únicos efetivamente contratados naquele momento. É possível, no entanto, que já antecipasse a construção dos

fosse contrário aos armamentos e confiasse nas intenções benévolas do Brasil, acreditava ser muito difícil impedir que seu país reagisse ao incremento naval do vizinho (Assis Brasil, 2006:v. 2, p. 79). Nessa linha, indagava a Assis Brasil se o Rio de Janeiro não poderia reduzir "espontaneamente" o seu programa naval (Assis Brasil, 2006:v. 2, p. 79-81). Sobre essa possibilidade, mencionou — de forma muito coerente com a circunstância estratégica argentina — que qualquer acordo sobre a matéria deveria incluir o Chile (Assis Brasil, 2006:v. 2, p. 79).

O ministro brasileiro em Buenos Aires retorquiu, ao que tudo indica instruído por Rio-Branco, que não cabia dúvida sobre os sentimentos de amizade entre os dois países.[367] O rearmamento naval teria por objetivo resguardar as extensas costas da nação, naquele momento desprotegidas. Em idêntico sentido, havia o Brasil de reconstruir a Marinha, uma vez terminado o período de discórdias e agitações que a levou ao abandono. A aquisição dos encouraçados dar-se-ia por questões técnicas, visando à incorporação dos melhores tipos disponíveis — exatamente como a Argentina fizera no passado. Ademais, era preciso levar em conta que o Brasil sempre teve esquadra superior à argentina sem que isso representasse ameaça a esse país. O Rio de Janeiro jamais fizera objeções à incorporação de armamentos pelos vizinhos, mesmo no período em que seus problemas domésticos o impediam de os acompanhar. Ao mencionar a improvável possibilidade de "rompimento" (leia-se guerra) entre os dois países, Assis Brasil sustentava que a única hipótese, ainda que longínqua, seria a da questão boliviana — mas que nesse caso a influência brasileira seria incontrastável. Como prova das intenções elevadas do Brasil, caso a Argentina decidisse responder às compras de armamento naval, não

---

dreadnoughts, uma vez que os estaleiros ingleses dificilmente perderiam a oportunidade de transmitir informações de "cocheira" às marinhas afetadas por movimentos como o brasileiro — evidentemente no intuito de induzi-las a encomendas para reequilibrar o balanço de forças. Ibid., p. 79.

[367] Essa suposição justifica-se por serem os argumentos empregados por Assis Brasil muito parecidos com os utilizados por Rio-Branco para rejeitar ingerências internacionais sobre o programa naval brasileiro.

haveria "emulação" subsequente da parte brasileira.[368] Por fim, o chefe de legação dava conta de que considerava "difícil" qualquer recuo nos planos de reorganização naval (Assis Brasil, 2006:v. 2, p. 81).

Em comunicação subsequente a Rio-Branco, datada de 15 de novembro de 1906, Assis Brasil retomou o assunto de maneira mais explícita. Ficaria então patente o nível de tensão registrado em Buenos Aires relacionado à problemática naval. Vale atentar que, nesse momento, o Congresso já havia aprovado o projeto do senador Antônio Azeredo modificando o programa Noronha. O republicano gaúcho informou a Rio-Branco que altas autoridades portenhas tinham cogitado fazer da questão naval um *casus belli*.[369] Na perspectiva de Assis Brasil, como forma de serenar os ânimos, poder-se-ia conceder à Argentina alguma vantagem aduaneira (referia-se certamente à farinha, em que os EUA possuíam preferência tarifária) (Assis Brasil, 2006:v. 2, p. 83-84). Já em ofício com a mesma data, o ministro brasileiro na nação portenha adotaria um tom muito mais realista e sombrio do que costumava ser a norma. A longa citação que segue é crucial para a compreensão do que de fato estava em jogo nas relações dos países da América do Sul. O diplomata gaúcho faria reflexão a partir de informações colhidas a respeito das deliberações do "Conselho de Notáveis" reunido pelo presidente Alcorta, em setembro de 1906, para discutir as implicações do programa naval levado a cabo pelo Rio de Janeiro:

> Parece que há uma corrente de opinião dos notáveis, cujo critério é o da hipótese figurada na carta do ex-ministro J. J. Romero: "Se é certo que o Brasil se arma para fazer a guerra à Argentina, esta não deve esperar que ele se arme; deve mandar-lhe um ultimato intimando a cancelação [sic] das encomendas bélicas e, em caso de desobediência, romper as hostilidades." Não é o caso de esperar que tal critério venha a predominar, mas o caso é tanto mais digno de consideração quanto há indícios de que o Presidente da República e o ministro das Relações Exteriores não antipatizam inteiramente

---

[368] Ofício de Assis Brasil a Rio-Branco, 08 de novembro de 1906. AHI 206/02/01, apud Assis Brasil (2006:v. 2, p. 80).
[369] Carta de Assis Brasil a Rio-Branco, 15 de novembro de 1906. AHI 816/04/03, apud ibid., p. 83.

com esse modo de ver. É tal a propaganda que nós mesmos fazemos da nossa debilidade, contrastando com o tradicional otimismo castelhano, que leva este povo a supor-se o mais forte em todas as circunstâncias — que chega a admitir a possibilidade de que já nos teriam tratado com mais arrogância se não tivessem que contar com os prováveis apoios que se levantariam em nosso favor. Dos Estados Unidos, entretanto, não parece recearem coisa alguma. Pelo contrário, creem que a intervenção dos Estados Unidos nunca seria em favor do Brasil, mas exclusivamente para evitar a guerra, e isto os lisonjeia, porque seria fácil fazer crer que o Brasil deveu a salvação a tal intervenção, o que o humilharia quase tanto como a derrota. A influência que realmente se receia aqui é a do Chile. Sabem que não há tratado de aliança entre o Brasil e o Chile; sabem que o Chile não se bateria por nós pelo simples desejo de nos ser útil, mas reconhecem que o Chile compreenderia o perigo da preponderância da Argentina, vitoriosa contra o Brasil. Estou certo de que V. Exa. terá meditado sobre estes possíveis casos. Seria de extrema vantagem para nós que o Chile também se preocupasse com eles. Não é só a presente questão, um tanto disparatada, dos armamentos; amanhã pode surgir outra muito mais substancial. Já o imaginoso sr. Zeballos admitiu há dias, em discurso público, a ideia da Argentina se interpor aos supostos projetos de conquista do Brasil, análogos ao do Acre. A continuarem as coisas como estão, não seria possível que, a um momento dado, ela nos intimasse a fazer a vontade do Peru na questão de limites que se debate? Não parece difícil convencer o Chile da propriedade que teria então o hodie mihi cras tibi [hoje eu, amanhã você]. (...) Foi de péssimo efeito a notícia que deu o telégrafo sobre a apresentação de uma proposta no Senado para o aumento da capacidade dos navios encomendados. Se o governo resolver ampliar as suas aquisições bélicas, não haveria meio de o fazer evitando publicidade? Parece fácil — mas não é — convencer os argentinos de que nada planejamos contra eles ou quem quer que seja. (Assis Brasil, 2006:v. 2, p. 85-87)

Neste ponto, vale a pena questionar uma vertente da literatura que sustenta a ideia de que Rio-Branco pretenderia estabelecer uma espécie de condomínio hegemônico na região, a partir do qual se daria a gestão compartilhada das controvérsias entre os países. Assim, em conjunto com a Argentina e o Chile, criar-se-ia um diretório de potências capaz de resolver, por meios consensuais, as divergências eventualmente existentes entre os demais Estados da região. Segundo Conduru, seria esse o teor central do acordo ABC (Argentina, Brasil e Chile), proposto pelo Chile, em 1909, e reformulado por Rio-Branco (Conduru, 1998:60). Este, contudo, solicitou ao enviado chileno, Puga Borne, que apresentasse o texto aos argentinos como proposta exclusiva de seu país (Conduru, 1998:75). De acordo com o que foi possível observar anteriormente, não há evidências de que o chanceler tenha cogitado, em nenhum momento, ceder às pressões pela extinção, redução ou cessão de toda ou de parte da nova esquadra planejada pela Marinha. Note-se que Assis Brasil, desde 1906, sugeria a Rio-Branco, sem qualquer efeito prático, que as três principais potências do Cone Sul formassem uma *entente* no plano naval com duplo objetivo: suprimir a competição por armamentos e garantir a cordialidade nas relações recíprocas — o que também serviria como sinal a potências extrarregionais.[370] Ora, se o rearmamento naval seria o principal responsável por desencadear o aumento das tensões com a Argentina, o que levaria inclusive à cogitação de um ataque preventivo ao Rio de Janeiro por parte de autoridades portenhas, como conciliar essa espiral de desinteligências com a ideia de hegemonia compartilhada?

Fugiria ao escopo deste trabalho aprofundar a questão. No entanto, alguns comentários adicionais merecem ser feitos. O ABC era, antes de mais nada, um projeto diplomático formulado em Santiago do Chile, no contexto da normalização de suas relações com Buenos Aires e da percepção de que o poder relativo do país encontrava-se em declínio.[371] A política externa daquela nação podia ser definida por duas vertentes complementares: a do Atlântico e a do Pacífico. Na primeira, tratava-se de consolidar as boas relações com a Argentina, conquistadas desde o advento dos Pactos de Mayo, sem alienar o Brasil — o que permitiria ao país concentrar seus esforços na fronteira norte. Na segunda, sobretudo de-

---

[370] Ofício de Assis Brasil a Rio-Branco, 09 de março de 1906. AHI 206/02/01, apud ibid., p. 58.
[371] Meneses (1988:57-65); ver também Rauch (1999:196-197).

pois da assinatura do Tratado de Paz, Amizade e Comércio com a Bolívia, em 1904 (Fifer, 1972:66), o objetivo a ser alcançado era o de isolar o Peru por meio do fomento de relações privilegiadas com Equador, Colômbia e América Central (Meneses, 1988:58). O ABC serviria a dois propósitos do ponto de vista chileno, quais sejam os de estabilizar a fronteira leste e de sustentar a influência do país nos assuntos sul-americanos, ao associá-lo aos dois países mais poderosos da região. De maneira adicional, imaginava Santiago, o pacto poderia servir de contraponto ao poder dos Estados Unidos — com o qual o Chile teve graves problemas durante a crise provocada pelos marinheiros do navio *Baltimore*.[372]

A proposta chilena de 1909 fracassou, entre outros motivos, pela persistência das disputas entre Brasil e Argentina — mesmo depois da saída de Zeballos, a *bête noire* do oficialismo historiográfico, da chancelaria bonaerense. Cabe sublinhar que o teor dessa proposta se referia fundamentalmente a duas ordens de problemas: gestão coletiva de crises em terceiros países sul-americanos, e compromisso de cada um dos Estados do ABC em reprimir movimentos insurrecionais fomentados a partir de seus territórios contra os das demais nações da América do Sul. Em ambos os casos, interessava ao Brasil contar com o concurso de Argentina e Chile. Em primeiro lugar, havia a natural expectativa de coordenação de posições entre Rio de Janeiro e Santiago em face do interesse comum em conter o poder argentino.[373] Em segundo lugar, fazia todo o sentido "trilateralizar" as intervenções políticas ou de outra natureza em crises regionais, como forma de diluir o que alguns entendiam ser o "imperialismo" brasileiro, diminuindo os custos de um eventual ação corretiva. Em terceiro lugar, a criação de um mecanismo regional de gestão de crises ia ao encontro do desejo de Rio-Branco de evitar que a "incompetência" ou a

---

[372] O *affair Baltimore* refere-se à crise provocada pela morte de um marinheiro norte-americano e ao ferimento de outros cinco em uma briga em Valparaíso, ocorrida em outubro de 1891. Depois de exigir reparações e não ser atendido, o governo dos EUA cogitou ir à guerra com o Chile. O recuo chileno no início de 1892 impediu que a escalada da crise chegasse às últimas consequências. Burr (1974:194-197).

[373] Caso fosse impossível coordenar uma posição com Argentina e Chile, ainda restaria ao Brasil a possibilidade de abster-se de participar do entendimento.

"turbulência" de algum vizinho viesse a incentivar futuras intervenções das grandes potências no entorno do país.[374] Em quarto lugar, as cláusulas que determinavam o combate a elementos subversivos, que utilizavam o território de um Estado como trampolim para ações em outro, eram perfeitamente convergentes com a intenção do Rio de Janeiro de evitar a repetição dos episódios ocorridos durante a Revolução Federalista (apoio aos combatentes a partir do Uruguai) ou mesmo no transcurso da Revolução Paraguaia de 1904 (apoio argentino aos revolucionários a partir de seu território). Em quinto lugar, conforme demonstrou Conduru, não haveria incompatibilidade entre a política de aproximação com os Estados Unidos desenvolvida por Rio-Branco e a instituição do ABC — que, de nenhuma maneira, representava uma iniciativa hostil a Washington (Conduru, 1998:78), embora fosse intenção inicial do Chile criar um contrapeso aos EUA no Cone Sul (Meneses, 1988:59).

Havia, porém, além dos motivos assinalados, outras três razões particularmente relevantes para que o patrono da diplomacia cogitasse a *entente* proposta pelo Chile naquele momento específico. Conforme o já demonstrado, Paranhos Jr. temia a possibilidade de que a Argentina atacasse o Brasil preventivamente antes da chegada da Esquadra de 1910. Um eventual acordo entre as partes, em 1909, teria a enorme vantagem de tornar politicamente mais difícil àquele país materializar uma agressão, fortalecer as correntes de opinião pró-brasileiras em Buenos Aires e criar barreiras à eventual aliança argentino-peruana. Vale reproduzir o pensamento de Rio-Branco sobre o assunto, explicitado em despacho a Domício da Gama:

---

[374] Vale citar o teor de entrevista concedida por Rio-Branco ao jornal argentino *La Nación* no contexto da III Conferência Pan-Americana do Rio de Janeiro, em 25 de julho de 1906. Ao falar sobre a suposta ameaça representada pela "doutrina de Monroe" à soberania dos Estados latino-americanos, o chanceler nega tal ameaça. Contudo, deixa evidente seu darwinismo social ao mencionar que os pequenos Estados da América Central deveriam ser capazes de agir de modo compatível com os padrões civilizados. Caso contrário, seria de justiça que fossem incorporados por nações mais fortes, efetivamente capazes de se autogovernarem: "Sobre esse assunto emiti várias vezes a opinião — e persisto nela — de que os países que não sabem se governar, que não têm elementos suficientes para evitar as contínuas revoluções e guerras civis, que se sucedem sem interrupção, não têm razão de existir e devem ceder seu lugar a outra nação mais forte, melhor organizada, mais progressista, mais viril". Rio de Janeiro... (1906:8).

Esse governo já terá percebido, pela firmeza com que procedemos no caso da pretendida equivalência naval, que não perdemos a calma nem nos intimidamos com as ameaças dos seus partidários e sustentadores na imprensa. (...) Pois bem, o que os nossos amigos do Chile nos propõem neste momento não é o tratado que o sr. Zeballos imaginara pensando arrancar-nos a chamada equivalência naval ou separar o Chile do Brasil. O que eles nos propõem e à Argentina é a entente cordiale, ou pacto de cordial inteligência que havíamos concebido e insinuado para assegurar a paz e as boas relações entre os três países, evitando possíveis desinteligências e conflitos oriundos de interesses ou intrigas de outros vizinhos. (...) Se o atual Governo Argentino quiser aceitar o projeto brasileiro apresentado como proposta chilena, teremos todos a ganhar, e muito especialmente o Chile e o Brasil, porque assim impedimos que, despeitada, a Argentina busque de novo a aliança do Peru, país com que o Brasil e o Chile têm de resolver proximamente questões da máxima importância. É melhor que, mais ou menos ligada pelo projetado acordo, a Argentina se conserve neutra e não procure embaraçar-nos na questão do Território do Acre nem ao Chile, na de Tacna e Arica. (...) Suponhamos que o atual Governo Argentino não deseje o acordo ou que, aceitando-o, o não execute lealmente. Nesse concerto de três potências estaremos sempre em maioria o Brasil e o Chile. Procedendo com tato, poderemos talvez, pelo conselho amigável, conter sempre ou quase sempre os desvios inamistosos que premedite o Governo Argentino. *Na pior das hipóteses, com a negociação do tratado — promovida pelo Chile e não por nós — ou com a desleal execução do mesmo pela Argentina, teremos a vantagem relativa de ir ganhando tempo para reconstituir as nossas forças de terra e mar e colocar-nos em um pé respeitável da defesa.* (...) Tratemos de contribuir para que se apaguem pouco a pouco as malquerenças despertadas pelo recente esforço dos promotores de discórdias internacionais e, sem a quebra da nossa dignidade, procuremos trabalhar serena e firmemente para que estes dois países possam sair da desagradável e perigosa situação em que se acham colocados.[375]

---

[375] AHI. Despacho reservado de Rio-Branco para Domício da Gama, 26 de fevereiro de 1909, apud Bueno (2003:296-297, grifos meus).

Fiel à sua aversão à desordem revolucionária e à valorização da estabilidade indispensável ao desenvolvimento do Brasil, Paranhos Jr. de fato cogitou entrar em acordo com a Argentina e o Chile com vistas a obter entendimentos que facilitassem a gestão de crises na América do Sul. Isso, contudo, não significava absolutamente hegemonia compartilhada. Para Rio-Branco, se alguma hegemonia houvesse, esta teria de ser a do Brasil.[376] A narrativa oficialista, tão disseminada a ponto de influenciar até mesmo certos pesquisadores argentinos,[377] tem na mitologia do chanceler devoto da articulação de acordos supostamente altruístas um dos seus principais pilares. Não seria o ABC uma "antecipação do futuro"? (Ricupero, 1995:93). Ou, quem sabe, uma premonição do Mercosul? Se o que animava o chanceler era a paixão incontida pelo direito, o altruísmo pressuroso em busca irrefreável da concretização da paz e da harmonia, por que ele jamais admitiu a hipótese de interferir nos programas navais brasileiros senão com o intuito de preservá-los? Por que não se tem notícia de nenhum artigo, sequer sob pseudônimo (prática corriqueira do barão), em que Rio-Branco tentasse influenciar a opinião pública no sentido da moderação do programa de reorganização da Marinha? Para que investir quatro "Acres" — £ 8.000.000, o valor estimado tanto do programa Noronha quanto do Alexandrino — na reconstituição de uma esquadra quando as contendas poderiam ser resolvidas pela via jurídica? Não é preciso ir além na enumeração de perguntas retóricas para compreender que há algo de muito podre no reino da Dinamarca, ou melhor, do oficialismo.

---

[376] Araújo Jorge, que trabalhou sob a batuta de Rio-Branco, em obra de teor escancaradamente oficialista, não deixa de registrar que um dos objetivos primordiais da política externa do barão era "a reconquista da antiga hegemonia política e militar que o Brasil manteve, em outros tempos, em benefício da cultura e da civilização da América". Araújo Jorge (2012:182); Demétrio Magnoli (1997:215-216); Heinsfeld (2005); Mello e Silva (1995:99).

[377] Scenna é claramente um dos historiadores portenhos que corrobora a mitologia em torno da figura de Rio-Branco, talvez para contrastar o sucesso do brasileiro com o insucesso dos argentinos. O referido intelectual afirmaria coisas do tipo: "Com ele [Rio-Branco] o Brasil alcançou as dimensões colossais que hoje possui e deu sustentação ao orgulhoso dito de que *O Brasil sempre saiu vencedor*. Haveria de agregar que sempre teve à mão um Rio Branco". Scenna (1975:286).

Capítulo 6

O programa naval de 1906 e o papel de Rio-Branco

Bem sei que estamos rodeados de nações pacíficas, que não é menos pacífico o ânimo da nossa, e que a paz é cláusula essencial do nosso progresso. Mas, neste seio de Abraão, não esqueçamos que a primeira condição da paz é a respeitabilidade, e a da respeitabilidade a força. A fragilidade dos meios de resistência de um povo acorda nos vizinhos mais benévolos veleidades inopinadas, converte contra ele os desinteressados em ambiciosos, os fracos em fortes, os mansos em agressivos.
A oliveira é cultura efêmera nas costas de um país indefeso. Com uma esquadra aniquilada, a doce paz dará em ilusão inepta. Querer a paz é prevenir a guerra; e esta modernamente, não é uma expectativa abstrata, mas um conjunto prático de recursos definidos, hipóteses previstas e planos estudados. A guerra voa no oceano com as procelas, e surpreende com os seus raios a política fatalista dos países negligentes. (Barbosa, apud Lopes, 1953:230)

1. Alexandrino e o seu programa de reorganização naval

Depois de aprovado pelo Congresso, o programa Alexandrino teve rápido andamento. O contrato original com a Armstrong foi cancelado e um novo instrumento assinado com a empresa em 20 de fevereiro de 1907 (Topliss, 1988:246). Note-se que duas parcelas de £ 842.640 já haviam sido pagas pelo governo Rodrigues Alves (Noronha, 1950:411-412). Topliss afirma que o estaleiro de Elswick havia paralisado os trabalhos nos encouraçados de 14.750 t depois da entrada em serviço do *Dreadnought*, em dezembro de 1906 (Topliss, 1988:246). Essa informação é quase certamente incorreta, pois desconhece o fato de que a Armstrong fez gestões para que o projeto dos encouraçados fosse alterado, como demonstrou Martins Filho. Da mesma forma, o autor inglês passa por cima do dado básico de que o programa naval já havia sido modificado pelo Congresso Nacional em 23 de novembro daquele ano. Outro elemento que indica a imprecisão do trabalho de Topliss é a sugestão irrealista da benevolência do estaleiro, ao afirmar que as 7 mil t de material coletadas para a construção do *Minas Gerais* seriam desmontadas sem nenhum custo para o governo. Segundo ele, "as construções não tinham avançado até o ponto em que impediriam" a reconversão do material para um *design* revisado (Topliss, 1988:246). Ora, é muito mais provável que os trabalhos tenham evoluído de modo proposital somente até o ponto em que permitissem aproveitar todo o material em um novo *design*.

O projeto de encouraçado tipo *dreadnought* escolhido pela Marinha foi o 494A. O *Minas Gerais* deslocaria 19.280 t, desenvolveria velocidade máxima de 21 nós e teria como armamento principal 12 canhões de 305 mm e 45 calibres (quatro em duas torres duplas à vante, quatro em duas torres duplas à ré e quatro em duas torres duplas, uma de cada lado do casco) (Topliss, 1988:246), além de 22 canhões de 120 mm e 50 calibres e oito canhões de 37 mm - totalizando 42 canhões (Gardiner, 1985:404). No momento em que se iniciou a construção da belonave brasileira, somente a Grã-Bretanha (classe *Bellerophon*, 18.800 t) e os Estados Unidos (classe *Michigan*, 16.000 t) tinham navios similares em construção (Sondhaus, 2001:passim). Logo se seguiria o Império Alemão com a classe *Nassau* (18.900 t), em junho de 1907 (Sondhaus, 2001:202). Mantendo o mesmo esquema inicialmente proposto pelo Armstrong, o segundo *dreadnought* foi repassado ao Vickers. Para desconcentrar o dispêndio de recursos, o *Rio de Janeiro* começaria a ser construído apenas quando o *Minas Gerais* fosse lançado ao mar (Topliss, 1988:246). O quadro comparativo abaixo fornece uma ideia das diferenças entre o *dreadnought* brasileiro e o original:

TABELA 6
COMPARAÇÃO ENTRE O *MINAS GERAIS* E O HMS *DREADNOUGHT*

	Dreadnought	**Minas Gerais**
Comprimento	527 pés	541 pés
Largura do casco	82 pés e 1 pol.	83 pés
Profundidade do casco	43 pés	42 pés e 3 pol.
Profundidade carregado até a linha de flutuação	26 pés e 6 pol.	24 pés e 8 pol. e 3/4
Deslocamento	18.120 t	19.280 t*
Borda livre (à meia nau)	16 pés e 6 pol.	15 pés e 5 pol.
Borda livre (proa)	28 pés	18 pés
Espessura máxima da couraça	11 pol.	9 pol.
Armamento	10 canhões de 12 pol.	12 canhões de 12 pol.
Velocidade máxima	21 nós	21 nós
Propulsão	4 hélices movidos a turbinas	2 hélices movidos a motores de tripla expansão

Fonte: Adaptação de Topliss (1988:246).
* Topliss afirma que a tonelagem do *Minas Gerais* seria de 19.105 t. No entanto, a informação oficial da Marinha é de que o encouraçado deslocava 19.280 t. Ver Martins e Cozza (1997:87).

O dois *dreadnoughts* em construção para a Marinha do Brasil estavam entre os mais poderosos encouraçados da sua época. Dos 12 canhões de 305 mm, 10 podiam ser disparados simultaneamente a bombordo ou estibordo e 8 na direção da popa (Dias, 1910:155). O argumento utilizado pelo ministro Noronha em favor dos canhões de 254 mm — qual seja o de sua maior velocidade de tiro —, para fundamentar a efetividade dos encouraçados de 14.750 t, parece cair por terra diante do modelo de canhão de 12 pol. adotado nos *dreadnoughts* ingleses. Estes eram capazes de disparar duas vezes por minuto (Sondhaus, 2001:200), o que vindicava a tese de Alexandrino de que os canhões de grosso calibre modernos, a partir de 254 mm, tinham cadência de tiro muito semelhante entre si (Dias, 1910:94). Outro aspecto ressaltado pelo ministro da Marinha de Afonso Pena era o da máxima eficiência na aplicação dos recursos públicos quando se tratasse da aquisição de navios de guerra. Para o artífice do programa naval de 1906, um país como o Brasil não poderia se dar ao luxo de atualizar permanentemente a sua esquadra — o que aconselharia adquirir os meios mais modernos possíveis com o fito de prolongar sua validade militar (Dias, 1910:203).

A reorganização vislumbrada por Alexandrino, denominada de "Rumo ao mar", se encontrava em consonância com a generalidade do pensamento estratégico naval do período. Independentemente da influência exercida pelos estaleiros, a tendência ao aumento do deslocamento das belonaves era um dado da realidade. A preferência de Jackie Fisher pelos cruzadores-encouraçados pesadamente armados e velozes (*battlecruisers*) em detrimento dos encouraçados (*battleships*) não se traduziu em alteração significativa do projeto de forças navais sequer na Grã-Bretanha (Sondhaus, 2001:201). Se for levado em consideração que os cruzadores de batalha, cujo paradigma passaria a ser o *Invincible* britânico de 17.370 t, lançado ao mar em 1908, produziram a quase extinção de cruzadores como os propostos no programa Noronha (9.200 a 9.700 t), resta claro que o ex-senador pelo Amazonas tinha razão em preferir um número menor de navios mais potentes aos seis previstos no programa de 1904 (três pequenos encouraçados e três pequenos cruzadores-encouraçados). Nas condições prevalecentes na segunda metade da primeira década do século XX, os encouraçados brasileiros pretendidos por Júlio de Noronha já nasceriam defasados em relação ao estado da arte. Pior ainda seria a situação dos cruzadores-encouraçados, incapazes de formar a linha de batalha com os navios capitais e muito lentos para exercer a função de esclarecedores. Suas únicas funcionalidades possíveis, a proteção ao comércio e o rompimento de bloqueios representavam tarefas demasiadamente dispendiosas, em se considerando o tamanho da belonave e de sua tripulação.

No que toca à substituição dos cruzadores-encouraçados por *scouts* extrarrápidos de cerca de 3 mil t, a experiência internacional parecia também corroborar a sua adoção. Para que se tenha ideia, o almirante Fisher concebia uma esquadra moderna formada apenas por quatro tipos de unidades: navios capitais (*battleships/battlecruisers*), navios esclarecedores, *destroyers* e submarinos (Sondhaus, 2001:199). Os *scouts* que seriam adquiridos, capazes de desenvolver 27 nós de velocidade, estavam entre os mais avançados de sua época. Além de servirem como esclarecedores da esquadra, podiam atuar no combate aos torpedeiros inimigos. Quanto a este último tipo de vaso, a perspectiva adotada pelo plano Alexandrino também é plenamente defensável do ponto de vista técnico. Dada a extensão da costa brasileira e o caráter revolto do Atlântico Sul, os torpedeiros de 400 t previstos no programa de 1904 teriam piores condições de navegabilidade do que os de 650 t incluídos no de 1906. Aspecto corretamente salientado por Souza e Silva em seu artigo era o de que qualquer incursão naval contra o Brasil seria feita por unidades de maior tonelagem — visto que os pequenos torpedeiros dificilmente poderiam acompanhar uma esquadra hostil a tão grandes distâncias (Noronha, 1950:417). Portanto, os *destroyers* nacionais teriam de enfrentar não somente as unidades capitais do inimigo, mas também os seus torpedeiros de maior deslocamento — o que justificava a adoção de um único tipo de *destroyer* mais pesado.

O que indubitavelmente constituiu erro do programa Alexandrino foi a não incorporação do navio carvoeiro, importante elemento para o apoio logístico da esquadra em operações de maior duração — como as que foram levadas a cabo durante a Primeira Guerra Mundial pela Divisão Naval em Operações de Guerra (DNOG) (Martins e Cozza, 1997:100). Ademais, os navios mineiro e hidrográfico que substituiriam aquela unidade jamais foram adquiridos. Problema mais grave, que será objeto de menção à frente, foi a incapacidade de formar o pessoal adequado à plena utilização do material flutuante adquirido. Essa circunstância teve trágicas consequências, como as sintetizadas na Revolta da Chibata, em novembro de 1910. De qualquer modo, não se pode recriminar o ministro da Marinha de Afonso Pena por falta de ambição. Ao contrário, sua ambição parece ter sido excessiva, ultrapassando os estreitos limites impostos pelas deficiências existentes naquele ramo das Forças Armadas. Embora o argumento seja contrafactual, é possível imaginar que a revolta dos marinheiros, visando ao fim dos castigos corporais e a melhores condições de trabalho, ocorreria independentemente da tonelagem dos novos encouraçados.[378]

---

[378] A esse respeito, a única diferença importante entre os encouraçados de 14.750 t e de 19.280 t residiria no aspecto simbólico. O *Minas Gerais* e o *São Paulo*, por estarem entre

Outro aspecto a ser ressaltado é o de que o contexto internacional vivenciado pelo Brasil não permitia diletantismos. Havia percepção de ameaças sérias, que impeliam o país a buscar a aquisição dos melhores meios de defesa, no mais curto espaço de tempo. Nessas condições, não se cogitava adquirir uma guarda costeira, mas uma esquadra de combate. Contudo, o estágio de desenvolvimento da nação tornava impraticável a absorção local de tecnologias complexas, dada a fragilidade da indústria e do sistema de inovação. Em 1909, por exemplo, o Ministério da Marinha solicitou um crédito especial no valor de 35.000$000 para a construção, fora do país, de uma turbina a vapor concebida pelo dr. Pereira de Lyra.[379] Mesmo a manutenção dos equipamentos adquiridos tinha frequentemente de ser feita por técnicos estrangeiros ou no exterior.[380] As tentativas de incentivo à construção naval militar endógena, como no caso do cruzador *Tamandaré*, tiveram resultados mistos.[381] Em síntese, não se cogitava utilizar o material de defesa adquirido para fins desenvolvimentistas, mas para sua destinação primária: o combate. Como corolário dessa situação, o Brasil permaneceria tributário das grandes potências no que se refere ao equipamento militar — o que, aliás, ocorre até hoje.

No que tange aos custos do programa de 1906, o novo ministro da Marinha manteve a mesma retórica de seu predecessor, qual seja a de austeridade e de otimização dos recursos disponíveis.[382] De acordo com os seus defensores, o programa Alexandrino resultaria em uma esqua-

---

os mais poderosos navios do mundo, efetivamente corporificavam *quantum* de poder superior ao que ocorreria no caso dos encouraçados do programa de 1904. Estes, no entanto, representariam desafio profissional quase tão grande quanto os *dreadnoughts* — pois estavam muito acima de qualquer navio da esquadra disponível até então.

[379] Brasil. Ministério da Fazenda. Relatório do ano 1909 apresentado ao Presidente da Republica dos Estados Unidos do Brazil. 1910. p. 27.

[380] Era frequente o envio de navios da esquadra para reparos no exterior. Daí toda a discussão havida em torno da construção de um novo arsenal de marinha que permitisse ao menos a correta manutenção dos meios operativos no Brasil.

[381] O navio, que teve sua quilha batida em 1884, somente foi lançado ao mar em 1890. Mesmo assim, ainda demorou vários anos para ser incorporado à esquadra devido a problemas técnicos.

[382] Brasil. Ministério da Marinha. Relatório do ano 1907 apresentado ao Presidente da Republica dos Estados Unidos do Brazil. 1908. p. 4.

dra muito mais poderosa e teria a vantagem adicional de importar em economia de £ 992.500 (Dias, 1910:162). Na visão de Arthur Dias, um panegirista do ex-senador pelo Amazonas, o programa Noronha custaria £ 8.975.200, e o seu substituto £ 7.982.700. A economia seria ainda maior se se considerasse o custo do pessoal necessário para guarnecer os meios adquiridos. Haveria a necessidade de 292 homens a menos no caso do programa de 1906, 4.730 contra 5.022 (Dias, 1910:162-163). Esses cálculos, no entanto, foram feitos com base na média do pessoal empregado em unidades semelhantes de marinhas de países desenvolvidos, o que os tornava altamente problemáticos. Cada um dos encouraçados encomendados custaria £ 1.821.400. O início do terceiro encouraçado, o *Rio de Janeiro*, foi postergado por questões financeiras e pragmáticas para depois do lançamento ao mar do *Minas Gerais*. Tratava-se não somente de evitar pressão muito grande sobre o tesouro, mas também de ganhar tempo para que um maior número de marinheiros e especialistas fosse formado com o objetivo de guarnecer o último dos navios capitais planejados (Dias, 1910:173).

O diferimento da despesa com o último encouraçado do programa permitiu que se iniciasse a construção de dois *scouts* e 10 *destroyers*. Alexandrino, provavelmente para se destacar do procedimento adotado por seu antecessor, afirmaria que todas as decisões concernentes aos projetos das unidades adquiridas foram submetidas ao crivo de engenheiros, oficiais generais e especialistas da Marinha.[383] Um dos que se manifestou favoravelmente aos encouraçados de grande deslocamento foi o almirante Proença, até então paladino de uma força naval franciscana.[384] Ainda de acordo com Alexandrino, o estaleiro Armstrong teria concordado em refazer o projeto dos encouraçados sem nenhum custo, recebendo em troca a encomenda de dois "cruzadores-vedetas" extrarrápidos (Dias, 1910:174-175). Esses constituiriam versão aprimorada da classe *Adventure* inglesa, tendo custo unitário de £ 328.500 — o

---

[383] Ibid., p. 4.
[384] Dias (1910:187). Cabe notar que Proença seria posteriormente nomeado por Alexandrino de Alencar para o cargo de chefe da Comissão Naval na Europa, encarregada de acompanhar a construção dos navios encomendados no Reino Unido. Ver Furos (1907).

que incluía o armamento necessário à operação da plataforma (Dias, 1910:175). O contrato para os *scouts* foi assinado em maio de 1907, valendo mencionar que sua propulsão seria baseada em turbinas, uma novidade para a Marinha (Dias, 1910:175). Em paralelo, abriu-se concorrência, vencida pela firma Yarrow (Escócia), para a construção de 10 caça-torpedeiros (*destroyers*). Cada navio custaria £ 73.000, o que não incluía o custo do armamento — contratado, em parte, junto ao onipresente grupo Armstrong.[385]

A despeito dos fortes indícios de favorecimento das firmas britânicas, deve-se admitir que o procedimento da gestão Alexandrino foi mais conscencioso do que o de seu predecessor no que toca às encomendas da nova esquadra.[386] Enquanto no programa de 1904 haveria a construção fatiada por classes de navios — recorde-se que o Congresso autorizou inicialmente apenas a aquisição dos encouraçados —, no de 1906 procurou-se construir as três classes principais ao mesmo tempo. Isso permitiria que a esquadra formasse uma unidade tática coerente: um encouraçado secundado por um *scout* e cinco caça-torpedeiros. É bem verdade que esse esquema, em um contexto de crise orçamentária, seria inibidor da finalização do programa, uma vez que a aquisição do terceiro encouraçado implicaria — ao menos teoricamente — a construção de mais um *scout* e de cinco *destroyers*.[387] De acordo com a linha de tempo de implementação traçada pelo Congresso, Alexandrino contava que a

---

[385] Há menção à contratação, junto ao grupo Armstrong, do armamento para apenas quatro dos 10 *destroyers* por £ 38.044. Dias (1910:176).

[386] Na pior das hipóteses, Alexandrino foi mais sagaz politicamente do que Noronha. Ao diferir a construção do terceiro encouraçado e das unidades que o acompanhariam, o almirante político conseguiu o espaço orçamentário para adquirir dois conjuntos de unidades táticas coerentes. No caso do programa Noronha, a aquisição, em um primeiro momento, de apenas três encouraçados faria com que fosse necessário cumprir todo o programa para que a Marinha obtivesse uma esquadra coerente. Com o privilégio da sabedoria retrospectiva, é possível vislumbrar no presente que essa programação corria enorme risco de não se materializar. Ao menos foi esse o destino do restante do programa Alexandrino.

[387] Tanto o terceiro encouraçado quanto os cinco *destroyers* deveriam ser construídos após o término, respectivamente, do *Minas Gerais* e do décimo caça-torpedeiro.

fase final do programa ficaria para o próximo "exercício" — o que incluía a construção do terceiro cruzador, do navio mineiro e dos submarinos.[388]

2. A deterioração das relações com a Argentina

Se do ponto de vista econômico a situação geral do país era favorável em 1907, do diplomático havia uma clara tendência à deterioração das relações com a Argentina, em função do fortalecimento do partido antibrasileiro liderado por Estanislao Zeballos — feito novamente chanceler, em novembro de 1906. Quase de imediato, o sucessor de Montes de Oca iniciaria uma campanha mediática para pressionar o Brasil a ceder parte da esquadra a ser construída na Europa à Marinha argentina (Lins, 1965:394-395). Um dos *leitmotive* dessa campanha era o conceito de que deveria haver "equivalência naval" entre os dois países e o Chile. Note-se que, em 1907, depois de aprovado o programa Alexandrino, Buenos Aires e Santiago consensuaram abandonar o acordo de limitação naval gestado, no contexto dos Pactos de Mayo, para que ambos mantivessem congeladas as suas esquadras (Meneses, 1988:59). Essa circunstância era, ao mesmo tempo, preocupante e promissora para Zeballos e seus apoiadores. Preocupante porque significava que a Argentina poderia ver-se imersa em uma corrida armamentista para equilibrar as iniciativas de Brasil e Chile; promissora porque oferecia o pano de fundo ideal para a campanha em prol do aumento do poder naval de seu país.

O *build-up* brasileiro dividia a opinião pública e as elites dirigentes argentinas. Já em 1904, Zeballos, ao defender a equivalência naval entre Argentina, Brasil e Chile, exporia sua concepção sobre o caráter do sistema internacional:

> A vida das nações modernas não é uma Arcadia. É de choque de interesses, de perigos e de sábias previsões. Os países que, por covardia do espírito público

---

[388] Entende-se por próximo "exercício" o próximo quatriênio. Dias (1910:176).

ou por lirismo de seus estadistas, tenham sonhado que é possível viver fora da regra universal, quer dizer sem armamentos proporcionados, fariam bem em abdicar de uma vez de sua soberania, ingressando como colônias inermes das grandes potências. Mas os povos viris, por mais mercantis que sejam — Estados Unidos, Alemanha e Inglaterra o ensinam — devem aceitar simultaneamente cargas pecuniárias e o trabalho que a militarização dos tempos impõe, sem outras limitações que as do critério nacional. (Zeballos, 1904:297-298)

Em caso de fracasso de eventual acordo entre os três países, a Argentina deveria adotar política de vigoroso armamentismo como resposta à reorganização da marinha do país vizinho (Zeballos, 1904:299-300). Deve-se notar que, ao contrário do que procura fazer crer a historiografia oficialista brasileira, Zeballos representava algo mais que um político impetuoso, agressivo, vaidoso e inábil. Ele encarnava uma corrente de pensamento local sobre o lugar da Argentina no mundo, que acreditava no destino manifesto de seu povo como líder das raças neolatinas. Segundo Cisneros e Escudé, intelectuais como José Ingenieros fundamentavam a crença na superioridade da civilização portenha em quatro fatores: a amplitude do território, a fecundidade da terra, o clima temperado e a população branca (Cisneros e Escudé, 2013). Como causa e consequência dessa circunstância, seria lícito defender a supremacia argentina pela força. A partir dessa perspectiva, compreende-se que a reação ao programa Alexandrino por parte de Buenos Aires tenha se materializado mesmo depois da saída de Zeballos do gabinete Alcorta, em junho de 1908 — ou seja, em agosto do referido ano, momento em que a Câmara dos Deputados bonaerense aprovou, em caráter preliminar, a lei de armamentos (Livermore, 1944:33). Observe-se que o próprio Figueiroa Alcorta, quando vice-presidente, teria dito o seguinte sobre a reorganização naval brasileira:[389] "não podemos permitir que outro país sul-americano nos avantaje em poder naval. Nenhum sacrifício nos deve deter" (Larreta, apud Cisneros e Escudé, 2013).

---

[389] Notar que, nesse momento, ainda vigia o programa Noronha e não tinha ainda se iniciado a campanha em prol de sua substituição pelo que viria a ser o programa Alexandrino.

Em ofício datado de 3 de janeiro de 1907, Joaquim Nabuco relatava a Rio-Branco conversa com o secretário de Estado Elihu Root, a propósito das tensões com a Argentina em torno da reorganização da Marinha. A gestão foi motivada por telegrama do chanceler que demonstrava como a coleta de inteligência[390] do Itamaraty sobre o que transcorria em Buenos Aires encontrava-se azeitada:

> Informações fidedignas nos fazem crer que há mais de um mês homens influentes Argentina, próprio presidente, pensaram intimar-nos reduzir encomenda navios e caso recusa, romper guerra. Declarações general Roca agora em Paris muito amigáveis Brasil e atitude Nación e outros jornais portenhos concorreram conter governo argentino. Entretanto, entrada Zeballos governo não é penhor de paz. A convite meu, Roca na viagem de regresso desembarcará Rio. Convém informar destas coisas governo americano e saber que notícias terá recebido. Se nos falarem em acordo sobre limitação armamentos responderemos que não admitimos acordo algum sobre isso e que temos o direito de ser tratados como os tratamos quando eles há anos encomendaram navios. Não é impossível que nos venha alguma provocação.[391]

Nabuco transmitiu o teor dessa mensagem ao secretário de Estado, que teria afirmado ser uma loucura tal atitude por parte dos argentinos. O embaixador deu conta a Rio-Branco de que não tinha dúvidas de que os EUA se ofereceriam como intermediários para impedir a eclosão de um conflito armado, se a ocasião assim o exigisse (Nabuco, 2011:225). Adotando velha tática favorecida por Paranhos Jr., a do blefe, Joaquim Nabuco disse a Root

---

[390] O Brasil, até onde vai o conhecimento do autor, não tinha propriamente um sistema de inteligência institucionalizado naquela época. Imagina-se que as informações eram coletadas a partir de fontes ostensivas e por meio das embaixadas e adidâncias do país no exterior. É certo que a espionagem era rampante naquela quadra, mas não há elementos neste trabalho que indiquem que o Brasil fizesse uso dela de modo sistemático. Ainda assim, as ações de Rio-Branco no arbitramento da questão do Amapá anteriormente aludidas poderiam ser classificadas como ações de inteligência.
[391] Ofício de Nabuco a Rio-Branco, Washington, 3 de janeiro de 1907. AHI 234/01/06. In: Nabuco (2011:225).

que o Brasil não temia a guerra com um país "que terá o quarto da nossa população e essa mesma, na máxima parte, cosmopolita" (Nabuco, 2011:226).

Não se passaria muito tempo até que a avaliação de Nabuco fosse indiretamente corroborada pela atitude do governo norte-americano. Infelizmente, não no sentido desejado por ele e Rio-Branco. No final de 1908, Root sugeriu ao embaixador do Brasil em Washington que seu país estaria disposto a atuar como facilitador de um acordo entre o Rio de Janeiro e Buenos Aires para a limitação de armamentos. Nabuco transmitiu o teor da *démarche* estadunidense ao Itamaraty, tendo recebido do chanceler o seguinte comentário:

> Fiquei muito triste ao saber do oferecimento fez Root e insinuações reduzíssemos encomendas armamentos (...). Esperava que, informado por você de nossa situação perante Argentina (...) a intervenção amigável desse governo fosse para fazer compreender à Argentina que tínhamos o mesmo direito de que ela usou e tem usado para adquirir armamentos (...) se esse Governo compreendesse bem a situação, as vantagens que para a sua política pode retirar de um Brasil forte, deveria ajudar-nos neste perigoso momento em que a propaganda zeballista se esforça para que o Governo nos dirija um golpe enquanto estamos mais fracos, antes da chegada dos novos navios, e expediria logo para aqui espontaneamente uns quatro navios (...) em vez de uma demonstração amigável em favor do Brasil, o que vejo é um certo pendor para a Argentina ou pelo menos a maior indiferença diante das provocações que temos sofrido. Quando se falou em aliança argentina, você disse-me que não deveríamos querer outra aliança senão a dos Estados Unidos. Essa e a chilena são as duas que desejaríamos ter, mas a americana só existe nas bonitas palavras que temos ouvido a Roosevelt e a Root.[392]

Smith confirma que a decepção de Paranhos Jr. com os EUA teria sido suscitada justamente pela recusa de Washington em tomar partido do Brasil na corrida naval então em curso. Para o historiador estadunidense,

---

[392] Telegrama de Rio-Branco para Nabuco, 8 de dezembro de 1908. AHI, apud Pereira (2006:194).

essa circunstância marcava a precariedade da aposta do chanceler em ancorar a busca da preeminência regional do país em relação especial com o colosso do norte: "Os Estados Unidos estavam confiantes em sua ascendência sobre a região do Caribe e não viam necessidade de se envolver nas questões políticas da América do Sul" (Smith, 2010:64).

Ao longo de 1907, crepitariam as faíscas decorrentes do prosseguimento do programa naval de 1906. Valeria reproduzir a visão do ministro britânico no Rio de Janeiro a propósito da rivalidade Brasil-Argentina naquela quadra. Ao relatar encontro com Rio-Branco, Haggard transmitiu ao Foreign Office a seguinte comunicação:

> O Sr. Rio Branco disse que o Brasil estava acostumado a essa espécie de coquetismo, tanto da parte do Uruguai quanto do Paraguai, sempre que esses Estados supunham ter motivos de queixa contra a República Argentina: e que, ao contrário, quando esses governos julgavam ter algum motivo de queixa contra o Brasil, namoravam a Argentina. (...) Não duvido de que ele, de um modo geral, esteja com a razão (...); mas, à medida que a conversação prosseguiu, gradativamente pendeu para os insultos ao Paraguai, do que deduzi que esse sapato — para dizer o menos — era o que mais apertava. Na realidade, como se sabe, a influência brasileira nos últimos anos vem declinando no Paraguai, onde costumava ser soberana, na proporção que aumenta a da República Argentina, e os brasileiros se mostram muito irritados com isso, visto que o consideram — e com razão — indicativo da opinião que se tem no Paraguai sobre a atual e a futura importância relativa dos dois vizinhos, ao passo que o Uruguai, provavelmente, recorre com maior frequência ao Brasil contra a Argentina do que recorre à Argentina contra o Brasil, pois sabe que nada tem que temer deste último, ao passo que não tem a mesma certeza em relação à primeira. O Brasil, por outro lado, provavelmente "bate nas costas do Uruguai", por assim dizer, e assume um pouco a atitude de seu Protetor, mas tem de fazê-lo em silêncio ou, se me for lícito empregar o termo, "cautelosamente".[393]

---

[393] De Haggard a Grey, 1 de dezembro de 1907. FO-371-402, apud Burns (1997:392-393).

3. Política externa, poder naval e as tensões na América do Sul

A reorganização da Marinha não teve impacto somente em Buenos Aires. Também em Santiago a iniciativa brasileira causaria espécie, por motivos distintos dos que motivavam parcela dos decisores bonaerenses. De acordo com Cisneros e Escudé, o Chile foi o primeiro país a reagir ao programa Noronha, convocando reuniões com autoridades argentinas na capital portenha logo depois de tomar conhecimento do seu teor (Larreta, apud Cisneros e Escudé, 2013). Meneses oferece explicação convincente para tal fato. Ao Chile não interessava ver Brasil e Argentina envolvidos em uma corrida armamentista, pois havia percepção, entre as elites daquele país, de que isso o obrigaria a acompanhar o movimento dos vizinhos em circunstâncias de dificuldades econômicas.[394] A resultante desse processo, na avaliação de Santiago, seria o rebaixamento do estatuto chileno *vis-à-vis* dos dois outros países e prováveis turbulências em suas relações internacionais na América do Sul (Meneses, 1902:59). Nesse contexto, a ideia de um pacto de cordial inteligência entre as três nações ganharia peso nas formulações chilenas, como forma de evitar uma competição por armamentos para a qual o país não estava preparado. Ganha plausibilidade, portanto, o relato de Zeballos de que a diplomacia do Chile, em coordenação com Buenos Aires, apoiou o pleito de equivalência naval suscitado pela Argentina desde 1906.[395]

A primeira encarnação do pacto ABC, redigida por Puga Borne, ministro das relações exteriores do Chile, e Lorenzo Anádon, representante argentino junto àquele governo, data de 20 de outubro de 1907 (Bueno, 2003:292). Bueno afirma que, nesse projeto de tratado, entre outros assuntos, figurava a ideia de aliança militar e previa-se uma "discreta equi-

---

[394] Em 1902, quando foram assinados os Pactos de Mayo, esgotara-se a capacidade chilena de financiar o esforço de incorporação de material bélico. No plano naval, o Chile era o país com a maior relação tonelagem por habitante do mundo — o que expressava de modo evidente o quanto esse país tinha investido na marinha de guerra proporcionalmente a seus recursos e tamanho da população. Garay (2012:46).

[395] Carta de Zeballos a Sáenz Peña, 27 de junho de 1908, apud Etchepareborda (1978:45).

valência" entre as marinhas dos três países (Bueno, 2003:162). Evidentemente, o texto não prosperou, merecendo de Rio-Branco o seguinte comentário, endereçado a Nabuco: "Sobre a falada tríplice aliança defensiva, nada há de concluído. Há trabalho de Zeballos nesse sentido mas com a intenção de nos levar a reduzir as encomendas navais, coisa que não admitiríamos" (Conduru, apud Bueno, 2003:293). O chanceler brasileiro rejeitava qualquer *entente* que envolvesse a Argentina zeballista, reiterando sua vontade de estreitar ainda mais os laços existentes entre Brasil, Chile e Estados Unidos (Bueno, 2003:293). Meneses afirma que isso se deveu a um dos principais interesses de Rio-Branco: o de introduzir uma cunha na recente aproximação argentino-chilena, o que não teria logrado alcançar. Esse fato tê-lo-ia tornado ainda mais intransigente defensor do programa naval em face das pressões externas (Meneses, 1902:60).

Coerente com a política de aproximação com os EUA, o Brasil enviou uma divisão naval para a exposição de Jamestown, em Norfolk, Virginia. Chefiada pelo contra-almirante Duarte Huet de Bacelar, incluía o encouraçado *Riachuelo* e os cruzadores *Barroso* e *Tamoyo*. Vale a pena mencionar o episódio, pois ele é ilustrativo da intensa diplomacia naval praticada naquele período histórico. Para que se tenha uma ideia da importância desses gestos, o almirante brasileiro e seus oficiais foram convidados pelo presidente Roosevelt para jantar na Casa Branca. Da mesma forma, o governo local reuniu, em recepção suntuosa, todos os representantes navais dos países que enviaram navios à exposição de Jamestown, estando presentes muitas das mais altas autoridades dos Poderes Executivo e Legislativo daquele país. Nabuco, por sua vez, ofereceu banquete em homenagem aos oficiais na embaixada do Brasil, evento que contou com a participação, dentre outras personalidades norte-americanas, do secretário de Estado Root e do almirante George Dewey, o mais graduado oficial da armada estadunidense.[396] Segundo o embaixador pernambucano, a distinção conferida aos representantes da Marinha não conhecia precedentes.

---

[396] Ofício de Nabuco a Rio-Branco, Washington, 22 de maio de 1907. AHI 234/01/06, apud Nabuco (2011:302-306).

O Brasil retribuiria a gentileza alguns meses depois, em janeiro de 1908, quando da passagem pelo Rio de Janeiro da Great White Fleet — esquadra formada por 16 navios pré-*dreadnought* que o presidente dos EUA mandou em viagem de circunavegação da Terra com o objetivo de divulgar o poder naval de seu país (Hendrix, 2009:155-156). Entre outras homenagens, seus oficiais foram convidados para um banquete no Palácio Monroe — convite estendido a Rui Barbosa que, agastado com a postura de Washington na Haia, recusou-se a comparecer (Smith, 2010:61). Rio-Branco em pessoa foi um dos oradores, tendo exaltado figuras históricas da Marinha norte-americana, o presidente Roosevelt e as relações de amizade entre os dois países. O chanceler finalizou seu discurso afirmando que a força naval estadunidense constituía "modelo de devoção (...) e uma formidável guardiã do imenso prestígio da Grande República, o orgulho do continente" (Paranhos Jr., 1948:v. IX, p. 146). A passagem da esquadra branca pela América do Sul não estaria isenta de controvérsias. Ao saber que os navios procedentes do Brasil não fariam escala na Argentina *en route* para o Pacífico, passando pelo Estreito de Magalhães, Zeballos enfureceu-se. De acordo com Peterson, o chanceler portenho teria considerado a atitude norte-americana um "ato de hostilidade", ordenando ao seu ministro em Washington que conseguisse, a qualquer custo, que navios visitassem Buenos Aires ou Bahía Blanca (Peterson, 1964:292-293). Diante do desconforto criado, alguns *destroyers* foram destacados para realizar visita à capital argentina. Cabe notar que o episódio foi utilizado por grupos nacionalistas para catapultar o apoio da população ao plano de construção naval do país, em resposta ao levado a cabo pelo Brasil (Peterson, 1964:293). Vale assinalar, igualmente, que o lapso da diplomacia norte-americana exteriorizava o reduzido apoio da gestão Roosevelt aos estaleiros privados dos EUA, que naquele momento cobiçavam as futuras encomendas da Marinha portenha.[397]

Em 1907, Rio-Branco teria de ocupar-se da II Conferência de Paz da Haia. Por ocasião do conclave, a discussão de algumas temáticas explicita-

---

[397] Essa circunstância mudaria completamente no governo Taft, em que o apoio diplomático norte-americano aos estaleiros de seu país seria intenso. Peterson (1964:294).

ria o reduzido peso específico que as grandes potências creditavam ao Brasil. Duas questões, em particular, calaram fundo no orgulho do chanceler, frustrando as expectativas de ver a política de prestígio por ele desenvolvida confirmada no plano multilateral. A primeira, e menos importante, foi a que dizia respeito à criação de um Tribunal de Presas Marítimas — no âmbito do qual o país teria participação estatutária subalterna. Sendo voto vencido na matéria, de nada adiantaram os protestos de Rui Barbosa, representante brasileiro (Santos, 2012:107). O segundo tema dizia respeito à instituição de uma Corte Permanente de Arbitragem. De acordo com o projeto discutido naquela quadra, a Corte teria 17 membros, dos quais nove seriam permanentes e indicados pelas grandes potências e oito rotativos, a serem escolhidos por períodos variáveis, de acordo com a classificação de cada Estado. O Brasil estaria entre as nações da terceira categoria (Santos, 2012:107). Rio-Branco ainda tentou propor fórmula pela qual o país seria incluído no rol das potências com assentos permanentes. Malograda a tentativa, o barão viu-se obrigado a seguir a sugestão de Rui Barbosa no sentido de que ao país caberia defender a tese da igualdade jurídica das nações, posicionando-se como uma espécie de campeão dos pequenos Estados do sistema internacional. De acordo com Santos:

> A oligárquica "república dos conselheiros" liderou uma revolta dos países excluídos do seleto círculo das grandes potências no seio da Conferência de Haia e inviabilizou a criação da Corte Permanente de Arbitragem. Em contraste com a tradição da diplomacia imperial, de realpolitik, privilegiou-se o direito internacional como a arma dos fracos contra os poderosos. Essa tradição recém-inventada para a política externa era, aliás, tão recente que nos primeiros debates da própria Conferência de Haia, quando se debateu a doutrina Drago, Rui Barbosa evitou condenar o suposto direito dos países credores de cobrar à força as dívidas dos devedores morosos, posição que o Brasil compartiu com os Estados Unidos e os países europeus contra a maioria dos países latino-americanos. (Santos, 2012:108)

A resultante da estratégia de última hora adotada por Rio-Branco e Rui Barbosa acabaria sendo positiva do ponto de vista da opinião pública doméstica. O segundo passaria, inclusive, a ser conhecido como a "Águia de Haia" por ter patrioticamente defendido os interesses do país diante da rapacidade e do egoísmo das grandes potências. A despeito disso, o Brasil, pragmaticamente, não alterou sua política de cordial inteligência com os EUA — apesar do mal-estar causado em Washington pela postura não cooperativa liderada pelo chefe da delegação do país à conferência.[398]

Ainda em 1907, teria início o processo que resultou, dois anos depois, no Tratado de Retificação de Limites entre o Brasil e o Uruguai. Mais uma vez, a rivalidade entre o Rio de Janeiro e Buenos Aires representou o eixo estruturante a partir do qual as ações se desdobraram. Caetano utilizará o termo "triangulação" para significar a imbricação existente entre a disputa pela hegemonia regional e a definição dos limites fluviais do Estado Oriental tanto no Prata quanto no rio Jaguarão e na Lagoa Mirim (Caetano, 2012:509). Na realidade, as negociações entre Brasil e Uruguai iniciaram-se por iniciativa deste último, acossado que estava pelas pressões argentinas a respeito da soberania sobre as águas do rio da Prata. As autoridades de Montevidéu encontravam-se obrigadas a contrapor-se à "doutrina Zeballos", que sustentava ser o Estado Oriental um "país de fronteiras secas" (Caetano, 2012:511). Ao tomar posse, o presidente Claudio Williman enviou um emissário, Carlos María de Pena, para explorar com Rio-Branco alguns temas pendentes das relações bilaterais. No rol de assuntos tratados por Pena com o chanceler, em novembro de 1907, estava a livre navegação e a jurisdição sobre a Lagoa Mirim e seus afluentes (Caetano, 2012:512). De maneira surpreendente para o próprio enviado, Paranhos Jr. afirmou que estava aberto a negociar uma solução satisfatória para o pleito uruguaio e que o faria sem exigir compensações, "por princípio de justiça internacional" (Caetano, 2012:512). Ressalte-se que, até então, jamais tinha havido qualquer abertura por parte do governo brasileiro para discutir o assunto, desde a assinatura do tratado bilateral de 1851 (Caetano, 2012:512).

---

[398] É sabido que Joaquim Nabuco ficou muito agastado com a postura brasileira, que tornava mais difícil seu trabalho em Washington ao ir de encontro às posições norte-americanas. Ver Alonso (2007:331-332).

Evidentemente, a promessa do ministro das Relações Exteriores nada tinha de altruísta, estando ligada à disputa pela influência sobre o Uruguai — elemento crítico para a política externa do Rio de Janeiro, em especial depois do ingresso do Paraguai na órbita portenha, com o advento da revolução de 1904. Não dispondo de meios coercitivos para defender Montevidéu de eventual agressão argentina, e no contexto de intensas tensões com Buenos Aires, causadas pelo programa de reorganização naval, Rio-Branco vislumbrava um golpe de mão que atasse o governo e a opinião pública orientais ao Brasil, ao mesmo tempo que, pelo contraste, os afastasse da Argentina. Conduzindo a questão com a sua habilidade tradicional, o chanceler manteve os uruguaios na expectativa até que as condições domésticas e internacionais estivessem maduras para o anúncio espetacular da benemerência brasileira.[399] O ministro uruguaio no Rio de Janeiro relatou uma de suas gestões junto ao chanceler, na qual resulta evidente o entrelaçamento da questão da soberania sobre aquela via fluvial e a disputa pela hegemonia entre Brasil e Argentina, mesmo depois da queda de Zeballos:

> Todo o tempo da minha visita o senhor Ministro ocupou em comentar os ataques que a imprensa de Buenos Aires dirigia a ele, interessado em demonstrar a falsidade das apreciações daquela sobre o Brasil. Entre outras invenções, disse, a imprensa zeballista anuncia como segura uma aliança a curto prazo entre o Brasil e o país de Vossa Excelência. Com efeito, lhe respondi, tinha lido os telegramas (…) Mas para que necessitam de tratados de aliança Uruguai e Brasil? Em qualquer conflito armado que desgraçadamente pudesse ocorrer entre (Brasil) e Argentina, nós uruguaios, seríamos aliados naturais do Brasil, que espontaneamente vai resolver, de acordo com os desejos do meu país, o condomínio do Jaguarão e Lagoa Mirim, enquanto os argentinos, contra todo direito, pretendem apoderar-se da parte que nos corresponde no Rio da Prata. Os orientais ficarão sempre ligados ao Brasil pelo mais sincero reconhecimento, sendo esse vínculo mais forte e duradouro que os tratados.

---

[399] Entre novembro de 1907 e maio de 1909, momento em que foi enviada ao Congresso a proposta de tratado de retificação de limites, a diplomacia uruguaia se queixaria da "morosidade" do chanceler brasileiro. Caetano (2012:514).

As evidências disponíveis indicam que Rio-Branco costurou o apoio interno à sua manobra diplomática, ao mesmo tempo que esperava as condições internacionais mais favoráveis ao anúncio da iniciativa. Nesse sentido, compreende-se que ele não tenha podido divulgar o início das tratativas com as autoridades uruguaias durante o auge das tensões com a Argentina. A ansiedade do chanceler a propósito da deterioração do relacionamento com o país vizinho era óbvia, ficando evidente em comunicação exasperada a Alexandrino de Alencar sobre a necessidade de incorporar urgentemente navios capazes de fazer frente à ameaça bonaerense:

> Quando teremos aqui uns 16 destroyers? Dentro de dois meses? E uma esquadrilha de 16 canhoneiras protegidas em Mato Grosso e dois bons encouraçados de rio? Dentro de 4 meses? E no Amazonas, uma boa flotilha de canhoneiras protegidas? Antes do fim do ano? E dois bons navios de combate comprados para esperar os três grandes?[400]

Em 15 de abril de 1908, a Marinha portenha, sem prévio aviso, realizou manobras junto à ilha de Flores, muito próximo da costa de Montevidéu — o que produziu impacto na opinião pública do Estado Oriental e vigoroso protesto da chancelaria uruguaia (Caetano, 2012:515). Em carta a Roque Sáenz Peña, Zeballos, já na condição de ex-chanceler, relatou que as manobras foram planejadas para chamar a atenção do Brasil.[401] Em semelhante contexto, eventual anúncio da retificação do tratado de 1851 poderia ser interpretado como declaração de guerra pela diplomacia zeballista, estando o país incapacitado de contrapor-se pela força à Argentina. No entanto, no mesmo dia da queda de Zeballos, Rio-Branco enviou carta ao representante do Uruguai no Rio de Janeiro, autorizando-o a comunicar "confidencialmente" à sua capital a disposição brasileira de concluir o tratado de retificação (Etchepareborda, 1978:46). Esse fato

---

[400] Ofício confidencial (minuta) de Rio-Branco a Alexandrino de Alencar, 20 de março de 1908. AHI, apud Heinsfeld (2010:269).
[401] Carta de Zeballos a Sáenz Peña, 27 de junho de 1908, apud Etchepareborda (1978:46).

corrobora a tese da íntima relação entre as negociações a propósito do condomínio sobre as águas do rio Jaguarão e da Lagoa Mirim e a disputa pela hegemonia regional entre Brasil e Argentina — que tem, por sua vez, clara interface com a reorganização naval pátria.

Em 1908, a rivalidade entre as duas maiores nações da América do Sul chegaria ao paroxismo. Em grande medida, essa situação decorreu da campanha levada a cabo pelos setores nacionalistas liderados por Estanislao Zeballos em favor da equivalência naval com o Brasil. Conforme notou Lacoste, as *démarches* zeballistas desenvolviam-se com fundamento na ideia de uma Argentina historicamente desmembrada pelos países lindeiros (Lacoste, 2003:112). O que estava por trás desse conceito era a nostalgia em relação ao Vice-Reinado do Prata, sintetizada na famosa frase de Carlos Tejedor: "Chegou o momento (...) de dizer aos vizinhos que o tempo das usurpações está concluído" (Lacoste, 2003:117). Rio-Branco e Rui Barbosa negariam que o programa naval levado a cabo pelo país tivesse qualquer conotação agressiva, batendo na tecla de que os navios escolhidos eram grandes demais para navegarem no rio da Prata, estando impossibilitados de atacar a capital argentina.[402] Além do mais, seguia o *spinning*, a esquadra serviria para vigiar o vastíssimo litoral brasileiro.[403] Esses argumentos, embora refletissem uma parcela da verdade ao ecoarem a ausência de projetos de agressão, eram inverossímeis por dois motivos: a esquadra do programa Alexandrino visava inquestionavelmente ao domínio do mar e a penetração no Prata não era necessária ao bloqueio de Buenos Aires e à destruição do fulcro da Marinha portenha baseada em Bahía Blanca. Logo, a reorganização naval permitiria ao país atuar ofensivamente contra a Argentina e de muito pouco serviria para o desempenho de funções de guarda costeira.[404]

---

[402] Bueno toma pelo valor de face as assertivas de Rio-Branco sobre o assunto, particularmente as relacionadas ao discurso que proferiu no IHGB, em 11 de junho de 1908. Ver Bueno (1982:25).

[403] Lins reproduz pronunciamento de Rui Barbosa a esse respeito no Senado. Cf. Álvaro Lins (1965:400).

[404] Essa apreciação foi transmitida ao autor pelo ex-ministro da Marinha, Almirante Mario César Flores.

Em artigo publicado sob pseudônimo no *Jornal do Commercio* de 26 de setembro de 1908, logo posterior à queda de Zeballos, Rio-Branco confirmaria, por vias transversas, o antagonismo entre Brasil e Argentina. Tendo claramente por objetivo serenar os ânimos de parte a parte, essa belíssima peça de retórica diplomática pretendia tranquilizar a opinião pública portenha sobre os aprestos bélicos brasileiros. A despeito da exortação à paz e à concórdia entre nações "inermes" como as sul-americanas, Rio-Branco deixaria aflorar sua visão sobre o significado da projetada resposta de Buenos Aires ao programa Alexandrino:

> Somos geograficamente um país em que a marinha tem o principal papel de defesa do território. (...) A nossa esquadra organizada sossegadamente, livremente, sem a menor preocupação de equivalência para a defesa das nossas costas, serve para a proteção de nossos portos. (...) se um dia, pelas circunstâncias da política internacional tivermos de prestar à nação argentina mais uma vez os serviços de aliados, a que nos habituamos, passaríamos pelo constrangimento de não poderem os nossos melhores navios operar no Prata, em defesa da magnífica Buenos Aires. E, no entanto, *o programa naval argentino, com seus imensos encouraçados inservíveis para o estuário do Prata e para a proteção dos seus portos comerciais, traduz o espírito de agressão com que foi concebido. Se essas intenções vingarem, só nos cabe assinalar o lamentável antagonismo do pensamento político dos dois povos vizinhos.*[405]

4. A RESPOSTA ARGENTINA E O ESTRANHAMENTO ENTRE BRASIL E EUA

De maneira distinta do que reza o ocultismo oficialista, os choques entre Brasil e Argentina não se processaram com base na antipatia dos chanceleres dos dois países. Há de se considerar os aspectos estruturais do relacionamento bilateral, muito mais relevantes do que ridículas questiúnculas pessoais. É preciso enfatizar que, no que se refere ao

---

[405] BRASIL e Argentina, *Jornal do Commercio*, 26 de setembro de 1908, apud Cardim (2007:320-321, grifos meus).

Chile, Zeballos e seus apoiadores agiram no passado de modo idêntico ao que ocorreu no caso do Brasil — buscando, por meio de política externa intransigente, materializar a hegemonia portenha na América do Sul.[406] A longevidade dos conceitos defendidos por Zeballos no seio das comunidades acadêmica e decisória da Argentina é prova de que sua política encontrava respaldo em parcela relevante da sociedade local (Lacoste, 2003:111-112). Setores da Marinha, por exemplo, homenagearam o ex-chanceler na ocasião da sua morte, em 1923.[407] No entanto, ao zeballismo opunha-se o mitrismo e o roquismo, que esposavam visões distintas sobre a política externa que mais convinha a Buenos Aires.[408] Essa ausência de consenso mínimo contribuiu para enfraquecer a capacidade de os "falcões" atuarem de maneira mais consequente em prol de um enfrentamento com o Brasil, antes de completada a primeira fase do programa Alexandrino.

Diante da taxativa recusa de Rio-Branco em aceitar qualquer tipo de ingerência externa sobre a reorganização da esquadra e das dificuldades enfrentadas pelo governo Alcorta para aprovar no Congresso a aquisição de armamentos capazes de manter a vantagem até então usufruída pela Marinha argentina, Zeballos optou por dobrar a aposta. Decidiu insistir no convencimento dos decisores locais a respeito da necessidade de dar um *ultimatum* ao Brasil para que cedesse um dos *dreadnoughts* em construção ao seu país (Lins, 1965:400-401). Para lograr esse objetivo, intensificou a campanha midiática que visava a fomentar desconfianças sobre

---

[406] Foi o que se viu quando do apoio de Zeballos ao tratado com a Bolívia, que incorporava à Argentina a região de Puna de Atacama — considerada pelo Chile como pertencente a seu território — e de sua vigorosa oposição aos Pactos de Mayo, que levaram à distensão entre Argentina e Chile. Lacoste (2003:passim).

[407] O oficial de marinha Segundo Storni, que viria a ser um dos principais intelectuais daquela força, escreveu artigo na *Revista de Derecho, Historia y Letras* em que afirma o seguinte: "A Marinha deve ao Dr. Zeballos uma homenagem eterna de recordação, por haver sido o mais entusiasta, constante e convencido propulsor do seu engrandecimento, para mantê-la sempre à altura de sua alta missão de primeiro baluarte da soberania nacional". Storni, apud Etchepareborda (1978:39).

[408] O mitrismo refere-se aos partidários de Bartolomé Mitre, e o roquismo aos seguidores de Júlio A. Roca.

os propósitos brasileiros, em geral, e os de Rio-Branco, em particular.[409] No sentido do que o chanceler comentaria com Domício da Gama, seu fiel escudeiro e novo ministro do Brasil em Buenos Aires, a campanha zeballista deve ter contado com o apoio dos fabricantes de armas, entre os quais se encontravam o Armstrong e o Vickers, interessados em abiscoitar os futuros contratos argentinos (Viana Filho, 1959:392). Contudo, as divisões internas existentes no âmbito do executivo portenho seriam responsáveis pela queda de Zeballos.

Ao interceptar comunicação do Itamaraty, no rumuroso caso do telegrama número 9, e adulterar o seu conteúdo para comprovar os supostos planos diabólicos de Rio-Branco contra a Argentina, o fundador da *Revista de Derecho, Historia y Letras* chegou ao auge de sua *hubris* pessoal (Viana Filho, 1959:394-401). Ao que tudo indica, o próprio ministro da Marinha, o roquista Onofre Betbeder, vazou para a imprensa local o conteúdo do projeto de *ultimatum* seguido de ataque e ocupação do Rio de Janeiro.[410] Nessas condições, tornou-se insustentável a permanência de Zeballos no gabinete em razão da tempestade política criada pela divulgação dos planos formulados contra o Brasil. De acordo com o ex-chanceler bonaerense, o presidente Alcorta o teria convidado a trocar a pasta das Relações Exteriores pela da Instrução Pública e Justiça — oferecimento declinado por ele (Etchepareborda, 1978:83). Fator adicional para o seu afastamento do governo era a consciência de que, em caso de permanência, haveria dificuldades ainda maiores para a aprovação pelo congresso da lei de armamentos (Etchepareborda, 1978:82). Em qualquer circunstância, o que importa reter é o fato de que, mesmo sem Zeballos no gabinete, o parlamento do país vizinho aprovou a Lei nº 6.283, de 19 de dezembro de 1908.[411]

Tratava-se de um massivo programa de aquisição de equipamento bélico que, uma vez implementado, reconduziria a Marinha portenha ao

---

[409] Sobre a visão da imprensa argentina a propósito do programa naval brasileiro, ver Heinsfeld (2006).
[410] Carta de Estanislao S. Zeballos a Roque Sáenz Peña, Junio 27 de 1908, apud Etchepareborda (1978:47).
[411] Essa lei representa a aprovação em caráter final pelo Parlamento, uma vez que a Câmara dos Deputados já tinha aprovado o diploma em agosto de 1908.

primeiro lugar dentre as suas congêneres da América do Sul. De acordo com Montenegro, a lei previa a construção de dois encouraçados, três *destroyers* e 12 torpedeiros (Montenegro, 2002:3). O programa argentino de construção naval acabou sendo bastante atribulado, gerando feroz disputa entre estaleiros da Grã-Bretanha, Estados Unidos, França, Alemanha e Itália (Livermore, 1944:passim). Apesar da preferência portenha pelos vasos de guerra britânicos, acabou prevalecendo a intensa pressão do governo Taft, acoplada ao oferecimento de preço e financiamento muito atrativos por parte das empresas norte-americanas (Livermore, 1944:passim). Essas encontravam-se particularmente interessadas em introduzir uma cunha no mercado naval latino-americano, até então *chasse gardée* dos estaleiros europeus. Como a Argentina não estava disposta a utilizar recursos do orçamento para custear as aquisições de petrechos bélicos, as condições de financiamento representavam fator crítico. Os bancos estadunidenses, que não possuíam grande penetração naquela praça, também se dispuseram a ajudar os estaleiros a conquistar o contrato dos encouraçados, o que certamente representaria oportunidade para incrementarem seu relacionamento com Buenos Aires (Livermore, 1944:34). A chamada "*dollar diplomacy*" passava a ser o princípio ordenador das relações dos EUA com os países abaixo do rio Grande (Smith, 2010:65).

Livermore relata que o ministro estadunidense em Buenos Aires, Sherrill, teria feito um apelo dramático ao secretário de Estado Knox a propósito do caso Alsop, em novembro de 1909 (Livermore, 1944:38). Esse *affair*, que quase levou ao rompimento das relações diplomáticas entre Santiago e Washington, gerou uma onda de antipatia contra os Estados Unidos na América do Sul. O problema teve origem no *ultimatum* norte-americano ao Chile para que aceitasse discutir indenização à firma Alsop pela anulação de concessões de mineração recebidas pela empresa em território anteriormente pertencente à Bolívia (Ganzert, 1942:449-450). Sherrill afirmou ao secretário de Estado que perdera o apoio do presidente Alcorta para a aquisição dos encouraçados em função do caso. Em resposta, o departamento de Estado redigiu memorando em que autorizou o ministro a transmitir o seguinte ao governo argentino: 1) não havia qualquer entendimento entre Estados Unidos e Brasil para ações conjuntas em temas latino-americanos; 2) o secretário de Estado Knox deu crédito ao ministro da Argentina em Washington, Portela, pela sugestão de que a mediação do caso Alsop fosse entregue ao rei da Inglaterra; 3) o secretário Knox negava que o departamento de Estado tivesse dado crédito ao Brasil pelo encaminhamento do caso Alsop; 4) haveria substancial apoio financeiro do congresso dos EUA à realização da Conferência Pan-Americana de 1910, em Buenos Aires; 5) os EUA confirmavam o envio de um esquadrão naval para participar das celebrações do centenário da independência da Argentina, em maio de 1910; e 6) os EUA desencorajariam o Brasil e o Uruguai a levantarem o tema da jurisdição sobre as águas do rio da Prata (Livermore, 1944:38).

Cabe notar que, a despeito da maior ou menor precisão da historiografia nacional ao descrever o papel de Rio-Branco e Nabuco na mediação do incidente,[412] alguns autores sustentam terem as relações entre Brasil e Estados Unidos sofrido importante inflexão negativa após a substituição de Roosevelt/Root por Taft/Knox, em março de 1909.[413] Se o chanceler já se queixava da ambiguidade dos primeiros quanto ao programa de reorganização naval, interpretando essa postura como velado apoio à Argentina, a menor intimidade entre Nabuco e Knox (Alonso, 2007:334), acoplada à ênfase da administração William Taft na expansão comercial norte-americana na América Latina, aumentaria a distância entre Washington e o Rio de Janeiro. Aspecto relevante, que este livro não poderá abordar, é o do impacto do programa naval argentino sobre as relações entre Brasil e Estados Unidos.[414] Em qualquer circunstância,

---

[412] A historiografia brasileira, em geral, considera fundamental o papel de Rio-Branco e Nabuco no encaminhamento pacífico do *affair* Alsop entre os EUA e o Chile. No entanto, a questão não parece ter merecido tratamento mais minucioso. Sobre o tema, ver, entre outros: Angela Alonso (2007:332-333); Moniz Bandeira (2003:111).
[413] Ver Crandall (2011:30-31); Smith (1991:74-76).
[414] É plausível que pesquisa em arquivos brasileiros, argentinos e norte-americanos apontasse o aumento da desconfiança de Rio-Branco em relação aos EUA como parceiro, uma vez que estes se empenhavam fortemente no sentido de conquistar a encomenda dos *dreadnoughts* argentinos. Não é de se descartar a hipótese de que tenha pesado, a favor dos EUA na concorrência, a tentativa da política externa portenha de aumentar a importância relativa de Buenos Aires para a diplomacia latino-americana de Washington. Infelizmente, em face de restrições de tempo e de recursos, não foi possível

de modo coerente com a "diplomacia do dólar", sabe-se que a empresa norte-americana Niles-Bement-Pond Company concorreu sem sucesso à construção do arsenal na ilha das Cobras,[415] assim como ocorreu com a Electric Boat Company no caso do fornecimento de submarinos à esquadra (Smith, 1991:73). Em 1911, em telegrama a Domício da Gama, Rio-Branco afirmaria o seguinte a respeito das reclamações norte-americanas sobre a derrota para concorrentes europeus nesses contratos: "elementos de defesa não podiam ser equiparados a artigos de marinha mercante e que cada País tinha direito de escolher livremente só consultando seu próprio interesse nacional".[416] Definitivamente, a influência dos EUA sobre as Forças Armadas teria de esperar a década de 1920, momento em que se concretizou a missão de treinamento da U.S. Navy. Ao que tudo indica, os últimos anos da gestão Rio-Branco seriam de frustração com os resultados da parceria com os Estados Unidos: "Como a era Rio Branco chegasse ao fim, parece que as relações Estados Unidos-Brasil atingiram seu ponto mais baixo em décadas" (Smith, 1991:76). Em 1912, processo antitruste aberto em Nova York contra o esquema de valorização do café azedaria ainda mais as relações bilaterais (Pereira, 2009:50).

Munido do arsenal de afagos ao prestígio portenho, o representante *Yankee* completou sua missão com sucesso. Em 5 de fevereiro de 1910, foi assinado o contrato com a Fore River Shipbuilding Company[417] para a construção dos encouraçados *Rivadavia* e *Moreno*, havendo cláusula de

---

pesquisar a questão nos arquivos dos três países. Resta evidente, no entanto, que essa é uma lacuna a ser coberta pela historiografia brasileira.

[415] Houve duas concorrências: uma para a construção do arsenal de marinha e outra para a ponte entre o continente e a ilha das Cobras. Ambas atraíram grande número de concorrentes internacionais, inclusive norte-americanos. Na primeira, sagrou-se vencedora a firma Janowitzer, Whale & C. e, na segunda, um consórcio brasileiro e francês. Ver Brasil. Ministério da Marinha. Relatório do ano 1914 apresentado ao Presidente da Republica dos Estados Unidos do Brazil. 1915. p. 58; Sobre a participação da Niles-Bement-Pond Company no certame, ver Joseph Smith (1991:72-73).

[416] Telegrama cifrado de 31-12-1911. Missões Diplomáticas Brasileiras. Washington, 1911-1915. Arquivo Histórico do Itamarati, apud Rodrigues (1966:31).

[417] De modo idêntico ao caso brasileiro, o Fore River repassou a construção do segundo encouraçado argentino, o *Moreno*, ao estaleiro New York Shipbuilding Corporation de Nova Jersey. Scheina (1987:354).

curta duração — válida até o início de novembro daquele ano e depois estendida até 30 de dezembro — para o acréscimo de um terceiro *dreadnought* à encomenda (Livermore, 1944:448). O ritmo mais lento dos estaleiros norte-americanos e a ocorrência de problemas técnicos fariam com que a incorporação dos dois encouraçados à Marinha argentina ocorresse apenas no início de 1915 (Montenegro, 1998:110). Em consequência, o Brasil usufruiu por quase cinco anos, ao menos teoricamente, da almejada supremacia naval na América do Sul. A Argentina também encomendaria 12 *destroyers* a estaleiros europeus: quatro à Inglaterra, quatro à Alemanha e quatro à França (Montenegro, 1998:38). No contexto da Grande Guerra, apenas os quatro produzidos pelos estaleiros germânicos Krupp (2) e Schichau (2) foram entregues em 1912,[418] tendo os restantes sido requisitados pelos respectivos países e jamais repassados a Buenos Aires (Montenegro, 1991:92-93). Por sorte, os EUA permaneceram neutros no início das hostilidades em solo europeu, o que possibilitou a entrega do *Rivadavia* e do *Moreno* mesmo depois do início da conflagração.

No plano naval, a experiência portenha com o governo norte-americano não foi tranquila — o que talvez contribua para o entendimento das razões pelas quais a Argentina foi o único cliente de exportação dos encouraçados estadunidenses (Montenegro, 1998:109). Houve restrições aos oficiais argentinos embarcados em navios da U.S. Navy, pedidos de explicações do congresso sobre a extensão dos segredos militares repassados à marinha compradora, pressões diplomáticas sobre Buenos Aires para que não revendesse os *dreadnoughts* a terceiros, entre outros irritantes no relacionamento bilateral.[419] De todo modo, os navios adquiridos pela Argentina possuíam maior deslocamento (27.800 t), couraça mais

---

[418] Também no caso dos *destroyers*, os modelos argentinos eram teoricamente mais poderosos que os brasileiros. Além de mais pesadamente armados, tinham maior deslocamento (875 e 995 t para as classes *La Plata* e *Catamarca*, respectivamente) e velocidade superior ou igual aos *destroyers* da classe *Pará* (35 e 27 nós respectivamente). Gardiner (1985:402).

[419] Havia uma cláusula do contrato que previa a necessidade de a Argentina oferecer primeiro aos EUA a opção de compra dos vasos de guerra. No entanto, não interessava à Marinha norte-americana adquirir as embarcações, razão pela qual houve pressão para que a Argentina não repassasse os navios para a Alemanha. Livermore (1944:passim).

espessa (até 12 pol.), maior velocidade (22.5 nós) e propulsão mais moderna (turbinas) do que os *dreadnoughts* da classe *Minas Gerais*. A artilharia era essencialmente a mesma, contando com 12 canhões principais de 305 mm e 50 calibres. De maneira não surpreendente, a aquisição desses navios levou o Chile, apesar do grande terremoto de 1906 e da crise econômica que se intensificou em 1907, a buscar financiamento internacional para a aquisição de novos meios flutuantes. Assim, em 6 de julho de 1910, também Santiago aprovou um plano naval que previa a aquisição de dois *dreadnoughts*, seis *destroyers* e dois submarinos.[420] Aquele país encomendaria ao Armstrong dois encouraçados de 28 mil t, armados com 10 canhões de 14" (356 mm) e velocidade de 24 nós. O advento da Primeira Grande Guerra, no entanto, fez com que o *Almirante Latorre*, o primeiro a ser construído, fosse comprado pela Inglaterra e revendido a seus antigos donos apenas em 1920 — tendo servido na armada britânica como HMS *Canada*. Três *destroyers* que haviam sido encomendados e requisitados pela Royal Navy foram igualmente revertidos ao Chile em 1920 (Sondhaus, 2001:217).

Neste ponto, é preciso retomar a narrativa sobre o desenvolvimento da reorganização da Marinha nacional. Com a aprovação do programa argentino e o afastamento de Zeballos, as tensões existentes entre Brasil e Argentina não arrefeceram de imediato. Embora Alcorta tivesse afastado seu chanceler, a ausência de um pedido de desculpas oficial por parte do governo argentino, a propósito da fraude do telegrama número 9, fez com que se cogitasse o rompimento das relações diplomáticas.[421] Apesar de Victorino de la Plaza, sucessor de Zeballos, ter mandado o ministro argentino no Rio de Janeiro dar explicações a Rio-Branco, Viana afirma que este não se contentou com desculpas privadas (Viana Filho, 1959:401). Em paralelo, senador da coalizão governista argentina decla-

---

[420] ACORAZADO Almirante Latorre (1ero). In: <http://web.archive.org/web/20080608084301/http://www.armada.cl/site/unidades_navales/336.htm>. Acesso em: 11 mar. 2013.
[421] O rompimento foi cogitado por Domício da Gama, mas descartado por Rio-Branco — que conhecia perfeitamente o estado de inferioridade das Forças Armadas brasileiras diante do adversário platino. Viana Filho (1959:397-399).

rou, em discurso, que o Parlamento aprovara a Lei de Armamentos com o objetivo de obrigar o Brasil a negociar a equivalência naval (Bueno, 2003:267). Empunhando a bandeira da não ingerência estrangeira sobre assuntos domésticos, Paranhos Jr. fez publicar duas "várias" no *Jornal do Commercio*, em que se lê: "Acordos sobre equivalências militares é o que não havemos de admitir".[422] Em carta a Domício da Gama, de 15 de dezembro de 1908, Rio-Branco lamentava-se das capacidades de defesa do país, justificando indiretamente as razões pelas quais não se podia pensar seriamente em rompimento. Vale a longa citação:

> Quanto ao nosso estado de defesa: é o mais lastimável possível. (…) Há dias verificou-se que a nossa fraquíssima esquadra está quase sem munições para combate. Telegrafou-se pedindo à Inglaterra com urgência esse elemento indispensável para alguma honrosa, ainda que inútil, resistência. Prevendo que no período das novas construções poderia o tresloucado Governo Alcorta pensar em alguma agressão ao Brasil — ideia discutida em Buenos Aires há dois anos — pedi ao Presidente Rodrigues Alves, com o então Ministro da Marinha Noronha, a compra de uns navios de guerra ingleses, compra que nos daria logo esquadra superior à Argentina, pondo-nos ao abrigo de algum premeditado insulto. Nada consegui. Há meses, regulando-me por indicações de um bem informado oficial de marinha, propus a compra imediata de dois navios da armada inglesa. O Presidente Afonso Pena estava inclinado a essa proposta, mas o meu colega Alexandrino de Alencar mostrou-se decididamente contrário a ela, receando que a compra viesse a prejudicar a inteira execução do seu programa de navios mais modernos e perfeitos. (…) Por terra não estamos em menos deploráveis condições… (…) Por mais que eu peça aos Ministérios militares que guardem reserva sobre os melhoramentos empreendidos, tudo é logo dado a público pelos reporteres que passam o dia nessas repartições. É o sistema do bumbo, com o que alarmamos os vizinhos, produzindo a impressão de que nos armamos até aos dentes, quando a verdade é que muito pouco fazemos e com grande lentidão e enorme despesa. (…) Em tais condições, compreende o Sr. o aborrecimento

---

[422] *Jornal do Commercio*, 14 de dezembro de 1908, apud Lins (1965:413).

que sinto e as preocupações que tenho. Só nos amparam ainda a força moral e o antigo prestígio que nos restam dos tempos já remotos em que havia previdência nesta terra...(...) Agora mesmo sai daqui um oficial de marinha que me trouxe desagradável notícia, ignorada por Alexandrino de Alencar e por mim. O Campista disse-lhe que trabalha para que se venda à Inglaterra o segundo dreadnought. O terceiro ainda não está começado, apesar do estaleiro se oferecer para começá-lo desde já sem desembolso para o Governo antes da data primitivamente indicada para o começo do trabalho. Se cedermos à Inglaterra o segundo encouraçado, ficaremos desmoralizados. Todo o mundo dirá e a Argentina espalhará que cedemos à pressão do Governo de Buenos Aires. Hoje irei falar nisso ao Presidente.[423]

Em 20 de dezembro de 1908, Domício da Gama e Victorino de la Plaza puseram um ponto final nas pressões em torno da ideia de paridade de armamentos navais. Em tom duro, Gama cobrou explicações sobre as questões do telegrama número 9 e da equivalência naval. Sobre esse último tema, o ministro do Brasil afirmou categoricamente: "Nós não admitimos nem agora nem nunca proposições nesse sentido. Cada um de nós pode estar armado sem perigo para o outro" (Lins, 1965:414). La Plaza, por sua vez, negou qualquer pressão pela equivalência e autorizou o ministro brasileiro a informar ao Itamaraty que nenhuma proposta semelhante seria feita (Lins, 1965:414). Evidentemente, a cessação das pressões portenhas ocorria no momento em que Buenos Aires vislumbrava, em futuro próximo, não mais a paridade, mas a recuperação da supremacia naval na América do Sul. Na impossibilidade de justificar internamente um ataque preventivo ao Brasil, e tendo aprovado vigorosa lei de armamentos, a lógica ditava que a Argentina distensionasse o seu relacionamento com o país vizinho — que estava a pouco mais de um ano de iniciar o recebimento da esquadra encomendada aos estaleiros britânicos.[424]

---

[423] Carta de Rio-Branco a Domício da Gama, 15 de dezembro de 1908, apud Viana Filho (1959:398).
[424] Evidentemente, no período de tempo que mediasse entre a decisão de não usar a força contra o Brasil e o recebimento dos grandes *dreadnoughts Rivadavia* e *Moreno*,

5. Apesar de tudo, segue a construção da nova esquadra

Enquanto isso, a construção das belonaves brasileiras continuava na Grã--Bretanha em ritmo mais lento do que o esperado, em função da ocorrência de uma greve que se estendeu de janeiro a junho de 1908 (Topliss, 1988:246). De maneira coerente com o relato de Rio-Branco a Domício da Gama, Topliss afirma que os Rothschilds serviram como uma espécie de canal paralelo entre o Armstrong e o Ministério da Fazenda brasileiro. Foi por meio desse canal, ao que tudo indica à margem do Ministério da Marinha e do Itamaraty, que negociações foram entabuladas para reduzir o programa Alexandrino.[425] Ainda em 1908, ou seja, cerca de um ano após a assinatura do contrato dos *dreadnoughts*, Campista procuraria interferir na reorganização da Marinha — sem dúvida para reduzir os seus custos. É nesse sentido que se explica a menção do autor em tela a comunicações entre a Fazenda e seus agentes na *City* visando ao cancelamento do terceiro *dreadnought* (Topliss, 1988:247). Embora Topliss não precise se os contatos paralelos com os Rothschilds foram o que motivou a carta de Andrew Noble, diretor do Armstrong, ao chefe da Comissão Naval do Brasil em Londres, almirante Huet Bacelar, vale reproduzir seu conteúdo:

> Não preciso enfatizar os argumentos em favor da conveniência de o governo brasileiro prosseguir com o programa naval em sua inteireza — um programa que não é mais do que o suficiente para as necessidades e interesses do País (...). Eu não posso desaprovar mais fortemente o possível atraso no

---

conviria à elite decisora argentina manter relações cordiais com o Brasil — de modo a evitar que a deterioração do relacionamento político pudesse redundar em conflito para o qual Buenos Aires não estaria ainda preparada.

[425] A narrativa de Topliss é parcial e tem lacunas graves porque o autor não se deu o trabalho, ou não pôde, consultar fontes brasileiras. Nesse sentido, ele toma pelo valor de face as comunicações havidas entre a casa Rothschild — tradicional agente financeiro do Brasil junto à *City* londrina — e os representantes do estaleiro Armstrong. A participação do ministro David Campista no processo que redundou na construção da esquadra de 1910 é mais uma lacuna da historiografia que não será possível preencher neste trabalho. Topliss (1988:passim).

batimento da quilha do terceiro navio. (...) No que concerne ao lado financeiro da questão, não tenho dúvida de que poderemos chegar a acordo para estender as parcelas de pagamento por um período algo mais longo (...). Confio que o Ministro da Marinha será capaz de lhe dar instruções para prosseguirmos com o batimento da quilha do terceiro navio, na carreira que acaba de vagar com o lançamento do Minas Gerais. (Topliss, 1988:247)

Dois dias depois do envio dessa carta, teria ocorrido encontro entre Sexton Noble, Mead Falkner (ambos do Armstrong), Alfred Rothschild e dois representantes do "governo brasileiro" chamados Leopold e Newman. Nessa oportunidade, houve sugestão por parte dos últimos de que a construção do terceiro encouraçado fosse adiada indefinidamente (Topliss, 1988:248). Diante da recusa do estaleiro em aceitar essa fórmula, teria sido acordado, em caráter preliminar, que o batimento da quilha do *Rio de Janeiro* ocorreria três anos após o lançamento do *Minas Gerais*, ou seja, em setembro de 1911 (Topliss, 1988:248). Lord Rendel, outro diretor de Elswick, teria se oposto ao acordo e colocado em dúvida a imparcialidade dos Rothschilds, que, em sua opinião, atuavam em uníssono com o Ministério da Fazenda do Brasil (Topliss, 1988:248). Topliss, no entanto, afirma que a casa bancária inglesa foi instrumental para o Armstrong ao converter em libras esterlinas os pagamentos feitos pelo Brasil em bônus do tesouro.[426] O acordo alinhavado acabou sendo rejeitado pelo conselho do Armstrong. Em julho de 1909, haveria outra tentativa de adiar a construção da terceira belonave (Topliss, 1988:249).

A dimensão financeira do programa Alexandrino, a despeito do trabalho do autor anteriormente mencionado, continua opaca. Ainda assim, parece certo que as várias idas e vindas relacionadas à construção do *Rio de Janeiro* estiveram relacionadas à dialética Fazenda *versus* Marinha e Itamaraty, de

---

[426] Nos relatórios anuais ao presidente da República, tanto da Marinha quanto da Fazenda, não foi possível encontrar referência à emissão de bônus do tesouro para o pagamento das despesas decorrentes do programa Alexandrino. Ao contrário, o relatório da Fazenda de 1908, referente a 1907 e início de 1908, menciona que as despesas extraordinárias dos ministérios da Marinha e da Guerra foram pagas com recursos do orçamento. Ver Brasil. Ministério da Fazenda. Relatório do ano 1907 apresentado ao Presidente da Republica dos Estados Unidos do Brazil. 1908. p. XXVIII.

um lado, e ao andamento do programa argentino, de outro.[427] É razoável especular, com base nas evidências coletadas até aqui, que a indecisão da força naval também obedeceu ao fluxo de informações sobre os navios que seriam contratados pela armada portenha. As características dessas belonaves devem ter ficado razoavelmente evidentes em 1909, momento em que os requisitos dos encouraçados foram transmitidos aos estaleiros interessados.[428] Martins Filho sustenta que, dentre os inúmeros boatos sobre a real destinação dos três *dreadnoughts* brasileiros publicados na imprensa nacional e internacional, alguns certamente terão partido do próprio governo brasileiro — na linha do que foi transmitido ao chanceler a propósito das intenções de Davi Campista (Martins Filho, 2010:149). É bem provável que essa suposição esteja correta, o que tornaria ainda mais difícil a tarefa de Rio-Branco de desmentir as versões circuladas pela imprensa estrangeira de que o Brasil seria apenas um intermediário a serviço de terceiras potências.[429] Martins Filho cita copiosa correspondência do chanceler com

---

[427] Não parece ser coincidência o fato de que os adiamentos de certa forma coincidiram com o ritmo do programa naval argentino. Pode-se encontrar três coincidências interessantes: o primeiro pedido de adiamento ocorreu em setembro de 1908, um mês depois de aprovada a lei de armamentos na Câmara dos Deputados argentina; o segundo pedido de adiamento ocorreu em julho de 1909, momento em que o programa naval portenho ainda estava indefinido; o início da construção do *Rio de Janeiro* em março de 1910, cerca de um mês depois de assinado o contrato de construção dos *dreadnoughts* argentinos. Como não estão disponíveis dados empíricos mais específicos sobre o assunto, não se pode atribuir somente ao desenvolvimento do programa naval portenho as reações brasileiras quanto à construção do terceiro encouraçado. É muito provável que outros fatores, como o econômico-financeiro, tenham contribuído para o adiamento. Sem dúvida, essa é uma lacuna que precisa ser preenchida por estudos ulteriores.

[428] É preciso levar em conta que tanto a Armstrong quanto a Vickers participavam do certame argentino. Não constitui suposição absurda imaginar que, para aumentar a pressão sobre o Brasil para que se decidisse logo pelo terceiro encouraçado, os estaleiros ingleses tenham vazado as características básicas dos modelos solicitados pela Argentina. Ao mesmo tempo, cabe notar que a Argentina — provavelmente para dificultar a identificação exata dos navios que encomendaria e para garantir maior margem de manobra na escolha dos melhores *designs* — forneceu requisitos muito genéricos às firmas concorrentes. Ver Gardiner (1985:401).

[429] A imprensa britânica, por exemplo, ressaltava o temor da Alemanha de que o Brasil fosse apenas uma fachada para encobrir os planos da Grã-Bretanha e dos Estados Unidos de incorporarem o *Minas Gerais* e o *São Paulo*. The race... (1909).

a embaixada em Washington e com a legação em Londres, em que são sistematicamente refutados os boatos de que o país repassaria as belonaves tão logo as recebesse (Martins Filho, 2010:144-150). Tendo em vista que o *Minas Gerais* e o *São Paulo* eram os encouraçados mais poderosos do mundo no momento em que foram incorporados — uma vez que a corrida aos *dreadnoughts* era ainda incipiente em países como França, Rússia, Itália, Japão e Áustria-Hungria —, seu eventual trespasse afetaria seriamente o equilíbrio de forças navais no globo (Gardiner, 1985:passim). É preciso recordar que, até 1910, apenas Grã-Bretanha, Estados Unidos, Brasil e Alemanha tinham incorporado encouraçados tipo *dreadnought* — sendo o Brasil o terceiro país a fazê-lo, antes de a Alemanha agregar ao setor operativo da sua esquadra os navios da classe *Nassau* (Gardiner, 1985:passim).

Faz-se necessário ter presente que, como exportador de *commodities* agrícolas e extrativistas, o país era particularmente vulnerável a choques externos, que se refletiam, *inter alia*, no caráter errático da taxa de crescimento do PIB. De acordo com a série histórica do Instituto Brasileiro de Geografia e Estatística (IBGE), fica clara a vulnerabilidade da economia a oscilações bruscas. Em 1906, o crescimento do produto conheceu uma expansão de 12,73%, seguida de fortíssima desaceleração em 1907, com aumento de apenas 0,81%. Em 1908, momento em que o Ministério da Fazenda teria passado a atuar em prol da redução dos custos do programa Alexandrino, houve forte retração econômica, da ordem de 3,2%, que pode ser explicada pela sensível diminuição dos fluxos de capital para o Brasil, no contexto da crise financeira internacional (Fritsch, 1992:38-39) que culminou na corrida bancária norte-americana de outubro de 1907 (Bordo e Murshid, 1999:15). Já em 1909, o país conheceria expansão de 10,33%. Cabe salientar que, entre 1910 e 1913, houve menor volatilidade e a economia cresceu em todos os anos do período. No *annus terribilis* de 1914, em que a reorganização naval de fato conheceria o seu último suspiro, teve início uma nova fase de instabilidade que somente acabaria em 1919.[430] Embora constitua exagero supor relação automática entre as

---

[430] IBGE. Estatísticas do Século XX. Contas Nacionais. Séries Históricas. In: <www.ibge.gov.br/seculoxx/economia/contas_nacionais/contas_nacionais.shtm>. Acesso em:

variações do PIB e os humores relacionados à continuidade do programa de 1906, Topliss afirma que, em 1909, os Rothschilds deram conta ao governo brasileiro de condições novamente favoráveis à emissão de títulos para o pagamento das encomendas navais (Topliss, 1988:249).

A indecisão quanto à construção do *Rio de Janeiro* deve certamente ter preocupado o governo inglês. Martins Filho reproduz comunicações entre o Foreign Office e o almirantado a propósito do perigo que a crescente influência da Alemanha junto às Forças Armadas brasileiras representava (Martins Filho, 2010:155). Vale notar que Rio-Branco valeu-se de seus contatos em Berlim para conseguir que o ministro da Guerra, marechal Hermes da Fonseca, fosse convidado a assistir às manobras do exército tedesco em 1908 (McCann, 2007:145). A visita ocorreu em grande estilo e com intensa cobertura de imprensa. O Império Alemão não poupou esforços para impressionar o marechal, tendo Guilherme II se ocupado de entretê-lo pessoalmente (Rodrigues, 2007:3). O objetivo dos anfitriões era o de potencializar sua influência sobre as Forças Armadas do país e garantir encomendas de equipamento bélico — tanto pelo Exército quanto pela Marinha nacionais. Em 1910, no contexto da segunda visita de Hermes da Fonseca, agora na condição de presidente eleito, a Alemanha novamente faria grandes esforços para cativar o visitante ilustre. Alertado pelo representante da Armstrong no Brasil, o ministro britânico no Rio de Janeiro não permaneceu indiferente às ações alemãs, transmitindo ao Foreign Office a seguinte mensagem: "Na solução dessas questões pode ser decidida a futura direção britânica ou germânica da Marinha brasileira. (...) os alemães não estão deixando pedra sobre pedra a fim de assegurar que um convite para fornecer instrutores para a Marinha brasileira seja feito a eles".[431]

Poucos meses antes, o almirantado foi convencido pela chancelaria britânica a modificar sua postura reticente quanto ao embarque de marinheiros brasileiros em navios da Royal Navy (Martins Filho,

---

16 mar. 2013.
[431] William Haggard a Edward Grey, Petrópolis, 8 de agosto de 1910, FO 371/831, 31398, p. 155-159, apud Martins Filho (2010:154-155).

2010:152-153). Por sua vez, o envio de uma missão de instrutores navais britânicos, solicitada inicialmente pela Marinha de forma "semioficial", causou constrangimento no Itamaraty. Martins Filho relata que o ministro Haggard, ao transmitir a Rio-Branco a concordância de Londres em enviar os instrutores requisitados, foi surpreendido pela resposta irada do chanceler de que o Brasil não precisava de ajuda (Martins Filho, 2010:153-154). Não se pretende aqui precisar os motivos desse desencontro entre chancelaria e força naval. Vale comentar, no entanto, que a falta de coordenação entre instâncias governamentais, e até mesmo dentro de uma mesma instituição, era muito frequente — como, aliás, é o caso até os dias de hoje em uma burocracia heteróclita como a brasileira. A partir do relato de Martins Filho, não foi possível identificar as razões substantivas que estiveram por trás da reação de Rio-Branco. Conhecendo as características do *modus operandi* local, deve-se admitir a possibilidade de que a rejeição do Itamaraty tenha se dado simplesmente por falta de comunicação prévia por parte da Marinha. Em qualquer circunstância, não houve nenhuma missão naval estrangeira no período estudado, o que somente aconteceria na década de 1920 com a missão norte-americana.[432]

Paralelamente à disputa entre Grã-Bretanha e Alemanha por influência junto à Marinha,[433] prolongava-se o imbróglio envolvendo a construção do terceiro encouraçado do programa Alexandrino. Em 7 de maio de 1910, o Armstrong e o almirante Huet Bacelar, chefe da Comissão Naval na Inglaterra, discutiriam novos *designs* para o navio (Topliss, 1988:254). É quase certo que naquele momento já houvesse informações detalhadas sobre as pretensões do programa argentino. Em qualquer circunstância, a decisão brasileira se arrastaria até outubro de 1910, momento em que um novo contrato foi assinado — ainda assim *ad referendum* da nova

---

[432] Trabalho que contextualiza a missão naval norte-americana da década de 1920 é o de Alves (2005:156).
[433] Silvia Capanema de Almeida demonstra, em artigo derivado de sua tese de doutorado, como a França, embora em posição menos favorável que a Inglaterra e a Alemanha, também buscava exercer influência sobre a Marinha do Brasil. Ver Almeida (2010:153-154).

administração, que assumiria em 15 de novembro.[434] Cabe lembrar que houve alguma turbulência na condução dos assuntos governativos com o advento da morte do presidente Afonso Pena, em junho de 1909, tendo apenas Rio-Branco e Alexandrino de Alencar permanecido em seus cargos depois da investidura de Nilo Peçanha como supremo magistrado da nação. Do ponto de vista das relações internacionais do Brasil, o ano do passamento do estadista mineiro seria marcado pelo rompimento das relações diplomáticas entre La Paz e Buenos Aires, pela assinatura do tratado de limites com o Peru e do tratado retificador com o Uruguai, mencionado anteriormente — que ganhava ainda maior relevância no contexto das suspeitas de que a Argentina e setores do eternamente convulsionado Paraguai estariam fomentando revolução no Estado Oriental (Doratioto, 2012:167-168).

Todos esses eventos estavam conectados à dinâmica do subsistema sul-americano de poder, em que se desenvolviam contínuas alianças e contra-alianças táticas entre países. Embora as relações Brasil-Argentina tenham se estabilizado, a disputa pela hegemonia na América do Sul permanecia latente. Rio-Branco, em carta ao presidente Nilo Peçanha, fez a seguinte avaliação da situação uruguaia e do risco de guerra com o vizinho portenho:

> O que sei de certo é que o Dr. Zeballos, como nos últimos meses do seu Ministério, trabalha ainda para que o atual governo de Montevidéu seja suplantado por uma revolução do partido blanco. Diz-se, não sei se com fundamento, que os Ministros da Marinha e da Guerra, Almirante Betbeder e General Aguirre, o auxiliam secretamente. (...) Acho indispensável fazer reforçar as nossas guarnições no Rio Grande do Sul e Mato Grosso e quanto antes reunir forças respeitáveis nas fronteiras de Quaraim, Sant'Ana, Bagé e Jaguarão, sobretudo nos primeiros, para impedir que grupos armados tentem fazer a invasão da República Oriental passando pelo nosso território ou organizando-se nele. (...) Segundo informações que tenho de militares, é de-

---

[434] Brasil. Ministério da Fazenda. Relatório do ano 1914 apresentado ao Presidente da Republica dos Estados Unidos do Brazil. 1915. p. 31-32.

plorável a situação em que se acham os nossos meios de defesa no Rio Grande do Sul e em Mato Grosso. Não penso que o Governo Argentino pense em alguma agressão próxima ao Brasil. Ele deve desejar que corram brilhantes em 1910 as festas do Centenário, e tranquilos os trabalhos da Conferência Pan-Americana. Mas, que trabalha com afinco para se manter na situação, em que desde anos se acha, de grande superioridade militar sobre o Brasil, é fora de dúvida; e também devemos ter presente que campanha movida na imprensa de Buenos Aires pelos partidários da guerra com o Brasil pode, dentro de algum tempo, trazer-nos essa guerra e grandes desastres, se eles não souberem que estamos preparados para uma pronta e enérgica repulsa. (Viana Filho, 1959:422-423)

Nesse contexto, o rompimento entre a Bolívia e a Argentina, em função do laudo arbitral do presidente Alcorta, que beneficiava o Peru na questão de limites entre Lima e La Paz, representou mais um momento de tensão regional. Independentemente da discussão a respeito da maior ou menor influência de fatores políticos sobre a decisão, o fato é que o Brasil solicitou, confidencialmente, os bons ofícios dos Estados Unidos e da Grã-Bretanha para que intercedessem em favor da Bolívia (Fifer, 1972:145). Antes disso, Rio-Branco encomendara a Euclides da Cunha um livro sobre a controvérsia, em que La Paz fosse retratada como detentora dos direitos sobre o território contestado (Heinsfeld, 2003:92). Não cabe aqui aprofundar a discussão sobre a questão de maneira específica. No entanto, é forçoso indicar que, embora o laudo arbitral não produzisse efeitos jurídicos sobre a controvérsia Brasil-Peru, por não ser o primeiro parte da arbitragem, havia uma clara relação entre as duas.[435] Laudo favorável a Lima aumentaria o prestígio da Argentina junto ao seu aliado natural, o que poderia tornar o governo peruano mais intransigente em seu litígio com o Rio de Janeiro. Da mesma forma, a concessão pelo árbitro de território correspondente ao Acre, agora brasileiro, teria o inconveniente de fortalecer a posição negociadora peruana.

---

[435] Grande parte do território reclamado pelo Peru correspondia ao Acre, vendido pela Bolívia ao Brasil no contexto do tratado de Petrópolis.

O tratado de limites com o Peru dar-se-ia no contexto do encaminhamento, ainda que turbulento, da controvérsia entre aquele país e a Bolívia — o que também ocorreria em setembro de 1909, com a aceitação limenha de alterações no traçado da fronteira em benefício de La Paz (Fifer, 1972:145). A lógica que presidiu a postura mais flexível do governo de Augusto Leguía, tanto no caso boliviano quanto no brasileiro, foi a de contra-arrestar as *demárches* do Chile que visavam ao isolamento de seu país (St-John, 1992:151-152). Em 8 de setembro, foi assinado o instrumento pelo qual se encerrava a disputa entre Brasil e Peru em torno da demarcação de suas fronteiras comuns. Pelo tratado de limites, o primeiro incorporava definitivamente 403 mil quilômetros quadrados e o segundo 39 mil (Ganzert, 1934:449). Como salientou Rio-Branco, a diferença entre a extensão dos territórios assignados a cada uma das partes era mais aparente do que real, em função dos pleitos exagerados do Peru formulados a partir de 1863 (Ganzert, 1934:449). Em qualquer circunstância, o tratado foi positivo para o Rio de Janeiro, ao permitir que concentrasse suas atenções no Cone Sul. Pouco depois, em outubro de 1909, foi assinado o Tratado de Retificação de Limites entre os governos uruguaio e brasileiro. Como já mencionado, esse instrumento vinha sendo articulado desde 1907 e representava peça importante no tabuleiro geopolítico regional. Não por coincidência, a sua assinatura deu-se a poucos meses da chegada do *Minas Gerais* ao país e em meio às articulações dos Blancos para derrubar o governo Colorado favorável ao Brasil (Doratioto, 2000:142). Doratioto relata que, por ocasião da assinatura do tratado, manifestações pró-brasileiras ocorreram em Montevidéu, o que realçava, por contraste, a intransigência argentina em chegar a acordo com aquela nação a respeito da soberania sobre as águas do rio da Prata (Doratioto, 2000:142).

6. 1910: PRINCÍPIO E FIM DA HEGEMONIA NAVAL BRASILEIRA NA AMÉRICA DO SUL

O ano de 1910, a seu turno, constituiu momento transcendente dos processos descritos neste trabalho. Além de marcar a chegada de quase todos os navios do programa Alexandrino, que formariam a Esquadra de 1910, importantes inflexões nos planos doméstico e internacional ocorreram, cujas consequências seriam relevantes para a determinação dos limites da grande estratégia nacional. No âmbito interno, a eleição do marechal Hermes da Fonseca significou uma ruptura do pacto oligárquico entre São Paulo e Minas Gerais.[436] Sua candidatura, articulada por Pinheiro Machado, suscitaria a reação de Rui Barbosa por meio da "campanha civilista" (Bello, 1956:281-282). De norte a sul do país, o tribuno baiano denunciou o militarismo representado pela postulação à presidência do ex-ministro da Guerra. Na verdade, a escolha de Hermes como candidato representava muito mais um racha entre as oligarquias regionais dominantes do que a intrusão dos militares na política propriamente — embora esta tenha de fato se materializado. A polarização provocada pelo choque entre as duas grandes coalizões antagônicas mergulhou o país em uma situação de incerteza — magnificada pelo fato de um dos contendores representar, ainda que não formalmente, o Exército (Bello, 1956:286).

A eleição de Hermes da Fonseca, em março de 1910, prenunciava quadriênio conturbado do ponto de vista político, como depois ficaria evidente nas tentativas da administração hermista de livrar-se do jugo de Pinheiro Machado e no retorno da política das "salvações" (Bello, 1956:286-293) — sem falar nas perturbações vividas pela gestão Nilo Peçanha, com destaque para os conflitos entre elites regionais no Rio de Janeiro e no Amazonas (Love, 2012:23-24). Embora não se chegasse ao nível de conflitividade experimentado na gestão Floriano e, em menor escala, na de Prudente de Morais, pode-se afirmar com segurança que, na administração do marechal Hermes, observa-se redução da *capacidade* e da *vontade* de as elites agirem de modo consequente em prol do enfrentamento de ameaças oriundas do sistema internacional. Tanto no eixo da coesão entre as elites quanto no da vulnerabilidade do governo, houve perceptível degradação *vis-à-vis* das gestões Rodrigues Alves e Afonso

---

[436] Enquanto São Paulo apoiou Rui Barbosa, que formou, com o governador paulista Albuquerque Lins, a chapa oposicionista, o governo federal e o de Minas Gerais cerraram fileiras com Hermes da Fonseca — que tinha como candidato a vice-presidente Venceslau Brás, então governador mineiro.

Pena. No que se refere ao último quesito, cabe notar que o ministério Hermes da Fonseca foi o que conheceu menor índice de estabilidade desde a presidência de Prudente de Morais: 0,41 contra 0,33.[437] Em toda a Primeira República, apenas durante o governo provisório (0,30) e os mandatos de Floriano Peixoto (0,25) e Prudente de Morais houve maior rotatividade nos principais cargos do Executivo (Lessa, 1988:141).

Ao contrário do que sugerem alguns, as circunstâncias macroeconômicas foram em geral positivas entre 1910 e 1914 — embora o último ano do período, que correspondeu ao início da Grande Guerra, tenha registrado retração da economia de -1,25%.[438] Gonçalves demonstra que, na presidência do marechal gaúcho, houve um crescimento real do PIB de 3,5%, maior do que o experimentado no período Afonso Pena (2,5%) e não tão distante do de Rodrigues Alves (4,7%) (Gonçalves, 2010:163). Outro indicador importante é o que se refere ao hiato entre o crescimento brasileiro e o mundial, ou seja, quanto o Brasil cresceu a mais ou a menos em comparação à média da economia internacional em termos percentuais. Nesse sentido, o quadriênio Hermes conheceu uma expansão do produto de 2,3%, acima da média de todos os demais países. Nas duas administrações anteriores que se ocuparam da reorganização da Marinha, não considerando o interregno Nilo Peçanha, o hiato foi de apenas 0,8% (1902-1906) e 0,5% (1906-1909) (Gonçalves, 2010:164). Esses dados são importantes para matizar o conceito de que imperativos de ordem econômica teriam sido decisivos para o desfecho melancólico do programa Alexandrino. José Maria Bello, por exemplo, refere-se da seguinte forma ao contexto econômico que marcou o início do governo Hermes:

> Ao entregar o Governo ao sucessor, Nilo Peçanha podia alegar como resultado de sua gestão financeira alto saldo disponível no Tesouro, o que lhe mere-

---

[437] O índice de estabilidade ministerial (I) é conhecido por uma fórmula simples: I = X (média de permanência no cargo em meses) / D (duração do mandato presidencial em meses). Lessa (1988:141).

[438] IBGE. *Estatísticas do século XX*. Contas nacionais. Séries históricas. Disponível em: <www.ibge.gov.br/seculoxx/economia/contas_nacionais/contas_nacionais.shtm>. Acesso em: 16 mar. 2013.

ceu a espécie de preciosa condecoração de um telegrama elogiativo dos banqueiros Rothschilds (...) Através do que poderiam indicar os grandes índices clássicos, perdurava a era da "prosperidade" econômica. O café mantinha-se em alta, ainda sob os efeitos da primeira valorização. Atingia o auge o preço ouro da borracha, cerca de 640 libras por tonelada, numa exportação total de 38 mil toneladas. Espécie de derradeiro lampejo, pois, no ano imediato [1911], começaria a exportação em grande escala das plantações britânicas no Extremo-Oriente... As exportações totais regulavam por 60 milhões de esterlinos ânuos, deixando apreciáveis saldos sobre as importações. (...) O constante ingresso de dinheiro europeu e o crescimento vegetativo da capacidade de consumo do País bastavam para estimular o aparecimento e o desenvolvimento de pequenas empresas industriais (...) concorrendo para manter a estabilidade das taxas cambiais. (...) Acreditando mais em si mesmos, os brasileiros sentiam-se mais encorajados, mais decididos ou menos pessimistas. (Bello, 1956:284-285)

Outro aspecto de suma importância que é preciso sublinhar refere-se à tese anteriormente mencionada sobre a existência de uma suposta aliança tácita entre elite civil e almirantado para fortalecer a Marinha em detrimento do Exército. A trajetória de Hermes da Fonseca contribui de maneira adicional para refutar essa ideia. Se de fato houvesse essa aliança, a ascensão de um marechal à suprema magistratura da nação deveria implicar dois movimentos simultâneos: a ruptura ou o esgarçamento do acordo civis-Marinha e a reversão total ou parcial das ações voltadas ao fortalecimento da esquadra.[439] Note-se que os programas navais de 1904 e 1906 foram levados a cabo por dois presidentes oriundos de estados diferentes: São Paulo e Minas Gerais, respectivamente. Ora, as oligarquias paulista e mineira estiveram em lados opostos na eleição que redundou na escolha do marechal Hermes. Se houvesse consenso suprapartidário e suprarregional sobre a necessidade de diminuir o poder do Exército, por meio do aumento do poder da Marinha, por que um dos lados escolheria

---

[439] Pela lógica do argumento, não faria sentido que Hermes da Fonseca contribuísse para o fortalecimento da Marinha, pois, ao fazê-lo, estaria *ipso facto* enfraquecendo o Exército.

apoiar candidato originário da força terrestre, particularmente em um momento do desenvolvimento institucional brasileiro em que os quartéis se encontravam pacificados? Além do mais, não é correto afirmar que os governos Rodrigues Alves e Afonso Pena/Nilo Peçanha tenham desenvolvido uma política sistemática de privilégio da Marinha. Não resta dúvida de que os programas navais representaram a face mais espetacular e custosa dos esforços de modernização militar do país. No entanto, houve também relevantes iniciativas de modernização do Exército durante o período 1902-10.[440]

Há de se considerar outros elementos. As forças naval e terrestre diferem significativamente do ponto de vista da intensidade de utilização de mão de obra e de tecnologia. A primeira é muito mais intensiva em tecnologia do que a segunda, que emprega muito mais pessoal. Embora tanto uma força quanto a outra conhecessem carências em ambos os aspectos mencionados, na época prevalecia a visão de que o principal problema da Marinha era a obsolescência do material (com sua óbvia dimensão tecnológica) e o do Exército, a fragilidade da capacidade de organização e mobilização.[441] Dentro dos limites impostos pela realidade brasileira, tentou-se resolver os dois problemas. Daí resultaram o programa naval de 1906 e a lei do serviço militar obrigatório de 1908. Cabe salientar, na mesma linha, que Alexandrino de Alencar, acusado por Calógeras de levar a cabo a política de transformação da Marinha em "bate-pau" das elites civis contra o Exército, não permaneceu no ministério Hermes

---

[440] Fonseca, a despeito do *parti-pris* relacionado ao fato de seu pai ter sido o chefe da Comissão Militar Brasileira de Compras de Material Bélico na Europa (CMBCMBE), menciona a aquisição de copioso material de guerra para a força terrestre no período 1907-10. Os equipamentos adquiridos incluíam, entre outros: baterias de artilharia de campanha e munições, obuseiros, fuzis e mosquetões Mauser modelo 1908, metralhadoras e fuzis-metralhadoras Madsen, pistolas Parabellum, instalação completa para carregamento de cartuchos do fuzil Mauser, instalação completa para a fabricação de estojos destinados a canhões de campanha, instalação completa para recalibragem e carregamento dos estojos de obuseiros, instalação completa para recalibragem e carregamento de canhões Krupp de costa, viaturas para transporte de munições, material de engenharia, ambulâncias, lunetas panorâmicas, instrumentos óticos, material de comunicação, motocicletas etc. Ver Fonseca (1974:73-74).
[441] Ver, por exemplo, Nunn (1983:132-133).

em um primeiro momento. Contudo, retornou ao posto em 1913, ainda na administração do marechal.[442] Da mesma forma, como será possível constatar adiante, não se pode atribuir ao quadriênio governativo que se iniciou em 15 de novembro de 1910 a intenção deliberada de descontinuar o programa naval de 1906. Todos os elementos elencados, e mais aqueles sugeridos em passagem anterior deste trabalho, demonstram que a tese da aliança civis-Marinha *versus* Exército é altamente problemática.

Em 16 de abril de 1910, depois de escala nos Estados Unidos para escoltar o *USS North Carolina*, que trouxe os restos mortais de Joaquim Nabuco ao Brasil, chegou ao Rio de Janeiro o tão esperado primeiro *dreadnought* construído em Newcastle.[443] Nesse sábado, o ministro da Marinha, Alexandrino de Alencar, foi anfitrião de um lauto jantar a bordo da formidável máquina de guerra, oferecido ao presidente eleito Hermes da Fonseca e a representantes do Congresso nas proximidades da Ilha Grande. O evento teve a particularidade de reunir o futuro mandatário e o seu fervoroso opositor, Rui Barbosa, que, juntamente com os senadores Pinheiro Machado, Joaquim Murtinho e Victorino Monteiro, participou da celebração (O "Minas Geraes"..., 1910:2). No brinde, Alencar teria solicitado ao marechal que seu governo "continuasse a propugnar

---

[442] Ainda que se considere que Pinheiro Machado tenha influenciado Hermes da Fonseca a reincorporar Alexandrino de Alencar, muito ligado ao senador gaúcho, o retorno do patrono do programa naval de 1906 representa problema adicional à tese da aliança civis-Marinha *versus* Exército. Mesmo que se especulasse que Alexandrino retornara para novamente colocar a Marinha em posição de contrapeso ao Exército, o que por si só é duvidoso, algumas perguntas se impõem: quem são os civis com os quais a Marinha se alinharia? Os que estão com Hermes ou os que estão contra Hermes? Em caso de conflito entre o governo e uma determinada parcela da elite civil, a Marinha marcharia unida contra o próprio governo? A Marinha constituía um monólito, isenta de divergências internas? Caso houvesse divergências, como de fato havia, a força naval poderia ser considerada um aliado confiável? Ora, todas essas indagações demonstram a dificuldade de afirmar-se genericamente a tese de uma aliança dos civis com a Marinha contra o Exército. Como havia fraturas e dissensões tanto entre a elite civil quanto entre a cúpula das Forças Armadas, eventuais alinhamentos dificilmente ocorreriam de maneira automática e coerente. Logo, para que a tese acima mencionada seja plausível, é preciso qualificá-la e aprofundá-la. Nos termos genéricos em que foi enunciada por muitos autores, ela é simplesmente insustentável.
[443] Sobre a escolha do corpo de Joaquim Nabuco, ver Martins Filho (2013).

pelo levantamento moral e material da marinha", ao que este respondeu que "cumpriria um dever de patriota assegurando a prosperidade dos elementos de defesa nacional, garantia da soberania do país" (O "Minas Geraes"..., 1910:2). De acordo com nota reproduzida pelo *Estado de S. Paulo*, Pinheiro Machado teria aproveitado a oportunidade para sugerir a Hermes da Fonseca que mantivesse Alexandrino no cargo — empresa na qual não foi inicialmente bem-sucedido (Ecos..., 1910:2).

No dia seguinte, adentrava a baía da Guanabara o encouraçado *Minas Gerais*, o mais poderoso navio de guerra do mundo.[444] Multidões se acumularam ao longo das praias e da baía para saudar a belonave, que chegou por volta das 13 horas, acompanhada por inúmeras embarcações que se encontravam à espera. No cais Pharoux, depois de ser visitado por altas autoridades da República, o navio foi aberto ao enorme público que se acumulava para conhecer o emblema maior da pujança bélica nacional. Na confusão que se formou, não faltaram os "amigos do alheio", que aproveitaram o ensejo para furtar carteiras e bolsas de senhoras no local (Chegada..., 1910:2). À noite, o encouraçado mais uma vez deslumbrou os populares com a potência dos seus holofotes projetados no céu do Rio de Janeiro — o que ocorreu, coincidentemente, durante a passagem do cometa Halley pela Terra (Love, 2012:20). *O Paiz*, jornal hermista, em tom laudatório assim narrou o evento:

> A chegada do Minas Gerais (...) eis o grande acontecimento que faz palpitar numa vibrante emoção patriótica toda a alma nacional, porque não foi só o Rio de Janeiro que recebeu nas águas da sua famosa baía o formidável dreadnought... foi o Brasil inteiro que saudou, no vulto agigantado do colosso dos mares sul-americanos, o símbolo soberano de sua própria pujança, a expressão concreta da sua energia de nação. Longamente o povo brasileiro se havia preparado para a forte emoção, mas essa prolongada expectativa não fez senão aumentar cada vez mais o entusiasmo cívico em que ele ontem, em milhares de lenços brancos ou gritando vivas calorosos, manifestou todo seu imenso júbilo.

---

[444] Evidentemente, esse poder era teórico apenas, pois a guarnição do navio padecia de toda sorte de problemas — o que teria consequências evidentes sobre sua capacidade combatente real.

Foi um momento indescritível o da entrada do Minas Gerais: era um cenário de deslumbramento da baía, cortada de embarcações de todas as formas e de todas as dimensões, entre as quais avultava gigantescamente a massa do dreanought incomparável e único (...) ele salvou a terra e os pavilhões das nações estrangeiras militarmente representadas na costa pelo North Carolina e pelo Kaiser Karl VI (...). A expressão dessas salvas, feitas primeiro à terra cara da pátria e depois aos pavilhões das nações estrangeiras e amigas, fez-se também forte, sonora e cheia no coração de todos os brasileiros, que, por sua vez, saudavam no vulto de aço do Minas Gerais o Brasil novo, opulento e poderoso que vai na sua rota do progresso e civilização com a mesma galhardia com que o primeiro de seus dreadnoughts entrou nas águas espelhantes da Guanabara. (Silva, 1984:76)

Gilberto Amado, por sua vez, seria muito mais crítico em sua apreciação do acontecimento, embora também registrasse o surto de fervor patriótico que a chegada da belonave despertou na população da capital:

Durante o dia, no Itamarati, onde fui, na Avenida, na Colombo, onde me sentei, de noite, na redação da A Imprensa, que começava a frequentar, só ouvia isto: "O Minas! Você viu?". Entusiasmo total. Os brasileiros estuavam de fervor patriótico. Sorrisos largos. Olhos brilhantes. Não tive com quem conversar, como homem pensante, sobre o assunto. Não encontraria ouvidos para o que pudesse querer dizer. Uma melancolia me apertou o coração. O Minas, como as demais unidades da esquadra, não tinha sido construído no Brasil por engenheiros e operários brasileiros, em estaleiro brasileiro. Não resultara da nossa técnica, da nossa indústria, nem do nosso capital próprio, fruto do nosso esforço criador, substantivo, de base, mas do crédito...só e só. De nosso havia nele apenas a encomenda... o ato do Governo, o contrato com a firma construtora. Entretanto, o povo urrava em explosões que traduziam o que refletidamente o País publicava. Se o Minas fosse uma afirmação do Brasil, produto da sua ciência, da sua riqueza, da sua técnica! Se o Minas fosse mais do que um empréstimo! (...) Conceito a rever: o de patriotismo no Brasil.[445]

---

[445] Amado (1956:55-56). Vale salientar, contudo, que Gilberto Amado representava figura notavelmente polêmica. Na época, era defensor do governo Hermes da Fonseca. Escrevendo

Roberto Piragibe da Fonseca, reproduzindo relato verbal de Domício da Gama, descreveu da seguinte forma a fascinação de Rio-Branco pelas Forças Armadas, em geral, e pela Esquadra de 1910, em particular:

> sabe-se que, Ministro de Estado, encontrava vagares para debruçar-se nas amuradas do Cais do Pharoux e apreciar, embevecido, as evoluções dos scouts e destroyers recém-chegados, e que detinha-se à beira das calçadas para assistir — um sorriso de satisfação não dissimulada iluminando-lhe os olhos — (...) ao desfile de uma unidade de infantaria de um Regimento montado, e que vibrava, "ingênua e infantilmente", com os acordes das bandas marciais e as estridências dos clarins. (Fonseca, 1974:86)

No plano externo, as desconfianças entre Brasil e Argentina permaneceram significativas, a despeito da retirada formal de Zeballos do governo Alcorta havia mais de um ano e meio. Domício da Gama, no início de 1910, refletiria sobre o tema, corroborando a tese aqui defendida de que os problemas entre os dois países iam muito além de antipatias pessoais entre autoridades. Ao tratar das prevenções contra Rio-Branco e sua política existentes em Buenos Aires, o diplomata afirmava: "nesta prolongada campanha antibrasileira, animada pelo ódio de um desequilibrado, a continuidade do esforço se explica pelo apoio eficaz que ele encontra entre os membros do governo".[446] A suspicácia contra o Brasil, na visão de Domício, não seria alterada de uma hora para outra: "Venham os tempos melhores em que a cortesia usual encubra a má vontade e o receio quanto às nossas intenções e ainda (...) durará a suspeita hostil ao vizinho, que não pode ser amigo".[447] Nesse clima, o Itamaraty decidiu não enviar delegação especial nem divisão naval às comemorações do centenário da independência argentina, em 25 de maio de 1910. O ministro em Buenos

---

o livro em apreço muito depois, é possível que estivesse criticando retrospectivamente o programa naval com base nos resultados negativos da iniciativa da Marinha.
[446] AHI. Ofício reservado de Domício da Gama a Rio-Branco, 3 de fevereiro de 1910, apud Bueno (2003:275).
[447] AHI. Ofício reservado de Domício da Gama a Rio-Branco, 25 de fevereiro de 1910, apud ibid., p. 275.

Aires, que havia sido chamado ao Rio de Janeiro para consultas, foi designado como representante do Brasil nos festejos (Bueno, 2003:277). Como manifestação de apreço ao povo argentino, o Palácio do Catete decretou feriado na data nacional portenha (Bueno, 2003:281).

Foi nesse contexto que se processaram os episódios conhecidos como "incidentes das bandeiras", envolvendo manifestações populares de hostilidade recíproca. Tudo começou na Argentina, em que grupos de cidadãos revoltados com o fato de o Brasil não ter enviado representação especial às comemorações dos 100 anos de independência passaram a agravar o pavilhão brasileiro (Bueno, 2003:277). Difundida pela imprensa local, não demorou para que a informação circulasse e, ato contínuo, provocasse ataques aos consulados portenhos nos estados do Rio Grande do Sul, Santa Catarina, São Paulo e Bahia (Bueno, 2003:281). Houve ainda represálias na Argentina e novas manifestações violentas no Brasil. Embora contornados pelas autoridades dos dois países, esses eventos expressavam o quanto o relacionamento bilateral encontrava-se suscetível a irrupções de emocionalismo patriótico oriundas não somente de suas elites, mas também das populações de parte a parte — ainda que algumas manifestações na Argentina tenham contado com a participação do incansável Estanislao Zeballos.[448]

Portanto, não causa surpresa que, visando à melhora das relações com o país vizinho, Rio-Branco tenha feito todos os esforços possíveis para demonstrar apreço pelo novo presidente eleito da Argentina, Roque Sáenz Peña. Este visitou o Rio de Janeiro em 19 de agosto de 1910, em seu retorno da Europa. Com o intuito de serenar os ânimos, Peña empregaria frase retórica para se referir à amizade Brasil-Argentina (frase essa que faria a alegria de gerações de diplomatas encarregados de redigir discursos envolvendo os dois países): "Tudo nos une, nada nos separa". Evidentemente, por mais que as demonstrações de apreço oficial fossem recheadas de eloquência, a realidade seria algo distinta dos discursos. O

---

[448] Não há indicação de que Zeballos tenha sido o *mastermind* por trás de todas as manifestações — o que corrobora a tese de que as demonstrações de hostilidade no caso argentino foram, ao menos parcialmente, espontâneas. Bueno (2003:279).

Brasil estava a poucos meses de completar a fase mais importante de seu reaparelhamento naval, o que o colocaria em grande vantagem sobre a Argentina do ponto de vista da qualidade e do poder de fogo dos meios flutuantes da esquadra. Logo, seria mais do que compreensível que Buenos Aires adotasse a moderação em seu relacionamento com o Rio de Janeiro. Em qualquer circunstância, houve, a partir desse gesto, tendência à distensão, que se acentuou depois dos infaustos acontecimentos de 22 de novembro de 1910, data do início da Revolta da Chibata.

O motim, que contou com a participação protagônica de João Cândido Felisberto, depois alcunhado de "Almirante Negro" e transformado em ícone das classes subalternas por determinadas correntes político-ideológicas, foi suficientemente estudado pela historiografia.[449] Diante dessa realidade, haverá aqui apenas um perfunctório resumo factual do ocorrido, seguido de considerações sobre a sua relevância para o desfecho do programa naval de 1906. O estopim da revolta foi a condenação a 250 chibatadas do marinheiro Marcelino Rodrigues de Meneses, embarcado no encouraçado *Minas Gerais*.[450] O comandante do capitânea da esquadra, capitão-de-mar-e-guerra João Batista das Neves, foi a primeira vítima da ação dos marinheiros, que gerou vários outros mortos e quase levou ao desaparecimento do segundo-tenente Alvaro Alberto da Motta e Silva — futuro pioneiro da pesquisa nuclear no Brasil (Martins, 1997:105). Rebelaram-se também os encouraçados *São Paulo* e *Deodoro* e o *scout Bahia* — além do cruzador-torpedeiro *Timbira*, sem atuação de importância na revolta, e do cruzador *República*, cuja tripulação se trasladou para o *São Paulo* e o *Deodoro* (Martins, 1997:104-120). Os rebelados reivindicavam o fim dos castigos corporais, aumento dos soldos, alimentação de melhor qualidade, jornadas de trabalho menos extenuantes, qualificação profissional e respeito de seus superiores (Love, 2012:passim).

Em um primeiro momento, as autoridades supuseram que se tratava de uma tentativa de golpe de Estado (Arias Neto, 2001:264). Em razão

---

[449] Ver Love (2012); Arias Neto (2001); Martins (1997).
[450] O marinheiro Marcelino Rodrigues de Meneses, punido na noite do dia 21 de novembro de 1910, havia atacado a navalhadas o cabo Valdemar Rodrigues de Sousa dez dias antes. Joseph L. Love (2012:34).

dessa suspeita, as atividades de políticos oposicionistas passaram a ser monitoradas (Arias Neto, 2001:264). Quanto às ações dos amotinados, não havia fundamento na crença de que teriam primordialmente motivação política — embora Rio-Branco, escrevendo para o *Correio da Noite*, em 24 de novembro de 1910, sob o pseudônimo Nemo, tenha sugerido que houve apoio externo ao movimento por parte daqueles que pretendiam tutelar o presidente Hermes da Fonseca (Pereira, 2012:555-558). Tratou-se, sobretudo, de um problema laboral, acoplado à reivindicação de cidadania plena por meio da valorização profissional e da extinção dos castigos corporais, em particular das chibatadas. Estas, associadas à origem racial da maruja, infalivelmente se confundiam com as odiosas práticas do período escravocrata. O gerenciamento da crise pelo governo foi errático, o que acabou levando o pânico à população carioca, diante da ameaça dos rebelados de bombardearem a cidade caso suas demandas não fossem atendidas (Love, 2012:44-45). Desde o início, as autoridades perseguiram duas estratégias não necessariamente convergentes. A primeira era a do enfrentamento dos amotinados, que visava a levar a pique os navios de bandeira vermelha, caso não se rendessem.[451] A segunda era a negociação por intermédio do deputado José Carlos de Carvalho, um ex-oficial de marinha e homem de confiança de Pinheiro Machado. Agonicamente, ambas tinham aspectos positivos e outros extremamente negativos.

O enfrentamento, favorecido pelos oficiais que queriam vingar os companheiros decaídos, acabou não se materializando por três motivos: os problemas operacionais e táticos envolvidos, a pressão de Londres para que os navios não fossem atacados em vista da presença de técnicos britânicos a bordo e o avanço mais consistente da frente negociadora. A solução bélica teria a vantagem de afirmar a autoridade governamental e dissuadir futuras rebeliões. Contudo, o seu custo, caso fosse implementada com sucesso, o que de modo algum era garantido, seria enorme: a ocorrência de número desconhecido de mortes e a destruição de um patrimônio de altíssimo valor, que o país adquirira com grande sacrifício.

---

[451] A bandeira vermelha era o símbolo dos navios amotinados.

Ademais, estaria sepultada a pretensão do chanceler de projetar o Brasil como primeira potência militar da América do Sul. Love menciona o dilema de modo objetivo:

> isso [o esmagamento da rebelião] somente poderia ser feito por meio da destruição dos grandes navios pelos quais o Brasil tinha pago tão elevado preço, condenando ao olvido toda a estratégia naval e diplomática de Rio Branco para a obtenção pelo Brasil do status de potência regional no Atlântico Sul. Pior ainda, destruir os navios deixaria o Brasil completamente indefeso contra um ataque dos novos dreadnoughts argentinos, quando eles fossem completados nos meses finais de 1911 [sic]. (Love, 2012:34-35)

Não é o caso de explorar cada um desses fatores, cabendo tão somente tecer algumas considerações sobre o primeiro dos três motivos elencados. Desde o dia 23 de novembro, a Marinha tentava obter os meios necessários à neutralização das belonaves rebeldes. Havia duas maneiras de fazê-lo, dada a superioridade ofensiva e defensiva das unidades controladas pelos marinheiros: a utilização de torpedos e/ou de minas. No caso dos primeiros, o ataque deveria ser feito pelos contratorpedeiros recentemente incorporados, que, à noite, se aproximariam fingindo aderir à rebelião e lançariam o armamento contra as naves amotinadas. No segundo caso, a ideia seria minar a saída da barra da baía da Guanabara de modo que os navios, ao passar por ali, colidissem com os artefatos e sofressem os efeitos da explosão. O que importa assinalar é que a situação criada com o motim tornava ainda mais dramáticas as dificuldades de a Marinha agir como força de combate. Além do inventário pífio de minas e torpedos — daquelas havia apenas uma em condições e destes tão somente 12, cuja regulagem, feita às pressas, inspirava dúvidas (Martins, 1997:128) —, não existia pessoal adestrado para o seu emprego efetivo. Isso sem falar na impossibilidade de os oficiais confiarem na discrição das praças embarcadas nos *destroyers* e na capacidade de os maquinistas da marinha mercante contratados operarem caldeiras de alto desempenho (Martins, 1997:130). A dispersão dos componentes dos sistemas de armas pelas diversas instalações da Marinha na baía, constantemente vigiadas pelos amotinados, fez com que se demorasse mais de 48 horas para reunir número módico de artefatos torpédicos (Martins, 1997:128).

No momento em que o presidente Hermes da Fonseca autorizou o ataque aos navios rebelados, o que ocorreu efetivamente em 25 de novembro, por meio do ministro da Marinha Joaquim Marques de Leão, as chances de sucesso do plano eram bastante reduzidas — de acordo com o almirante e historiador naval Hélio Leôncio Martins (1997:130). Foi nesse mesmo dia que o barão do Rio-Branco, valendo-se de sua amizade com o capitão-tenente Jorge Dodsworth, convidou-o e ao oficial de marinha designado para chefiar a divisão de *destroyers*, Felinto Perry, para almoçar no restaurante Brahma (Martins, 1997:129). Nessa oportunidade, o chanceler tentou convencer Perry de que o Brasil não podia abrir mão de modo algum da nova esquadra. O ataque não poderia se realizar, ainda que à custa de arranhão na disciplina. Os encouraçados representavam o equilíbrio naval sul-americano, e o país não podia perder, em nenhuma hipótese, a posição recém-conquistada. O chanceler citou o exemplo dos motins liderados pelos navios *Spithead* e *Nore* da Royal Navy, que se rebelaram em 1797 (Martins, 1997:129). O primeiro motim, que envolveu 16 navios da Channel Fleet, foi perdoado pelo governo de William Pitt. O segundo, iniciado pelo *Nore* no Tâmisa, teve sorte distinta, resultando no enforcamento dos seus líderes e no açoite de tantos outros amotinados. Love sustenta que Rio-Branco, ao citar o caso inglês, provavelmente imaginava a ocorrência de outros levantes (Love, 2012:43). A despeito da correção da inferência, a dinâmica da sublevação mencionada pelo ministro das Relações Exteriores acabou de fato se reproduzindo no caso brasileiro.

Enquanto Paranhos Jr. tentava, à margem da cadeia de comando da Marinha, evitar o risco de destruição do *Minas Gerais* e do *São Paulo*, o Congresso Nacional aprovava a anistia dos revoltosos. Diante dessa circunstância, o ataque foi cancelado e os navios retomados pela oficialidade. As consequências do ocorrido, no entanto, seriam extremamente graves, pois rompera-se a relação de confiança entre superiores e subordinados, princípio basilar de qualquer organização castrense. Com o colapso da disciplina, o governo determinou que fossem retiradas as culatras dos canhões de grosso calibre dos navios que haviam se revoltado. Em idêntico sentido, as munições foram recolhidas, o que contribuiu adicionalmente para que as belonaves se tornassem inócuas do ponto de vista militar. Como era natural esperar, a imprensa estrangeira deu ampla divulgação aos incidentes que se processaram a partir de 22 de novembro. Em Buenos Aires, ao contrário do que se poderia imaginar, o tom dos jornais portenhos foi de certa neutralidade, já que a Revolta da Chibata explicitava os perigos que a própria Argentina poderia correr caso semelhantes episódios se materializassem quando da chegada dos *dreadnoughts* em construção nos Estados Unidos (Love, 2012:77-78).

A calmaria não duraria muito tempo, uma vez que, no mês seguinte, estourou a Revolta do Batalhão Naval na ilha das Cobras.[452] Para a eclosão do segundo movimento insurrecional, contribuiu o Decreto nº 8.400, de 28 de novembro, que desobrigava a Marinha dos procedimentos convencionais para expelir de seus quadros elementos tidos como "inconvenientes" — em clara violação do espírito da anistia (Arias Neto, 2001:276). Dessa vez, as autoridades optaram pelo enfrentamento e determinaram o bombardeio das instalações onde se encontravam os amotinados, o que resultou em dezenas de mortos e feridos (Love, 2012:91). Imediatamente, o governo solicitou ao Congresso, e obteve, a decretação do estado de sítio.[453] Seguiram-se variados casos de prisões, represálias, arbitrariedades, expurgos e degredo para o território do Acre.[454] Em 1911, conforme admitia o próprio presidente da Repú-

---

[452] O mais completo trabalho sobre o assunto de que este autor tem notícia é o de Henrique Samet (2011).

[453] Há suspeitas de que o governo teria sido leniente com a organização da revolta do batalhão naval para que pudesse reprimir brutalmente os revoltosos *a posteriori* e justificar o pedido de estado de sítio – o que lhe permitiria reprimir também a oposição política no parlamento. Arias Neto (2001: 280-281); o trabalho de Samet não descarta completamente essa hipótese (então sustentada no parlamento por Rui Barbosa), mas afirma ser altamente improvável que a Marinha tivesse perfeito controle sobre os acontecimentos de modo a garantir a obtenção do resultado almejado: a desforra contra os marinheiros rebelados durante a Revolta da Chibata. Henrique Samet. A Revolta do Batalhão Naval. op. cit., p.178-179.

[454] Os degredados enviados para o Acre seguiram em um navio chamado *Satélite*, que foi testemunha de violências de toda sorte — inclusive várias execuções sumárias.

blica, cerca de 20% do efetivo da Marinha havia sido afastado (Love, 2012:97). Almeida sugere que esse número seria ainda maior, chegando a 40% do quadro de Marinheiros Nacionais.[455] Com a estrutura da força naval em frangalhos, a nova esquadra vegetaria durante meses, em estado de inércia. Curiosamente, apesar da abolição prática dos castigos corporais, o Código Disciplinar da Marinha permaneceu intacto por muitos anos.[456] A Revolta da Chibata representou, assim, um duríssimo golpe na política de prestígio levada a cabo por Rio-Branco, bem como na capacidade dissuasória brasileira. Carlos de Laet expressou essa percepção da seguinte forma:

> A revolta dos dreadnoughts, em 1910, foi, para Rio Branco, um abalo tremendo. Sonhara ele um Brasil forte e capaz de, pela sua união e tranquila robustez, dominar os destinos desta parte sul do continente. Circunvagando os olhos pela baía ameaçada e pela capital prestes a padecer os horrores do fratricídio, o grande brasileiro teria, talvez, compreendido quão longe nos achávamos do seu ideal...(...) Para mim tenho que o fúnebre episódio por muito entrou no declínio da já combalida saúde de Rio Branco... (Laet, 2002:37)

As causas profundas do trágico acontecimento descrito podem ser resumidas de modo singelo. A Marinha foi incapaz de estabelecer correspondência entre a modernidade dos meios flutuantes adquiridos e a qualificação do pessoal indispensável à sua operação. De modo idêntico, não se conseguiu produzir o número de praças especialistas necessá-

---

Informado, Rui Barbosa cobraria do governo explicações sobre as atrocidades. Love (2012:100-103).

[455] Na verdade, os dados de Almeida, baseados nos relatórios dos ministros da Marinha referentes aos anos de 1909 e 1911 (não houve relatório relativo a 1910), não distinguem as perdas de pessoal decorrentes dos expurgos e da taxa de deserção anual. Isso matiza um pouco a precisão dos dados para a aferição do número exato de expulsões decorrentes da Revolta da Chibata. De acordo com essa autora, haveria 4.097 praças em 1909 e 2.335 em 1911. Almeida (2010:157).

[456] Somente em 1923 um novo código penal naval seria implementado. Ver Love (2012:88).

rio — o que teve reflexos sobre a carga de trabalho incidente sobre as tripulações, vastamente incompletas, dos vasos de guerra.[457] Para que se tenha uma ideia, cada um dos *dreadnoughts* incorporados possuía guarnição prevista de 106 oficiais e 887 praças (Love, 2012:18). No entanto, calcula-se que apenas cerca de 300 marinheiros encontravam-se embarcados no *Minas Gerais*, situação aberrante denunciada por Rui Barbosa (Love, 2012:38). A gestão Alexandrino também falhou em obter os vultosos recursos necessários à implantação de uma estrutura de manutenção local dos navios incorporados. Em 1915, ocupando novamente o ex-senador pelo Amazonas a chefia da força naval, decidiu-se pela paralisação das obras do arsenal, em construção na ilha das Cobras, por falta de verbas.[458] Tampouco o orçamento da força comportava os altíssimos custos de manutenção dos *dreadnoughts* e de seus navios de apoio: "O preço dos três dreadnoughts encomendados pelo Brasil era de £ 6.110.100. Sua manutenção por apenas cinco anos teria custado £ 3.750.000, a munição, £ 605.520, e adequadas estruturas de docagem outros £ 832.000".[459] Em consequência, a Esquadra de 1910, poucos anos depois, estaria em condições operacionais precárias, como se verificou de modo amargo quando da constituição da DNOG (Scheina, 1987:97). Havia, igualmente, um problema de mentalidade que se expressava em todo o espectro: desde a hipercentralização administrativa levada a cabo por Alexandrino até a percepção de que os castigos corporais eram indispensáveis para manter a disciplina a bordo. O ministro Marques de Leão assim resumiu a questão:

> Iludida por uma miragem, a Nação Brasileira assistiu à formação de uma esquadra respeitável, supondo que isso bastasse para uma boa organização

---

[457] Martins afirma que era a seguinte a composição do Corpo de Marinheiros: 465 foguistas (efetivo nominal, e.n., 944), 0 artífice (e.n. 118), 70 artilheiros (e.n. 118), 28 timoneiros (e.n. 236), cinco mineiros (e.n. 118), 0 taifeiro (e.n. 118), 183 músicos (e.n. 236), 107 fluviais (e.n. 236), 3.202 sem especialidade (e.n. 1.770). Martins (1997:142).

[458] Brasil. Ministério da Marinha. Relatório do ano 1914 apresentado ao Presidente da Republica dos Estados Unidos do Brazil. 1915. p. 58-59.

[459] Scheina menciona esses dados sem indicar fonte. A despeito disso, a ordem de grandeza dos valores parece coerente com a realidade da época. Scheina (1987:86).

naval; no entanto, os fatos vieram demonstrar-lhe agora que a posse de um material flutuante aperfeiçoado e forte não é o elemento essencial de uma Marinha de primeira ordem.[460]

Cabe salientar que a Revolta da Chibata não produziu apenas impactos materiais na esquadra, servindo também para lançar a instituição no descrédito perante a sociedade. Em consequência, uma série de manifestações de oficiais de baixa patente passou a denunciar, pela imprensa, as mazelas prevalecentes na Marinha. No livro que publicou anonimamente, reunindo artigos de jornais, José Eduardo de Macedo Soares denunciou o efeito dissolvente que a intromissão da política na Marinha teria causado. A seu juízo, a indicação de Alexandrino de Alencar para o ministério representou um retrocesso, dado que o almirante havia muito baseara sua carreira na prestação de serviços aos poderosos de plantão (Um Oficial da Armada, s.d.:43). Na opinião desse ex-oficial, a força foi aniquilada pelo governo, que consentiu em aprovar a anistia aos rebelados. Logo, o seu soerguimento dependia da vinda de uma missão naval estrangeira, capaz de reorganizá-la de cima a baixo — tendo em conta que não haveria pessoal competente para tanto em nenhum setor da Marinha (Um Oficial da Armada, s.d.:48-55). As críticas contundentes de Macedo Soares eram indicativas da situação de descalabro que existia à época e que se aprofundou depois da exposição das vísceras da força com o advento da revolta dos marinheiros.

Data do início de 1911 evento que gerou equívoco na literatura a respeito do desenlace do programa naval. Esse equívoco foi suscitado pelo relato autocongratulatório de Ramón Cárcano a respeito de conversa com Rio-Branco e Hermes da Fonseca ocorrida na capital brasileira, em 16 de março daquele ano.[461] Cárcano, político ligado ao novo presidente argentino, teria sido encarregado de transmitir confidencialmente a seguinte

---

[460] Mensagem Presidencial ao Senado, 15 de dezembro de 1910, apud Arias Neto (2001:308).

[461] De acordo com o político argentino, ele conversou em um primeiro momento apenas com Rio-Branco e depois com Rio-Branco e o presidente Hermes da Fonseca juntos. Cárcano (1943:281-286).

mensagem: se o Brasil desistisse de levar à frente a construção do *Rio de Janeiro*, seu país abriria mão de encomendar um terceiro *dreadnought*. Em resposta, o marechal teria assegurado que, nesse caso, desistiria de adquirir a mencionada belonave sem a necessidade de convênios ou de negociações públicas (Cárcano, 1943:281-285). Por meio de um acordo de cavalheiros, os dois países colocariam uma pá de cal na corrida aos armamentos navais iniciada há poucos anos. Em razão das circunstâncias em que se viu mergulhada a Marinha depois do movimento liderado por João Cândido Felisberto, que Rio-Branco teria deplorado amargamente em sua conversa privada com o interlocutor portenho (Cárcano, 1943:281-281), e da recente assunção de Roque Sáenz Peña, a narrativa de Cárcano, publicada em livro de 1943, foi tomada pelo seu valor de face por determinados analistas.[462] Em outras palavras, o seu relato *ex post* confirmava uma resultante que de fato ocorreu, a venda do terceiro *dreadnought* nacional e o cancelamento do da nação vizinha, mas sem que houvesse preocupação por parte dos pesquisadores em averiguar se o processo descrito por ele tinha sido a causa eficiente do desenlace.

A probabilidade de que esse relato seja fidedigno é reduzida.[463] Em primeiro lugar, o governo Hermes da Fonseca não cancelou a compra do terceiro *dreadnought* em 1911, mas apenas em outubro de 1913 — quando o Armstrong foi oficialmente comunicado de que o país colocava o navio à venda (Hough, 1966:72). Para desgosto de Alexandrino de Alencar, o ministro Marques de Leão não levou à frente o contrato firmado pelo primeiro, em outubro de 1910, para a construção do *Rio de Janeiro*, um *superdreadnought* de 32 mil t, couraça de 12 pol. e 12 canhões de 356 mm.[464] No entanto, assinou instrumento com o Armstrong, em junho de 1911, para a mais nova versão dessa conturbada belonave, que dessa vez

---

[462] Arias Neto e Moniz Bandeira, por exemplo, apesar de seus excelentes trabalhos, são historiadores que se viram induzidos a erro pelo relato de Cárcano. Outro que reproduz o equívoco é o indefectível oficialista Álvaro Lins. Ver Arias Neto (2001:115); Moniz Bandeira (2003:463).
[463] No mínimo, alguma das partes não foi sincera ou não pôde cumprir suas promessas. É possível também que fatores supervenientes posteriores tenham modificado a situação.
[464] Brasil. Ministério da Marinha. Relatório do ano 1914 apresentado ao Presidente da Republica dos Estados Unidos do Brazil. 1915. p.32.

teria 27.850 t de deslocamento, couraça de 9 pol. e 14 canhões principais de 305 mm (Topliss, 1988:281). Hough dá conta, embora seu trabalho tenha de ser visto com cautela em função do viés fortemente literário e ensaístico, de que: "Em outubro de 1912, enquanto o governo argentino planejava o seu contragolpe, o progresso no *Rio de Janeiro* continuava no ritmo planejado (...)"(Hough, 1966:50-51). Segundo o *Conway's All the World's Fighting Ships*, a resposta de Buenos Aires não tardaria a vir, tendo sido autorizada a construção de um terceiro encouraçado ainda em 1912, em vista do prosseguimento do *Rio de Janeiro*. Contudo, com a colocação à venda deste último em 1913, a Argentina não iniciou a sua construção (Gardiner, 1985:402).

Outro aspecto que coloca em dúvida a narrativa acima mencionada refere-se ao fato de o autor procurar demonstrar, de maneira algo fátua, a sua intimidade com figuras de proa da política argentina e o prestígio advindo do suposto sucesso de sua missão.[465] A declaração de que Rio-Branco teria inicialmente lhe dito que a equivalência naval seria "difícil", acoplada à afirmação de que a ideia do cancelamento do terceiro *dreadnought* de parte a parte teria sido bem recebida, implica supor que o Brasil se conformaria com algo pior do que a equivalência: a inferioridade, pois o *Rivadavia* e o *Moreno* eram significativamente maiores e mais bem protegidos do que o *Minas Gerais* e o *São Paulo* (Cárcano, 1943:281-282). Ao mesmo tempo, Scenna afirma que Cárcano teria "amavelmente" descartado sugestão de Rio-Branco para que as esquadras de ambos os países fossem dimensionadas com base na longitude das costas de cada um: "Seria canonizar a supremacia brasileira" (Scenna, 1975:298). Em suma, tomar seu relato como fidedigno significa aceitar que todo o ônus político incorrido pelo país, em face das pressões internacionais em favor da limitação do programa naval de 1906, foi em vão. Ao final, teria havido a capitulação diante dessas pressões, pois desistir do terceiro *dreadnought* significava abandonar a busca da supremacia naval na região e aceitar

---

[465] Essa postura suscita a percepção de que Cárcano estaria mais interessado em propalar o seu suposto sucesso do que em relatar de modo acurado o que de fato aconteceu em 16 de março de 1911.

passivamente a superioridade futura da Argentina. Tendo em vista que o governo Hermes contratou a belonave depois do encontro com Cárcano e prosseguiu com a sua construção até 1913, há fortes razões para colocar em dúvida a precisão das memórias do político portenho.

Joseph Love sustenta que a Revolta da Chibata levou o governo a reduzir o plano de aquisições navais (Love, 2012:97). Embora essa tese seja plenamente plausível, o autor não oferece elementos que a corroborem de modo sólido.[466] A despeito de todos os problemas, o Brasil persistiu na construção do terceiro encouraçado — ainda que este tenha sido redesenhado de modo a tornar-se menos mastodôntico do que o navio contratado por Alexandrino e, ainda em 1911, contrataria os três submersíveis previstos no programa de 1906, além de uma embarcação de apoio a submarinos (*tender*). Em 1912, a Marinha tinha em construção no exterior as seguintes unidades: encouraçado *Rio de Janeiro* (Armstrong); monitores *Javary*, *Solimões* e *Madeira* (Vickers); *tender Ceará* e submersíveis *F1*, *F2* e *F3* (Fiat, La Spezia, Itália); e batelões carvoeiros *Pindaré* e *Mearim* (Smulders, Schiedam, Holanda).[467] É fato que não se avançou no sentido da encomenda do terceiro *scout* e dos cinco *destroyers* restantes — tendo a construção dos monitores e das unidades carvoeiras sido posteriormente cancelada e os meios flutuantes alienados (Gama, 1982:9-11). No entanto, estudos mais aprofundados serão necessários para estabelecer, em bases inequívocas, as motivações que estiveram por detrás do fato de o programa Alexandrino não ter sido concluído.[468]

Tendo em conta os elementos compulsados por este estudo, é possível sugerir com alguma segurança que vários fatores simultâneos contribuíram para o desfecho daquele programa, que incluiu a incorporação efetiva de dois encouraçados, dois cruzadores-*scouts*, 10 *destroyers* e três submer-

---

[466] Love limita-se a citar o envio do almirante Bacelar, na segunda quinzena de 1910, para negociar com os ingleses uma redução do programa. Não há nenhuma consideração adicional. Love (2012:97).

[467] Brasil. Ministério da Marinha. Relatório do ano 1912 apresentado ao Presidente da Republica dos Estados Unidos do Brazil. 1913. p. 33.

[468] Em 1917, Alexandrino de Alencar solicitaria ao governo, no contexto do estado de beligerância entre Brasil e Alemanha, a construção de um *scout*, cinco *destroyers* e cinco submarinos pesados. Gama (1982:10).

síveis, totalizando 17 unidades que deslocavam algo em torno de 53 mil t.[469] Pode-se dizer que o destino final da Esquadra de 1910 materializou-se em razão de cinco fatores: a revolta dos marinheiros e seus efeitos devastadores sobre a instituição, o sensível aumento da vulnerabilidade do governo Hermes da Fonseca em razão das turbulências políticas domésticas, a descontinuidade administrativa na Marinha, ocasionada pela assunção do cargo por quatro diferentes ministros (três efetivos e um interino), a deterioração da situação financeira do país a partir de 1913 e a eclosão da Primeira Guerra Mundial e seus efeitos sobre a construção naval britânica. Vale comentar brevemente cada um deles de maneira específica, de modo que se possa montar um quadro genérico sobre as circunstâncias que cercavam o desenvolvimento do poder naval brasileiro no período.

A Revolta da Chibata, por ter significado a quebra da hierarquia e da disciplina, deu ensejo a um massivo expurgo, que forçou a Marinha a contratar marinheiros estrangeiros para guarnecer os navios da esquadra (Love, 2012:97). A vulnerabilidade do governo Hermes era evidente não apenas em razão da legitimidade diminuída em face da candidatura competitiva de Rui Barbosa,[470] mas sobretudo pela retomada da infame política das salvações. Em consequência, o ministro Marques de Leão demitiu-se do cargo em 12 de janeiro de 1912, por discordar do emprego das Forças Armadas no bombardeio da Bahia para desalojar o governante local (Lins, 1965:468-469). Cabe notar que, uma semana depois, Rio-Branco submeteu seu pedido de demissão ao marechal por força do mesmo evento — que o transtornara por implicar novo golpe na reputação internacional do Brasil e por ter como alvo um genro do barão de Cotegipe.[471] De acordo com Álvaro Lins, Hermes recusou a demissão do

---

[469] Os encouraçados deslocavam 19.280 t, os *scouts* 3.100 t, os *destroyers* 640 t e os submersíveis 250 t.
[470] Vale enfatizar que Rui Barbosa, além de atacar violentamente a candidatura do marechal durante a campanha eleitoral, continuou a invectivar contra o governo Hermes durante os quatro anos da sua administração.
[471] Cotegipe, prócer do partido conservador, foi o responsável, junto com Caxias, pela nomeação de Paranhos Jr. para o cargo de cônsul em Liverpool — mesmo contra a vontade do imperador. O pedido de demissão de Rio-Branco foi descrito por Lins (1965:470).

chanceler e prometeu repor o governo legal naquele estado da federação (Lins, 1965:470). Na mesma linha, a descontinuidade administrativa parece ter tido papel de grande relevância para o desfecho da reorganização da Marinha, pois Alexandrino de Alencar, ao retomar a chefia do ministério em agosto de 1913, decidiu anular medidas tomadas por seus antecessores. O ex-senador pelo Amazonas afirmou ter decidido pela "rejeição" do *Rio de Janeiro* (leia-se venda)[472] por considerá-lo mal projetado e insuficientemente poderoso para manter a supremacia brasileira nos mares da América do Sul. Embora a economia tenha crescido 2,9% em 1913, o início da conflagração nos Bálcãs, antecedente direto da crise de Sarajevo, gerou forte retração nos fluxos de capitais internacionais, atingindo o Brasil.[473] Finalmente, o início do primeiro conflito em escala mundial forçou o direcionamento da indústria naval britânica para as necessidades do esforço de guerra da Grã-Bretanha. Visando fortalecer a Royal Navy, Londres determinou a requisição das principais unidades de combate em construção nos estaleiros do país para forças navais estrangeiras. Foi justamente o caso do *Rio de Janeiro*, comprado pela Turquia e requisitado pela Marinha inglesa, sob o comando do *First Lord of the Admiralty* Winston Leonard Spencer-Churchill, que o rebatizou de HMS *Agincourt* (Hough, 1966:147).

Um enigma que não será desvendado aqui é o que se relaciona à contratação, em 12 de maio de 1914, do encouraçado *Riachuelo*. Com o objetivo de substituir o navio vendido à Marinha turca, a administração Alexandrino assinou contrato com a casa Armstrong para adquirir um *superdreadnought* de 30.500 t, oito canhões de 15 pol. e 22,5 nós de marcha.[474] Vanterpool relata que, desde outubro de 1913, ou seja, no mesmo instante em que o Brasil se decidiu pela venda do *Rio de Janeiro*, a Marinha solicitou novos desenhos para uma belonave mais poderosa

---

[472] Brasil. Ministério da Marinha. Relatório do ano 1914 apresentado ao Presidente da Republica dos Estados Unidos do Brazil. 1915. p. 50.
[473] Brasil. Ministério da Fazenda. Relatório do ano 1913 apresentado ao Presidente da Republica dos Estados Unidos do Brazil. 1914. p. III-VII.
[474] Brasil. Ministério da Marinha. Relatório do ano 1914 apresentado ao Presidente da Republica dos Estados Unidos do Brazil. 1915. p. 57.

do que a que acabara de oferecer ao mercado (Vanterpool, 1969:140). O breve relato desse autor menciona que o objetivo do Brasil com a nova encomenda seria o de manter a supremacia naval na América do Sul, particularmente diante do fato de que tanto os encouraçados argentinos quanto os chilenos, quando prontos, seriam mais poderosos do que o *Minas Gerais* e o *São Paulo* (Vanterpool, 1969:140). Os quatro *designs* citados por Vanterpool como tendo sido apresentados à Marinha, no entanto, não correspondem ao *Riachuelo* efetivamente contratado. Todos eles possuíam maior tonelagem, maior número de canhões e maior marcha do que o navio objeto do contrato com Elswick (Vanterpool, 1969:141). O *design* escolhido pela Marinha, segundo Sturton, foi o de número 781, muito próximo do das classes *Queen Elizabeth* e *Royal Sovereign* (Sturton, 1970:205).

A construção do novo encouraçado, no entanto, representa um desafio para a historiografia em seu estágio atual. Isso pois não se coaduna com a tese de que as dificuldades econômicas enfrentadas pelo Brasil foram determinantes para a não finalização do programa naval de 1906. Alexandrino de Alencar afirmaria, em seu relatório ao presidente sobre o ano de 1914, que: "Infelizmente, a situação financeira do país e a conflagração europeia concorreram para o adiamento da construção desse navio".[475] Ora, a situação financeira do Brasil vinha se deteriorando desde o segundo semestre de 1913. Como almirante político, Alencar não perdia oportunidades de propagandear as economias que suas ações representavam para o erário. Por que então o *Riachuelo* foi contratado em maio de 1914, momento em que a economia brasileira se contraía e as dificuldades de crédito internacional se acentuavam?[476] A não ser que se imagine que se tratou de uma mera jogada espetaculosa, para satisfazer clientelas específicas na Marinha e projetar momentaneamente a imagem pessoal do ministro salvador, a assinatura do contrato do encouraçado só

---

[475] Ibid.
[476] Os dados fornecidos por Abreu (1992:393) discrepam dos do IBGE. Esse autor registra ter o PIB crescido 1,6% em 1913 e 1,3% em 1914. Ainda que os dados sejam divergentes, permanece válida a inferência de que a situação econômica vinha se deteriorando no biênio 1913-14.

faz sentido se se considera a busca *à outrance* pelo Brasil da manutenção da supremacia naval (como se viu pela Revolta da Chibata, mais teórica do que real) na América do Sul.[477]

Apenas um estudo específico poderá determinar com precisão o significado da assinatura do contrato do *Riachuelo*. Do ponto de vista do trabalho aqui desenvolvido, esse exercício extrapolaria o recorte temporal relacionado ao período de Rio-Branco à frente do Ministério das Relações Exteriores. Ele serve para corroborar, contudo, a tese de que a corrida naval envolvendo Argentina, Brasil e Chile encontrava-se politicamente lastreada na disputa pela hegemonia regional e nas desconfianças mútuas prevalecentes entre os Estados da América do Sul, particularmente entre brasileiros e argentinos. A respeito dessa disputa e da rejeição do *Rio de Janeiro*, Alexandrino diria:

> Se o primeiro [Rio de Janeiro] possuia uma couraça de 12 polegadas de espessura, o segundo tem couraça ainda inferior ao do Minas Gerais, porque, sendo a espessura de 9 polegadas, como a deste navio, é muito defeituosa e ineficazmente disposta. Se o primeiro custaria 2.846.000 libras o segundo custa 2.675.000 libras. A economia foi de 171.000 libras, isto é, de 2.565 contos sobre 42.690, mas em compensação o resultado é desastroso, pois a hegemonia naval sul-americana fica comprometida ou destruída mesmo, se o armamento do terceiro dreadnought argentino for de 14 polegadas, como se diz.[478]

---

[477] Dado o fato de que a assinatura de contrato de construção de um encouraçado como o *Riachuelo* envolvia compromissos internacionais de grande monta, é difícil imaginar que o ministro da Marinha detivesse autonomia decisória para assiná-lo sem a concordância do supremo magistrado da nação. Mesmo que Alexandrino pudesse prever que o encouraçado não seria ao final das contas construído — tanto pela crise financeira quanto pelo perigo de conflagração europeia —, não está claro o que ele ganharia por avançar com a encomenda de uma belonave que viria a ter sua materialização cancelada. Em suma, parece mais plausível que o *superdreadnought* tenha sido encomendado com o real intuito de que viesse a ser incorporado à esquadra brasileira — favorecendo, assim, a manutenção da hegemonia naval na América do Sul.
[478] Brasil. Ministério da Marinha. Relatório do ano 1914 apresentado ao Presidente da Republica dos Estados Unidos do Brazil. 1915. p. 32.

Não é à toa que, na década de 1920, houve outro ensaio de competição entre Brasil e Argentina envolvendo as suas marinhas de guerra (Garcia, 2003:173-200) e exércitos.[479] O país encontrava-se novamente inferiorizado do ponto de vista naval, tendo optado por enviar o *Minas Gerais* e o *São Paulo* aos Estados Unidos para serem modernizados — o que envolveu, entre outros, a instalação de um novo sistema de controle de tiro (Calógeras, 1938:62). Nesse contexto, deu-se a repetição de um enredo conhecido, em que não faltaram recriminações recíprocas e campanha da imprensa portenha em que o Brasil era retratado como nação militarista dotada de desígnios hegemônicos (Mccann, 1981:5-6).

Em 1911, restava a Rio-Branco pouco menos de um ano de vida. Seria o suficiente para a eclosão de nova crise no Paraguai, situação em que o poder naval mais uma vez foi amplamente empregado pelo Brasil. Os episódios ocorridos em território guarani são intrincados demais para serem aqui descritos em detalhe. Vale mencionar que Rio de Janeiro e Buenos Aires procuraram manter-se o mais possível neutros em relação às correntes locais que se degladiavam pelo poder (Doratioto, 2012:198-217). No entanto, não faltaram acusações dos contendores em disputa de que tanto uma capital quanto a outra estaria auxiliando um dos dois lados. Essas afirmações parecem ter tido alguma base na realidade prevalecente no terreno. O representante da Espanha em Assunção, por exemplo, afirmaria que "sem dúvida o Brasil apoia o presidente Rojas, enquanto a Argentina parece apoiar os revolucionários".[480] Nesse contexto, houve episódios perigosos para a paz regional, como

---

[479] De acordo com observadores do período — entre os quais os militares franceses contratados para modernizar a força terrestre a partir de 1919 —, a superioridade do exército argentino sobre o brasileiro na década de 1920 era inquestionável. Tendo em vista que a Primeira Guerra Mundial limitou severamente o fornecimento de material bélico para as potências periféricas não beligerantes, pode-se supor que a correlação de forças entre os exércitos em questão era similar à prevalecente na década anterior. Sobre o assunto, ver Bellintani (2009:239).

[480] SOLER Y GUARDIOLA para ministro de Estado de Assuntos Exteriores, nota 26, Buenos Aires, 25.1.1912. AMAE, correspondencia Embajadas y Legaciones, Argentina, Legajo 1355, apud Doratioto (2012:216).

um *ultimatum* argentino ao governo paraguaio exigindo explicações sobre disparos de canhão realizados por sobre navio de guerra portenho.[481] O Brasil, a seu turno, determinou que o *destroyer Rio Grande do Norte* — uma das unidades incorporadas por meio do programa naval de 1906 — fosse ao encontro de navio boliviano fretado por Assunção, mas que utilizava bandeira brasileira, apreendido pelos revolucionários antes de chegar a Humaitá. As instruções eram claras: obter a liberação imediata do vapor e de seus ocupantes, caso contrário a força deveria ser empregada (Doratioto, 2012:217).

Pouco antes dos desdobramentos alinhavados, ocorridos quase de maneira simultânea aos últimos instantes da vida do chanceler, José Maria da Silva Paranhos Júnior fecharia o ciclo de sua existência. Seu último discurso público ocorreu no Clube Militar, em 15 de outubro de 1911, por ocasião da cerimônia de inauguração do seu retrato naquela agremiação. O evento, prestigiado pelas mais altas patentes do Exército, contou com a presença do presidente da República, marechal Hermes da Fonseca. Valendo-se do estilo austero, conciso, mas sempre repleto de mensagens subliminares, Paranhos Jr. reafirmaria o seu apreço pelas Forças Armadas, rejeitaria o militarismo (entendido como intromissão indébita de Marinha e Exército na política), negaria ter desígnios imperialistas e repisaria o *leitmotiv* da índole pacífica do Brasil e da continuidade entre a política externa monárquica e republicana: "tenho sido um simples e dedicado executor da política de paz e concórdia *invariavelmente* observada por todos os Governos do Brasil" (Paranhos Jr., 1948:v. IX, p. 280, grifos meus). Essa frase, que encerra sua breve alocução, é extremamente reveladora. Na formulação retórica de Rio-Branco, nunca teria havido, em tempo algum, desvios em relação à busca da paz e da concórdia por parte de todas as autoridades que se ocuparam, direta ou indiretamente, da política externa brasileira ao longo de quase 90 anos de história independente. Essa operação ideológica, repetida *ad nauseam* por Paranhos Jr., constitui uma das chaves para a compreensão das razões pelas quais o

---

[481] O Brasil serviu de intermediário para evitar o rompimento das relações diplomáticas entre Buenos Aires e Assunção. Ibid., p. 215-217.

oficialismo historiográfico pôde, de modo tão superficial quanto desabusado, martelar o suposto "pacifismo" do patrono da diplomacia.[482]

Ora, o pacifismo, compreendido como doutrina moral, filosófica ou religiosa que rejeita o uso da violência mesmo em oposição à violência, não fazia parte do repertório de ideias passíveis de serem incorporadas pelo chanceler em sua trajetória de vida.[483] Desde a socialização no seio da elite conservadora saquarema, passando pelas afinidades eletivas pró-Monarquia e tudo o que isso implicava em termos de valorização simbólica das instituições clássicas do Estado (diplomacia e Forças Armadas), até a predileção conspícua pelo estudo da história militar brasileira, nada autoriza supor que Rio-Branco rejeitasse liminarmente o recurso à guerra como instrumento legítimo de política externa — na linha do que era lugar-comum em seu próprio tempo.[484] Tampouco se pode afirmar que o pragmatismo e a frieza com que encarava os desafios internacionais de sua época autorizaria supor que fosse um colonialista ou um imperialista, sempre disposto a empregar a força para subjugar os povos bárbaros. Na

---

[482] O conceito de "pacifismo" nunca é aprofundado pelos apóstolos do oficialismo. Na verdade, nunca é sequer objeto de definição. Neste trabalho, o conceito de pacifismo utilizado será aquele derivado do trabalho de Jan Naverson (1965:259): "Sua crença [do pacifista] é não somente que a violência é um mal, mas também que é moralmente errado usar a força para resistir, punir ou prevenir a violência". O pacifismo é, portanto, uma doutrina moral que prega a não violência mesmo diante do emprego da violência por outrem.

[483] Para uma discussão exaustiva do pacifismo do século XIX até 1914 na Europa, ver Brock (1972).

[484] O oficialismo historiográfico fará uso das inúmeras manifestações públicas de Rio-Branco em prol dos mais elevados sentimentos de paz, concórdia e humanidade, como prova de seu "pacifismo". O recurso a esse tipo de elemento retórico como fundamento da tese faz tábula rasa da trajetória de vida de Paranhos Jr. e do contexto de graves tensões, nos planos regional e internacional, que acompanhou o Brasil durante o final do século XIX e o início do XX. Estando o país virtualmente incapacitado de se contrapor pela força a muitas das ameaças que se apresentavam naquele período histórico, fazia todo o sentido que a política externa adotasse a prudência como norma, incorporando retórica tendente a "desdramatizar" eventuais conflitos. Por outro lado, depois da incorporação do Acre ao Brasil, por meio do destemor e da luta de cidadãos brasileiros, fazia-se conveniente não fomentar a percepção de que Rio-Branco alentava desígnios imperialistas, o que apenas recomendava, de maneira adicional, a adoção de retórica conciliatória e prudente.

verdade, o barão encarava o poder militar como elemento indispensável à defesa, à inviolabilidade da honra pátria e à projeção dos interesses brasileiros na América do Sul. Parece claro que ele não alimentava ambições expansionistas ou agressivas, até mesmo porque conhecia as limitações das Forças Armadas do país. No entanto, como procurou demonstrar a narrativa a respeito do programa de reorganização da Marinha, a obtenção da supremacia naval sul-americana, apoiada de modo intransigente por Rio-Branco, tinha inescapável conotação competitiva. O Brasil armava-se não para agredir algum vizinho, mas para dissuadir eventuais ameaças e projetar-se como primeira potência da região.

7. Rio-Branco, grande estratégia e poder naval

Como continuador simbólico da política externa do Império na República, Rio-Branco visava a afirmar o Brasil como primeira potência da América do Sul. Avesso a arroubos grandiloquentes e à verborragia altissonante, essa afirmação não seria alcançada com base em palavras, mas na capacidade de realização concreta da nacionalidade (Bueno, 2012:171). Cabe notar que, por distinto percurso retórico em relação ao adotado para fundamentar a obra diplomática do visconde de Uruguai, esse desiderato serviria, ao fim e ao cabo, para diferenciar o país do conjunto de Estados de ascendência hispânica do entorno. Para que esse objetivo pudesse se materializar, apresentava-se como desafio ineludível o estabelecimento, em bases seguras e definitivas, das fronteiras ainda não demarcadas do país. O processo de consolidação dos lindes da pátria encerrava graves perigos, particularmente em um período histórico em que o recurso à guerra era moeda corrente nas relações internacionais. De modo oposto à retórica teratológica do oficialismo, esse processo, conduzido magistralmente pelo patrono da diplomacia, implicou não somente o emprego indireto como a ameaça de emprego da força por parte do Brasil e de vários dos países com os quais se negociava a solução dos diferendos fronteiriços. Logo, na linha do sugerido por Sávio, o fato de determinados eventos históricos não terem redundado em conflitos abertos está longe de significar que os caminhos que conduziram às resultantes incruentas encontravam-se isentos de sérias ameaças.

A esterilização dos elementos conflitivos que acompanharam a trajetória das ações do *Deus Terminus*, em sua saga em busca do delineamento do corpo da pátria, vem sendo um dos maiores desserviços prestados pelo oficialismo à compreensão da grande estratégia brasileira durante a longa passagem de Rio-Branco pela chefia do Itamaraty. Essa obra de ocultação, muitas vezes engrossada por mera ingenuidade política e acadêmica,[485] teve como consequência inevitável a minimização do papel desempenhado pelas Forças Armadas no contexto mais amplo da política externa do período estudado neste trabalho. Rodrigues, em sua cruzada antagônica ao oficialismo, afirmaria que "as Forças Armadas representam um papel muito importante na história do Brasil. Desde a independência. Foram elas que estabeleceram, pela força ou pela exibição de força, a unidade e a integridade nacional" (Rodrigues, 2010:352). Ao Brasil de Paranhos Jr. era imprescindível contar com poder militar que respaldasse a ação diplomática nas intrincadas negociações que se desenrolavam com vários Estados vizinhos. Mais do que isso, a posse de Marinha e Exército poderosos fazia-se essencial para dissuadir a Argentina, única nação sul-americana que detinha reais condições de rivalizar com o Brasil pela preeminência regional. A inferioridade militar do Rio de Janeiro *vis-à-vis* de Buenos Aires — propiciada pelas crises políticas e econômicas que se seguiram ao golpe que instituiu a República em 1889 — adquirira contornos sumamente inconvenientes para a política externa de Rio-Branco. Tanto no que significava de insegurança a respeito de possível emprego de força superior contra o país, quanto no que representava em termos do amesquinhamento da capacidade de projeção regional e internacional do prestígio brasileiro.

O programa de reorganização da Marinha, embora não tenha sido formulado em conjunto com a chancelaria, era instrumental para a gran-

---

[485] Por "ingenuidade política e acadêmica", quer-se denotar o labor intelectual produzido de boa-fé, mas que muitas vezes incorpora acriticamente, no todo ou em parte, interpretações clássicas da historiografia oficialista brasileira.

de estratégia perseguida pelo ministro das Relações Exteriores. Sua concretização faria com que o Brasil voltasse à condição usufruída durante boa parte do regime imperial, ou seja, a de mais importante potência marítima da América do Sul.[486] A esquadra projetada por Alexandrino de Alencar, assim como a concebida por Júlio de Noronha antes dele, gerou forte reação negativa junto a setores nacionalistas da Argentina. A despeito disso, não há registro de nenhuma ação concreta de Rio-Branco no sentido de aplacar os temores portenhos por meio da discussão, quanto mais da aceitação, de acordo de equivalência naval. Ao contrário, Paranhos Jr. foi intransigente defensor do programa, sabedor do desastroso significado para a sua política de eventual capitulação diante das pressões bonaerenses. Há ainda que atentar para o fato de que o fortalecimento da Marinha não deixaria de ter efeitos sobre um outro pilar da grande estratégia brasileira, qual seja o de fomentar aproximação pragmática com os Estados Unidos. Um Brasil próspero, estável e forte poderia consolidar-se como interlocutor privilegiado da maior economia industrial do mundo junto aos demais países sul-americanos.

A busca de aproximação com o colosso do norte atendia aos interesses nacionais não somente em termos de prestígio, mas também do ponto de vista econômico-comercial e de defesa. O apoio que o Brasil emprestou à Doutrina Monroe e ao Corolário Roosevelt, por exemplo, tinha por finalidade robustecer os vínculos políticos entre os dois países. Vínculos estes que serviriam a três objetivos principais de política externa: alavancar o prestígio internacional do país, dissuadir eventuais veleidades de intervenção do imperialismo europeu e aumentar os custos potenciais de qualquer projeto de agressão ao Brasil por parte das nações vizinhas — em especial da Argentina e, em menor escala, do Peru. Ao estabelecer uma relação especial com os EUA, Rio-Branco também esperava obter a chancela informal de Washington para que o país exercesse ascendência sobre a América do Sul sem interferências. O íntimo relacionamen-

---

[486] Vale mencionar que essa condição não se dava, durante a maior parte do período compreendido entre 7 de setembro de 1822 e 15 de novembro de 1889, pela fortaleza intrínseca da força naval brasileira, mas, sobretudo, pela tibieza das marinhas dos países vizinhos.

to entre os dois Estados continentais das Américas era particularmente relevante para o Brasil, na medida em que a Argentina buscava ampliar sua influência regional com renovada intensidade depois dos Pactos de Mayo de 1902, que normalizaram suas relações com o Chile. Desprovido inicialmente de recursos econômicos e militares que pudessem rivalizar com os de Buenos Aires, restava ao Rio de Janeiro compensar essa deficiência com o apoio da maior potência do hemisfério — a mais relevante importadora do café produzido pelo país.

Outro aspecto central da grande estratégia adotada entre 1902 e 1912 tem a ver com a manutenção do equilíbrio no Prata. Na linha da política adotada pelos próceres do partido conservador, Paranhos Jr. buscou preservar a independência do Paraguai e do Uruguai e manter a influência do Brasil sobre Assunção e Montevidéu. A revolução paraguaia de 1904, e a consequente passagem daquele país para a órbita portenha, representou revés substancial em momento em que a Marinha se encontrava completamente desprovida de meios que emprestassem credibilidade a uma ação mais robusta em favor das forças pró-brasileiras no Estado guarani. Não surpreende, portanto, que Rio-Branco tenha adotado como postura a neutralidade em relação às disputas internas dos dois Estados acima mencionados. Como demonstrou Doratioto, a neutralidade do Brasil não seria absoluta, uma vez que incluía orientação para que nossos representantes diplomáticos prestigiassem os governantes no poder. A Esquadra de 1910, ao contrário do que afirmava o chanceler com o fito de apaziguar a Argentina, permitiria ao país aumentar sua presença no teatro do Prata — particularmente por meio do emprego dos *destroyers* da classe *Pará*. Esse foi exatamente o caso da missão cumprida pelo contratorpedeiro *Rio Grande do Norte* no contexto da crise paraguaia de 1911-12.

A despeito do fortalecimento da posição brasileira no Prata por meio do emprego dos *destroyers* de 600 t, a esquadra baseada em grandes *dreadnoughts* tinha como vocação inequívoca operações oceânicas ofensivas que envolvessem a destruição da esquadra inimiga. Adotando a doutrina-padrão prevalecente nas principais marinhas do mundo (mahaniana), não resta dúvida de que as unidades incorporadas em 1910 emitiam sinal claro para Buenos Aires. Os meios flutuantes adquiridos na Grã-Bretanha serviriam não para patrulhar a costa do país, algo absurdo quando se pensa nos custos envolvidos no deslocamento de belonaves de 19.280 t e tripulação de cerca de mil homens, mas para neutralizar uma força oponente, bloquear o comércio marítimo e acossar cidades litorâneas do inimigo. Neste ponto, vale mencionar a tensão existente entre dois elementos basilares da grande estratégia do Brasil de Rio-Branco. Se, por um lado, tratava-se de dissuadir possíveis agressores, na medida em que não se cogitava iniciar conflitos ou anexar novos territórios, por outro, a magnitude dos meios navais recebidos suscitou temor na Argentina de que as reais intenções do país discrepassem de seu discurso.

Sabe-se que o próprio chanceler preferia obter esquadra com maior número de unidades menores. Na realidade, a tensão apontada era praticamente inevitável, na medida em que a disputa pela hegemonia regional constituía o seu fundamento. Na linha do que o estudo de caso sobre os programas navais de 1904 e 1906 indicou, mesmo antes da mudança de rumo produzida pela ascensão de Alexandrino de Alencar à chefia da força naval, Buenos Aires preparava-se para responder ao desafio representado pela reorganização da Marinha projetada por Júlio de Noronha. Nesse contexto, as exortações de Rio-Branco em favor dos sentimentos de concórdia brasileiros eram perfeitamente coerentes com a estratégia de apaziguamento do vizinho, enquanto perdurasse a situação de inferioridade bélica do país. É conveniente salientar que um dos argumentos utilizados por Rio-Branco para justificar sua intransigente oposição a qualquer proposta de equivalência de armamentos era o de que o Brasil respeitara a decisão soberana dos vizinhos quando Argentina e Chile iniciaram, na década de 1890, uma corrida às armas em decorrência de suas disputas de fronteiras. Embora o argumento fosse verdadeiro em um plano superficial, ele ocultava fato evidente: o silêncio do Rio de Janeiro não se deu por respeito ao princípio da autonomia soberana dos Estados, mas em função de sua total incapacidade de reagir àquele processo em face da desorganização da economia e das gravíssimas dissensões domésticas prevalecentes no período. Do ponto de vista diplomático, o caos prevalecente fez com que, nos três anos do governo Floriano Peixoto, houvesse nada menos do que oito ministros das Relações Exteriores (Santos, 2012:55). Cabe notar que, quando ainda um jovem político e jornalista interessado em defender as aquisições de material bélico do gabinete liderado por seu pai, em face do *war scare* com a Argentina no pós-guerra do Paraguai, Paranhos Jr. decretaria: "A nenhuma grande nação podem ser indiferentes os armamentos de Estados vizinhos" (Pereira, 2012:160).

A grande estratégia de Rio-Branco, baseada na consolidação das fronteiras, na projeção internacional do prestígio brasileiro, na obtenção da hegemonia na América do Sul e na dissuasão de intervenções do imperialismo europeu, dependia do fortalecimento do poder militar do país, particularmente de seu poder naval. Como símbolos máximos da pujança de uma nação e de seu estatuto no plano global, os *dreadnoughts* cumpriam o papel de totem de um Brasil ascendente e poderoso. Na formulação idealizada pelo chanceler, tratava-se de inculcar na opinião pública estrangeira a percepção do país como potência na qual prevalecia a estabilidade política, o progresso econômico, a responsabilidade financeira e a fortaleza das instituições do Estado. Assim, a aquisição do *Minas Gerais* e do *São Paulo* era funcional à imagem de nação que Rio-Branco pretendia difundir internacionalmente. Contudo, nada disso seria possível se Paranhos Jr. tivesse assumido o Itamaraty antes dos governos de Rodrigues Alves e Afonso Pena. A existência de condições domésticas favoráveis foi essencial para que a grande estratégia implementada por ele tivesse viabilidade. Sem as duras medidas de austeridade fiscal e a política dos governadores, ambas levadas a cabo por Campos Sales, dificilmente seria factível elevar o perfil da política externa e aprimorar o aparato de defesa do país. Da mesma forma, sem o paciente trabalho de afastamento dos militares da política partidária conduzido pela elite civil, desde a gestão Prudente de Morais até o interregno Hermes da Fonseca, seria sumamente improvável obter a estabilidade necessária ao normal funcionamento das instituições democráticas.

A grande estratégia de Rio-Branco, em que o poder militar detinha papel fundamental, padeceu das debilidades inerentes a um país periférico e retardatário como o Brasil do início do século XX. As amargas experiências da Revolta da Chibata e das salvações tornariam patente o quão frágeis eram os equilíbrios em uma nação fraturada por sérias clivagens sociais, econômicas e regionais. O fracasso do programa de reorganização da Marinha demonstrou a necessidade de o país transcender o plano das meras aparências ostentatórias. Uma força naval de primeira linha, assim como um Exército digno do nome, impunham a necessidade de se construir indústria de base, desenvolver capacitações técnicas, montar estrutura de apoio logístico e financiamento de longo prazo e formar pessoal habilitado a operar os sistemas de armas adquiridos. Nesse sentido, torna-se evidente como terá sido doloroso para Rio-Branco constatar que parte substancial do seu *grand design* não encontrava respaldo na lúgubre realidade brasileira. Pode-se afirmar, com fundamento na sabedoria retrospectiva, que a oportunidade perdida em 1910 representou um dos mais conspícuos exemplos de como a diplomacia do país teria de atuar de maneira independente de efetivo respaldo militar ao longo do século XX. Importa enfatizar, contudo, que esse não era absolutamente o desejo de Paranhos Jr. Dentro de sua esfera de atuação, o mais emblemático chanceler da história envidou todos os esforços a seu alcance para fortalecer as Forças Armadas e, assim procedendo, obter o respaldo necessário à afirmação do Brasil como primeira potência da América do Sul.

Conclusão

Os povos que, a exemplo do Celeste Império, desdenham das virtudes militares e se não preparam para a eficaz defesa de seu território, dos seus direitos e da sua honra, expõem-se às investidas dos mais fortes e aos danos e humilhações consequentes da derrota. (Paranhos Jr., 1948:v. IX, p. 317)

Em prefácio à nova edição do insuspeito texto oficialista de Araújo Jorge sobre Rio-Branco, um conceituado analista admite que não foi a erudição em matéria histórica e geográfica, ao contrário do que sustenta o antigo secretário do chanceler, o fator mais relevante para as vitórias obtidas por Paranhos Jr. em questões de fronteira. Na visão desse estudioso, o elemento decisivo para o sucesso do patrono da diplomacia foi a sua capacidade de manipulação do poder. Exemplo de tal realidade poderia ser encontrado nas sugestões de Rio-Branco à Secretaria de Estado por ocasião do processo negociador que resultaria na arbitragem com a França sobre o território do Amapá:

> Está tudo aí: a política defensiva de país consciente de sua fraqueza militar, a busca de reforço mediante apelo à potência britânica, a exploração das rivalidades coloniais que os marxistas chamariam de "intraimperialistas", a futura transferência do eixo da diplomacia para Washington e o alinhamento em busca de proteção junto aos Estados Unidos da Doutrina Monroe. Nada disso é fruto de erudição, mas da mais pura expressão da arte de compreender e utilizar o poder, ainda que a partir de uma posição de fraqueza. (Ricupero, 2012:25)

No entanto, à arguta constatação acima reproduzida, segue-se uma torção do sentido da diplomacia rio-branquina com o fito de retomar, por vias oblíquas, o viés principista atribuído à política externa do barão pelo oficialismo historiográfico. Principismo, aliás, que o autor do prefácio aqui analisado sugere, corretamente, inexistir no plano da realidade: "As doutrinas jurídicas sobre aquisição e manutenção de soberania não nascem do princípio socrático da busca desinteressada da verdade" (Ricupero, 2012:30). Como a recusa ao arbitramento de controvérsias de fronteiras "deixava as partes perigosamente perto do recurso à guerra como a *ultima ratio*" (Ricupero, 2012:30) e como o "pacifismo" de Rio-Branco, por definição, não poderia admitir tal hipótese, sustenta o estudioso em tela que a recusa do chanceler em aceitar o arbitramento nas questões de fronteiras desde que assumiu o Itamaraty teria sido motivada pelo trauma da derrota sofrida para o Reino Unido no juízo arbitral presidido pelo rei da Itália:

> A consequência mais notável do choque da sentença (…) não foi tanto, como se diz, a perda de confiança na arbitragem. O que Rio Branco, Nabuco e seus contemporâneos perderam foi menos a fé no arbitramento que a crença na persistência do quadro comum de referências e valores que o tornava cabível. Não tardaram em tirar a lição do sucedido (…). Em relação às divergências pendentes com latino-americanos, passou-se a recorrer à negociação direta. (Ricupero, 2012:25)

Conforme o que foi demonstrado neste trabalho, Rio-Branco não agia por principismo, muito menos por apego a fórmulas jurídicas abstratas. Tampouco havia qualquer possibilidade de que fosse um pacifista no sentido anacrônico que se procura atribuir a ele ou que se valesse apenas do que hoje se conhece como *soft power*.[487] Paranhos Jr. era um

---

[487] Ricupero emprega o termo "soft power" para descrever a suposta política de persuasão perseguida pelo barão do Rio-Branco. Esse conceito não existia na época de Rio-Branco — ao menos não no exato sentido formulado por Nye. Uma discussão equilibrada sobre a relação entre *"soft"* e *"hard power"* pode ser encontrada em Gray (2011).

exímio operador político, um mestre da arte do possível, um excepcional equilibrista de contradições. Compreende-se, portanto, uma das razões pelas quais o seu legado se presta a interpretações tão díspares. De um lado, encontram-se as obras que têm por base a reprodução da cultura da conciliação profundamente entranhada no seio das elites conservadoras do país, o oficialismo historiográfico ocultador de qualquer indício de ações supostamente menos elevadas por parte dos ícones do nacionalismo brasileiro e a adesão acrítica aos esforços do chanceler para construir imagem pública conducente à sua glorificação — deve-se atentar para o fato de que Gilberto Freyre afirmava ter sido Rio-Branco pioneiro na utilização de "técnicas de informação e propaganda" (Freyre, 2004:465). De outro lado, um punhado de trabalhos que se fundamentam, em geral de maneira constrangida, nas ações concretas de Paranhos Jr., na sua fascinação pela temática militar e na ideologia saquarema que indubitavelmente professava.[488]

Nessas condições, está longe de gerar espanto que o mais emblemático diplomata do Brasil seja encarado pela historiografia, às vezes simultaneamente, como idealista e realista, pacifista e belicista, conservador e progressista, amigo e inimigo dos países sul-americanos, americanista e europeísta etc. Em sentido idêntico ao da constatação referida, o autor desta tese não poderá ser acusado de partidário da mitologia da coerência descrita por Skinner: nenhum ser humano é perfeitamente coerente, o que não exclui nem mesmo o barão do Rio-Branco. Contudo, não será defendido aqui o oposto, ou seja, que a grande estratégia do filho mais velho do visconde fosse desprovida de um fio condutor identificável — cujo pano de fundo, em sua dimensão microscópica, estava atrelado às características específicas da liderança de Paranhos Jr. O patrono da diplomacia brasileira era, sem sombra de dúvida, um estadista de corte bismarckiano: pragmático, frio, inescrutável, sagaz e perito operador políti-

---

[488] Encontram-se nesse segundo grupo, por exemplo, os trabalhos de Backheuser e Heinsfeld, que procuram demonstrar, de maneira anacrônica, que as ações de Rio-Branco obedeceriam a imperativos geopolíticos. No entanto, cabe notar que o trabalho do primeiro também poderia ser incluído no grupo das obras de cunho oficialista em função do seu teor laudatório. Ver Backheuser (1945:5-25); Heinsfeld (2003).

co.[489] Na linha da reflexão de Kissinger, pode-se sustentar com segurança que Rio-Branco adotava o mesmo tipo de *práxis* do chanceler prussiano — fundamentada na concepção empirista da política, em oposição à sua contraparte racionalista (Kissinger, 1968:909). Isso significa dizer que, na ação de Paranhos Jr., os princípios estavam subordinados aos ditames da empiria e não o contrário. Como afirmaria o próprio Bismarck:

> Na política, você não pode focar em um plano de longo alcance e proceder cegamente de acordo com ele. Tudo o que se pode fazer é desenhar esboços gerais das direções que se pretende seguir. Isso você precisa manter inabalavelmente em vista, mesmo que não se possa saber a rota precisa que te levará até lá. (...) Muitos caminhos conduziam aos meus objetivos e eu tinha de lidar com eles um depois do outro, com o mais perigoso por último. Uniformidade nos negócios não era a minha forma de proceder. (Jones, 2011:86)

Outras semelhanças entre o barão e o Chanceler de Ferro poderiam ser identificadas, como o sentido de oportunidade e a moderação. Importa salientar, contudo, crucial diferença que se apresentava no plano fático. Bismarck tinha atrás de si o exército mais poderoso do mundo,[490] enquanto Rio-Branco não podia contar com forças nem remotamente parecidas. Da mesma forma, o valor daquilo que se encontrava em jogo no tabuleiro europeu do final do século XIX, *mutatis mutandis*, era de muito maior transcendência para o sistema internacional do que o que se passava na América do Sul.[491] Nesse contexto, a moderação de Paranhos Jr. tinha como elemento balisador os estreitos limites impostos pelas de-

---

[489] Essa visão é partilhada por José Maria Bello (1956:249).
[490] Como demonstrou Howard (2001:1-39), o exército prussiano passará a ter esse estatuto após as guerras que levaram à unificação da Alemanha, particularmente depois da Guerra Franco-Prussiana. Até então, o exército francês era tido como modelo a seguir.
[491] Bismarck atuou de maneira intensa entre 1862 e 1890 — ano em que foi retirado do cargo de chanceler da Alemanha pelo imperador Guilherme II. Embora já tivesse falecido (1898) quando Rio-Branco assumiu a chefia do Itamaraty, Bismarck seria uma das figuras tutelares da política internacional até a Primeira Grande Guerra. A despeito do fato de que não se tenha registro de influência direta da política bismarckiana sobre o patrono da diplomacia brasileira, é improvável que Paranhos Jr., ministro em Berlim entre 1901 e 1902, desconhecesse o legado do Chanceler de Ferro.

bilidades da Marinha e do Exército nacionais e pelas especificidades do teatro sul-americano. Já no caso de Bismarck, a moderação, observada desde a unificação da Alemanha sob o controle da Prússia (1871), tinha muito mais a ver com o equilíbrio de poder no velho continente do que com eventual fraqueza das armas prussianas. Logo, Rio-Branco poderia ser descrito como um bismarckiano encabulado, uma vez que as ferramentas de política externa com as quais podia contar eram vastamente reduzidas em relação aos instrumentos à disposição do estadista *Junker*.[492]

No que interessa à narrativa desenvolvida até aqui, restam claros os objetivos a serem alcançados pela construção da importante carapaça bélica reclamada pelo diplomata carioca do ponto de vista macroscópico: demarcar em termos favoráveis as fronteiras nacionais, catapultar o prestígio brasileiro como nação mais importante do subcontinente e repelir incursões agressivas de Buenos Aires e Lima (esta de modo subsidiário em relação à primeira). Em paralelo, buscava-se alavancar o *status* do Rio de Janeiro junto a Washington e aumentar os custos de eventuais ações imperialistas por parte das grandes potências europeias. Na linguagem do realismo neoclássico, Rio-Branco buscava inserção internacional defensiva por meio de uma grande estratégia de *bandwagoning* com os Estados Unidos no plano hemisférico/global e de *balancing* contra a Argentina na América do Sul.[493] Conforme o mencionado anteriormente, o programa Alexandrino era elemento crucial para o atingimento dos objetivos colimados por Rio-Branco, razão de sua empedernida recusa a qualquer tipo de ingerência externa sobre o plano de reorganização da Marinha.

A grande estratégia implementada entre 1902 e 1912 era ambiciosa e implicava custos políticos e econômicos elevados, sendo somente possível em um contexto doméstico permissivo (modernização acelerada, crescimento do produto, estabilidade institucional etc.) e no marco de pressões internacionais significativas (intensa percepção de ameaças).

---

[492] Síntese irretocável do bismarckianismo de Rio-Branco encontra-se em Bello (1956:249-250).

[493] Sobre a distinção entre *bandwagoning* e *balancing*, ver Schweller (1994:72-107).

As ideologias prevalecentes no período também convergiam em torno do incentivo à valorização das Forças Armadas como instrumentos indispensáveis à sobrevivência do Estado em um mundo em que o darwinismo social era disseminado e a guerra, mecanismo corriqueiro de resolução de disputas. Vale ressaltar, nesse contexto, que Paranhos Jr. não se omitiu no tocante ao fortalecimento da Marinha e do Exército. Ao contrário, atuou fortemente para o robustecimento das forças naval e terrestre. No primeiro caso, os seus esforços não geraram resultantes apreciáveis — pois as compras de oportunidade sugeridas por ele não foram realizadas, nem se optou por levar à frente o programa Noronha de sua predileção —, mas foram relevantes para preservar o programa de 1906 das tentativas de limitação internas e externas. No caso do Exército, sabe-se que suas gestões foram instrumentais para a aproximação com o Deutsches Heer, o que deveria incluir até mesmo o envio de missão militar germânica para reorganizar a força terrestre.[494]

Deve-se notar que, tal qual ocorre até os dias de hoje no Brasil, não houve alinhamento entre a direção geral (pró-estadunidense) da política externa e a aquisição de material bélico (nos EUA) pelas Forças Armadas. As razões para a ocorrência desse aparente descasamento entre as políticas externa e de defesa podem ser encontradas no prestígio internacional ainda não plenamente consolidado da marinha e do exército dos Estados Unidos — a Inglaterra, no plano naval, e a Alemanha, no plano terrestre, eram os modelos a emular — e no tipo de relação civil-militar predominante no período — em que a interferência de paisanos em assuntos "tipicamente castrenses" como a aquisição de armas era tida pela caserna como ilegítima. No exemplo brasileiro, faz-se necessário enfatizar que a contradição era apenas aparente, pois inexiste registro de que houvesse preocupação do Ministério das Relações Exteriores em promover maior aproximação com o colosso do norte nessa área.[495] A despeito desse fato,

---

[494] Essa era a inclinação de Hermes da Fonseca quando ministro do Exército, compartilhada por Rio-Branco. Bellintani (2009:v. 1, p. 535).
[495] É sabido que as forças armadas da América do Sul eram compradoras tradicionais de material bélico europeu. Essa circunstância geraria uma forte tendência inercial à aquisição de equipamentos desses fornecedores. No plano naval, por exemplo, a

a análise dos programas navais de 1904 e 1906 torna patente o imenso grau de autonomia corporativa da Marinha na determinação de seu projeto de força — o que gerou sérios constrangimentos no relacionamento do Brasil com a Argentina.

Em abono da verdade, contudo, não parece correto afirmar que a aquisição dos *dreadnoughts Minas Gerais* e *São Paulo* foi unicamente responsável pela deterioração das relações entre o Rio de Janeiro e Buenos Aires. Já em 1904, os planejadores portenhos tencionavam responder ao programa Noronha com o fito de preservar a supremacia naval usufruída pelo seu país. Pode-se dizer que o programa Alexandrino tornou a circunstância estratégica argentina muito mais preocupante, em face da magnitude da nova esquadra brasileira projetada. No entanto, o que estava na base do que viria a ser a breve mas intensa corrida aos encouraçados no Cone Sul era a disputa pela hegemonia na região, o que extrapolava o plano estritamente militar. Assim, foi a fragilidade do relacionamento político entre as partes que criou as condições para que a reorganização da Marinha viesse a ser encarada por Buenos Aires como ameaçadora. Nesses termos, qualquer iniciativa de redução ou de superação da lacuna existente entre as forças dos dois países pelo Brasil teria provavelmente efeito similar ao que se verificou na prática — se não em escala, ao menos em gênero. A permanência da rivalidade entre as duas nações nas décadas subsequentes corrobora a tese em apreço.

Desse ponto de vista, é lícito supor que a não participação de Rio-Branco na definição dos programas navais de 1904 e 1906 teria sido razoavelmente indiferente quanto ao aumento da tensão com a Argentina. Ao que tudo indica, em um plano de agregação conceitual superior, tanto a reorganização vislumbrada por Júlio de Noronha quanto a levada a cabo por Alexandrino de Alencar eram coerentes com os objetivos fundamentais da grande estratégia projetada por Paranhos Jr. No primeiro e no segundo casos, o que se almejava não seria possível obter sem fricções com a Argentina, principal adversária do Brasil na disputa pela primazia

---

Argentina seria a primeira e a última potência sul-americana a adquirir encouraçados de estaleiros norte-americanos.

na América do Sul. Se é certa a descoordenação entre Itamaraty e Marinha na fase de concepção do programa que conduziria à Esquadra de 1910, a sua implementação permitiria ao país alcançar os objetivos traçados pela política externa do barão: reposicionar o Rio de Janeiro como maior potência naval do subcontinente, elemento-chave para o exercício da hegemonia regional pelo Brasil. Logo, pode-se sustentar ter havido, ao mesmo tempo, desarticulação e articulação entre as políticas externa e naval no contexto mais amplo da grande estratégia brasileira do período estudado. Nas palavras do almirante Flores: "Tais profissionais [os formuladores da política naval de então], é justo convir, eram apoiados pela visão geopolítica de Rio Branco, o grande artífice de nossa política externa na época, que via com bons olhos uma Marinha de bom valor regional, útil para respaldar sua ação nos contenciosos então pendentes" (Flores, 2002:12).

As resultantes desse processo foram mistas. Além do aumento das tensões com Buenos Aires, a Revolta da Chibata destruiria *ab ovo* a possibilidade de emprego da Marinha, renovada em seus meios flutuantes, como instrumento efetivo de dissuasão e de prestígio. Nesse sentido, a reorganização naval brasileira demonstrou de modo evidente o nexo indissolúvel entre as ambições internacionais de um Estado e o nível de desenvolvimento de suas instituições domésticas. Vários fatores contribuíram para o desastre de 22 de novembro de 1910: a carência de material humano qualificado para guarnecer os navios da nova esquadra, o ineficiente sistema de recrutamento dos marujos, a inoperância das escolas de formação de marinheiros especialistas, a manutenção de práticas disciplinares antiquadas e brutais, a hipercentralização administrativa, entre outros. A esses fatores, somar-se-iam problemas estruturais: a precariedade do sistema educacional do país, o incipiente desenvolvimento industrial, a exiguidade dos recursos para prover apoio logístico adequado aos novos meios navais, a insuficiência da dotação orçamentária para a compra de munições em volume suficiente etc.

De uma perspectiva positiva, pode-se afirmar que o programa Alexandrino comprovou inexistir no DNA dos brasileiros um gene dominante inibidor de sua capacidade de reagir robustamente às ameaças provenientes do sistema internacional. A reorganização naval não somente demonstrou que o Brasil estava disposto a contrapor-se às ameaças percebidas, como revelou um desejo coletivo de engrandecimento da nação. Representou, portanto, um marco importante de patriotismo, inserido no contexto mais amplo da grande estratégia do país em um momento raro da história nacional, em que variáveis domésticas e internacionais convergiram de modo a suscitar a implementação de um relevante projeto de modernização das Forças Armadas. No plano naval, a coincidência entre o *timing* desse alinhamento dos astros e do lançamento do HMS *Dreadnought* permitiu que o Brasil se projetasse internacionalmente, ainda que de modo fugaz, como a terceira potência do mundo a incorporar esse tipo de belonave. De modo quase inconcebível para os brasileiros nascidos no restante do século XX, em que prevaleceu o raquitismo material das Forças Armadas, a nação pôde vangloriar-se de contar com os dois *battleships* mais poderosos do planeta. Do ponto de vista da Marinha, a posse desses meios flutuantes, embora mal-sucedida em função das circunstâncias já discutidas, contribuiu para impulsionar reformas organizacionais importantes a partir dos anos 1920 e para instilar certo sentido de ambição corporativa ausente no Exército.[496]

Diante da sumária síntese exposta e do fato óbvio de que as circunstâncias com que trabalha o Brasil na contemporaneidade são muito distintas daquelas que instruíram a grande estratégia de Rio-Branco, como falar na atualidade do seu legado no que diz respeito à inserção do país no sistema internacional de segurança? A resposta a essa pergunta desdobra-se em duas vertentes inter-relacionadas. A primeira tem a ver com a gradação das distinções entre o ambiente em que o barão operava e o ambiente contemporâneo: nem tudo mudou nas relações entre os Esta-

---

[496] Esse sentido de ambição, embora variável em intensidade ao longo do tempo, pode ser encontrado na tentativa da Marinha de manter o seu solitário porta-aviões e na decisão de levar à frente o programa do submarino de propulsão nuclear. Ambição aqui deve ser entendida como o impulso no sentido de contar com os melhores meios materiais disponíveis para o exercício da profissão das armas. Evidentemente, não se trata de ambição política *lato sensu* — quesito no qual o Exército certamente poderia ser caracterizado como mais ambicioso.

dos, nem tudo o que mudou é tão relevante assim. A segunda refere-se à resiliência de algumas características marcantes das ações levadas a cabo pelo patrono da diplomacia. Essa discussão é crucial para que seja possível determinar de modo coerente aquilo que os mortos teriam a ensinar aos vivos ou, em idêntico sentido, aquilo que os vivos poderiam aprender com os estadistas que nos precederam. Em outras palavras, trabalha-se aqui com a convicção externada por Winston Churchill de que uma nação que esquece o seu passado não tem futuro.

Uma primeira aproximação relacionada às duas vertentes aludidas deve registrar o que mudou desde 1912. Não resta dúvida de que, hoje, o Brasil é um país substancialmente diferente daquele de há 100 anos, tanto no que se refere às dimensões material e simbólica da existência, quanto no que diz respeito à sua inserção no mundo. A rivalidade geopolítica com a Argentina, centenário eixo estruturante das relações internacionais brasileiras, deixou de existir na medida em que não mais se acredita em ameaça militar crível proveniente de Buenos Aires. Da mesma forma, ao estranhamento em face dos vizinhos hispânicos, que durante tanto tempo marcaria a política externa do país, seguiu-se um genuíno esforço de integração regional em diversos níveis — inclusive no campo da defesa. A política de *bandwagoning* com os Estados Unidos, intensificada por Rio-Branco e mantida pragmaticamente por seus sucessores ao longo de várias décadas, também não mais se sustenta diante da intenção do Brasil de construir, juntamente com os seus parceiros sul-americanos, um polo de poder dotado de identidade própria. A ascensão da China, agora o maior parceiro comercial de Brasília, acrescenta complexidade adicional à formulação da grande estratégia contemporânea, muito mais multifacetada do que no passado e enquadrada por injunções de escopo verdadeiramente planetário. Nesse sentido, a pretensão de exercer papel protagônico na gestão da ordem mundial — *inter alia*, por meio da obtenção de assento permanente no Conselho de Segurança das Nações Unidas — suscita demandas inéditas sobre o Estado brasileiro.[497]

---

[497] Uma retrospectiva sobre a história dessa pretensão pode ser encontrada na narrativa do ministro Celso Amorim (2011:435-468).

Esses dados de política internacional estiveram vinculados, como não poderia deixar de ser, ao desenvolvimento da nação. Além do grande crescimento econômico e populacional conhecido ao longo do século XX, o Brasil logrou construir sistemas universitário e científico-tecnológico significativos para os padrões de países periféricos. Embora a educação e a qualificação profissional da população ainda estejam muito aquém do ideal, são no presente bastante melhores do que na primeira década dos anos 1900. O mesmo vale para a qualificação da burocracia nacional, particularmente da oficialidade das Forças Armadas — que, todavia, carece, nos dias atuais, de visão humanística mais ampla, na qual se insere a necessidade de maior aprofundamento em estudos estratégicos.[498] Do ponto de vista disciplinar, Marinha, Exército e Aeronáutica conseguiram superar os constantes sobressaltos observados nos quartéis desde a Proclamação da República. Se hodiernamente fosse necessário apontar apenas uma dentre as características positivas das Forças Armadas, essa seria a disciplina.[499]

Em relação à indústria de defesa, no que pese o gravíssimo processo ora em curso de desindustrialização e reprimarização da economia do país, pode-se contar com um núcleo de empresas de média tecnologia capaz de consolidar um setor razoavelmente dinâmico. Embora o Brasil continue dependente de fornecedores externos no tocante a armamentos de conteúdo tecnológico avançado, encontra-se incomparavelmente mais bem situado no plano industrial-tecnológico do que no período em que se concebeu e implementou o programa de reorganização naval do almirante Alexandrino.[500] Essa circunstância permite supor que a Mari-

---

[498] O déficit de maior aprofundamento em estudos estratégicos por parte da oficialidade brasileira explica-se, entre outros fatores, pela influência deletéria do arcabouço conceitual esguiano e pelo viés de intervenção na política doméstica da nação — fatos que tornavam prescindível o estudo da guerra interestatal. Sobre a inviabilidade intelectual do arcabouço esguiano, ver Proença Jr. (2000).

[499] Não se pretende afirmar que a situação atual permanecerá imutável. A manutenção da disciplina na caserna deve ser uma preocupação permanente das lideranças civis e militares.

[500] Uma boa síntese sobre o desenvolvimento da economia e da indústria brasileiras até o ano 2000, bem como de seus impasses históricos, pode ser encontrada em Sallum Jr. (2000).

nha poderia incorporar uma esquadra proporcionalmente tão avançada quanto a de 1910 sem que houvesse problemas semelhantes de pessoal e de manutenção dos meios flutuantes — desde que o governo direcionasse as verbas necessárias para tanto. Mais do que isso, as belonaves poderiam ser construídas em estaleiros nacionais, ainda que fosse necessária a transferência de certas tecnologias de engenharia naval não dominadas pelo país. Em qualquer caso, nas condições atuais, não se reproduziria uma nova Revolta da Chibata, nem o nível de dependência externa seria tão grande quanto no passado.

Outra diferença entre os dois momentos cotejados diz respeito às demandas no plano da segurança impostas ao Brasil. Sumariamente, pode-se sustentar que o ambiente internacional era bem mais hostil nas primeiras décadas do século XX. De outra perspectiva, a atuação das Forças Armadas encontrava-se limitada espacialmente ao Cone Sul e à faixa oceânica próxima da costa, pois havia grande carência de meios logísticos para tornar viável a projeção de poder militar para além dessa área. Hoje, embora não se vislumbre, no curtíssimo prazo, ameaça premente ao país — cenário que pode mudar com extrema rapidez, por questões as mais inusitadas, como conflitos em torno da pesca da lagosta[501] —, as exigências sobre Marinha, Exército e Aeronáutica são muito mais amplas do que há 100 anos, tanto do ponto de vista da extensão geográfica a ser coberta, quanto da multiplicidade e da intensidade de eventuais contingências a serem enfrentadas. Isso ocorre em função de dois conjuntos de fatores: a maior importância relativa do Brasil no concerto das nações e a compressão do espaço/tempo determinada pelo aumento exponencial do alcance, da letalidade e da precisão dos armamentos — sem falar no caráter quase panóptico dos sistemas avançados de inteligência, vigilância, aquisição de alvos e reconhecimento (Istar).

---

[501] Vale lembrar o episódio da "Guerra da Lagosta" entre Brasil e França nos anos 1960, que levou os dois países a empregar indiretamente o poder militar naval para sinalizar firmeza na defesa de suas posições antagônicas durante o contencioso. Em questão de meses, um diferendo aparentemente banal quase redundou em conflito sério entre as duas nações. Para uma pormenorizada análise do caso, ver Lessa (2003).

A maior diversificação do comércio exterior brasileiro atual, disperso em proporção razoavelmente equilibrada pela América do Sul, América do Norte, Europa, Ásia e África, indica a necessidade de contar com meios mínimos de proteção desse comércio e dos nacionais nele engajados. De igual maneira, o engajamento em missões de paz da ONU em locais tão distantes como América Central, Caribe, África e Oriente Médio exige não somente o preparo do pessoal envolvido nessas operações, mas também a existência de capacidade logística correspondente. A descoberta de significativas reservas de petróleo na camada pré-sal a mais de 300 km do litoral brasileiro — indicando a provável existência de reservas equivalentes na costa da África Ocidental em vista da semelhança geológica entre as duas áreas — demanda de Brasília muito mais do que retórica diplomática. Esforços políticos como os enfeixados na Zona de Paz e Cooperação do Atlântico Sul (Zopacas) precisam ser complementados por uma robusta capacidade dissuasória naval, única maneira de elevar os custos potenciais das grandes potências que decidam aumentar sua presença na porção austral desse oceano.[502] Note-se que até mesmo os países lusófonos da África vêm sendo crescentemente assediados pelos EUA e pela China em função das perspectivas de exploração de jazidas de petróleo no Golfo da Guiné (Kozloff, 2013).

Cabe notar que, no sul do Atlântico, há importantes reservas de minerais nos fundos marinhos — fato que pode ser motivo de disputas no futuro, quando sua exploração se fizer atrativa em termos econômicos. Há, ainda, que considerar a presença de uma potência nuclear como o Reino Unido na região e a permanência do contencioso em torno da posse das ilhas Malvinas com a Argentina. Nesse sentido, não constituiria exagero da parte dos decisores brasileiros acautelar-se contra a possibilidade de que conflitos entre terceiras potências venham a gerar consequências negativas para o país. Todos os elementos elencados fazem com que seja imperativo contar com significativos meios de dissuasão e projeção de

---

[502] A Marinha do Brasil considera o Atlântico Sul região estratégica prioritária. Sobre os planos da Marinha para a sua estrutura de força futura, em que a defesa do pré-sal tem papel de destaque, ver Moura Neto (2010).

poder, prioritariamente no teatro do Atlântico Sul e supletivamente em outras regiões do planeta. Com toda a certeza, não será com um arremedo de guarda-costeira, voltada para o combate de ilícitos transnacionais — tarefa de caráter nitidamente parapolicial — que o Brasil conseguirá construir as capacidades mencionadas. Faz-se imprescindível que a nação construa uma poderosa esquadra de combate, única forma de projetar robustamente os interesses nacionais na região e além dela.

Urge analisar neste instante as eventuais linhas de continuidade entre a primeira década do século XIX e a segunda do século XX. Ao contrário do que sugerem o inesgotável manancial da iconografia contemporânea e os cânones do pensamento politicamente correto, há coincidências notáveis entre os dois períodos aludidos. Essas resultam não somente de recorrentes características das relações entre grupos humanos, mas também de aspectos semelhantes entre as realidades ora analisadas. No campo das recorrências, avulta a permanência das disputas entre coletividades antagônicas, do emprego da violência em grande escala para a conquista de objetivos políticos e do poder militar como marcador fundamental para a aceitação de um país no rol das grandes potências.[503] No plano das semelhanças *stricto sensu*, pode-se mencionar a percepção de haver importante transição em curso no sistema internacional (antes entre Grã-Bretanha, de um lado, e Estados Unidos, Alemanha e Japão, de outro; agora entre Estados Unidos, de um lado, e China, do outro), acoplada à aceleração do tempo histórico e à insegurança derivada do ritmo frenético das mudanças suscitadas pelas novas tecnologias.[504] Na mesma

---

[503] Os exemplos da Alemanha e do Japão, frequentemente utilizados como suposta prova da argúcia da inserção internacional dos chamados "*trading states*", não passam de amostra espúria que não comprova a tese de que seria possível alcançar a condição de grande potência, prescindindo de poderio militar. Basta assinalar que: a) Alemanha e Japão possuem considerável arsenal convencional; b) ambos são perdedores da Segunda Guerra Mundial e ainda contam com tropas estrangeiras estacionadas em seus territórios; c) ambos se encontram debaixo do guarda-chuva nuclear norte-americano; d) ambos são caronas da segurança proporcionada pelos EUA, o que os desestimula a construir um aparato dissuasório mais robusto; e) ambos possuem baixa influência no campo da segurança internacional, a despeito de sua pujança econômica.

[504] Na época de Rio-Branco, as principais tecnologias eram as derivadas da eletrônica, da física e da química, que estiveram no cerne da segunda revolução industrial. Hoje,

linha, hoje, como ontem, prevalece, no seio das elites dirigentes — ou ao menos em relevante parcela dessas elites —, a noção de que o Brasil deve desempenhar papel protagônico no mundo.[505]

Ainda no campo das continuidades, é preciso destacar os elementos da política de Rio-Branco que permanecem atuais. Diante das significativas transformações das realidades brasileira e mundial desde o início dos 1900, as características genéricas da ação diplomática de Paranhos Jr. são as que melhor se prestam a servir de bússola à política externa no presente. São elas: pragmatismo, circunspecção, prudência, sentido de oportunidade, frieza, sagacidade e patriotismo. Todas essas características são compatíveis com a noção de que, ao Brasil, cabe possuir significativa capacidade de defesa, que sirva como instrumento de dissuasão, salvaguarda dos interesses nacionais no exterior e reforço de seu prestígio internacional. Não há qualquer dúvida de que, malgrado o inevitável anacronismo da afirmação, a um Rio-Branco renascido no século XXI causaria escândalo constatar a continuada penúria material das Forças Armadas. Em idêntico sentido, ao augusto chanceler seria muito difícil compreender as razões pelas quais as questões de defesa se encontram praticamente excluídas do discurso itamaratiano sobre a inserção do país no mundo — o que dá ensejo a interpretações de que ao Ministério das Relações Exteriores é indiferente a conspícua debilidade militar brasileira.

Em face da dialética da continuidade e da mudança acima abordada, cabem alguns comentários a respeito da grande estratégia nacional nos dias de hoje. Brands, em estudo sobre a matéria, afirma que o Brasil vem adotando três estratégias diplomáticas voltadas a "acelerar a transição da unipolaridade e da hegemonia econômica ocidental para uma ordem multipolar em que regras, normas e instituições sejam mais favoráveis aos interesses brasileiros" (Brands, 2010:V). Seriam elas: *soft balancing* contra os EUA, construção de coalizões para magnificar o poder relativo

---

as inovações fundamentais encontram-se em campos que poderiam ser considerados derivados das três disciplinas citadas: genética, biotecnologia, microeletrônica, nanotecnologia, robótica, cibernética etc.

[505] Um estudo recente a respeito da percepção dos formadores de opinião brasileiros sobre a inserção internacional do país foi realizado por Souza (2009).

do país e tentativa de liderança de uma América do Sul mais integrada. O autor norte-americano acerta ao notar que o guarda-chuva defensivo representado pela presença dos Estados Unidos no hemisfério vem permitindo a Brasília "comercializar ao redor do mundo sem ter de construir uma marinha capaz de proteger esse comércio" (Brands, 2010:10). Da mesma forma, interpreta, de modo percuciente, o desconforto brasileiro em relação à ordem global, entendida por seus formuladores de política externa como injusta e tendencialmente prejudicial a seus interesses — se não em todos os campos, ao menos em questões de relevo como a gestão do sistema de segurança coletiva onusiano. O analista equivoca-se, contudo, quando supõe que o ligeiro aumento dos investimentos em defesa nos últimos anos — flagrantemente exagerado por ele[506] — refere-se a uma iniciativa consciente, voltada a fortalecer as Forças Armadas como um "símbolo do crescente poder nacional e um sinal para observadores regionais e globais de que o Brasil pretende desempenhar papel geoestratégico sério" (Brands, 2010:15).

Embora Brands tenha clara a debilidade militar brasileira e a percepção de suas lideranças de que a grande estratégia não deve basear-se fundamentalmente na acumulação de poder "duro", o estudioso exagera o grau de intencionalidade das ações relacionadas à inserção internacional do país. Na verdade, a grande estratégia levada a cabo por Brasília possui incoerências graves, relacionadas, *inter alia*, à baixa capacidade de o Estado formular políticas e coordenar as agências responsáveis pela sua implementação de modo consequente. A desconexão entre as políticas externa e

---

[506] O trabalho de Brustolin, referente ao intervalo que vai de 1995 a 2008, demonstra como os investimentos do Ministério da Defesa, em termos reais, têm um pico em 1995, seguido de quedas importantes. O ano de 2001 ultrapassará ligeiramente o patamar de 1995 e somente em 2008 será ultrapassado o patamar de 2001. Em suma, os investimentos variam em torno de patamares muito baixos em todo o período. No período 2009-13, a despeito do crescimento "vegetativo" do orçamento em função essencialmente do aumento das despesas com pessoal (sobretudo inativo), não há crescimento real significativo. Esse fato indica não ser verdadeira a noção de que vem havendo aumento significativo dos investimentos em defesa, em proporção com o aumento das pretensões internacionais do País. Ver Brustolin (2009:46). Os dados sobre o período 2009-13 foram consultados no Portal da Transparência do Governo Federal: <www.portaltransparencia.gov.br/>.

de defesa é apenas um dos exemplos dessa realidade. Considerem-se os *desiderata* nacionais de construção de uma ordem multipolar e de obtenção de um assento permanente no CSNU — ambos objetivos apoiados pelo autor deste trabalho. Proença Jr. e Diniz apontam contradição evidente entre esses objetivos e a relutância, para não dizer inconsciência, das elites dirigentes em arcar com os custos correspondentes à sua concretização:

> é evidente que o Brasil se beneficia tremendamente da supremacia dos Estados Unidos nos oceanos e das garantias que essa circunstância oferece ao comércio marítimo e à navegação (...). (...) a multipolaridade requereria que o Brasil considerasse a segurança de suas rotas de comércio marítimo. (...) O Brasil teria de encontrar meios de proteger essas rotas por si próprio. (...) Com toda a probabilidade, a multipolaridade significaria mais despesas e menos recursos disponíveis para o Brasil. O que impressiona é que essas questões não parecem estar conectadas. As autoridades brasileiras desejam, e lutam para alcançar, uma resultante que pode contradizer um dos seus objetivos principais [amealhar mais recursos para o desenvolvimento]. Como esse tópico não é objeto de debate político, ele permanece incontestado. (Proença Jr. e Diniz, 2008:10)

Ainda que se discorde da noção de que maiores despesas com a Marinha seriam prejudiciais ao esforço de desenvolvimento como um todo, a lógica das assertivas dos autores citados permanece válida: tanto a consolidação de um sistema multipolar quanto eventual papel protagônico do país na gestão da segurança internacional implicam custos materiais significativos (e também bônus, evidentemente), relacionados à construção de Forças Armadas adequadas às novas responsabilidades a serem assumidas. A despeito disso, os decisores brasileiros agem como se fosse possível fazer abstração desses custos e participar dos mais altos fóruns de formulação política mundiais munidos de escassos recursos concretos — quando não apenas de retórica bem intencionada e principista.[507] Essa

---

[507] Sérgio Danese (2009:164-165), ao discutir o conceito de liderança internacional aplicado ao caso brasileiro, aborda a temática da aversão aos custos de inserção mais

equação é insustentável, estando em dissonância com a experiência histórica da espécie humana. Há de se considerar o fato de que o rompimento das barreiras que se interpõem ao ingresso do Brasil em uma instância decisória como o CSNU dificilmente se dará sem que o poder nacional se expanda de modo transversal. Não se defende uma utópica fórmula perfeita, em que o *mix* de ferramentas disponíveis ao Estado seja algebricamente dividido entre duras e brandas, coercitivas e cooperativas. No entanto, é flagrante o desequilíbrio do poder brasileiro, que, para todos os fins, pode ser considerado nação desprovida de Forças Armadas: quando o Exército admite abertamente em seu planejamento futuro (sem qualquer impacto na opinião pública, diga-se de passagem) que precisou do concurso de 84 organizações militares, ao longo de três semanas, para mobilizar tão somente um batalhão para fazer frente ao terremoto no Haiti, o que isso significa?[508]

A despeito dos indubitáveis avanços recentes (Estratégia Nacional de Defesa,[509] lei da Nova Defesa, regime tributário diferenciado para a indústria de defesa, continuidade de projetos estratégicos como o do submarino nuclear, programa de recomposição da capacidade operacional das forças singulares, Plano de Articulação e Equipamento da Defesa, criação do Instituto Pandiá Calógeras, aquisição de meios de defesa antiaérea, entre outros), é impossível negar a situação de descalabro prevalecente no setor de defesa, resultante de décadas de decisões equivocadas tomadas por civis e militares indistintamente. Mesmo tendo o Ministério da Defesa (MD) a fortuna de contar, no seu comando, nos últimos sete anos, com dois dos mais importantes *elder statesmen* do Brasil, há ainda gravíssimos problemas a serem resolvidos antes que se possa dispor de Forças Armadas à altura das aspirações nacionais. Em outras palavras, o país permanece enredado no que se poderia chamar de círculo vicioso do subdesenvolvimento aplicado ao setor de defesa — em que prevalece

---

protagônica no mundo.
[508] A situação na Marinha e na Aeronáutica não é muito diferente da conhecida no Exército. Sobre a corajosa admissão do Exército, ver Brasil (2010:18).
[509] Uma avaliação política sobre a Estratégia Nacional de Defesa pode ser encontrada em Jungmann (2010).

ciclo de retroalimentação entre a pobreza das concepções sobre o tema disseminadas entre paisanos e fardados e a penúria material de Marinha, Exército e Aeronáutica.

Seria inviável aprofundar a questão neste espaço, mas é lícito elencar algumas das problemáticas mais relevantes: 1) baixos orçamentos de defesa como proporção do PIB; 2) baixa capacidade de investimento e carência de recursos mínimos para o custeio dos meios existentes, em função dos excessivos gastos com pessoal (sobretudo inativos e pensionistas) como parcela do orçamento; 3) constantes contingenciamentos orçamentários; 4) inexistência de mecanismo que garanta fluxo de recursos contínuo para projetos prioritários; 5) ausência de projeto de força desenhado em conjunto por militares e civis;[510] 6) obsolescência avançada das pouquíssimas plataformas de combate existentes, acompanhada de estoques de munição muito aquém do mínimo necessário; 7) baixa prontidão operacional dos meios disponíveis; 8) adestramento precário do pessoal, em face das restrições incidentes sobre os gastos de custeio; 9) inexistência de burocracia civil especializada capaz de imprimir direção estável aos projetos do MD; 10) sistema de recrutamento militar absolutamente anacrônico (Alsina Jr., 2010:469-500); 11) permanência de distorções no *design* institucional do MD que dificultam o exercício da autoridade sobre as forças singulares, as quais continuam usufruindo de ampla autonomia corporativa;[511] 12) gravíssimo processo de "gendarmerização" de Marinha, Exército e Aeronáutica — cuja ação e estrutura cada vez mais se parecem com a de forças parapoliciais.

Esse último ponto merece comentário específico pela sua particular relevância para a grande estratégia brasileira. Por caminhos que não será factível reproduzir aqui, o país vem lenta e continuamente solapando as

---

[510] O Plano de Articulação e Equipamento da Defesa (Paed) nada mais é do que o somatório dos programas setoriais de Marinha, Exército e Aeronáutica — sem qualquer interferência civil para além da eventual distribuição dos cortes orçamentários decorrentes dos contingenciamentos anuais de recursos impostos pela área financeira do governo.

[511] Não existe a figura de um vice-ministro civil da defesa, além do fato de que o chefe do Estado-Maior Conjunto das Forças Armadas — braço militar do MD — não tem precedência hierárquica sobre os comandantes de Marinha, Exército e Aeronáutica.

fundações de qualquer projeto futuro de robustecimento de sua capacidade de dissuasão e projeção de poder militar. A transformação das forças singulares, em geral, e do Exército, em particular, em arremedo de guarda-nacional vem sendo construída, na prática, desde a década de 1990 — mas ganhou *momentum* nos anos 2000, com a aprovação da lei que conferiu poder de polícia à força terrestre na faixa de fronteira. Desde então, também a Marinha e a Aeronáutica passaram a ter essa prerrogativa. O problema vai muito além de uma mera questão legal. Dada a tibieza do poder público no Brasil e a absoluta inconsciência de grande parcela de suas elites dirigentes, há uma dupla lógica subjacente ao processo de degradação das Forças Armadas ora analisado. A primeira diz respeito à crença disseminada (e profundamente simplista) de que a nação se encontra livre de ameaças externas, tornando-se necessário encontrar alguma "utilidade" para as estruturas militares existentes. A segunda, intimamente relacionada à anterior, refere-se à invencível tendência das autoridades civis a recorrerem à conveniência política imediatista ao invés de buscarem a solução efetiva dos problemas com os quais são confrontadas. Logo, se Marinha, Exército e Aeronáutica são "inúteis" como instrumentos de defesa ("desnecessária"), por que não aproveitar a sua organização, disciplina e estrutura para vigiar fronteiras, combater ilícitos transnacionais, substituir a polícia em conflitos urbanos, distribuir cestas básicas, levar caminhões-pipa aos flagelados da seca, debelar incêndios florestais, atuar em episódios de catástrofes naturais e reprimir a biopirataria e o desmatamento?

A lista de tarefas cumpridas pelas forças que nada, ou muito pouco, têm a ver com a função precípua dos militares — a defesa da pátria — poderia ser estendida *ad infinitum* no caso brasileiro. As consequências deletérias do processo anteriormente descrito são várias, bastando que se apontem três delas. Talvez a mais preocupante em suas implicações imediatas e futuras seja a que tem a ver com o contato dos militares com a marginalidade, decorrente das ações de combate ao narcotráfico nas regiões de fronteira e nas frequentes intervenções em grandes cidades.[512]

---

[512] O exemplo mais emblemático dessa tendência foi o representado pela ocupação pelo Exército do complexo de favelas da Penha e do Alemão no Rio de Janeiro. Vale notar que

Não é preciso ser muito imaginativo para antecipar os enormes riscos de contaminação de oficiais e praças pela corrupção que tal contato suscita. A esse respeito, um ex-ministro da defesa da Colômbia admitiu, em conversa privada com autoridade do Brasil, que "tudo que o tráfico toca ele corrompe". Também não é necessário ser criativo para imaginar o efeito dissolvente que a infiltração do tráfico na caserna poderia gerar para o sistema democrático do país. A despeito desse risco inaceitável, cresce a cada dia o número e a visibilidade das operações das Forças Armadas direcionadas à repressão do narcotráfico. As desastrosas consequências que podem advir desse monstruoso equívoco simplesmente não são levadas em conta pelos governantes — interessados apenas em dar algum tipo de resposta à sociedade, diante de sua incapacidade de fortalecer a Polícia Federal e as polícias estaduais.

A segunda consequência extremamente negativa do processo abordado é a "colonização" de outras áreas governamentais pela ação indevida e inoportuna de Marinha, Exército e Aeronáutica em setores que deveriam ser objeto de tratamento por burocracias civis especializadas — ação, diga-se claramente, estimulada pela elite dirigente paisana.[513] Nesse sentido, a cada momento em que uma instituição pública fracassa no cumprimento de sua missão, recorre-se às legiões. Exemplo gritante é o que se refere à utilização dos batalhões de engenharia do Exército para a construção de estradas, aeroportos, barragens etc. Como justificar essa política em um país dotado de algumas das firmas privadas de engenharia mais competentes do mundo? A resposta é singela: ao invés de o Estado corrigir as distorções existentes no âmbito dos ministérios dos Transportes, da Aviação Civil e da Integração — para ficar em uns poucos exemplos —, convoca-se o disciplinado e sempre prestativo Exército. Pouco importa que as distorções existentes se perpetuem, desde que o problema imediato seja encaminhado. Essa lógica aplica-se de modo idêntico à problemática da

---

essa ação durou quase dois anos, o que a situa como a mais prolongada intervenção da força terrestre em operação de garantia da lei e da ordem.

[513] Fuccile (2007:104-130) reflete sobre as mazelas decorrentes da tibieza do controle civil da política de defesa. Embora seu artigo seja anterior ao advento da Estratégia Nacional de Defesa, a essência da sua *rationale* permanece válida.

segurança pública. A substituição da iniciativa em prol do aperfeiçoamento das instituições policiais por "gambiarras" levadas a cabo pelas Forças Armadas desmoraliza o Estado, tolhe o seu aperfeiçoamento e distorce o papel institucional de Marinha, Exército e Aeronáutica.

Por fim, é preciso enfatizar vigorosamente aspecto desprezado pela maior parte das autoridades encarregadas de zelar pela política de defesa no Brasil. Trata-se da negatividade que o desvio funcional da caserna exerce sobre a sua própria identidade corporativa. O produto essencial da ação coletiva de uma força armada é o poder combatente, que tem por finalidade derrotar o inimigo no campo de batalha. A mobilização de milhares de homens para um empreendimento como a guerra — que implica violência extrema, morte e destruição — não constitui exercício trivial: seja do ponto de vista psicológico, seja do ponto de vista de sua execução empírica. Para que uma nação possa contar com capacidade de dissuasão robusta, é imprescindível que seus soldados estejam não apenas perfeitamente equipados e adestrados, mas também motivados. No momento em que o próprio Estado subestima e desvaloriza os labores guerreiros ao desviar as Forças Armadas de sua atividade-fim, a sinalização dada à caserna vai no sentido oposto ao da motivação. Na verdade, sinaliza-se a irrelevância daquilo que constitui a essência mesma da sua existência. Ora, como se pode esperar que nossas forças combatam se a todo instante o aparelho estatal proclama o seu "bom-mocismo", "pacifismo" e "rejeição peremptória" de quase todas as modalidades de emprego da força, ao mesmo tempo que indica ser muito mais importante a distribuição de urnas eletrônicas por organizações militares do que a sua prontidão operacional?[514] A resultante desse processo é ineludível: baixíssimo grau de motivação acompanhado da diluição dos fragmentos de *éthos* guerreiro que porventura pudessem sobreviver nas hostes brasileiras.

Os três elementos aludidos previamente nos remetem ao drama das Forças Armadas no Brasil, capítulo do processo histórico mais amplo de

---

[514] A distribuição de urnas eletrônicas é apenas um exemplo aleatório, que poderia ser multiplicado do modo quase indefinido — já que a prontidão das FFAA para o combate convencional é, provavelmente, a última prioridade das elites políticas.

desenvolvimento da nação. Esse drama não vem de hoje, como o estudo de caso sobre o programa de reorganização naval da primeira década do século XX demonstrou. A grande ironia que resulta do cotejamento da era rio-branquina com a atual é o que se poderia chamar de inversão de polaridades. Há 100 anos, as elites lideradas por Rio-Branco empenharam-se no fortalecimento das forças de mar e terra sem perceber os estreitos limites impostos pela realidade de então. Um século depois, realidade muito menos restritiva vem acompanhada de interpretações equivocadas sobre a instrumentalidade do poder militar que, ao fim e ao cabo, conduzem à mesma resultante: a indigência do Brasil em um dos campos mais relevantes para a inserção internacional de qualquer país que pretenda influir sobre os rumos do sistema de Estados. Ainda mais irônico é o fato de que Paranhos Jr., um dos mais empedernidos apoiadores do *build-up* brasileiro, tenha se transformado, a partir da apropriação oficialista de seus esforços de propaganda apaziguadora, em um dos ícones do "pacifismo" estéril do presente.[515]

A grande tragédia que releva da narrativa desenvolvida neste trabalho é a incompreensão do papel desempenhado pelas Forças Armadas por parte das elites dirigentes da nação. Assim, vale repisar o que talvez não seja tão óbvio: o Brasil somente se transformará em um país desenvolvido quando for capaz de romper com as armadilhas circulares do atraso prevalecentes nos mais diversos setores da vida nacional. Uma dessas armadilhas é a que hoje engolfa a política de defesa. Não haverá avanço substantivo se não formos capazes de conhecer o passado para construir o futuro. A reconciliação histórica de paisanos e fardados, obra evidentemente aberta, passa pela valorização do papel internacional de Marinha, Exército e Aeronáutica em um contexto de democracia vigorosa.[516] Serão elas o nosso escudo do desenvolvimento se formos capazes de compreender que esse conceito não é compatível com a deturpação do papel primário das instituições castrenses. As elites brasileiras precisam

---

[515] Bertonha (2010:107-124) reflete sobre o mito do pacifismo brasileiro e sobre a instrumentalidade do poder militar para a condução da política externa do país.
[516] Reflexão sobre o assunto pode ser encontrada em trabalho de Lima (2010).

conscientizar-se de que a superação do atraso implica a diferenciação e a especialização funcional do aparato burocrático do Estado: militares não podem ser confundidos com policiais, policiais não podem ser confundidos com militares. Nada pode haver de mais revelador do subdesenvolvimento de um povo do que cenas de soldados nas ruas de grandes cidades em substituição à polícia. Cabe ressaltar que a intrusão sistemática das Forças Armadas no plano doméstico as torna quase inúteis do ponto de vista da defesa — pois as tarefas a esta relacionadas são vastamente incompatíveis com os labores das instituições policiais, de desenvolvimento, de obras públicas etc. — e pode comprometer a democracia, ao fomentar a ampliação do espectro de atuação militar ao universo tipicamente civil. Em suma, "guerreiros" com funções eminentemente domésticas implicam não apenas menor capacidade combatente, mas também o enfraquecimento potencial da democracia.[517]

Como pregava o patrono da diplomacia há mais de um século, diplomatas e militares são sócios na defesa dos interesses do Brasil. A Marinha, força mais vocacionada ao relacionamento com outras nações, apresenta-se como instrumento por excelência de uma política externa assertiva.[518] Infelizmente, o processo ora em curso de degradação da caserna vem atingindo em cheio a força naval, que cada vez mais se parece com uma guarda-costeira. Ao invés de uma esquadra equilibrada, centrada nas capacidades de dissuasão, negação do uso do mar e projeção de poder, assiste-se à valorização das funções de patrulha marítima — que nada acrescentam ao poder nacional.[519] A conjunção dessa direção equivocada com o prosseguimento do projeto do submarino de propulsão nuclear, essencial mas não sustentável no longo prazo com os atuais recursos orçamentários da Marinha, suscita dilemas óbvios. Será o submarino nuclear – que, aliás, não pode ser um lobo solitário sob pena de inutilidade

---

[517] Ver Centeno (2007:73-80). Visão divergente da de Centeno, mas a meu ver conformista e estática, pode ser encontrada em Pion-Berlin (2008:50-63).
[518] Texto clássico sobre o uso político do poder naval é o de Booth (1979).
[519] Não se quer com isso dizer que a patrulha marítima seja desimportante, apenas que ela é incomparavelmente menos importante do que a capacidade dissuasória naval para um país que tenha pretensões mais ambiciosas no concerto internacional.

— o equivalente contemporâneo dos encouraçados *Minas Gerais* e *São Paulo* há mais de cem anos? Estará o Brasil eternamente condenado ao subdesenvolvimento e à indigência militar? Este trabalho compreende um alerta, uma tentativa de entendimento do passado que possa iluminar o porvir. No mínimo, pretende-se que sirva de testemunho do esforço de um brasileiro que não se omitiu, na esperança de que o exemplo de Rio-Branco inspire a construção de um futuro melhor. Que a MB possa evitar o destino lúgubre do *São Paulo*, perdido nas profundezas do Oceano Atlântico depois de naufragar ao norte dos Açores, em 1951, quando em rota para ser desmontado e vendido como sucata.

Agradecimentos

A Deus e à minha família (Amélia, Beatriz, Priscila), por tudo.

Ao verdadeiro José Maria da Silva Paranhos Jr., inspiração para todos os que amam o Brasil.

A Celso Amorim e a Amaury de Souza (*in memoriam*), pelo apoio fundamental e desinteressado.

Aos professores Carlos Ivan Simonsen Leal, Irapoan Cavalcanti, Octavio Amorim Neto e Antônio Carlos Lessa. Este livro não existiria sem vocês.

Referências

A CESSÃO dos cruzadores Amazonas e Almirante Abreu. *Revista Marítima Brasileira*, v. 32, n. 3, 1898.

ABREU, Flávio A. Rios. Brasil e Argentina: racionalizando tensões e paz (1870-1991). In: SVARTMAN, Eduardo; D'ÁRAUJO, Maria Celina; SOARES, Samuel Alves (Org.). *Defesa, segurança internacional e Forças Armadas*: textos selecionados do Segundo Encontro Nacional da Associação Brasileira de Estudos de Defesa (Abed). Campinas: Mercado de Letras, 2009.

ABREU, Marcelo de Paiva (Org.). *A ordem do progresso*: cem anos de política econômica republicana, 1889-1989. Rio de Janeiro: Campus, 1992.

ALBUQUERQUE, Antonio Luiz Porto e. Batalha de Tsushima: surge uma nova potência. In: VIDIGAL, Armando; ALMEIDA, Francisco Eduardo Alves de. *Guerra no mar*: batalhas e campanhas navais que mudaram a história. Rio de Janeiro: Record, 2009.

ALMEIDA, Paulo Roberto de. *Formação da diplomacia econômica no Brasil*: as relações econômicas internacionais no Império. São Paulo: Senac, 2001.

ALMEIDA, Silvia Capanema de. A modernização do material e do pessoal da Marinha nas vésperas da revolta dos marujos de 1910: modelos e contradições. *Estudos Históricos*, Rio de Janeiro, v. 23, n. 45, p. 147-169, jan./jun. 2010.

ALONSO, Angela. *Joaquim Nabuco*: os salões e as ruas. São Paulo: Companhia das Letras, 2007.

ALSINA JR., João Paulo Soares. *Política externa e poder militar no Brasil*: universos paralelos. Rio de Janeiro: Editora FGV, 2009.

_____. *Política externa e política de defesa no Brasil*: síntese imperfeita. Brasília: Câmara dos Deputados, 2006.

_____. Reflexões sobre a forma de recrutamento das Forças Armadas brasileiras e suas implicações para a defesa nacional. *Dados*, v. 53, n. 2, p. 469-500, 2010.

_____; ASSIS, Maurício M. de; NOVELLO, Francisco Eduardo. *Segurança hemisférica*. Brasília: Instituto Rio Branco, 1997. Manuscrito. 26 p.

ALVES, Vágner Camilo. Ilusão desfeita: a "aliança especial" Brasil-Estados Unidos e o poder naval brasileiro durante e após a Segunda Guerra Mundial. *Revista Brasileira de Política Internacional*, v. 48, n. 1, p. 151-177, 2005.

AMADO, Gilberto. *Mocidade no Rio e primeira viagem à Europa*. Rio de Janeiro: José Olympio Editora, 1956.

AMORIM, Celso. *As duas vidas de Nabuco*: o reformador e o diplomata. Discurso proferido em 18 de janeiro de 2010, na Academia Brasileira de Letras, por ocasião da homenagem ao centenário do falecimento do Embaixador Joaquim Nabuco. In: <www2.academia.org.br/ABL/media/REVISTA%20BRASILEIRA%2062-PROSA%20-%20PARA%20INTERNET.pdf>.

_____. *Conversas com jovens diplomatas*. São Paulo: Benvirá, 2011.

AMORIM NETO, Octavio. *De Dutra a Lula*: a condução e os determinantes da política externa brasileira. Rio de Janeiro: Campus, 2011.

ARAÚJO, Eurilton; CARPENA, Luciane; CUNHA, Alexandre B. Brazilian business cycles and growth from 1850 to 2000. *Estudos Econômicos*, São Paulo, v. 38, n. 3, p. 557-581, jul./set., 2008.

ARAÚJO JORGE, Arthur Guimarães. *Introdução às obras do barão do Rio Branco*. Brasília: Funag, 2012.

ARIAS NETO, José Miguel. A Marinha e o fim da Monarquia: notas de pesquisas. *Militares e Política*, n. 5, p. 28-46, jul./dez. 2009.

_____. Economia cafeeira, urbanização e industrialização. In: FERREIRA, Jorge; DELGADO, Lucilia de Almeida Neves (Org.). *O Brasil republicano*: o tempo do liberalismo excludente — da Proclamação da República à Revolução de 1930. Rio de Janeiro: Civilização Brasileira, 2011.

____. *Em busca da cidadania*: praças da Armada nacional, 1867-1910. Tese (doutorado) — Departamento de História, Faculdade de Filosofia, Letras e Ciências Humanas, Universidade de São Paulo, São Paulo, 2001.

____. Marinha do Brasil como imagem da nação: o pensamento de monarquistas e republicanos sobre a Marinha do Brasil em fins do século XIX. *Revista Marítima Brasileira*, Rio de Janeiro, v. 121, p. 105-115, 2001.

ARRAES, Virgilio Caixeta. A república insegura: a disputa entre o Brasil e a Grã-Bretanha pela posse da ilha da Trindade (1895-1896). *Revista Cena Internacional*, v. 2, n. 1, p. 54-78, 2000.

ASSIS BRASIL, Francisco de. *Assis Brasil*: um diplomata da república. Rio de Janeiro: Funag, 2006. v. 2.

BACKHEUSER, Everardo. Rio-Branco, geógrafo e geopolítico. *Revista da Sociedade de Geographia do Rio de Janeiro*, p. 5-25, 1945.

BARBOSA, Rui. *Cartas de Inglaterra*. São Paulo: Livraria Editora Iracema, 1972.

____. Prefácio. In: DIAS, Arthur. *O problema naval*: condições actuaes da marinha de guerra e seu papel nos destinos do paiz. Rio de Janeiro: Officina da Estatistica, 1899.

BARRIO, Cesar de Oliveira Lima. *A Missão Paranhos ao Prata (1864-1865)*: diplomacia e política na eclosão da Guerra do Paraguai. Dissertação (mestrado em diplomacia) — Instituto Rio Branco, Brasília, 2005.

BEATTIE, Peter M. *The tribute of blood*: army, honor, race, and nation in Brazil, 1864-1945. Durham: Duke University Press, 2001.

BELLINTANI, Adriana Iop. *O Exército Brasileiro e a Missão Militar Francesa*: instrução, doutrina, organização, modernidade e profissionalismo (1920-1940). Tese (doutorado em história social) — Instituto de Ciências Humanas, Universidade de Brasília, Brasília, 2009. v. I.

BELLO, José Maria. *História da República, 1889-1945*. São Paulo: Companhia Editora Nacional, 1956.

BERGHAHN, Volker R. *Militarism*: the history of an international debate, 1861-1979. Cambridge: Cambridge University Press, 2011.

BERTONHA, João Fábio. Brazil: an emerging military power? The problem of the use of force in Brazilian international relations in the 21st century. *Revista Brasileira de Política Internacional*, v. 53. n. 2, p. 107-124, 2010.

BETHELL, Leslie. Nabuco e o Brasil entre Europa, Estados Unidos e América Latina. *Novos Estudos — Cebrap*, n. 88, nov. 2010. Disponível em: <www.scielo.br/scielo.php?pid=S0101=33002010000300003-&script-sci_arttext>.

____. O Brasil no Mundo. In: CARVALHO, José Murilo. *História do Brasil Nação*: 1808-2010. V. 2, A construção nacional: 1830-1889. Rio de Janeiro: Objetiva, 2010.

BITTENCOURT, Armando de Senna. O emprego do poder militar como estratégia de Rio Branco. In: PEREIRA, Manoel Gomes (Org.). *Barão do Rio Branco*: 100 anos de memória. Brasília: Funag, 2012.

BONAVIDES, Paulo; AMARAL, Roberto. *Textos políticos da história do Brasil*. Brasília: Senado Federal, 2002. v. III.

BÖNKER, Dirk. Admiration, enmity, and cooperation: U.S. navalism and the British and German empires before the Great War. *Journal of Colonialism and Colonial History*, v. 2, n. 1, Spring 2001.

BOOTH, Ken. *Navies and foreign policy*. Nova York: Holmes & Meier, 1979.

BORDO, Michael D.; MURSHID, Antu P. *The international transmission of financial crises before World II*: was there contagion? Paper presented to UNU/WIDER conference on Financial Contagion. Helsinki. November 19-20, 1999.

BRANDS, Hal. *Dilemmas of Brazilian grand strategy*. Carslile: Strategic Studies Institute, U.S. Army War College, 2010. 76 p.

BRASIL. *Processo de transformação do Exército*. Brasília, 2010.

BROOKS, John. *Dreadnought*: blunder, or stroke of genius? *War in History*, v. 14, n. 2, p. 157-178, Apr. 2007.

BRUSTOLIN, Vitelio Marcos. *Abrindo a caixa-preta*: o desafio da transparência dos gastos militares no Brasil. Dissertação (mestrado em economia) — Universidade Federal do Rio de Janeiro, Rio de Janeiro, 2009.

BUENO, Clodoaldo. *A República e sua política exterior (1889 a 1902)*. São Paulo: Unesp, 1995.

_____. Do idealismo ao realismo: Brasil e o Cone Sul no início da República (1889-1902). *Contexto Internacional*, n. 12, p. 71-82, jul./dez. 1990.

_____. Idealismo e rivalidade na política externa brasileira da república: as relações com a Argentina (1889-1902). In: BRANCATO, Sandra Maria Lubisco; MENEZES, Albene Miriam F. (Org.). *Anais do Simpósio o Cone Sul no Contexto Internacional*. Porto Alegre: Edipucrs, 1995.

_____. O barão do Rio Branco e o projeto da América do Sul. In: CARDIM, Carlos Henrique; ALMINO, João (Org.). *Rio Branco*: a América do Sul e a modernização do Brasil. Rio de Janeiro: EMC, 2002.

_____. O barão do Rio Branco no Itamaraty (1902-1912). *Revista Brasileira de Política Internacional*, Brasília, v. 55, n. 2, p. 170-189, 2012.

_____. O rearmamento naval brasileiro e a rivalidade Brasil-Argentina em 1906-1908, *História*, São Paulo, v. I, p. 21-35, 1982.

_____. *Política externa da Primeira República*: os anos de apogeu (1902 a 1918). São Paulo: Paz e Terra, 2003.

BURLAMAQUI, Armando. A defeza de costas e a Marinha. *Kosmos; Revista Artística, Scientífica e Litterária*, Rio de Janeiro, n. 11, novembro de 1905. 4 p.

BURNS, E. Bradford. As Relações Internacionais do Brasil durante a Primeira República. In: FAUSTO, Boris (Dir.). *História geral da civilização brasileira*. Tomo III: O Brasil republicano, v. 2: sociedade e instituições (1889-1930). Rio de Janeiro: Bertrand Brasil, 1997.

_____. *The unwritten alliance*: Rio-Branco and Brazilian-American relations. Nova York: Columbia University Press, 1966.

BURR, Lawrence. *US Cruisers 1883-1904*: the birth of the steel navy. Great Britain: Osprey Publishing, 2008.

BURR, Robert N. *By reason or force*: Chile and the balancing of power in South America, 1830-1905. Berkeley: University of California Press, 1974.

CABLE, James. *Gunboat diplomacy, 1919-1979*. Nova York: St. Martin's Press, 1981.

CAETANO, Gerardo. El barón de Río Branco y el Uruguay: el tratado de rectificación de límites en el río Yaguarón y la Laguna Merín (1909-1910). In: PEREIRA, Manoel Gomes (Org.). *Barão do Rio Branco*: 100 anos de memória. Brasília: Funag, 2012.

CALMON, Pedro. *História do Brasil*. São Paulo: Companhia Editora Nacional, 1956. v. V.

CALÓGERAS, João Pandiá. *Problemas de administração*: relatório confidencial apresentado ao conselheiro Rodrigues Alves sobre a situação orçamentária e administrativa do Brasil. São Paulo: Companhia Editora Nacional, 1938.

CÁRCANO, Ramon J. *Mis primeros 80 años*. Buenos Aires: Sudamericana, 1943.

CARDIM, Carlos Henrique. *A raiz das coisas*: Rui Barbosa, o Brasil no mundo. Rio de Janeiro: Civilização Brasileira, 2007.

CARDOSO, Fernando Henrique. Dos governos militares a Prudente-Campos Sales. In: FAUSTO, Boris (Org.). *História geral da civilização brasileira*. Tomo III; O Brasil republicano, v. 8: estrutura de poder e economia (1889-1930). Rio de Janeiro: Bertrand Brasil, 2006.

CARONE, Edgar. *A República Velha (evolução política)*. São Paulo: Difel, 1971.

CARVALHO, José Murilo de. *A construção da ordem*: a elite política imperial; *Teatro de sombras*: a política imperial. Rio de Janeiro: Civilização Brasileira, 2010.

_____. *A formação das almas*. São Paulo: Companhia das Letras, 1990.

_____. *Forças Armadas e política no Brasil*. Rio de Janeiro: Jorge Zahar, 2005.

_____. Os três povos da República. In: CARVALHO, Maria Alice Rezende de (Org.). *República no Catete*. Rio de Janeiro: Museu da República, 2001.

CARVALHO, Luiz Paulo Macedo (Ed.). *The Army in Brazilian history*. Rio de Janeiro: Biblioteca do Exército; Odebrecht, 1998. v. III: Republic.

CASTRO, Celso. *Os militares e a República*: um estudo sobre cultura e ação política. Rio de Janeiro: Jorge Zahar, 1995.

CASTRO, Jeanne Berrance de. A Guarda Nacional. In: ELLIS, Myrian et al. *História geral da civilização brasileira*. Tomo II: O Brasil monárquico, v. 6, Declínio e queda do Império. Rio de Janeiro: Bertrand Brasil, 2004.

CENTENO, Miguel Angel. *Blood and debt*: war and the nation state in Latin America. University Park: Pennsylvania State University Press, 2002.

_____. The reinvention of Latin American militaries. *Americas Quarterly*, p. 73-80, Fall 2007.

CERVO, Amado Luiz. A dimensão da segurança na política exterior do Brasil. In: PROENÇA JR., Domício; BRIGAGÃO, Clóvis (Org.). *Brasil e o mundo*: novas visões. Rio de Janeiro: Francisco Alves, 2002.

CERVO, Amado Luiz; BUENO, Clodoaldo. *História da política exterior do Brasil*. Brasília: Universidade de Brasília, 2011.

CESAR, William Carmo. *Uma história das guerras navais*: o desenvolvimento tecnológico das belonaves e o emprego do poder naval ao longo dos tempos. Rio de Janeiro: Femar, 2013.

CHEGADA do "Minas Geraes". *O Estado de S. Paulo*. São Paulo, 18 abr. 1910. p. 2.

CISNEROS, André; ESCUDÉ, Carlos (Dir.). *Historia general de las relaciones exteriores de la República Argentina*. Tomo VII, cap. 37, La "diplomacia de los acorazados" (1908-1914). In: <www.argentina-rree.com/7/7-053.htm>.

CLEMENCEAU, Georges. *Notes de voyage dans l'Amérique du Sud*: Argentine, Uruguay, Brésil. Paris: Hachette & Cie., 1911.

COELHO, Edmundo Campos. *Em busca de identidade*: o Exército e a política na sociedade brasileira. Rio de Janeiro: Record, 2000.

CONDE, Roberto Cortés. The growth of the Argentine economy, c. 1870-1914. In: BETHELL, Leslie (Ed.). *Argentina since independence*. Cambridge: Cambridge University Press, 1993.

CONDURU, Guilherme Frazão. O subsistema americano, Rio Branco e o ABC. *Revista Brasileira de Política Internacional*, v. 41 n. 2, p. 58-82, 1998.

CÔRREA, Luiz Felipe de Seixas. *O barão do Rio Branco*: missão em Berlim, 1901/1902. Brasília: Funag, 2009.

COSTA, Emília Viotti da. 1870-1889. In: BETHELL, Leslie (Ed.). *Brazil Empire and Republic, 1822-1930*. Cambridge: Cambridge University Press, 1989.

____. *Da Monarquia à República*: momentos decisivos. São Paulo: Unesp, 2010.

COUTAU-BÉGARIE, Hervé. *Tratado de estratégia*. Rio de Janeiro: Escola de Guerra Naval, 2010.

CRANDALL, Britta H. *Hemispheric giants*: the misunderstood history of U.S.-Brazilian relations. Maryland: Rowman & Littlefield Publishers, 2011.

CROWL, Philip A. Alfred Thayer Mahan: the naval historian. In: PARET, Peter (Ed.). *Makers of modern strategy*: from Machiavelli to the nuclear age. Princeton: Princeton University Press, 1986.

DANESE, Sérgio. *A escola de liderança*: ensaios sobre a política externa e a inserção internacional do Brasil. Rio de Janeiro: Record, 2009.

DEAN, Warren. The Brazilian economy, 1870-1930. In: BETHELL, Leslie (Ed.). *The Cambridge history of Latin America, v. 5, c. 1870 to 1930*. Cambridge: Cambridge University Press, 1986.

____. First Republic (1889-1930): economy. In: BETHELL, Leslie (Ed.). *Brazil, Empire and Republic, 1822-1930*. Cambridge: Cambridge University Press, 1989.

DENNISON, Stephanie. *Joaquim Nabuco*: monarchism, panamericanism and nation-Building in the Brazilian belle epoque. Bern: Peter Lang, 2006.

DIAS, Arthur. *Nossa Marinha*: notas sobre o renascimento da marinha de guerra do Brazil no quatriennio de 1906 a 1910. Rio de Janeiro: Liga Maritima Brazileira, 1910.

_____. *O problema naval*: condições actuaes da marinha de guerra e seu papel nos destinos do paiz. Rio de Janeiro: Officina da Estatistica, 1899.

DIEGUES, Fernando. *A revolução brasílica*: o projeto político e a estratégia da independência. Rio de Janeiro: Objetiva, 2004.

DINIZ, Eugenio. Terrorismo catastrófico: perigo real ou imaginário? In: JOBIM, Nelson A.; ETCHEGOYEN, Sergio W.; ALSINA JR., João Paulo Soares (Org.). *Segurança internacional*: perspectivas brasileiras. Rio de Janeiro: FGV, 2010.

DORATIOTO, Francisco. A política platina do barão do Rio Branco. *Revista Brasileira de Política Internacional*, Brasília, v. 43, n. 2, p. 130-149, jul./dez. 2000.

_____. Introdução — Rio Branco e a Questão de Palmas. In: PEREIRA, Manoel Gomes (Org.). *Obras do Barão do Rio Branco I*: questões de limites República Argentina. Brasília: Funag, 2012.

_____. *Maldita guerra*: nova história da Guerra do Paraguai. São Paulo: Companhia das Letras, 2002.

_____. Poder naval e política externa do Império do Brasil no rio da Prata (1822-1852). *Revista Navigator*, v. 12, p. 9-20, 2010.

_____. *Relações Brasil-Paraguai*: afastamento, tensões e reaproximação (1889-1954). Brasília: Funag, 2012.

ECOS da viagem do marechal Hermes à Ilha Grande — o futuro ministério de s. exa. *O Estado de S. Paulo*, São Paulo, 19 abr. 1910. p. 2.

ETCHEPAREBORDA, Roberto. *Historia de las relaciones internacionales argentinas*. Buenos Aires: Pleamar, 1978.

FAORO, Raymundo. *Os donos do poder*: formação do patronato político brasileiro. São Paulo: Globo, 2001.

FAUSTO, Boris. Expansão do café e política cafeeira. In: FAUSTO, Boris (Org.). *História geral da civilização brasileira*. Tomo III: o Brasil republicano, v. 8: estrutura de poder e economia (1889-1930). Rio de Janeiro: Bertrand Brasil, 2006.

FAUSTO, Boris; DEVOTO, Fernando J. *Brasil e Argentina*: um ensaio de história comparada (1850-2002). São Paulo: Editora 34, 2004.

FERREIRA, Gabriela Nunes. *O rio da Prata e a consolidação do Estado imperial*. São Paulo: Hucitec, 2006.

____; FERNANDES, Maria Fernanda L.; REIS, Rossana R. O Brasil em 1889: um país para consumo externo. *Lua Nova*, n. 81, p. 75-113, 2010.

FIFER, J. Valerie. *Bolivia*: land, location, and politics since 1825. Cambridge: Cambridge University Press, 1972.

FGV PROJETOS. *100 anos da força de submarinos do Brasil*. Rio de Janeiro: FGV Projetos, 2014.

FLORES, Mario Cesar. *Reflexões estratégicas*: repensando a defesa nacional. São Paulo: É Realizações, 2002.

FONSECA, Roberto Piragibe da. *Dois estudos militares*: o Manifesto Destino Geopolítico do Brasil — a ressurreição do Exército nacional através da reforma de 1908. Rio de Janeiro: Edição Reservada, 1974.

FRANÇA, Teresa Cristina Nascimento. *Self made nation*: Domício da Gama e o pragmatismo do bom senso. Tese (doutorado) — Instituto de Relações Internacionais, Universidade de Brasília, Brasília, 2007.

FRANCO, Afonso Arinos de Melo. *Rodrigues Alves*: apogeu e declínio do presidencialismo. Rio de Janeiro: José Olympio, 1973. v. II.

FRANCO, Gustavo H. B. *A década republicana*: o Brasil e a economia internacional — 1888/1900. Rio de Janeiro: Ipea, 1991.

____; LAGO, Luiz Aranha Corrêa do. O processo econômico/a economia da Primeira República, 1889-1930. In: SCHWARCZ, Lilia Moritz (Coord.). *A Abertura para o mundo*: 1889-1930. Rio de Janeiro: Objetiva, 2012.

FREYRE, Gilberto. *Ordem e progresso*. São Paulo: Global, 2004.

FRITSCH, Winston. Apogeu e crise na Primeira República: 1900-1930. In: ABREU, Marcelo de Paiva (Org.). *A ordem do progresso*: cem anos de política econômica republicana, 1889-1989. Rio de Janeiro: Campus, 1992.

FUCCILE, Luís Alexandre. Do desafio à acomodação: descaso e tibieza na construção da direção política sobre a Defesa Nacional. *e-premissas — revista de estudos estratégicos*, n. 2, p. 104-130, jan./jun. 2007.

FUROS. *O Paiz*, 12 ago. 1907.

GAMA, Arthur O. Saldanha da. *A marinha do Brasil na primeira guerra mundial*. Rio de Janeiro: Capemi, 1982.

GANZERT, Frederic William. The baron do Rio-Branco, Joaquim Nabuco, and the growth of Brazilian-American friendship, 1900-1910. *The Hispanic American Historical Review*, v. 22, n. 3, p. 432-451, Aug. 1942.

____. The boundary controversy in the upper Amazon between Brazil, Bolivia, and Peru, 1903-1909. *The Hispanic American Historical Review*, v. 14, n. 4, p. 427-449, Nov. 1934.

GARAY, Cristián. Las carreras armamentistas navales entre Argentina, Chile y Brasil (1891-1923). *Historia Crítica*, Bogotá, n. 48, p. 39-57, Sept./Dic. 2012.

GARCIA, Eugenio Vargas. A diplomacia dos armamentos em Santiago: o Brasil e a Conferência Pan-Americana de 1923. *Revista Brasileira de História*, São Paulo, v. 23, n. 46, p. 173-200, 2003.

GARDINER, Robert (Ed.). *Conway's all the world's fighting ships*: 1906-1921. Londres: Conway's Maritime Press, 1985.

GARVER, John W.; FEI-LING, Wang. China's anti-encirclement struggle. *Asian Security*, v. 6, n. 3, p. 238-261, 2010.

GAT, Azar. *War in human civilization*. Oxford: Oxford University Press, 2006.

GOMES, Luiza das Neves. O Clube Naval e a Proclamação da República: ideologias e sentimentos republicanos dos oficiais da Marinha entre 1884 até 1889. In: ENCONTRO REGIONAL DE HISTÓRIA: HISTÓRIA E LIBERDADE, XX, 2010, Franca. *Anais*...

GONÇALVES, Reinaldo. *Os anos Lula*: contribuições para um balanço crítico, 2003-2010. Rio de Janeiro: Garamond, 2010.

GONTIJO, Rebeca. Tal história, qual memória? Capistrano de Abreu na história da historiografia brasileira? *Projeto História*, São Paulo, v. 41, p. 491-526, 2010.

GRAY, Colin S. *Another bloody century*: future warfare. Londres: Phoenix, 2006.

____. *Hard power and soft power* — the utility of military force as an instrument of policy in the 21st century. Strategic Studies Institute, Apr. 2011. 59 p.

GUEDES, Max Justo. O barão do Rio Branco e a modernização da defesa. In: CARDIM, Carlos Henrique; ALMINO, João (Org.). *Rio Branco, a América do Sul e a modernização do Brasil*. Rio de Janeiro: EMC, 2002.

HAHNER, June E. *Brazilian civilian-military relations, 1889-1898*. Thesis (Ph.D) — Cornell University, 1966.

HEADRICK, Daniel R. *The tools of empire*: technology and European imperialism in the nineteenth century. Oxford: Oxford University Press, 1981.

HEINSFELD, Adelar. *A busca da hegemonia regional*: a recepção da doutrina do big stick no Brasil e na Argentina. In: SEGUNDA JORNADA DE HISTÓRIA REGIONAL COMPARADA, 2005, Porto Alegre. *Anais*... Disponível em: <www.fee.tche.br/sitefee/download/jornadas/2/h2-07.pdf>.

____. *A geopolítica de Rio Branco*: as fronteiras nacionais e o isolamento argentino. Joaçaba: Unoesc, 2003.

____. *A ruptura diplomática Brasil-Portugal*: um aspecto do americanismo do início da República brasileira. In: SIMPÓSIO NACIONAL DE HISTÓRIA, XXIV, Associação Nacional de História — ANPUH, 2007. 10 p.

____. *O Brasil e a política da paz armada no Cone Sul da América*: a visão da imprensa argentina. In: ENCONTRO ESTADUAL DE HISTÓRIA, VIII, ANPUH-RS, 2006, Caxias do Sul.

____. *O papel de Joaquim Nabuco na política externa de Rio Branco*. In: ENCONTRO ESTADUAL DE HISTÓRIA, X, ANPUHRS, 2010. 16 p.

____. Rio Branco e a modernização dos mecanismos de defesa nacional. *Revista História: Debates e Tendências*, v. 10, n. 2, p. 264-276, jul./dez. 2010.

HENDRIX, Henry J. *Theodore Roosevelt's naval diplomacy*: the U.S. Navy and the birth of the American century. Annapolis: Naval Institute Press, 2009.

HILTON, Stanley. The Argentine factor in twentieth-century Brazilian foreign policy strategy. *Political Science Quarterly*, v. 100, n. 1, p. 27-51, Spring 1985.

HOBSBAWM, Eric. *Age of empire, 1875-1914*. Nova York: Vintage Books, 1989.

HOUGH, Richard. *The great Dreadnought*: the strange story of H. M. S. Agincourt, the mightiest battleship of World War I. Nova York: Harper & Row, Publishers, 1966.

HOWARD, Michael. *The Franco-Prussian War*: the German invasion of France, 1870-1871. Nova York: Routledge, 2001.

IGLÉSIAS, Francisco (Org.). *Ideias políticas de Pandiá Calógeras*: introdução, cronologia, notas bibliográficas e textos selecionados. Rio de Janeiro: Casa de Rui Barbosa, 1987.

JOBIM, Nelson A. Introdução. In: ____; ETCHEGOYEN, Sergio W.; ALSINA JR., João Paulo Soares (Org.). *Segurança internacional*: perspectivas brasileiras. Rio de Janeiro: FGV, 2010.

JOFFILY, José. *O caso Panther*. Rio de Janeiro: Paz e Terra, 1988.

JONES, Marcus. Strategy as character: Bismarck and the Prusso-German question, 1862-1878. In: MURRAY, Williamson; SINNREICH, Richard H.; LACEY, James. *The shaping of grand strategy*: policy, diplomacy and war. Nova York: Cambridge University Press, 2011.

JUNGMANN, Raul. Estratégia Nacional de Defesa (END). In: JOBIM, Nelson A.; ETCHEGOYEN, Sergio W.; ALSINA JR., João Paulo Soares (Org.). *Segurança internacional*: perspectivas brasileiras. Rio de Janeiro: FGV, 2010.

KAMPF, Martin Normann. *A ocupação britânica da Ilha da Trindade (1895-1896)*: uma questão de suscetibilidades. Dissertação (mestrado em diplomacia) — Instituto Rio Branco, Brasília, 2011.

KELLY, Patrick J. *Tirpitz and the Imperial German Navy*. Bloomington: Indiana University Press, 2011.

KENNEDY, Paul. *The rise and fall of British naval mastery*. Amherst: Humanity Books, 1998.

KISSINGER, Henry A. The white revolutionary: reflections on Bismarck. *Daedalus*, Philosophers and Kings: Studies in Leadership, v. 97, n. 3, p. 888-924, Summer 1968.

KRAHMANN, Elke. Hegemony or global governance? Competing visions of international security. *International Studies Review*, v. 7, n. 4, p. 531-545, Dec. 2005.

KUGELMAS, Eduardo (Org.). *José Antônio Pimenta Bueno, marquês de São Vicente*. São Paulo: Editora 34, 2002.

LACOMBE, Américo Jacobina. *Afonso Pena e sua época*. Rio de Janeiro: José Olympio, 1986.

LACOSTE, Pablo. El concepto de Zonas de Influencia y su aplicación en las relaciones entre Argentina y Chile. *Estudios Internacionales*, año 33, n. 131/132, p. 65-92, Jul./Dic. 2000.

_____. Chile y Argentina al borde de la guerra (1881-1902). *Anuario del Centro de Estudios Históricos Profesor Carlos S. A. Segreti*, Córdoba, año 1, n. 1,p. 301-308, 2001.

_____. Estanislao Zeballos y la política exterior Argentina con Brasil y Chile. *Revista Confluencia*, año 1, n. 2, p. 107-128, prim. 2003.

LAET, Carlos de. Rio Branco. In: CENTRO DE HISTÓRIA E DOCUMENTAÇÃO DIPLOMÁTICA (Org.). *O barão do Rio Branco visto por seus contemporâneos* (Série de artigos publicados pela *Revista Americana*, em abril de 1913). Brasília: Funag, 2002.

LAFER, Celso. *A identidade internacional do Brasil e a política externa brasileira*: passado, presente e futuro. São Paulo: Perspectiva, 2001.

LAMOUNIER, Bolívar. *Rui Barbosa*. Rio de Janeiro: Nova Fronteira, 1999.

LEAL, Victor Nunes. *Coronelismo, enxada e voto*: o município e o regime representativo no Brasil. Rio de Janeiro: Nova Fronteira, 1997.

LEARY, H. F. Modern Marine gun armament. In: *Transactions of the International Engineering Congress, 1915*. San Francisco: Neal Publishing Company, 1916.

LESSA, Antônio Carlos. É o Brasil um país sério? A história da mais longeva anedota da política exterior do Brasil. In: MARTINS, Estevão C. de Rezende (Org.). *Relações internacionais*: visões do Brasil e da América Latina (estudos em homenagem a Amado Luiz Cervo). Brasília: Ibri, 2003.

LESSA, Renato. A invenção da república no Brasil: da aventura à rotina. In: CARVALHO, Maria Alice Rezende de (Org.). *República no Catete*. Rio de Janeiro: Museu da República, 2001.

____. *A invenção republicana*: Campos Sales, as bases e a decadência da Primeira República brasileira. Rio de Janeiro: Iuperj, 1988.

LEWIS, Paul H. Paraguay from the War of the Triple Alliance to the Chaco War, 1870-1932. In: BETHELL, Leslie. *The Cambridge history of Latin America*, V. V, c. 1870 to 1930. Cambridge: Cambridge University Press, 1986.

LIMA, Maria Regina Soares de. Diplomacia, defesa e definição política dos objetivos nacionais: o caso brasileiro. In: JOBIM, Nelson A.; ETCHEGOYEN, Sergio W., ALSINA JR., João Paulo Soares (Org.). *Segurança internacional*: perspectivas brasileiras. Rio de Janeiro: FGV, 2010.

LINS, Álvaro. *Rio-Branco*: biografia pessoal e história política. São Paulo: Companhia Editora Nacional, 1965.

____. *Rio Branco*. Rio de Janeiro: Alfa-Ômega, 1996.

LIVERMORE, Seward W. Battleship diplomacy in South America: 1905-1925. *The Journal of Modern History*, v. 16, n. 1, p. 31-48, Mar. 1944.

____. Theodor Roosevelt, the American Navy, and the Venezuelan crisis of 1902-1903. *The American Historical Review*, v. 51, n. 3, p. 452-471, Apr. 1946.

LOPES, Murilo Ribeiro. *Rui Barbosa e a Marinha*. Rio de Janeiro: Casa de Rui Barbosa, 1953.

LOVE, Joseph L. *The Revolt of the Whip*. Stanford: Stanford University Press, 2012.

LUCKHAM, A. R. Comparative typology of civil-military relations. *Government and Opposition*, v. 6, Issue 1, p. 5-35, Jan. 1971.

LYNCH, Christian E. C. *Brésil de la monarchie à l'oligarchie*: construction de l'État, institutions et représentation politique (1822-1930). Paris: L'Harmattan, 2011.

____. Um saquarema no Itamarati: por uma abordagem renovada do pensamento político do Barão do Rio Branco. *Revista de Sociologia e Política*. 30 p. (no prelo).

MAASS, Matthias. Catalyst for the Roosevelt Corollary: arbitrating the 1902-1903 Venezuela Crisis and its impact on the development of the Roosevelt Corollary to the Monroe Doctrine. *Diplomacy & Statecraft*, v. 20, n. 3, p. 383-402, 2009.

MADDISON, Angus. *The world economy*: a millennial perspective. Paris: Oecd, 2001.

____. *Brazilian development experience from 1500 to 1929*. Unpublished paper. In: <www.ggdc.net/Maddison/ARTICLES/Brazil_1500-1929.pdf>. Acesso em: 6 nov. 2012.

MAGNOLI, Demétrio. *O corpo da pátria*: imaginação geográfica e política externa no Brasil, 1808-1912. São Paulo: Unesp, 1997.

MARDER, Arthur J. *From the dreadnought to Scapa Flow*: the Royal Navy in the Fisher era, 1904-1919. Londres: Oxford University Press, 1961. v. I.

MARES, David R. *Violent peace*: militarized interstate bargaining in Latin America. Nova York: Columbia University Press, 2001.

MARIZ, Vasco. A mocidade do barão do Rio Branco e sua tormentosa nomeação para a carreira diplomática. In: PEREIRA, Manoel Gomes (Org.). *Barão do Rio Branco*: 100 anos de memória. Brasília: Funag, 2012.

MARTINS, Hélio Leôncio. A Revolta dos Marinheiros — 1910. In: *História naval brasileira*: Rio de Janeiro: Serviço de Documentação da Marinha, 1997. v. 5, tomo IB. p. 101-227.

____; COZZA, Dino Willy. Poderes combatentes. In: VÁRIOS AUTORES. *História naval brasileira*. Rio de Janeiro: Serviço de Documentação da Marinha, 1997. v. 5, tomo IB.

MARTINS FILHO, João Roberto. Navios da discórdia, 2008. In: *Revista de História*. Disponível em: <www.revistadehistoria.com.br/secao/artigos-revista/navios-da-discordia>.

____. *A marinha brasileira na era dos encouraçados, 1895-1910*. Rio de Janeiro: Editora FGV, 2010.

MATTOS, Ilmar Rohloff de. O gigante e o espelho. In: GRINBERG, Keila; SALLES, Ricardo (Org.). *O Brasil Imperial* — v. II — 1831-1889. Rio de Janeiro: Civilização Brasileira, 2011.

MCBETH, Michael. The Brazilian Army and its role in the abdication of Pedro I. *Luso-Brazilian Review*, v. 15, n. 1, p. 117-129, 1978.

MCCANN, Frank D. Brazilian foreign relations in the twentieth century. In: SELCHER, Wayne A. (Ed.). *Brazil in the international system*: the rise of a middle power. Boulder: Westview Press, 1981.

____. *Soldados da pátria*: história do exército brasileiro, 1889-1937. São Paulo: Companhia das Letras, 2007.

____. The formative period of twentieth-century Brazilian army thought, 1900-1922. *Hispanic American Historical Review*, v. 64, n. 4, p. 737-765, 1984.

MEDINA, Javier Torres. Imperador rejeitado. *Revista de História*, 2008. Disponível em: <www.revistadehistoria.com.br/secao/artigos/imperador-rejeitado>.

MELLO E SILVA, Alexandra de. O Brasil no continente e no mundo: atores e imagens na política externa brasileira contemporânea. *Estudos Históricos*, Rio de Janeiro, v. 8, n. 15, p. 95-118, 1995.

MENCK, José Theodoro M. *A Questão do Rio Pirara (1829-1904)*. Brasília: Funag, 2009.

MENDONÇA, Salvador de. *A situação internacional do Brazil*. Rio de Janeiro: Livraria Garnier, 1913.

MENESES, Emilio C. *Coping with decline*: Chilean foreign policy during the twentieth century, 1902-1972. Thesis (Ph.D) — University of Oxford, 1988.

____. Maintaining a regional navy with very limited resources. *Defense Analysis*, v. 7, n. 4, p. 345-362, Dec. 1991.

MITCHELL, Nancy. Protective imperialism versus "Weltpolitik" in Brazil: Part one: pan-German vision and Mahanian response. *The International History Review*, v. 18, n. 2, p. 253-278, May 1996.

MODELSKI, George; THOMPSON, William R. *Seapower in global politics, 1494-1993*. Londres: Macmillan, 1988.

MONIZ BANDEIRA, Luiz Alberto. *Brasil, Argentina e Estados Unidos*: conflito e integração na América do Sul (da Tríplice Aliança ao Mercosul, 1870-2003). Rio de Janeiro: Revan, 2003.

_____. *O expansionismo brasileiro e a formação dos Estados na bacia do Prata*: Argentina, Uruguai e Paraguai da colonização à Guerra da Tríplice Aliança. Brasília: Universidade de Brasília, 1998.

_____. O barão de Rothschild e a questão do Acre. *Revista Brasileira de Política Internacional*, v. 43, n. 2, p. 150-169, 2000.

MONTENEGRO, Guillermo J. Acorazados norteamericanos para la exportación: los 'dreadnoughts' argentinos. *Revista de la Escuela de Guerra Naval*, n. 47, p. 105-120, Jun. 1998.

_____. An Argentinian naval buildup in the disarmament era: the Naval Procurement Act of 1926. *International Journal of Naval History*, v. 1, n. 1, p. 1-21, Apr. 2002.

_____. The character and extent of Mahan's influence in Latin America. In: HATTENDORF, John B. *The influence of history on Mahan*. Newport: Naval War College Press, 1991.

MOREIRA LEITE, Dante. *O caráter nacional brasileiro*: história de uma ideologia. São Paulo: Unesp, 2007.

MOTA, Carlos Guilherme. A historiografia brasileira nos últimos quarenta anos: tentativa de avaliação crítica. *Debate & Crítica*, n. 5, p. 1-26, mar. 1975.

MOTTA, Arthur Silveira da. *De aspirante a almirante*: minha fé de ofício documentada. Rio de Janeiro: Serviço de Documentação Geral da Marinha, 1985.

MOURA, Cristina Patriota de. Herança e metamorfose: a construção social de dois Rio Branco. *Estudos Históricos*, Rio de Janeiro, v. 14, n. 25, p. 81-101, 2000.

MOURA, Gláucia Soares de. Sentimentos republicanos em pensamentos navais: a participação de oficiais da Marinha na implantação da república brasileira. *Revista Navigator*, n. 5, p. 1-17, 2007.

MOURA NETO, Julio Soares de. Defendendo o pré-sal. In: JOBIM, Nelson A.; ETCHEGOYEN, Sergio W.; ALSINA JR., João Paulo Soares (Org.). *Segurança internacional*: perspectivas brasileiras. Rio de Janeiro: FGV, 2010.

MURRAY, Williamson. The collapse of empire: British strategy, 1919-1945. In: MURRAY, Williamson; KNOX, MacGregor; BERNSTEIN,

Alvin (Ed.). *The making of strategy*: rulers, states, and war. Cambridge: Cambridge University Press, 1996.

NABUCO, Joaquim. *A intervenção estrangeira durante a Revolta da Armada de 1893*. Brasília: Senado Federal, 2010.

____. *Joaquim Nabuco, embaixador (v. I, 1905-1907)*. Brasília: Funag, 2011.

____. Um estadista do Império. In: ____. *Essencial Joaquim Nabuco*. Organização, introdução e notas de Evaldo Cabral de Mello. São Paulo: Penguin Classics; Companhia das Letras, 2010.

NARCISO, José. A política de poder naval no Brasil. *Portos e Navios*, v. XXII, jan./set. 1980.

NAVERSON, Jan. Pacifism: a philosophical analysis. *Ethics*, v. 75, n. 4, p. 259-271, July 1965.

NICOLAU, Jairo. *Eleições no Brasil*: do Império aos dias atuais. Rio de Janeiro: Zahar, 2012.

NORONHA, Júlio César de. *A organização naval*. Rio de Janeiro: Imprensa Naval, 1950. (Subsídios para a história marítima do Brasil, IX).

NUNN, Frederick M. Military professionalism and professional militarism in Brazil, 1870-1970: historical perspectives and political implications. *Journal of Latin American Studies*, v. 4, n. 1, p. 29-54, May 1972.

____. *Yesterday's soldiers*: European military professionalism in South America, 1890-1940. Lincoln: University of Nebraska Press, 1983.

O "MINAS Geraes" na Ilha Grande. *O Estado de S. Paulo*, São Paulo, 18 abr. 1910. p. 2.

O'LAVIN, Brian P. *Mahan and Corbett on maritime strategy*. Newport: Naval War College, 2009. 11 p.

OLIVEIRA, Marcelo Rodrigues de. Divisão Naval do Leste: a Marinha Imperial na costa da África. *Revista Navigator*, v. 6, n. 11, p. 102-117, jun. 2010.

PANT, Harsh V. China's naval expansion in the Indian ocean and India-China rivalry. *The Asia-Pacific Journal*, 18-4-10, May 3, 2010. Disponível em: <www.japanfocus.org/-Harsh_V_-Pant/3353>.

PARANHOS, José Maria da Silva. *Cartas ao amigo ausente*. Rio de Janeiro: Academia Brasileira de Letras, 2008.

PARANHOS JR., José Maria da Silva. *Brazil, the United States and the Monroe Doctrine* (article published in the *Jornal do Commercio* of Rio de Janeiro, January 20th, 1908). Ithaca: Cornell University Library, 2010.

____. *Correspondência entre d. Pedro II e o barão do Rio-Branco (de 1889-1891)*. São Paulo: Companhia Editora Nacional, 1957.

____. *Esboço da história do Brasil*. Brasília: Funag, 1992.

____. Forças militares. In: LAVASSEUR, Émile. *O Brasil*. Rio de Janeiro: Bom Texto; Letras & Expressões, 2000.

____. *O visconde do Rio Branco*. Rio de Janeiro: A Noite Editora, s.d.

____. *Obras do barão do Rio-Branco*: discursos (vol. IX). Rio de Janeiro: MRE, 1948.

PATRIOTA, Antonio de Aguiar. *O Conselho de Segurança após a Guerra do Golfo*: a articulação de um novo paradigma de segurança coletiva. Brasília: Funag, 1998.

PAULA, Eurípedes Simões de. A Marinha. In: ELLIS, Myrian et al. *História geral da civilização brasileira*. Tomo II: O Brasil monárquico, v. 6, Declíno e queda do Império. Rio de Janeiro: Bertrand Brasil, 2004.

PEIXOTO, Renato Amado. "Depois aconteça o que acontecer": por uma rediscussão do Caso Panther e da política externa de Rio Branco. *Revista Brasileira de Política Internacional*, v. 54, n. 1, p. 44-66, 2011.

____. *Terra Sólida*: a influência da geopolítica brasileira e da Escola Superior de Guerra na política externa do Governo Castello Branco. Dissertação (mestrado) — Universidade do Estado do Rio de Janeiro, Rio de Janeiro, 2000.

PEREIRA, Felipe Massari. *A valorização de 1906 e o Convênio de Taubaté*. monografia (final de curso) — Departamento de Economia, Pontifícia Universidade Católica do Rio de Janeiro, Rio de Janeiro, 2009.

PEREIRA, Gabriel Terra. *A diplomacia da americanização de Salvador de Mendonça (1889-1898)*. Dissertação (Mestrado) — Universidade Estadual Paulista "Júlio de Mesquita Filho", Franca, 2009.

PEREIRA, Manoel Gomes (Org.). *Obras do barão do Rio Branco X*: artigos de imprensa. Brasília: Funag, 2012.

PEREIRA, Paulo José dos Reis. *A política externa da Primeira República e os Estados Unidos*: a atuação de Joaquim Nabuco em Washington (1905-1910). São Paulo: Hucitec, 2006.

PESAVENTO, Sandra Jatahy. Uma certa Revolução Farroupilha. In: GRINBERG, Keila; SALLES, Ricardo (Org.). *O Brasil Imperial* — v. II — 1831-1889. Rio de Janeiro: Civilização Brasileira, 2011.

PETERSON, Harold F. *Argentina and the United States*: 1810-1960. Nova York: University Publishers, 1964.

PION-BERLIN, David. Militares y democracia en el nuevo siglo: cuatro descubrimientos inesperados y una conclusión sorprendente. *Nueva Sociedad*, n. 213, p. 50-63, ene./feb. 2008.

PORTO, Ângela (Org.). *O barão do Rio Branco e a caricatura*: coleção e memória. Rio de Janeiro: Funag, 2012.

PREUSS, Ori. *Bridging the Island*: Brazilians' views of Spanish America and themselves, 1865-1912. Madri: Iberoamericana, 2011.

PROENÇA JR., Domício. *Escola Superior de Guerra*: projeto pedagógico para a Escola de Altos Estudos de Defesa do Brasil. Monografia Caepe, ESG. Rio de Janeiro, 2000.

____; DINIZ, Eugenio; RAZA, Salvador Ghelfi. *Guia de estudos de estratégia*. Rio de Janeiro: Jorge Zahar, 1999.

____; ____. The Brazilian conceptualization of security. In: BRAUCH, Hans Günter et al. (Org.). *Reconceptualising security in the 21st century*. Berlin: Springer-Verlag, 2008.

QUEIROZ, Suely R. Reis de. *Os radicais da república*: jacobinismo, ideologia e ação, 1893-1897. São Paulo: Brasiliense, 1986.

QUEIROZ, Tito Henrique S. *O associativismo militar no Brasil (1890-1940)*. Dissertação (mestrado em ciência política) — Universidade Federal Fluminense, Niterói, 1997.

RAUCH, George V. *Conflict in the Southern cone*: the Argentine military and the boundary dispute with Chile, 1870-1902. Westport: Praeger, 1999.

RENOUVIN, Pierre; DUROSELLE, Jean-Baptiste. *Introdução à história das relações internacionais*. São Paulo: Difel, 1967.

RESENDE-SANTOS, João. *Neorealism, States, and the modern mass army*. Cambridge: Cambridge University Press, 2007.

RICUPERO, Rubens. *José Maria da Silva Paranhos, barão do Rio Branco*: uma biografia fotográfica, 1845-1995. Brasília: Funag, 1995.

____. Relendo a Introdução às obras do barão do Rio Branco, de A. G. de Araujo Jorge. In: ARAÚJO JORGE, Arthur Guimarães. *Introdução às obras do barão do Rio Branco*. Brasília: Funag, 2012.

RIO de Janeiro — el reportage al barón de Rio Branco. *La Nación*, jueves, 26 jul. 1906. p. 8.

RIO-BRANCO, Raul do. *Reminiscencias do barão do Rio-Branco*. Rio de Janeiro: José Olympio, 1942.

RODRIGUES, Fernando da Silva. *Os jovens turcos e o projeto de modernização profissional do Exército brasileiro*. In: SIMPÓSIO NACIONAL DE HISTÓRIA, XXIV, 2007. 8 p.

RODRIGUES, José Honório. *Aspirações nacionais*: interpretação histórico-política. Rio de Janeiro: Civilização Brasileira, 1970.

____. *Conciliação e reforma no Brasil*: um desafio histórico-cultural. Rio de Janeiro: Nova Fronteira, 1982.

____. *Interêsse nacional e política externa*. Rio de Janeiro: Civilização Brasileira, 1966.

____. José Honório e nós. In: MOTA, Carlos Guilherme. *História e contra-história*: perfis e contrapontos. São Paulo: Globo, 2010.

RODRIGUES, Lêda Boechat; RODRIGUES, José Honório; SEITENFUS, Ricardo (Org.). *Uma história diplomática do Brasil*: 1531-1945. Rio de Janeiro: Civilização Brasileira, 1995.

SALLUM JR., Brasilio. A condição periférica: o Brasil nos quadros do capitalismo mundial (1945-2000). In: MOTA, Carlos Guilherme (Org.). *Viagem incompleta*: a experiência brasileira (1500-2000): a grande transação. São Paulo: Senac, 2000.

SAMET, Henrique. *A revolta do batalhão naval*. Rio de Janeiro: Garamond, 2011.

SANTOS, Luís Cláudio Villafañe G. *O dia em que adiaram o carnaval*: política externa e a construção do Brasil. São Paulo: Unesp, 2010.

____. *O evangelho do barão*: Rio Branco e a identidade brasileira. São Paulo: Unesp, 2012.

____. *O Império e as repúblicas do Pacífico*: as relações do Brasil com Chile, Bolívia, Peru, Equador e Colômbia (1822-1889). Curitiba: UFPR, 2002.

SÁVIO, Domingos. *Território e negócios na "Era dos Impérios"*: os belgas na fronteira oeste do Brasil. Brasília: Funag, 2009.

SCENNA, Miguel Ángel. *Argentina-Brasil*: cuatro siglos de rivalidad. Buenos Aires: La Bastilla, 1975.

SCHEINA, Robert. *Latin America*: a naval history, 1810-1987. Annapolis: Naval Institute Press, 1987.

SCHULZ, John. O Exército e o Império. In: ELLIS, Myrian et al. *História geral da civilização brasileira*. Tomo II: O Brasil monárquico, v. 6, Declínio e queda do Império. Rio de Janeiro: Bertrand Brasil, 2004.

____. *O Exército na política*: origens da intervenção militar, 1850-1894. São Paulo: Edusp, 1994.

____. *The financial crisis of Abolition*. New Haven: Yale University Press, 2008.

SCHWARCZ, Lilia Moritz. *O espetáculo das raças*: cientistas, instituições e questão racial no Brasil (1870-1930). São Paulo: Companhia das Letras, 1993.

SCHWELLER, Randall L. *Unanswered threats*: political constraints on the balance of power. Princeton: Princeton University Press, 2006.

____. Bandwagoning for profit: bringing the revisionist State back in. *International Security*, v. 19, n. 1, p. 72-107, Summer 1994.

SELIGMANN, Matthew S. New weapons for new targets: sir John Fisher, the threat from Germany, and the building of HMS Dreadnought and HMS Invincible, 1902-1907. *The International History Review*, v. 30, n. 2, p. 303-331, 2008.

SEVCENKO, Nicolau. *Literatura como missão*: tensões sociais e criação cultural na Primeira República. São Paulo: Brasiliense, 1983.

SILVA, Ana Carolina Feracin da. Entre a pena e a espada. Literatura e política no governo Floriano Peixoto. Uma análise do jornal *O Combate* (1892). *Cadernos AEL*, v. 9, n. 16/17, p. 135-180 2002.

SILVA, Hélio. *Nasce a República*: 1888-1894. São Paulo: Editora Três, 1975.

____. *Hermes da Fonseca, 8º presidente do Brasil, 1910-1914*. São Paulo: Editora Três, 1984.

SMALLMAN, Shawn C. *Fear and memory in the Brazilian army and society, 1889-1954*. Chapel Hill: University of North Carolina Press, 2002.

SMITH, Joseph. *Brazil and the United States*: convergence and divergence. Athens: University of Georgia Press, 2010.

____.*Unequal giants*: diplomatic relations between the United States and Brazil, 1889-1930. Pittsburgh: University of Pittsburgh Press, 1991.

SODRÉ, Nelson Werneck. *História militar do Brasil*. Rio de Janeiro: Civilização Brasileira, 1979.

SONDHAUS, Lawrence. *Naval warfare, 1815-1914*. Nova York: Routledge, 2001.

SOUZA, Amaury de. *A agenda internacional do Brasil*: a política externa de FHC a Lula. Rio de Janeiro: Campus, 2009.

SOUZA, Christiane Laidlner de. *A Doutrina Drago e as relações entre as repúblicas americanas*. In: ENCONTRO INTERNACIONAL DA ANPHLAC, VIII, 2008, Vitória. *Anais...* 14 p.

SOUZA, Marcelo Medeiros Coelho de. *O analfabetismo no Brasil sob o enfoque demográfico*. Brasília: IPEA 1999. 24 p. (Texto para discussão, n. 639).

ST-JOHN, Ronald Bruce. *The foreign policy of Peru*. Boulder: Lynne Rienner Publishers, 1992.

STRAUSS, Norman T. Brazil after the Paraguayan War: six years of conflict, 1870-1876. *Journal of Latin American Studies*, v. 10, n. 1, p. 21-35, May 1978.

STURTON, Ian. Re: the Riachuelo. *The Warship International*, v. 7, issue 3, p. 205-206, 1970.

SUMIDA, Jon Tetsuro. British capital ship design and fire control in Dreadnought era: sir John Fisher, Arthur Hungerford Pollen, and the battle Cruiser. *The Journal of Modern History*, v. 51, n. 2, p. 205-230, Jun. 1979.

TEIXERA SOARES, Álvaro. A Marinha e a Política Externa do Segundo Reinado. *Revista Navigator*, n. 14, p. 3-28, jun. 1978.

THE RACE for naval supremacy. *The Nelson Evening Mail*, Tuesday, 6 Apr. 1909.

TILL, Geoffrey. *Poder maritimo*: un guía para el siglo XXI. Buenos Aires: Instituto de Publicaciones Navales, 2007.

TOPIK, Steven C. *Trade and gunboats*: the United States and Brazil in the age of empire. Stanford: Stanford University Press, 1996.

TOPLISS, David. The Brazilian dreadnoughts, 1904-1914. *Warship International*, v. XXV, n. 3, p. 240-289, 1988.

TORRES, Miguel Gustavo Paiva. *O visconde do Uruguai e sua atuação diplomática para a consolidação da política externa do Império (1849-1853)*. Brasília: Instituto Rio Branco, 2011. Mimeografado.

TRUBOWITZ, Peter. *Politics and strategy*: partisan ambition and American statecraft. Princeton: Princeton University Press, 2011.

TULLY, James (Ed.). *Meaning and context*: Quentin Skinner and his critics. Princeton: Princeton University Press, 1988.

UM OFICIAL DA ARMADA. *Política versus Marinha*. Rio de Janeiro: Livraria H. Garnier, s.d.

VALE, Brian. *A War betwixt Englishmen:* Brazil against Argentina on the river Plate 1825-1830. Londres: I. B. Tauris & Co., 2000.

VANTERPOOL, Alan. The Riachuelo. *The Warship International*, v. 6, issue 2, p. 140-141, 1969.

VIANA, Luiz Werneck. *A revolução passiva*: iberismo e americanismo no Brasil. Rio de Janeiro: Revan, 1997.

VIANA FILHO, Luiz. *A vida do barão do Rio Branco*. Rio de Janeiro: José Olympio, 1959.

VIANNA FILHO, Arlindo. *Estratégia naval brasileira*: abordagem à história da evolução dos conceitos estratégicos navais brasileiros. Rio de Janeiro: Bibliex, 1995.

VIDIGAL, Armando Amorim Ferreira. *A evolução do pensamento estratégico naval brasileiro*. Rio de Janeiro: Biblioteca do Exército, 1985.

WILLIAMS, Donn Alan. *Brazil and French Guiana*: the four-hundred year struggle for Amapá. Tese (doutorado em história moderna) — Texas Christian University, Fort Worth, 1975.

WILLMOTT, H. P. *The last century of sea power*: from port Arthur to Chanak, 1894-1922. Bloomington: Indiana University Press, 2009.

ZEBALLOS, Estanislao S. *Diplomacia desarmada*. Buenos Aires: Editorial Universitaria de Buenos Aires, 1974.

____. Los armamentos navales del Brasil. *Revista de Derecho, Historia y Letras*, tomo XX, p. 289-300, 1904.

Fontes

Arquivo Histórico do Itamaraty
The National Archives (Inglaterra)
Academia Brasileira de Letras. Disponível em: <www2.academia.org.br/ABL>.
Relatórios ministeriais brasileiros. Disponível em: <www.crl.edu/brazil/ministerial>.
IBGE. Estatísticas do século XX.
Constituição Politica do Imperio do Brazil (25 de março de 1824).
Constituição da República dos Estados Unidos do Brazil (24 de fevereiro de 1891).
O Estado de S. Paulo
O Paiz
New York Times
The Huffington Post
The Nelson Evening Mail
La Nación
Country Reports on Terrorism 2011. Disponível em: <www.state.gov/j/ct/rls/crt/2011/195555.htm>.
<www.icasualties.org/Iraq/index.aspx>
<http://democraciapolitica.blogspot.com>
<www.un.int/brazil>
Acorazado Almirante Latorre (1ero). Disponível em: <http://web.archive.org/web/20080608084301/http://www.armada.cl/site/unidades_navales/336.htm)>.

ÍNDICE GERAL

A

ABC, 251, 258, 259, 260, 262, 276
Acordo de equivalência naval, 198, 332
Acre, 25, 51, 133, 143, 152, 154, 155, 156, 157, 158, 159, 160, 161, 162, 163, 167, 174, 189, 192, 257, 261, 301, 316, 329
Aeronáutica, 26, 347, 348, 354, 355, 356, 357, 358, 359
Alemanha, 34, 93, 137, 150, 153, 164, 171, 172, 198, 207, 212, 228, 236, 237, 238, 242, 272, 287, 290, 296, 297, 298, 299, 322, 340, 341, 342, 350
Alencar, Alexandrino de, 26, 77, 98, 99, 102, 159, 169, 193, 194, 229, 239, 240, 244, 269, 282, 292, 293, 300, 306, 307, 319, 320, 322, 324, 325, 332, 334, 343
Almirante Latorre, 291
Alves, Rodrigues, 26, 68, 98, 100, 127, 131, 133, 139, 156, 158, 161, 167, 168, 169, 185, 188, 189, 190, 191, 199, 206, 208, 216, 231, 233, 236, 238, 239, 240, 246, 247, 248, 250, 263, 292, 303, 304, 306, 335
Amado, Gilberto, 309
Amaral, José Maria do, 47
Amazônia, 33, 35, 36, 38, 49, 50, 90, 154, 163, 194
América Central, 135, 166, 167, 196, 259, 260, 349, 352
América Latina, 77, 135, 174, 177, 180, 196, 197, 234, 288
Americanismo, 35, 36, 37
Anádon, Lorenzo, 276
Andrada e Silva, José Bonifácio de, 28
Araújo Jorge, Arthur Guimarães, 262, 337
Arbitramento, 102, 106, 108, 110, 111, 121, 128, 129, 130, 140, 142, 143, 152, 157, 161, 171, 173, 273, 338
Argôlo, Francisco de Paula, 115, 164
Arsenal na Ilha das Cobras, 289, 318
Articulação, 67, 154, 155, 251, 262, 344, 354, 355
Assis Brasil, Francisco, 117, 155, 183, 239, 240, 243, 254, 255, 256, 257, 258
Atlântico Sul, 7, 14, 15, 242, 267, 314, 349, 350
Aube, Théophile, 201, 202, 203
Áustria-Hungria, 297
Azeredo, Antônio, 228, 229, 248, 256

B

Bahía Blanca, 278, 283
Balancing, 341
Bandwagoning, 341, 346
Barbosa Lima, Alexandre, 115, 168, 169, 226, 235
Barbosa, Elisiario, 119

Barbosa, Rui, 65, 67, 81, 83, 86, 89, 90, 91, 92, 93, 96, 106, 115, 118, 119, 131, 142, 156, 160, 188, 205, 248, 278, 279, 283, 303, 307, 316, 317, 318, 323
Barclay, Colville, 251, 252
Barrow, 233
Batalha de Tsushima, 217, 219, 220, 221, 222, 239
Battleships, 153, 173, 195, 212, 223, 266, 345
Bello, José Maria, 65, 74, 75, 87, 139, 156, 168, 303, 304, 305, 340, 341
Benham, Andrew, 97
Betbeder, Onofre, 286, 300
Bethell, Leslie, 35, 37, 77, 78
Bismarck, 23, 340, 341
Bittencourt, Carlos Machado, 115
Blaine, James, 95, 108
Bloqueio naval, 171
Bocaiúva, Quintino, 65, 76, 77, 78, 87
Bolívia, 38, 43, 51, 52, 56, 122, 133, 155, 156, 157, 158, 159, 160, 161, 162, 163, 166, 197, 259, 285, 287, 301, 302
Bolivian Syndicate, 51, 155, 156, 158, 160, 175, 184
Borracha, 53, 70, 133, 154, 155, 305
Buchanan, William, 251, 252
Bueno, Clodoaldo, 32, 33, 51, 54, 57, 58, 76, 78, 81, 87, 94, 95, 123, 124, 133, 134, 141, 159, 171, 174, 175, 276, 277, 283, 292, 311, 340
Bulhões, Leopoldo de, 247, 250
Burlamaqui, Armando, 240, 241, 242
Burns, E. Bradford, 61, 62, 128, 162, 163, 166, 178, 185, 238, 275

C

Calmon, Pedro, 87, 88, 90, 93
Câmara dos Deputados, 52, 83, 126, 191, 225, 227, 228, 246, 272, 286, 296
Campanha civilista, 303
Campista, Davi, 293, 294, 296
Campos, Bernardino de, 247
Campos Sales, 25, 81, 85, 86, 88, 101, 112, 125, 126, 127, 128, 131, 133, 135, 137, 139, 141, 142, 143, 153, 170, 188, 189, 191, 234, 335
Canudos, 102, 116, 142, 253
Cárcano, Ramón, 319, 320, 321, 322
Carone, Edgar, 114, 115, 116, 125, 126, 127, 128
Carta de 1824, 84
Carvalho, Carlos de, 110, 128
Carvalho, Henrique de, 55
Carvalho, José Carlos de, 87, 313
Carvalho, José Murilo de, 27, 45, 59, 65, 66, 73, 79, 80, 81, 82, 83, 89, 99, 102
Caso Alsop, 287, 288
Caso *Panther*, 152, 234, 235, 236, 237, 238
Castilhos, Júlio de, 75, 125
Castro, Jeanne Berrance de, 30, 31
Castro, Plácido de, 158, 159, 160
Caxias, duque de, 147, 323
Celso, Afonso, 68
Cerqueira, Dionísio, 105
Chaves, Elói, 225
Chile, 7, 38, 43, 52, 56, 87, 107, 117, 118, 120, 121, 122, 123, 142, 162, 166, 178, 189, 195, 196, 197, 198, 254, 255, 257, 258, 259, 260, 261, 262, 271, 276, 277, 285, 287, 288, 291, 291, 302, 326, 333, 334
China, 22, 58, 58, 177, 205, 346, 349, 350
Churchill, Winston, 324, 346
Clemenceau, Georges, 169
Cleveland, Stephen Grover, 96, 97, 108
Clube Militar, 63, 77, 116, 127, 169, 328
Cochrane, Thomas Alexander, 14, 28
Coelho, Edmundo Campos, 58, 59, 67
Coerper, Carl von, 243
Coesão entre as elites, 139, 189, 303

Coesão social, 139, 190
Colômbia, 176, 259, 357
Combate ao narcotráfico, 26, 356
Comissão de Marinha e Guerra, 191, 226, 228
Comissão de Orçamento, 191, 192
Comissão de Verificação de Poderes, 126
Comissão Naval do Brasil em Londres, 294
Concerto Europeu, 123
Cone Sul, 44, 54, 122, 123, 198, 254, 258, 260, 302, 343, 348
Confederação do Equador, 28
Conferência de Paz da Haia, II, 174, 278
Conferência Pan-Americana, III, 234, 243, 251, 254, 260
Conferência Pan-Americana, 58, 78
Conferência Pan-Americana de 1910, 288, 301
Congresso de Berlim, 135, 181
Congresso Nacional, 230, 248, 264, 315
Conselho de Estado, 41, 42, 49, 69, 78, 80, 84
Conselho de Segurança das Nações Unidas, 7, 346
Conselho Naval, 92, 212
Consenso entre as elites, 139, 188
Constant, Benjamin, 65, 82, 136, 137, 236
Constituição de 1891, 82, 84, 87
Contratorpedeiros, 203, 314
Conveniência política imediatista, 356
Convênio de Taubaté, 247
Corbett, Julian, 204, 205
Cordeiro, João, 115
Corolário Roosevelt, 173, 174, 175, 177, 332
Coronelismo, 126, 127
Corpo de Marinheiros Nacionais, 139, 207, 208
Correio da Noite, 313

Corrida naval, 117, 120, 153, 195, 198, 254, 274, 326
Corte Permanente de Arbitragem, 279, 279
Costa, Emília Viotti da, 53, 76, 78, 79
Cotegipe, barão de, 64, 65, 240, 323
Crescimento econômico, 117, 190, 347
Crimeia, 24
Cruzadores, 119, 120, 121, 124, 124, 137, 138, 173, 202, 205, 212, 213, 236, 242, 246, 249, 266, 277
Cruzadores-encouraçados, 120, 137, 204, 215, 216, 223, 224, 230, 233, 242, 245, 246, 266
Cruzadores esclarecedores extrarrápidos, 246, 249
Cuba, 167, 176, 205, 252
Cultura da conciliação, 339
Cunha, Itiberê da, 180
Cuniberti, Vittorio, 222
Custódio de Melo, 63, 64, 86, 87, 88, 90, 91, 92, 93, 95, 96, 98, 140

D

D'Eu, conde, 64
Darwinismo social, 135, 260, 342
Delgado de Carvalho, 49, 50
Demarcação das fronteiras, 107, 117, 128, 140, 142, 143, 183
Democracia, 22, 359, 360
Dependência externa, 348
Destroyers, 120, 162, 203, 213, 242, 243, 246, 249, 266, 267, 269, 270, 278, 282, 287, 290, 291, 310, 314, 315, 322, 323, 333
Dewey, George, 172, 277
Dias, Arthur, 61, 98, 102, 109, 117, 187, 189, 197, 205, 241, 249, 265, 266, 269, 270, 271

Diplomacia de prestígio, 182
Disciplina, 65, 74, 75, 145, 190, 315, 315, 318, 323, 347, 347, 356
Dissuasão, 15, 24, 63, 190, 335, 344, 349, 351, 356, 358, 360
Divisão Naval do Norte, 159, 243
Divisão Naval em Operações de Guerra (DNOG), 267, 318
Dodsworth, Jorge, 315
Dollar diplomacy, 287
Doratioto, Francisco, 18, 29, 49, 57, 78, 105, 178, 179, 180, 185, 300, 302, 327, 328, 333
Doutrina Drago, 174, 279
Doutrina Monroe, 34, 110, 171, 172, 173, 174, 175, 177, 332, 337
Dreadnoughts, 24, 169, 196, 198, 244, 254, 255, 265, 268, 285, 288, 290, 291, 293, 294, 296, 297, 309, 314, 316, 317, 318, 333, 335, 343

Encouraçado *São Paulo*, 15, 24, 209, 225, 233, 267, 296, 297, 312, 315, 321, 325, 327, 335, 343, 361
Encouraçados pré-*dreadnought*, 217, 219, 225, 278
Encouraçados *Rivadavia* e *Moreno*, 121, 138, 289, 290, 293, 321
Equador, 28, 38, 81, 166, 172, 197, 259
Equilíbrio de poder, 151, 183, 341
Equilíbrio no Prata, 333
Espionagem, 129, 273
Esquadra de 1910, 20, 100, 192, 260, 294, 303, 310, 318, 323, 333, 344
Esquadra de combate, 200, 201, 268, 350
Estado-Maior General da Armada, 206, 206, 210, 211
Estados Unidos (EUA), 129, 273
Estratégia Nacional de Defesa, 354, 357
Europeísmo, 20
Exército brasileiro, 31, 48, 125

E

Electric Boat Company, 289
Elite saquarema, 44, 69, 150
Elites civis, 31, 45, 64, 66, 99, 100, 141, 187, 190, 306
Elswick, 124, 233, 244, 245, 264, 295, 325
Encilhamento, 82, 139
Encouraçado *Minas Gerais*, 15, 24, 209, 217, 218, 221, 225, 264, 265, 267, 269, 270, 291, 295, 296, 297, 302, 308, 309, 312, 315, 318, 321, 325, 326, 327, 335, 343, 361
Encouraçado *Riachuelo*, 77, 136, 277, 324, 325, 326
Encouraçado *Rio de Janeiro*, 196, 264, 269, 295, 296, 298, 320, 321, 322, 324, 326

F

Falkner, John Meade, 244, 295
Federalismo, 65, 75, 83
Felisberto, João Cândido, 312, 320
Ferreira, Gabriela Nunes, 39, 40, 41, 42, 43, 149
Ferry, Jules, 161
Figueiroa Alcorta, 256, 272, 285, 286, 287, 291, 292, 301, 310
Fisher, John "Jackie", 205, 221, 222, 223, 224, 225, 266
Flint, Charles R., 95, 96
Florianismo, 81, 92, 98
Fonseca, Deodoro da, 65, 67, 74, 75, 79, 82, 85, 86, 87, 88, 89, 90, 91, 93, 95, 113, 119, 140
Fonseca, Hermes da, 132, 165, 189, 190, 298, 303, 304, 305, 307, 308, 309, 313, 315, 319, 320, 323, 328, 335, 342

Fonseca, Roberto Piragibe da, 306, 310
Fore River Shipbuilding Company, 289
Foreign Office, 109, 251, 275, 298
França, 9, 19, 29, 34, 35, 36, 38, 47, 50, 70, 93, 103, 117, 121, 128, 130, 136, 137, 149, 150, 184, 198, 201, 203, 207, 228, 238, 242, 248, 287, 290, 297, 299, 337, 348
Freyre, Gilberto, 185, 339
Funding-Loan, 125, 126

G

Galeão Carvalhal, 191
Gálvez, Luís, 155, 156
Gama, Domício da, 105, 169, 192, 193, 229, 230, 251, 260, 261, 286, 289, 291, 292, 293, 294, 310
Gama, Saldanha da, 87, 92, 93, 94, 95, 96, 99, 111, 114, 115, 140
Garantia da lei e da ordem, 26, 357
Gendarmerização, 355
Girardot, Charles, 105
Glicério, Francisco, 65, 115, 131, 227, 228, 229
Goeldi, Emílio, 129
Gonçalves, Jerônimo, 96, 99
Grã-Bretanha, 13, 33, 34, 35, 47, 70, 109, 110, 121, 130, 150, 171, 172, 181, 182, 196, 198, 199, 202, 203, 207, 208, 213, 220, 221, 224, 232, 242, 251, 264, 266, 287, 296, 297, 299, 301, 324, 334, 350
Grandes potências, 50, 51, 69, 172, 175, 177, 189, 200, 227, 234, 260, 268, 272, 279, 280, 341, 349, 350
Great White Fleet, 278
Grenfell, almirante, 47, 147
Guanabara, Alcindo, 115
Guarda Nacional, 30, 31, 67, 132
Guerra civil, 14, 35, 86, 87, 140
Guerra da Cisplatina, 30, 33, 40, 41, 148, 197

Guerra da Tríplice Aliança, 35, 37, 38, 52, 57, 59, 148
Guerra de Independência, 28
Guerra do Pacífico, 38, 52, 107, 163
Guerra do Paraguai, 5, 14, 31, 48, 52, 56, 60, 61, 66, 147, 148, 157, 179, 187, 199, 335
Guerra dos Boers, 171
Guerra hispano-americana, 124, 135, 155, 176, 200, 213
Guerra russo-japonesa, 213, 219, 224, 227
Guerra sino-japonesa, 119, 205
Guerras interestatais, 24
Guerras intraestatais, 24
Guiana Francesa, 29, 117
Guiana Inglesa, 110, 128, 180
Guilherme II, 118, 153, 154, 235, 298, 340
Guillobel, José Candido, 105

H

HMS *Agincourt*, 324
Hegemonia naval na América do Sul, 194, 326
Hemisfério ocidental, 110, 142, 171, 172, 175, 194
Hess, Emílio Júlio, 214
Holanda, 38, 130, 322
Holland, John, 212, 214
Homem de Mello, barão, 102

I

Imigração, 58, 117, 140, 142
Imperador, 35, 36, 39, 41, 47, 58, 67, 74, 151, 153, 235, 323, 340
Imperialismo europeu, 15, 24, 95, 173, 175, 182, 184, 197, 234, 237, 332, 335

Imperialismo *Yankee*, 197
Império Alemão, 131, 153, 156, 172, 237, 244, 264, 298
Índice de estabilidade, 304, 304
Ingenieros, José, 272
Inglaterra, 25, 34, 50, 93, 130, 136, 137, 198, 207, 214, 228, 232, 244, 272, 288, 290, 291, 292, 293, 299, 342
Inserção internacional, 24, 169, 341, 350, 351, 352, 359
Instituto Histórico e Geográfico Brasileiro (IHGB), 18, 283
Internal balancing, 196, 197
Intervencionismo brasileiro, 41
Itália, 93, 162, 171, 173, 180, 181, 184, 198, 207, 213, 217, 222, 228, 242, 287, 297, 322, 338
Itamaraty, 11, 18, 22, 25, 28, 106, 110, 134, 146, 156, 159, 163, 170, 175, 178, 185, 187, 234, 239, 250, 273, 274, 286, 293, 294, 295, 299, 299, 310, 331, 335, 338, 340, 344

J

Jaceguay, barão de, 36, 37, 62, 64
Jacobinismo, 80, 116
Jane, Fred T., 222
Japão, 118, 119, 121, 138, 198, 205, 219, 224, 228, 297, 350
Jeune École, 199, 201, 202, 203, 204
João VI, dom, 29
Jornal do Commercio, 46, 56, 93, 149, 174, 235, 244, 284, 292

K

Kantianismo, 23
Knox, secretário de Estado, 287, 288

L

Ladário, barão de, 75
Laet, Carlos de, 317
Lavasseur, Émile, 148
Leão, Joaquim Marques de, 250, 315, 318, 320, 323
Legado, 17, 19, 22, 70, 106, 112, 113, 178, 242, 251, 339, 340, 345
Leguía, Augusto, 302
Leitão de Carvalho, 253
Leite Lobo, 64
Lessa, Renato, 83, 112, 113, 114, 116, 131, 304
Lins, Álvaro, 38, 44, 103, 105, 106, 146, 148, 157, 158, 161, 162, 163, 167, 237, 252, 271, 283, 285, 292, 293, 320, 323, 324
Lisboa, Eduardo, 158, 159
Lobo, Aristides, 56, 65
López, Carlos Antonio, 46
López, Francisco Solano, 38, 47, 55, 58
Love, Joseph, 303, 308, 313, 314, 315, 316, 317, 318, 322, 323

M

Macedo Soares, José Eduardo de, 229, 319
Machado, Irineu, 115
Machaín, Facundo, 48
Magalhães, Olyntho de, 105, 134, 154, 155, 175
Mahan, Alfred T., 118, 119, 200, 201
Mahanismo, 202, 240
Marcelino Bispo, 115
Marinha do Brasil, 14, 15, 22, 33, 40, 61, 119, 120, 136, 198, 204, 206, 244, 249, 254, 265, 299, 349
Martins Filho, João Roberto, 119, 136, 137, 199, 200, 205, 228, 229, 231, 244, 265, 296, 297, 298, 299, 307

Martins, Hélio Leôncio, 312, 314, 315, 318
Mato Grosso, 13, 29, 41, 46, 58, 127, 149, 158, 184, 228, 282, 300, 301
Mendonça Franco, 147
Mendonça, Salvador de, 35, 36, 77, 78, 95, 96, 108
Meneses, Marcelino Rodrigues de, 312
Militarismo, 73, 80, 93, 98, 131, 303, 328
Ministério da Defesa, 352, 354
Ministério da Fazenda, 118, 247, 250, 268, 294, 295, 297, 300, 324
Ministério da Marinha, 55, 59, 60, 95, 105, 117, 119, 125, 137, 139, 145, 162, 199, 203, 204, 206, 208, 210, 212, 214, 216, 219, 220, 225, 230, 231, 249, 268, 289, 294, 318, 320, 322, 324, 326
Ministério das Relações Exteriores, 14, 109, 131, 154, 168, 172, 234, 326, 342, 351
Moderação, 46, 179, 180, 262, 312, 340, 341
Modernização, 15, 24, 100, 152, 185, 190, 193, 306, 341, 345
Monarquia, 20, 27, 31, 33, 34, 39, 42, 43, 52, 53, 58, 60, 62, 63, 64, 65, 66, 67, 69, 70, 73, 74, 75, 76, 78, 82, 94, 95, 113, 149, 150, 151, 152, 157, 175, 182, 329
Monroe, James, 97
Monteiro, Victorino, 307
Montes de Oca, 254, 271
Montevidéu, 49, 55, 77, 157, 280, 281, 282, 300, 302, 333
Morais, Prudente de, 25, 80, 85, 88, 97, 98, 109, 111, 112, 113, 115, 116, 124, 125, 128, 131, 141, 188, 189, 303, 304, 335
Moreira César, 114
Moreira, Torquato, 115
Mota, Carlos Guilherme, 18
Motta e Silva, Alvaro Alberto da, 312

Motta, Arthur Silveira da, 28, 29, 36, 40, 41, 62
Müller, Lauro, 88, 168
Murtinho, Joaquim, 125, 191, 307

N

Nabuco, Joaquim, 17, 45, 61, 67, 81, 93, 94, 96, 97, 98, 100, 101, 130, 131, 149, 167, 181, 234, 235, 236, 238, 243, 252, 273, 274, 277, 280, 288, 307, 338
Nacionalismo brasileiro, 17, 103, 339
Narrativa, 17, 22, 23, 27, 93, 105, 106, 107, 129, 146, 160, 182, 192, 262, 291, 294, 320, 321, 330, 341, 346, 359
Navalismo, 116, 118, 203
Navio-mineiro, 245, 246
Neves, João Batista das, 312
Nicolau II, czar, 134
Niles-Bement-Pond Company, 289
Noble, Andrew, 294
Noronha, Júlio César de, 15, 25, 98, 137, 139, 162, 164, 165, 167, 191, 193, 204, 205, 206, 207, 208, 209, 210, 211, 212, 213, 214, 215, 216, 217, 218, 219, 220, 221, 222, 225, 226, 227, 228, 229, 230, 231, 232, 233, 238, 239, 240, 242, 243, 244, 245, 246, 247, 248, 250, 251, 252, 254, 256, 262, 263, 265, 266, 267, 269, 270, 272, 276, 292, 332, 334, 342, 343
Nunes Leal, Victor, 126, 127

O

O Estado de S. Paulo, 308
O Paiz, 308
Oficialismo, 16, 18, 19, 23, 127, 152, 160, 161, 237, 253, 259, 262, 329, 330, 331, 338, 339

Olímpio, Domingos, 105
Oliveira Lima, 95, 241
Ouro Preto, visconde de, 65, 67, 68, 74

P

Pacífico (oceano), 38, 46, 52, 107, 114, 163, 176, 177, 210, 240, 258, 263, 278, 288
Pacifismo, 23, 24, 106, 152, 329, 338, 358, 359
Pactos de Mayo, 52, 121, 138, 258, 271, 276, 285, 333
Panamá, 35, 171, 174, 176, 177, 178, 197
Pando, general, 158
Pandiá Calógeras, João, 99, 102, 168, 169, 238, 306, 327, 354
Paraguai, 5, 14, 14, 31, 35, 36, 41, 42, 43, 44, 45, 46, 47, 48, 49, 51, 52, 54, 55, 56, 58, 60, 61, 66, 69, 76, 78, 81, 131, 147, 148, 154, 157, 171, 175, 178, 179, 180, 183, 187, 188, 197, 199, 260, 275, 281, 300, 327, 328, 333, 335
Paraná, marquês de, 42, 45, 147
Paranhos, Antônio, 147, 148
Partido Conservador, 41, 42, 45, 52, 151, 323, 333
Patrono da diplomacia, 20, 23, 26, 106, 108, 129, 145, 146, 152, 158, 165, 166, 168, 170, 174, 181, 185, 192, 260, 329, 330, 337, 339, 340, 346, 360
Peçanha, Nilo, 189, 247, 300, 303, 304, 306
Pedro I, dom, 30
Pedro II, dom, 36, 38, 39, 42, 57, 58, 74, 103, 151
Peixoto, Floriano, 67, 80, 85, 86, 87, 88, 89, 90, 91, 92, 93, 94, 95, 96, 97, 98, 99, 100, 102, 107, 111, 112, 113, 115, 118, 131, 140, 141, 303, 304, 334
Pena, Afonso, 189, 234, 238, 239, 246, 247, 248, 265, 267, 292, 300, 304, 306, 335

Pena, Carlos María de, 280
Pensamento estratégico naval, 26, 199, 203, 244, 266
Percepção de ameaças, 63, 101, 194, 268, 341
Pereira de Lyra, 268
Pereira, Lafaiete Rodrigues, 77
Pereira, Manoel Vitorino, 115
Perry, Felinto, 315
Peru, 38, 43, 51, 52, 122, 157, 161, 162, 163, 164, 165, 166, 167, 183, 188, 189, 192, 193, 194, 197, 234, 241, 257, 259, 260, 261, 300, 301, 302, 332
Pimenta Bueno, 42
Pinheiro Machado, 115, 247, 303, 307, 308, 313
Pinto Guedes, Duarte Huet de Bacelar, 153
Pita, Laurindo, 225, 226, 227, 228
Pitt, William, 315
Plaza, Victorino de la, 291, 293
Poder marítimo, 187, 194, 200, 201
Poder militar, 11, 15, 19, 20, 21, 23, 24, 25, 26, 80, 113, 119, 128, 145, 146, 149, 152, 161, 176, 184, 240, 330, 331, 335, 348, 350, 356, 359
Polícias militares, 84, 125, 132
Política de defesa, 26, 169, 170, 357, 358, 359
Política dos governadores, 81, 126, 131, 142, 189, 335
Politização, 30, 66, 88, 89, 101, 112, 114, 116, 140
Portugal, 28, 29, 32, 34, 93, 96, 111
Prado, Eduardo, 67, 81, 117
Preuss, Ori, 160, 161
Primeira Grande Guerra, 196, 291, 340
Primeira Guerra Mundial, 80, 195, 267, 323, 327
Primeira República, 4, 22, 78, 80, 101, 102, 114, 125, 126, 132, 191, 238, 304
Primeiro Reinado, 29, 32
Principismo, 50, 128, 130, 338

400 | RIO-BRANCO, GRANDE ESTRATÉGIA E O PODER NAVAL

Proença, João Justino de, 206, 210, 211, 226, 269
Programa de 1904, 216, 219, 229, 232, 233, 237, 240, 242, 244, 245, 246, 248, 266, 267, 268, 270
Programa de 1906, 237, 240, 246, 250, 268, 269, 298, 322, 342
Projeção de poder, 348, 356, 360
Províncias Unidas do Rio da Prata, 40
Puga Borne, 258, 276

Q

Questão do Amapá, 34, 103, 128, 129, 130, 142, 152, 273
Questão do Pirara, 109, 130, 180
Questão de Palmas, 55, 61, 102, 103, 106, 108, 111, 112, 142, 149
Questão das Missões, 77, 102, 108, 128, 129, 141, 143

R

Reaparelhamento naval, 14, 25, 26, 251, 312
Recrutamento militar, 141, 355
Rendel, lord, 295
Regência, 30, 30, 38, 39
Reino Unido, 32, 33, 38, 40, 109, 110, 111, 118, 121, 124, 128, 153, 171, 172, 180, 181, 184, 269, 338, 349
Relações civis-militares, 25, 80, 113, 153, 170, 189, 238
Reorganização naval, 25, 192, 194, 195, 225, 226, 227, 228, 242, 251, 256, 263, 272, 281, 283, 288, 297, 344, 345, 347, 359
República da Espada, 25, 103, 113, 139
Republicanismo, 67, 75

Revista Marítima Brasileira, 119, 200, 204
Revolta da Armada, 66, 75, 80, 91, 92, 93, 94, 96, 97, 98, 99, 102, 111, 113, 114, 115, 118, 120, 140, 142, 188, 207, 211
Revolta da Chibata, 191, 267, 312, 316, 317, 319, 322, 323, 326, 335, 344, 348
Revolta da Vacina, 190
Revolta do Batalhão Naval, 316
Revolução Farroupilha, 38, 44
Revolução Federalista, 75, 91, 93, 115, 140, 260
Revolução paraguaia, 171, 175, 260, 333
Rio da Prata, 13, 15, 37, 40, 41, 43, 44, 50, 56, 57, 69, 111, 280, 281, 283, 288, 302
Rio Grande do Sul, 40, 41, 44, 47, 57, 75, 87, 88, 91, 93, 111, 125, 132, 158, 159, 300, 301, 311
Rio-Branco, Raul do, 81, 147, 149, 182
Rio-Branco, visconde do, 13, 14, 23, 38, 45, 48, 55, 60, 105, 147, 149, 151
Rivarola, Cirilo, 48
Roca, Julio, 133, 273, 285
Rodrigues, José Honório, 18, 19, 27, 185, 289, 331
Roosevelt, Ted, 124, 155, 173, 176, 177, 252, 274, 277, 278, 288
Root, Elihu, 236, 243, 273, 274, 277, 288
Rosas, 34, 42, 44, 46, 180, 196
Rosebery, lord, 118
Rothschild, Alfred, 295
Rothschild, barão, 118
Royal Navy, 118, 182, 202, 205, 223, 224, 232, 291, 298, 315, 324
Rússia, 24, 58, 110, 198, 224, 228, 242, 297

S

Sáenz Peña, Roque, 276, 282, 286, 311, 320
Sales, Francisco, 247
Salisbury, lord, 109, 110

Salvacionismo, 89, 90, 92
Sampaio, Antonio Júlio de Oliveira, 219
São Vicente, marquês de, 69
Saquarema, 13, 42, 44, 49, 69, 76, 150, 151, 157, 329, 339
Sávio, Domingos, 184, 330
Saxe, Augusto de, 64
Schneider, Louis, 148
Schomburgk, Robert, 180
Schulz, John, 30, 44, 48, 58, 59, 60, 66, 112
Schweller, Randall, 139, 141, 188, 341
Scott, Percy, 223
Segundo Reinado, 41, 44, 50, 52, 68, 81, 103, 150
Segurança internacional, 150, 197, 350, 353
Selborne, lord, 224
Senado, 69, 78, 83, 84, 91, 248, 257, 283, 319
Sêrro Largo, barão do, 148
Serviço militar obrigatório, 141, 190, 208, 253, 306
Sexton Noble, 295
Silva, Hélio, 64, 75, 82, 85, 309
Silveira Martins, 55, 75, 94
Silveira, Carlos Balthazar da, 89, 125
Skinner, Quentin, 106, 152, 339
Sodré, Nelson Werneck, 31, 62, 63, 74, 99, 102
Soft balancing, 351
Sousa Aguiar, Francisco de, 243
Sousa Corrêa, Artur de, 109, 110
Souza e Silva, 244, 245, 267
Souza, Paulino José Soares de, 13, 38, 39, 42, 44, 45, 46, 49, 50, 51
Subdesenvolvimento, 354, 360
Submarino nuclear, 354, 360
Submarinos, 108, 204, 212, 214, 215, 230, 243, 249, 266, 271, 289, 291, 322
Suriname, 130

T

Taft, William, 278, 287, 288
Tamandaré (marquês), 47
Tamandaré, 136, 236, 268
Tavares Bastos, 51, 53
Tejedor, Carlos, 283
Telegrama número 9, 286, 291, 293
Tennyson d'Eyncourt, 399
Tibiriçá, Jorge, 247
Tocantins, visconde de, 147
Topik, Steven, 33, 36, 57, 77, 85, 94, 95, 96, 97, 108
Tornquist, Ernesto, 251
Tráfico de escravos, 13, 32, 33, 196
Transição hegemônica, 194, 195, 198
Tratado de Petrópolis, 160, 161, 162, 163, 168, 192, 301
Tratado de Retificação de Limites entre o Brasil e o Uruguai, 280
Trindade, ilha da, 112, 117, 128, 130, 141, 143, 184

U

U.S. Navy, 96, 172, 176, 289, 290
Uruguai, 37, 40, 41, 43, 44, 45, 46, 47, 48, 54, 69, 78, 81, 141, 250, 260, 275, 280, 281, 282, 288, 300, 333
Uruguai, visconde de, 13, 39, 41, 42, 45, 46, 54, 330

V

Vapor carvoeiro, 215, 230
Vasconcelos, Bernardo Pereira de, 42, 43, 151
Venezuela, 110, 128, 171, 172, 173, 174, 178

Viana Filho, Luiz, 38, 46, 55, 61, 103, 107, 108, 129, 130, 146, 147, 148, 149, 158, 160, 161, 165, 166, 167, 169, 230, 251, 286, 291, 293, 301
Vice-Reino do Rio da Prata, 43, 69
Vickers, Sons & Maxim, 214, 216, 232, 233, 244, 264, 286, 296, 322
Vidigal, Armando, 137
Vulnerabilidade do governo/regime, 139, 189

W

W. G. Armstrong, Whitworth & Co., 216, 231
Wandenkolk, Eduardo, 64, 85, 87, 89, 90, 91, 92
Wanderley, João Maurício, 64
Wilkinson, Henry Spencer, 106
Williman, Claudio, 280

Y

Yarrow, 270

Z

Zeballos, Estanislao, 55, 106, 122, 161, 254, 257, 259, 261, 271, 272, 273, 276, 277, 278, 280, 281, 282, 283, 284, 285, 286, 291, 300, 310, 311

Impressão e acabamento: